太极拳运动

本社　编

人民体育出版社

图书在版编目(CIP)数据

太极拳运动（赠 VCD）/人民体育出版社编．-北京：人民体育出版社，2004（2014.7.重印）
ISBN 978-7-5009-2586-6

Ⅰ.太…　Ⅱ.人…　Ⅲ.太极拳　Ⅳ.G852.11

中国版本图书馆 CIP 数据核字(2004)第 021808 号

*

人民体育出版社出版发行
化学工业出版社印刷厂印刷
新　华　书　店　经　销

*

787×960　16 开本　23.75 印张　350 千字
2005 年 1 月第 1 版　2014 年 7 月第 9 次印刷
印数：40,881—43,880 册

*

ISBN 978-7-5009-2586-6
定价：38.00 元

社址：北京市东城区体育馆路 8 号（天坛公园东门）
电话：67151482（发行部）　邮编：100061
传真：67151483　邮购：67118491
网址：www.sportspublish.com
（购买本社图书，如遇有缺损页可与发行部联系）

出版说明

太极拳是我国独有而古老的优秀健身拳术之一，是中华民族的文化瑰宝，它以独特的练功方法和强身祛病、增强体质、延年益寿的功效享誉世界，成为一项全球性的健身运动，深受各国人民的喜爱。本书内容丰富、图文并茂、行文流畅、读来自然，实用更是本书追求的目标，它能有效地帮助读者愉快地学习和掌握太极拳、剑知识，并从容自如地进行练习。应广大读者的需求，我们对《太极拳运动（增订本）》作了进一步修订，邀请全国和北京市太极拳比赛的冠军吴阿敏、梁涵渊做动作图片的演示，赠VCD，并在装帧、版式设计上力求精美、简洁、实用、高效，充分体现新版图书的新、精、全特点，希望呈现在您面前的这本《太极拳运动》会得到您的喜爱。

太极拳运动

目　录

Contents

第一章 概 述

第一节 太极拳的生理保健作用

太极拳是我国民族形式体育项目之一，很早以前就在我国民间有所流传。几世纪以来，经过实践，证明太极拳是一种重要的健身与预防疾病的手段。近年来，许多人认为、并且也有人记载过，打太极拳除增强体质外，是辅助治疗高血压、溃疡病、心脏病、肺结核……的好方法，而且有一定疗效。因为过去一直被我们忽略的重要治疗方法——应用体育运动来防治疾病，已经被应用到临床工作中，并且已被公认为治疗过程中必要的环节，所以，太极拳之能配合医药来治疗某些疾病，则是应无疑义的了。事实证明，我国是最早应用体育健身和防治疾病的国家。在我国最老的医学经典著作《黄帝内经·素问》中就曾这样提过："其病多痿厥寒热，其治宜导引。"（按："导引"是一种体操活动）不仅如此，我国的古代科学家们还进一步用科学的理论，解释了"体育"能够健身治病的道理。一千八百多年以前，华佗曾编选了"五禽之戏"作为健身运动，他的理论是："人身常动摇则谷气消，血脉通，病不生，人犹户枢不朽是也。"这都说明"体育"在防病和治疗中有着积极的意义。练习太极拳除全身各个肌肉群、关节需要活动外，还要配合均匀的深呼吸与横膈膜运动，并且特别要求人们在打拳时，尽量做到"心静"，精神贯注。这样，就对中枢神经系统产生了良好的影响，从而给其他系统与器官机能的活动与改善，打下了良好的基础。

为了证明太极拳的保健作用，北京运动医学研究所曾对50~89岁的老年人进行了较详细的医学检查。其中32名是经常打太极拳的，56名是一般正常的老年人。对比观察的结果证明，长年打太极拳的老人，不论在体格方面，还是在心血管系统机能、呼吸机能、骨骼系统及代谢功能等方面，都比一般的老人的状况好。

为了解释方便起见，现按太极拳对人体各主要系统的生理影响，分述于下。

一、打太极拳对神经系统的影响

根据近年来生理学的发展，特别是许多生理学家对中枢神经的研究，使我们更进一步地认识了中枢神经系统对人体的重要作用。我们知道，神经系统，尤其是它的高级部分，是调节与支配所有系统与器官活动的枢纽。人类依靠神经系统的活动（通过条件反射与非条件反射），以适应于外界环境并改造外界环境。人依靠神经系统的活动，使体内各个系统与器官的机能活动按照需要统一起来。因此，任何一种锻炼方法，如果能增强中枢神经系统的机能，对全身来说就有很好的保健意义。太极拳的优越之点就在于此。

练习太极拳，要求“心静”，注意力集中，并且讲究“用意”，这些都对大脑活动有良好的训练作用。此外，从动作上来讲也是如此。练习太极拳时，动作需要“完整一气”，由眼神到上肢、躯干、下肢，上下照顾毫不散乱，前后连贯，绵绵不断，同时由于动作的某些部分比较复杂，需要有良好的支配和平衡能力，因此需要大脑在紧张的活动下完成，这也间接地对中枢神经系统起着训练的作用，从而提高了中枢神经系统紧张度，活跃了其他系统与器官的机能活动，加强了大脑方面的调节作用。

太极拳是一种很有兴趣的运动，经常练习的人都有这样一种感觉：练架子的时候，周身感觉舒适，精神焕发；练“推手”的时候，周身感觉活泼，反应灵敏。这些都是练拳的人情绪提高与兴趣浓厚的证明，情绪的提高在生理上是有重要意义的。“情绪”提高，可以使各种生理机制活跃起来，许多试验都证明，做一种运动时，在用体力之前，仅仅是精神的影响就可以使血液化学、血液的动力过程、气体代谢等发生改变。对患某些慢性病的人来讲，“情绪”的提高更为重要。它不仅可以活跃各种生理机制，而且能够使病人脱离病态心理。这对治疗功效来讲很重要。以上例子都充分说明，练习太极拳对中枢神经系统有着良好作用。

二、打太极拳对心脏血管系统及呼吸系统的影响

太极拳对心脏血管系统的影响，是在中枢神经活动支配下发生的。就太极拳动作的组成来说，它包括了各组肌肉、关节的活动，也包括了有节律的呼吸运动，特别是横膈运动。因此它能加强血液及淋巴的循环，减少体内的淤血现象，是一种用来消除体内淤血的良好方法。

我们知道，全身各部骨骼肌的周期性的收缩与舒张，可以加强静脉的血液循环，肌肉的活动保证了静脉血液回流，以及向右心室充盈的必要的静脉压力。呼吸运动同样也能加速静脉的回流。例如：吸气时胸廓的容积增大，内部的负压增高，结果上下腔静脉的压力减低，静脉回流加速。这一点在练习太极拳的过程中表现得非常明显。

太极拳的动作舒展，胸部不要紧张，而且要求有意识地使呼吸与动作适当配合，这样就可以使呼吸自然，呼吸的效果就会增加，这也就更好地加速了血液与淋巴的循环。我们经常见到，当一个人胸部、肩部、肘部肌肉紧张用力时，由于胸廓固定，吸气受到限制，结果血液循环发生障碍，练习者产生面红耳赤、颈部血管弩张的现象。练太极拳时就没有这种现象。

打太极拳，很多动作、姿势要求气向下沉，即所谓“气沉丹田”，这是一种横膈式呼吸，它在医疗与保健上都有作用。膈肌与腹肌的收缩与舒张，使腹压不断改变。腹压增高时，腹腔的静脉受到压力的作用，把血液输入右心房，相反当腹压减低时，血液则向腹腔输入。这样，呼吸运动就可以改善血液循环的状况，加强心肌的营养。此外，横膈的运动又可以给肝脏以有规律性的按摩作用，是消除肝脏淤血、改善肝脏功能的良好方法。所以经常练习太极拳，对预防心脏各种疾病及动脉硬化创造了良好条件。

北京运动医学研究所的调查证实，经常打太极拳对心脏血管系统影响良好。他们对两组老人进行了机能试验（在1分钟内，上下40厘米高的板凳15次），结果证明，太极拳组老人心血管功能较好，32名老人中除1名不能完成这种定量负荷外，其余都能完成，而且血压、脉搏的反应也都正常。相反，对照组的老人，年龄越大，完成定量负荷的人越少，出现机能试验不良反应类型（如梯形上升型及无力型反应）的人越多。心电图的检查也同样证明了这一点。心电反应异常的，太极拳组仅占28.2%，而对照组的一般老人则占41.3%。从这些观察结果不难看出，经常打太极拳可以使心脏冠状动脉供血充足，心脏收缩有力，血液动力过程良好。

不仅如此，由于经常打太极拳，提高了中枢神经系统的调节机能，改善了体内各器官之间的协调活动，使迷走神经紧张度增高，各器官组织的供血、供氧充分，物质代谢也得到改善，因而，常打太极拳的人发生高血压病及动脉硬化的较少。太极拳组平均血压为134.1/80.8毫米汞柱，对照组老人为154.5/82.7毫米汞柱。动脉硬化率，太极拳组是39.5%，一般老人为46.4%。

从身体检查证明，经常打太极拳对保持肺组织的弹性、胸廓活动度（预防肋软骨骨化）、肺的通气功能及氧与二氧化碳的代谢功能都有很好的影响。太极拳组的老人的胸部呼吸差及肺活量都比对照组的大，这是因为经常打拳，胸部呼吸肌及膈肌有力，肺组织的弹性好，肋软骨骨化率低。对于已有肋软骨骨化和胸廓活动已有障碍的老人来说，太极拳深长细匀的呼吸和腹肌膈肌活动，既能增加通气功能，又能通过腹压的有节律的改变，使血流加速，增进肺泡的换气功能，这都有助于保持老人的活动能力。在完成定量活动测验时，太极拳组老人气喘轻，恢复快，原因就在这里。

三、打太极拳对骨骼、肌肉及关节活动的影响

打太极拳对骨骼、肌肉及关节活动的影响很突出。以脊柱为例，练拳时要求"含胸松腰拔背""腰脊为第一主宰"等，说明打太极拳与腰部活动有着密切关系。经常地练习太极拳，无论对脊柱的形态和组织结构都有良好作用。据观察，太极拳组老人发生脊柱畸形的只有25.8%，而一般老人则为47.2%。驼背是典型的老年畸形，是衰老的结果。但是，经常打太极拳，驼背的发生率就远比一般人为少。经常打太极拳，脊柱的活动幅度也较好，太极拳组老人弯腰时手能触地的占77.4%，对照组老人占16.6%。X线照相检查发现，太极拳组比对照组老年骨质疏松的发生率也较低（36.6%:63.8%）。老年性骨质疏松是一种衰老的退行性变化，其原因主要是由于骨组织中成骨细胞不活跃，不能产生骨的蛋白基质，致使骨生成少，吸收多，骨质变松。骨质松就容易产生畸形，关节活动也就不灵活。而打太极拳要求动作连贯、圆活，周身节节贯串，因此打太极拳有一定的防老作用。

四、打太极拳对体内物质代谢的影响

有关这方面的研究资料，目前还不多，但从上述两组老人的骨骼变化及动脉硬化发生率的差异来看，打太极拳对脂类、蛋白类以及无机盐中钙、磷的代谢影响是良好的。近年来，国外有不少人从物质代谢的角度研究运动的防老作用。例如，有人报道，老年人锻炼5~30分钟后，血内的胆固醇含量会下降，其中以胆固醇增高的老人下降尤为明显。也有人对动脉硬化的老人进行锻炼前后的代谢研究，发现经过5~6个月锻炼后，血中白蛋白含量增加，球蛋白及胆固醇的含量却明显减少，而且动脉硬化的症状也大大减轻。这些研究结果，可以说明打太极拳对体内物质代谢的良好影响。

五、打太极拳对消化系统的影响

前面已经提过，由于神经系统活动能力的提高可以改善其他系统的机能活动，因此，它可以预防并治疗某些因神经系统机能紊乱而产生的消化系统的疾病（运动、分泌、吸收的紊乱）。此外，呼吸运动对胃肠道起着机械刺激的作用，也能改善消化道的血液循环，因此可以促进消化作用，预防便秘，这对老年人也是很重要的。

综上所述，太极拳是一种合乎生理规律、轻松柔和的健身运动，它对中枢神经系统产生良好的影响，加强了心血管与呼吸的功能，减少体内淤血，改善消化作用与新陈代谢过程。所以，从医学的观点上来看，它是一种很好的保健体操与病人的医疗体操。

第二节　太极拳的特点、要领及对身体各部位姿势的要求

一、特　点

太极拳的特点，归纳起来有下列几点。

（一）轻松柔和

太极拳的架势比较平稳舒展，动作要求不僵不拘，符合人体的生理习惯，并且一般说来，没有忽起忽落的明显变化和激烈的跳跃动作。所以，练习一两遍之后，虽然感到身上微微出汗，但很少发生气喘现象，给人以练拳之后有轻松愉快之感。由于太极拳具有这个特点，所以不同年龄、性别和体质的人，都可以从事锻炼，尤其是对体弱和患有某些慢性病的人，更是一种较好的体疗手段。

（二）连贯均匀

整套太极拳动作，从“起势”到“收势”，不论动作的虚实变化和姿势的过渡转换，都是紧密衔接、连贯一气的，看不出有明显停顿的地方。整套演练起来，速度均匀，前后贯串，好像行云流水，绵绵不断。

（三）圆活自然

太极拳的动作不同于其他拳术，它要求上肢动作处处带有弧形，避免直来直往，这是符合人体各关节自然弯曲状态的。通过弧形活动进行锻炼，有利于动作的圆活自然，体现出柔和的特点，也能使身体各部分得到均匀的发展。

（四）协调完整

在太极拳运动中，不论是整个套路，还是单个动作姿势，都要求上下相随，内（意念、呼吸）外（躯干、四肢动作）一体，身体各部分之间要密切配合。打太极拳时，必须以腰为轴，手脚的许多动作都是由躯干来带动，并且互相呼应，不要上下脱节或此动彼不动，显得呆滞脱节和支离破碎。

上述这些特点，决定了太极拳在锻炼方法上对姿势动作的各种要求。

二、动作要领

（一）意识引导动作

人体的任何动作（除反射性动作外），包括各种体育锻炼的动作，都需经过意识的指挥。练习太极拳的全部过程，也要求用意识（即指想像力）引导动作，把注意力贯注到动作之中去。如做太极拳“起势”，两臂徐徐前举的动作，从形象上看和体操中的“两臂前平举”的动作相仿，但在太极拳的练法上，不是随便地把两臂抬起来，而是首先要求想着两臂前平举的动作，随后慢慢地把两臂抬起来；又如做两手向前按出的动作，首先就要有向前推按的想像。意欲沉气，就要有把气沉到腹腔深处的想像。意不停，动作亦随之不停，就好像用一条线把各个动作贯串起来一样。总之，练习太极拳从“起势”到“收势”，所有动作都要注意用意识去支配。过去练拳人所说的“神为主帅，身为驱使”“意动身随”就是这个意思。为了掌握这个要领，必须注意以下两点：

第一，安静。练拳时从准备姿势开始，首先就要从心理上安静下来，不再思考别的问题，然后按动作的要求检查，头是否正直，躯干和臂是否放松了，呼吸是否自然通畅。当这些都合乎要求时才做以后的动作。这是练拳前一个要紧的准备功夫。这种安静的心情，应贯彻到练习拳套的全部动作中去。

练拳时，无论动作简单或复杂、姿势高或低，心理上始终要保持安静状态，这样才能保持意识集中，精神贯注到每个细小的动作之中，否则就会造成手脚错乱、快慢无序或做错了动作的现象。打太极拳要求“以静御动，虽动犹静”“动中求静”。如能做到这些，就不会引起神经过分紧张以致过度疲劳。

第二，集中注意力。在心理安静的前提下，还要把注意力放在引导动作和考虑要领上，专心致志地练拳。不要一面打拳，一面东张西望或思考别的事情。初学太极拳的人，很容易忘掉这个“用意”的要求。经久练习，就可意动身随，手到劲发，想像力自然地与肢体的活动密切配合。

（二）注意放松，不用拙力

这里所讲的放松，不是全身的松懈疲怠，而是在身体自然活动或稳立情况下，使某些可能放松的肌肉和关节做到最大限度的放松，动作时避免使用拙力和僵劲。在练习中，要求人体的脊柱按自然的形态直立起来，使头、躯干、四肢等部分进行舒松自然的活动。

太极拳姿势要求上体正直安舒，不要前俯后仰或左右偏斜。它所用的力，是维持姿势的正确与稳定而自然的力，有的称它为规矩的力，也有的称它为“劲”。两臂该圆的，就必须做到圆满；腿该屈的，就必须屈到所要求的程度。除按照要求所用的力量之外，其他部位肌肉要尽量放松。当然，初学时比较难掌握“力”的界限，所以首先应注意放松，使身体各个关节都舒展开，避免紧张，力求圆活。然后由“松”再慢慢地使力量集中起来，达到式式连贯、处处圆活、不僵不拘、周身协调的要求。

（三）上下相随，周身协调

太极拳是一种使身体全面锻炼的运动项目。有人说，打太极拳时，全身“一动无有不动”；又说，练拳时全身“由脚而腿而腰总须完整一气”，这些都是形容“上下相随，周身协调”的。

初学太极拳的人，虽然在理论上知道许多动作要以腰部为轴，由躯干带动四肢来进行活动，但因为意念与肢体动作还不能密切配合，想做到周身协调也是有困难的。所以，最好先通过单式练习（如单练“起势”“云手”等），以求得躯干与四肢动作的协调，同时也要练习步法（如站虚步、弓步以及移动重心、变换步法等），以锻炼下肢的支撑力量和熟练地掌握步法要领。然后再通过全部动作的连贯练习，使步法的进退转换与躯干的旋转、手法的变化相互配合，逐渐地达到全身既协调而又完整，从而使身体各个部位都得到均衡的锻炼与发展。

（四）虚实分清，重心稳定

初步了解了太极拳的姿势、动作要领后，就要进一步注意动作的虚实和身体重心问题。因为一个姿势与另一个姿势的连接，位置和方向的改变，处处都贯穿着步法的变换和转移重心的活动。在锻炼中也要注意身法和手法的运用，由虚到实，或由实到虚，既要分明，又要连贯不停，做到势断意不断，一气呵成。如果虚实变化不清，进退变化一定不灵，就容易发生动作迟滞、重心不稳和左右歪斜的毛病。

过去有人说："迈步如猫行，运劲如抽丝"，就是形容练太极拳应当注意脚步轻灵和动作均匀。要做到这一点，首先应注意虚实变换得当，使肢体各部分在运动中没有不稳定的现象。假如不能维持身体的平衡稳定，那就根本谈不上动作的轻灵、均匀（虚实变换的问题可参阅下面"对身体各部位姿势的要求"和其他有关段落）。

太极拳的动作，无论怎样复杂，首先要把自己安排得舒适，这是太极拳"中正安舒"的基本要求。凡是旋转的动作，应先把身体稳住再提腿换步；进退的动作，先落脚而后再慢慢地改变重心。同时，身体做到了沉肩、松腰、松胯以及手法上的虚实，也会帮助重心的稳定。这样练习日久，动作无论快慢，都不会产生左右摇摆、上重下轻和稳定不住的毛病。

（五）呼吸自然

练太极拳要求呼吸自然，不要因为运动而引起呼吸急促。人们无论做任何体育活动，机体需要的氧都要超过不运动的时候。在练习太极拳时，由于动作轻松柔和，身体始终保持着缓和协调，所以用增加呼吸深度就可以满足体内对氧的需要，对正常的呼吸影响并不太大。

初学太极拳的人，首先要注意保持自然呼吸，也就是说，在做动作时，练习者应按照自己的习惯和当时的需要进行呼吸，该呼就呼，该吸就吸，动作和呼吸不要互相约束。

动作熟练之后，可根据个人锻炼体会的程度，毫不勉强地随着速度的快慢和动作幅度的大小，按照起吸落呼、开吸合呼的要求，使呼吸与动作自然配合。例如：做"起势"的两臂慢慢前平举时要吸气，而身体下蹲、两臂下落时则要呼气。这种呼吸方式是根据胸廓张缩和膈肌活动的变化，在符合动作要求与生理需要的基础上进行的。这样能够提高氧的供给量和加强横膈膜的活动。但是，在做一般起落开合不很明显的动作时，或在以不同的速度练习、不同体质的人练习时，动作与呼吸的配合不能机械勉强，要求一律。否则违反了生理自然规律，不仅不能得到好处，反而可能造成呼吸的不顺畅和动作的不协调。

以上要领不是彼此分离，而是相互联系的。如果心理不能“安静”，就不能意识集中和精神贯注，也就难以使意念与动作结合进行，更达不到连贯和圆活的要求。如果虚实与重心掌握不好，上体过分紧张，也不可能做到动作协调、完整一体，从而呼吸也就谈不上自然了。

三、对身体各部位姿势的要求

（一）头　部

练习太极拳时，对头部姿势的要求是很严格的。所谓“头顶悬”“虚领顶劲”，或“提顶”“吊顶”的说法，都是要求练习者头向上顶，避免颈部肌肉硬直，更不要东偏西歪或自由摇晃。头颈动作应随着身体位置和方向的变换，与躯干的旋转上下连贯协调一致。面部要自然，下颏向里收回，口自然合闭，舌上卷舔住上腭，以加强唾液的分泌。

眼神要随着身体的转动，注视前手（个别时候看后手）或平视前方，既不可皱眉努目，也不要随意闭眼或精神涣散。打拳时，神态力求自然，注意力一定要集中，否则会影响锻炼效果。

（二）躯干部

1. 胸背：太极拳要领中指出要“含胸拔背”，或者“含蓄在胸，运动在两肩”，意思是说在锻炼过程中要避免胸部外挺，但也不要过分内缩，应顺其自然。“含胸拔背”是互相联系的，背部肌肉随着两臂伸展动作，尽量地舒展开，同时注意胸部肌肉要自然松弛，不可使其紧张，这样胸就有了“含”的意思，背也有了“拔”的形式，从而也可免除胸肋间的紧张，呼吸调节也自然了。

2. 腰脊：人体在日常生活中，行、站、坐、卧要想保持正确的姿势，腰脊起着主要作用。在练习太极拳的过程中，身体要求端正安舒，不偏不倚，腰部起着重要的作用。过去有人说“腰脊为第一之主宰”，又说“刻刻留心在腰间，腹内松静气腾然”“腰为车轴”等等，都说明了如果腰部力量中断或在身体转动中起不了车轴作用，就不可能做到周身完整一气。练习时，无论是进退或旋转，凡是由虚而逐渐落实的动作，腰部都要有意识地向下松垂，以帮助气的下沉。注意腰腹不可用力前挺，以免影响转换时的灵活性。这样腰部向下松垂，可以增加两腿力量，使下盘得到稳固，使动作既圆活又完整。

在配合松腰的要领当中，脊椎骨要根据生理正常姿态竖起，不可因松腰而故意后屈、前挺或左右歪斜，以致造成胸肋或腹部肌肉的无谓紧张。通过腰部维护身体的重心，能使动作既轻灵又稳定。可见，腰脊确是练太极拳的第一主宰。

3. 臀部：练太极拳时要求“垂臀”（或称“敛臀”），这是为了避免臀部凸出而破坏身体的自然形态。练习时，要注意臀部自然下垂，不要左右扭动。要在松腰、正脊的要求下，臀部肌肉要有意识地收敛，以维持躯干的正直。总之，垂臀和顶头的要求一样，应用意识调整，不是用力去控制。

（三）腿部

在练习太极拳的过程中，进退的变换，发劲的根源和周身的稳定，主要在于腿部。因而在锻炼时，要特别注意重心的移动、脚放的位置和腿弯的程度。练拳人常讲：“其根在脚，发于腿，主宰于腰，形于手指”，可见腿部动作姿势的好坏，关系着周身姿势的正确与否。

腿部活动时，首先要求胯和膝关节放松，这样可以保证进退灵便。脚的起落，要轻巧灵活；前进时脚跟先着地，后退时脚掌先着地，然后慢慢踏实。

初学的人，往往感到顾了手顾不了脚，而且大多数人只注意了上肢的动作，而忽略了腿脚的动作，以致影响了整个拳架的学习。应该充分认识腿脚动作在姿势变换中的重要性，认真学好各种步型步法。在练架子时，必须注意腿部动作的虚实，除“起势”“收势”和“十字手”外，避免体重同时落在两腿上。所谓腿部动作的虚实，就是体重在右腿则右腿为实，左腿为虚；体重在左腿则左腿为实，右腿为虚。但是，为了维持身体平衡，虚脚还要起着一个支点的作用（如“虚步”的前脚和弓步的后脚）。总之，既要分清虚实，又不要绝对化。这样，进退转换不仅动作灵活稳定，而且可使两腿轮换负荷与休息，减少肌肉的紧张和疲劳。

做弓步时，要以一腿弯曲支持体重，另一腿轻轻提起伸直（不可僵挺），脚跟自然落下，然后全脚慢慢踏实向前弓腿，这样进退自然，步幅适当。做跟步动作时，脚掌要先着地。蹬脚、分脚动作，宜慢不宜快（个别动作除外），应保持身体平衡稳定。摆脚动作（摆莲脚）或拍脚的动作，不可紧张，须根据个人技术情况而定，手不拍脚也可以。

（四）臂部

太极拳术语中讲“沉肩垂肘”，就是要求这两个部位的关节放松。肩、肘两个关节是相关联的，能沉肩就能垂肘。运动时应经常注意肩关节松开下沉，并有意识地向外引伸。

太极拳对手掌部位的要求是：凡是收掌的动作，手掌应微微含蓄，但又不可软化、飘浮；当手掌前推时，除了注意沉肩垂肘之外，同时手腕要微向下塌，但不可弯得太死。手法的屈伸翻转，要力求轻松灵活。出掌要自然，手指要舒展（微屈）。拳要松握，不要太用力。

手和肩的动作是完整一致的，如果手过度向前引伸，就容易把臂伸直，达不到“沉肩垂肘”的要求；而过分地沉肩垂肘，忽略了手的向前引伸，又容易使臂部过于弯曲。总之，动作时，臂部始终要保持一定的弧度，推掌、收掌动作都不要突然断劲，这样才能做到既有节奏又能连绵不断，轻而不浮、沉而不僵、灵活自然。

四、初学太极拳的注意事项

（一）速度要均匀

初学太极拳时宜慢不宜快，从慢上练功夫，打基础，先把动作学会，把要领掌握好。熟练以后，不论速度稍快或稍慢，都要从头到尾保持均匀。打一套“简化太极拳”，正常的速度是4~6分钟，有的人慢练，可长达8~9分钟，但也不可太慢。打一套“四十八式太极拳”为8~10分钟，“八十八式太极拳”需要20分钟左右。

（二）架势不可忽高忽低

初学时架势可以高一点，也可低一点，但在“起势”时就要确定高低程度，以后整套动作，要大体上保持同样的高度（除“下势”以外）。体弱者最好采用高一点的架势练习，随着动作的熟练和体质的增强，再练中型架势或低一些的架势。

（三）要适当掌握运动量

太极拳运动虽然不如体操运动和其他长拳运动剧烈，但是由于它要求上下肢呈一定的弯曲情况下做慢动作，加之要求全身内外上下高度集中统一，所以，还是有一定运动量的。特别是下肢的运动量比较大。因为打这种拳，一方面要求两腿分清虚实，体重经常由一条腿来负担，而这条腿又是在膝关节弯曲情况下来支撑体重的；另一方面，由一个姿势转到另一个姿势、重心由一腿过渡到另一腿上时要求缓慢，用的时间较长，这就大大增加了下肢的负荷量。所以，初学的人练完一两趟“简化太极拳”，往往会感到两腿酸痛，这是正常的生理现象。坚持练下去，这种腿部酸痛现象，就会消失。

每次锻炼的时间长短、趟数多少、运动量大小，应根据工作和学习情况及自己的体质而定。一般健康无病的人，运动量可以略大一些，可以连续打一趟或两趟。老年人和体弱者要根据自己的身体情况，适当调节运动量，可以单练一组或几组；也可以专练一两个式子，如“揽雀尾”“云手”“起势”等；也可以架势稍高一些，如“弓步”的前腿应当是膝盖与脚尖在一条垂直线上，这时，膝关节弯曲度可略小一些。患有不同伤病的人，每次的运动量不宜太大，要注意循序渐进，逐步加大运动量，必要时应征求医生的意见。总之，在初练太极拳时，运动量的掌握务要因人制宜，因病制宜，不应贪多求快，急于求成。

（四）要持之以恒

练太极拳同从事其他体育锻炼一样，贵在坚持。不仅开始时要积极参加练习，而且一定要坚持继续练下去。根据自己生产、工作或学习的时间情况，最好每天在业余时间能安排一定的时间进行练习。切不可“三天打鱼，两天晒网”“一曝十寒”，或是认为已经练会了，或者感到病情有所好转，就不再继续坚持练习。那样，不仅不能逐步提高太极拳的技术水平，不能做到精益求精，而且更重要的是不能更好地收到坚持练太极拳增强体质和治病防病的效果。一般情况下，每天在班前、班后或工间操、课间操时间，在本单位的院落、空地都可以练习。有条件的最好能在清晨或晚间，就近到公园、树林、广场、河边、空地等空气清新和环境安静的地方练习。如果这些地方设有太极拳辅导站，参加集体学习，收效会更好一些。

* * *

此外，初学的人如果没有专人指导，可几个人在一起，采用互教互学的办法来解决。例如，先由一人按照图解上的动作说明来指导其他人学练，然后依次轮换。要仔细地研究前面所说的锻炼方法，正确掌握要领。这比一个人自己看图解学拳，要快一些，好一些。

第三节　练习太极拳的主要过程及其要点

练习太极拳和其他体育项目一样，要经过一个由生到熟、由熟到巧的逐步提高过程。

太极拳有独特的运动特点和风格，只有充分体现出这种风格特点，使每一姿势动作符合要领，才能更好地收到增强体质的功效。

大致说来，练太极拳可以分成三个阶段。第一阶段，应该在姿势（完成势）、动作（过渡势）上打好基础，把拳套中的步型、步法、腿法、身法、手型、手法、眼神等基本要求弄清楚，做到姿势正确，步法稳定，动作舒展、柔和。第二阶段，注意掌握动作的变化规律及其特点，做到连贯协调，圆活自然。第三阶段，着重练习劲力的运用和意念、呼吸与动作的自然结合，做到动作轻灵沉着，周身完整统一。

在锻炼过程中，不管哪一阶段、哪一步，都要注意保持“心静”“体松”两个基本要领。心静、体松是太极拳运动特点所决定的最基本的要求，它对于其他要领的掌握起着保证作用，应该贯注于练太极拳的全过程。“心静”就是指思想集中，精神贯注，做到专心打拳。“体松”是指身体各部位保持运动中的自然舒展，排除不必要的紧张。正确运用这两个要点，有利于掌握太极拳的其他要领，体现太极拳的运动特点，提高健身和医疗的效果，因此有人把“松”“静”两点作为打好太极拳的基本条件。

在练习太极拳的不同阶段，对“松”“静”这个基本要求的掌握也是从低到高，逐步加深体会的，它和技术练习的要求紧密地联系在一起，两个方面不可割裂对待。

下面简单介绍练习太极拳的主要过程及其要点。

第一阶段

属于打基础阶段，要注意以下几个要点：

（一）端正

打太极拳首先要注意姿势正确，特别要保持上体自然正直，腰脊中正，两肩、两胯自然放松，不可俯仰歪斜，或耸肩、扭胯。其他部位也要按照要求切实做好（参照前“对身体各部位姿势的要求”部分）。忽视任何一个部位的要领，必然牵扯其他部位，造成错误定型和错误动作。例如姿势中臀部外凸，必然牵连腰部和胸部前挺，腹肌紧张。因此，初学阶段要抓住姿势“端正”这一环节，不可贪多求快，潦草从事。这样做开始阶段可能刻板一些，初练起来灵活性稍差，但只要抓住了“身法”中的主要矛盾，其他问题，以后容易解决。

（二）稳定

要使上体端正舒适，必须首先保持下肢稳定。步型、步法既是姿势当中的一部分，又是整个姿势的基础。经验证明，很多人下肢不稳，并不完全出于力量不足，而多数是由于步型、步法不当。如果步子过小过窄，或脚的位置、角度不对，以及变换动作时虚实不清，势必造成身体重心不稳。因此必须把步型、步法的要求弄清楚，可以单练各种桩步和步法，先把身体重心的变换找清楚。这样既利于培养下肢的支撑力量，又能把主要步型（弓步、虚步、仆步、独立步等）、步法（进步、退步、侧步、跟步等）的要领掌握好。此外，根据具体情况，多练各种腿法（蹬脚、分脚、摆脚、踢腿、压腿等）和多做腰部的柔韧性练习，也可以增强下肢力量，有利于动作的稳定。

（三）舒松

初学时，在姿势动作中要注意舒松自然。舒松不是软化无力，而是按照规矩，尽量把动作做得舒展些。任何运动总是松紧、张弛交替进行，太极拳也是如此。但是太极拳的特点是轻缓柔和，沉着自然，要求“运劲如抽丝”。初学者往往不适应这种要求，容易使用拙力，造成不必要的紧张，甚至僵硬，破坏了姿势动作的端正、稳定。初学者打基础时必须注意克服这一毛病，首先由舒松柔和入手，把不必要的紧张和生硬的僵劲去掉，姿势动作力求舒展大方，自然柔和。

（四）轻匀

为了较快地掌握太极拳轻缓柔和的运动特点，初学时，注意动作要慢、要柔，用力要轻、要匀。当然，快和慢是相对的，不是越慢越好。一般说来，初学者动作慢一些，用力轻一些，易于使动作准确，速度均匀，消除拙力。初学时如果动作不熟练，可以在姿势之间稍有停顿，体会一下要领，边想边做。但是动作熟练之后，就要努力保持匀速运动，起落转换不可忽快忽慢，忽轻忽重。

第二阶段

着重掌握太极拳的动作规律，体现太极拳的运动特点。要注意以下要点：

（一）连贯

打太极拳在姿势动作有一定基础之后，就要努力做到节节贯串。各个姿势动作要前后衔接，一气呵成，好像行云流水一样，前一个动作的完成，就是下一个动作的开始，不容许中途断线。比如“揽雀尾”动作，初学时可以把掤、捋、挤、按分成四个分解动作，独立开来；熟练之后，就要把这四个动作衔接在一起，动作中间虽然仍要保持一定的节奏感，但是一个动作做完了，微微一沉，似停非停，要立刻接下一个动作，整个过程精神贯注，意念集中，不可松懈间断。本书介绍的太极拳各个姿势动作之间的节奏感，都应这样处理。

（二）协调

练太极拳是全身性活动，要求上下相随，完整一气，全身各部位的运动保持协调一致。比如做“云手”动作，腰脊转动，带动了两臂在空间画圆，两手掌随着臂部运动不断地内外翻转，两腿支撑整个身体，左右移动重心，颈部也随躯干自然扭转，同时两眼不断注视变换的手，这样就形成了一个处处牵连密切配合的全身运动。我们往往看到练拳已久的人，打起拳来，还发生手脚快慢不一，躯干、四肢脱节的现象。比如“揽雀尾”的弓步动作，腿已经弓出去了，手还没有“挤”出去（或“按”出去）；“搂膝拗步”时，右手搂膝先结束，左手还在推掌。这样，动作支离破碎，就与协调的要求不相符合，违背了“周身相随”的要求。

（三）圆活

太极拳的动作是以各种弧形、曲线为基础构成的，练起来灵活自然，衔接合顺。认识和掌握这一规律，就能自觉地避免动作直来直往和转死弯、拐直角的现象，使动作圆活不滞。在动作要领上，要特别注意运用腰脊带动四肢进行活动，体会转腕旋臂（不要故意缠绕）、松肩垂肘、屈膝松胯等要领。虽然强调走弧形、曲线，但要转动自如，避免故意摇摆。只要反复按照要领练习，就可以做到变转圆活，轻灵顺遂。

第三阶段

过去有人说，练太极拳“由着熟而渐悟懂劲”。

练太极拳要懂得用劲和换劲的方法。什么是懂劲呢？“劲”就是运动中力量的运用，也叫做“劲力”。懂劲就是了解太极拳的用力特点，掌握用力的要领。在这一阶段，要着重练习劲力完整，内外统一。过去有人把这叫做“练意、练气、练力”的功夫，但往往在解释中故弄玄虚，使人很难捉摸。从练套路来讲，“劲力完整”就是指“运劲”过程中，力量连绵不断，刚柔相济。“内外统一”是指意念、呼吸与动作协调配合。只要经常练习，认真体会，做到劲力完整、内外统一并不困难。

练习中要注意掌握以下要点：

（一）虚实分明，刚柔相济

运动本身就是矛盾。在武术练习中，常常把矛盾转换概括称做虚实变化。太极拳从整体动作来分，除个别情况外，动作达到终点定势为“实”，动作变转过程为“虚”。从动作局部来分，主要支撑体重的腿为实，辅助支撑或移动换步的腿为虚；体现动作主要内容的手臂为实，辅助、配合的手臂为虚。分清了动作的虚实，我们用力的时候，就要有张有弛，区别对待。实的动作和部位，用力要求沉着、充实；虚的动作和部位，要求轻灵、含蓄。例如动作达到定势或趋于完成时，腰脊和关节要注意松沉、稳定。动作变转运动时，全身各关节要注意舒松、活泼。上肢动作由虚而实时，前臂要沉着，手掌逐渐展指舒掌、塌腕（也称坐腕），握拳要由松而紧；由实而虚时，前臂运转要轻灵，手掌略微含蓄，握拳由紧而松。这样，结合动作的虚实变化，劲力有柔有刚，张弛交替，打起拳来就既轻灵又沉着，避免了不分主次、平均用力和双重、呆滞的毛病。

明白了虚和实、刚和柔的对立后，还要掌握二者的统一。太极拳的所有动作，都是矛盾双方共处在一个统一体的运动转化过程（两手、两腿大多是一虚一实相互交替），就是动作做到终点时，也要求各部位关节、肌肉保持少许伸缩转化余地，过去称为“虚中有实，实中有虚”。这就要求在用力上不能绝对化，既要明确矛盾的主要方面，也要注意矛盾的次要方面，做到柔中寓刚，刚中寓柔，避免僵硬、软化现象。太极拳每个动作、每个瞬间，都是处在几种相辅相成的力量作用下，在相互牵制和对抗中进行的。比如手臂前推时，掌根向前用力，同时肘部向下沉，肩窝向后缩，上体尽力放松，这样就使力量沉而不僵，两臂像棉里裹铁。手臂后收时，肩力放松并向后带，肘部外（内）引，手腕也微微放松，使前臂自然而圆活地旋转，既不要突然断劲，又不要故意缠绕摇摆，要使动作轻而不浮，活而不散。掌握了松紧、张弛的辩证统一，就使劲力刚柔相济，打起拳来，身体各部位好像在弹性屈伸中运动，显示出极柔软又极坚实的特点。

（二）连绵不断，劲力完整

太极拳劲力除要求刚柔相济，还要求均匀完整，时时处处不断劲。断劲就是指力量的中断、停顿、脱节、突变。要使劲力绵绵不断，就要在动作连贯、协调、圆活的基础上掌握用力（俗称运劲）规律。太极拳用力要求发自腰腿，运用于两臂、两手，达于手指，动作起来，以腰为枢纽，周身完整一气。初学者往往忽略腰腿，把注意力仅仅放在上肢变化上，结果双手孤立地运动，使动作支离飘浮，散乱断劲。

打太极拳一定要克服断劲的毛病。例如“云手”动作，两臂交叉画圆一定要在腰部旋转带动下进行。凡是腰部旋转都要和腿的屈伸、脚的外撇里扣、身体重心移动配合一致。这样才能使周身力量节节贯串，通过腰脊联成一个整体，十分扎实。否则，动作就会飘浮无力，如果勉强用力也是局部的僵力或断劲。

我们强调腰腿发力，周身完整，绝不是忽视上肢作用。太极拳两臂变化最多，是劲力运用的集中表现，决不能忽视。实际上很多断劲现象也是在这环节上造成的。练太极拳为了防止断劲，在动作中要求走曲线，转圆弧，上肢屈伸尽量与臂部的旋转相结合，以利于劲力的连贯。前臂外旋时，注意小指一侧微微用力，好似向外运劲；前臂内旋时，注意拇指一侧微微用力，好似向里裹劲；前推时，除腕部微微塌住劲外，可注意中指或食指领劲，意念中好像力量贯注到指尖。这样动作尽管千变万化，但劲力始终贯串衔接，完整一气。

概括起来，前面讲的刚柔相济，是指力量的变化；这里讲的连绵不断，是指用力的完整。

（三）意念集中，以意导动

练太极拳自始至终要求思想集中。但在初学阶段，思想大多集中在想该打哪个式子和检查姿势动作是否符合要领上，技术熟练以后，思想就逐渐转到劲力运用方面来。例如“简化太极拳”中的“揽雀尾”，包括掤、捋、挤、按四个小动作，熟练以后，我们要把意念集中到劲力运用以及与其有关的想像上。比如捋劲要有牵引或是捋住物体的想像；按劲要有向前推按的想像，同时与腰腿的用劲结合，意念活动从机械地做动作，转为用意念引导动作，这就使力量和动作更为充分准确，富有内容。关于太极拳意念引导动作，初学者在理解和实践中要特别注意几个要点。

第一，意念集中不是情绪紧张呆板。意念活动要与劲力的刚柔、张弛相一致，形成有节奏有变化的运动。意念活动和劲力运用，是统一运动的两个方面，都要体现“沉而不僵，轻而不浮”的特点。

第二，打拳时要注意情绪饱满，精神贯注（包括眼神运用），这是意念活动的重要体现。练太极拳既不能紧张，也不能疲疲塌塌、毫无生气，在外示安逸的过程中，要精神饱满，自然生动，富有生气。

第三，意念、劲力、动作三者是统一的，但它们的相互关系则有主有从。

意念引导劲力，劲力产生运动。所以太极拳要求“先在心，后在身”，势换劲连，劲换意连。但是这种主从关系，不能理解为脱节、割裂。意念的变化要表现在劲力和动作上。练太极拳不能片面追求“虚静”，追求“有圈之意，无圈之形”，这样就会把意念活动割裂架空，使人莫测高深，无所适从。

（四）动作呼吸，恰当结合

太极拳呼吸深长细匀，通顺自然。初学时只要求自然呼吸。动作熟练以后，可以根据个人锻炼的体会和需要，在合乎自然的原则下，有意识地引导呼吸，使其更好地适应劲力与动作要求，这种呼吸叫“拳势呼吸”。比如太极拳动作接近完成时，大多数要求劲力沉着充实，动作稳定，要求沉肩、虚胸、实腹，这时就应该有意识地呼气，推动腹肌和膈肌运动。太极拳的动作转变过程，情况比较复杂，一般说来，凡是用力含蓄轻灵、肩胛开放、胸腔舒张时，应该有意识地吸气；而用力沉稳坚实、肩胛内合、胸腔收缩时，应该呼气。这就是所谓“开吸合呼”的要求。这与我们在生活、劳动以及其他运动中的习惯和生理需要是一致的。拳势呼吸就是在呼吸上使自发的配合变为自觉的引导调节。

有人习惯根据上肢动作或者强调太极拳的打法来区分和调节呼吸。比如以手臂的伸、进、分等动作结合呼气，屈、退、合等动作结合吸气。这样做在一定条件下是可行的，但不能不分情况不加分析地机械套用。归根到底，太极拳套路中的呼吸是由劲力特点和胸腔、肩胛的运动变化决定的。在日常动作中，例如同样是手臂前伸，取物和推物时用力不同，胸腔变化也不一样，对呼吸要求也就不同。打太极拳也是如此。

练太极拳时，呼吸不能机械地勉强地受动作拘束。拳势呼吸既是积极的又是自然的，运用得恰当可以使动作更加协调、圆活、轻灵、沉稳。打太极拳常说“全身意在精神，不在气，在气则滞”“以意运气，非以力使气”，就是指动作和呼吸要自然协调配合，不可机械勉强。

“拳势呼吸”的运用不是绝对的。因为太极拳套路的结构、动作的编排，都是考虑前后衔接连贯、全面锻炼的需要，在编排上不是仅从呼吸的节拍出发。不仅不同的太极拳套路，练起来，呼吸的次数、深度各有不同，就是同一套路，不同体质的人和同一个人以不同的速度练习时，呼吸也无法强求一律。可以这样说，练拳时只能要求在主要动作和胸肩开合较明显的动作上，做到“拳势呼吸”。在练一些过渡动作及个人感到呼吸难以结合的动作时，仍需要进行自然呼吸，或采用辅助呼吸（短暂呼吸）加以过渡调节。所以打太极拳无论什么时候，无论技术如何熟练，总要“拳势呼吸”和“自然呼吸”结合使用，才能保证呼吸与动作的结合顺畅妥善，符合太极拳“气以直养而无害”的原则要求。不要简单地开列“呼吸程序表”，使呼吸机械绝对，强求统一。尤其是病员或体质较弱的人练太极拳，更应因人制宜，保持呼吸的自然顺遂，不能以力使气，生硬勉强，违背呼吸的自然规律，以免有伤身体。

第二章 太极拳的技术内容及套路介绍

第一节 二十四式太极拳

“二十四式太极拳”是按照由简到繁、由易到难的原则，对已在群众中流行的太极拳进行改编、整理的。它改变了过去那种先难后易的锻炼顺序，去掉了原有套路中过多的重复姿势动作，集中了原套路的主要结构和技术内容，便于群众掌握，易学易懂。这套拳共分八组，包括“起势”“收势”共二十四个姿势动作。练习者可连贯演练，也可以选择单式或分组练习。

一、动作名称

第一组

（一）起势　（二）左右野马分鬃

（三）白鹤亮翅

第二组

（四）左右搂膝拗步　（五）手挥琵琶

（六）左右倒卷肱

第三组

（七）左揽雀尾　（八）右揽雀尾

第四组

（九）单鞭　（一〇）云手

（一一）单鞭

第五组

（一二）高探马　（一三）右蹬脚

（一四）双峰贯耳　（一五）转身左蹬脚

第六组

（一六）左下势独立　　（一七）右下势独立

第七组

（一八）左右穿梭　　（一九）海底针

（二〇）闪通背

第八组

（二一）转身搬拦捶　　（二二）如封似闭

（二三）十字手　　（二四）收势

二、二十四式太极拳套路介绍

在文字说明中，凡有“同时”两字的，不论先写或后写身体的某一部分动作，都要求一齐活动，不要分先后去做。

动作的方向是以人体的前后左右为依据的，不论怎样转变，总是以面对的方向为前，背向的方向为后，身体左侧为左，身体右侧为右。假设面向南方起势，对一些完成势面向方向斜度较大的姿势，特别说明了方向。

第　一　组

（一）起势

①身体自然直立，两脚开立，与肩同宽，脚尖向前；两臂自然下垂，两手放在大腿外侧；眼平看前方（图1）。

要点：头颈正直，下颏微向后收，不要故意挺胸或收腹。精神要集中（起势由立正姿势开始，然后左脚向左分开，成开立步）。

图 1

②两臂慢慢向前平举，两手高与肩平，与肩同宽，

手心向下（图2、3）。

③上体保持正直，两腿屈膝下蹲；同时两掌轻轻下按，两肘下垂与两膝相对；眼平看前方（图4）。

要点：两肩下沉，两肘松垂，手指自然微屈。屈膝松腰，臀部不可凸出，身体重心落于两腿中间。两臂下落和身体下蹲的动作要协调一致。

图 2

图 3

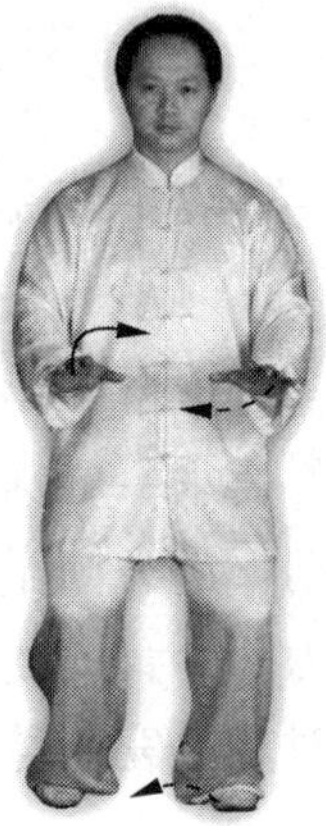
图 4

（二）左右野马分鬃

①上体微向右转，身体重心移至右腿上；同时右臂收在胸前平屈，手心向下，左手经体前向右下画弧至右手下，手心向上，两手心相对成抱球状；左脚随即收到右脚内侧，脚尖点地；眼看右手（图5、6）。

图 5

图 6

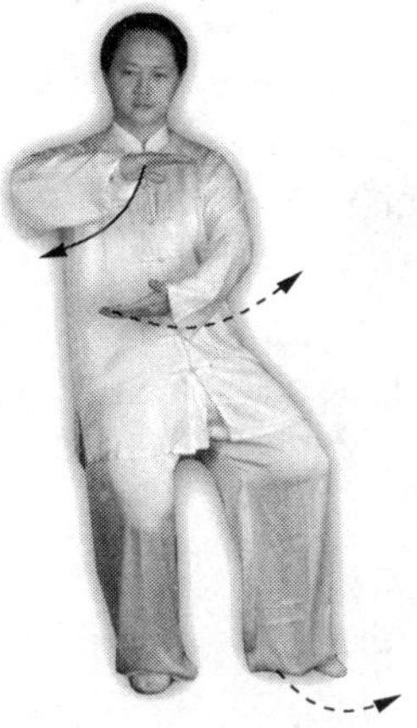
图 7

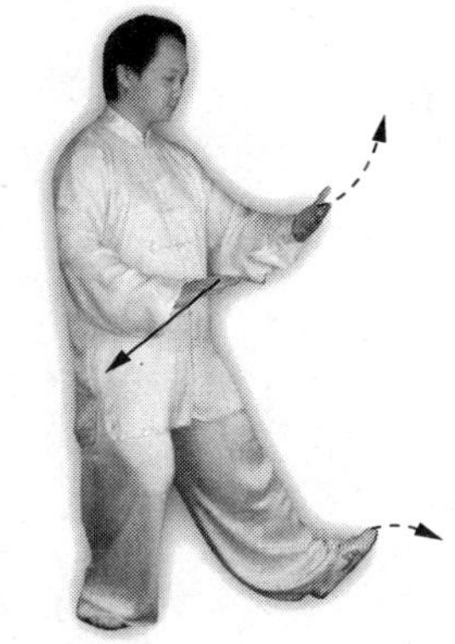
图 8

图 9

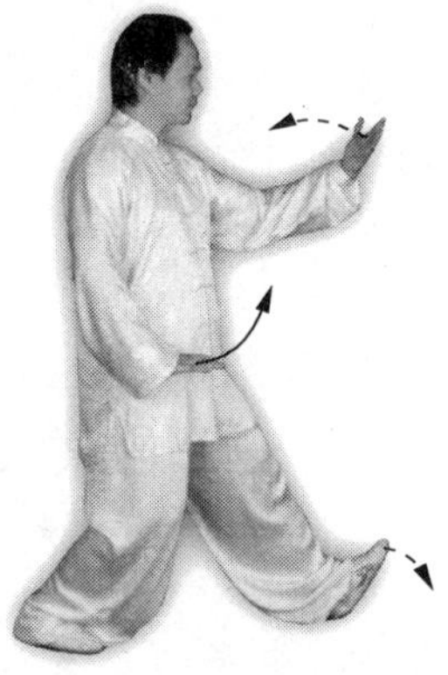
图 10

图 11

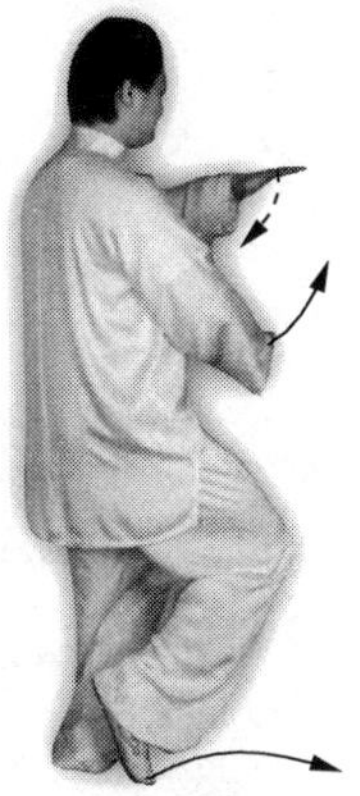
图 12

②上体微向左转，左脚向左前方迈出，右脚跟后蹬，右腿自然伸直，成左弓步，同时上体继续向左转；左右手随转体慢慢分别向左上、右下分开，左手高与眼平（手心斜向上），肘微屈，右手落在右胯旁，肘也微屈，手心向下，指尖向前；眼看左手（图7~9）。

③身体慢慢后坐，重心移至右腿，左脚尖翘起，微向外撇（45°~60°），随后脚掌慢慢踏实，左腿慢慢前弓，身体左转，身体重心再移至左腿；同时左手翻转向下，左臂收在胸前平屈，右手向左上画弧至左手下，两手心相对成抱球状；右脚随即收到左脚内侧，脚尖点地；眼看左手（图10~12）。

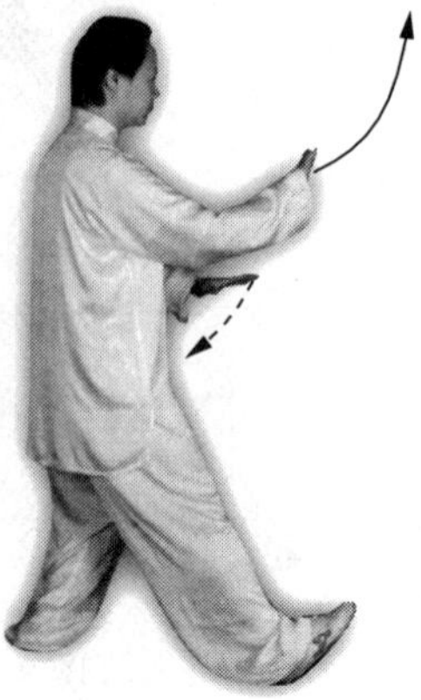

图 13

图 14

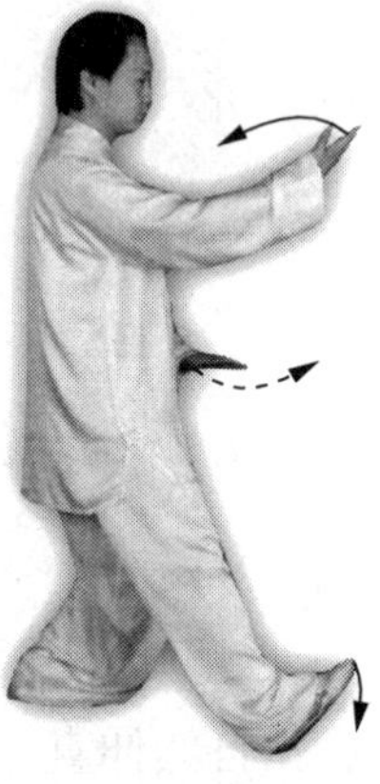

图 15

图 16

图 17

④右腿向右前方迈出，左腿自然伸直，成右弓步，同时上体右转；左右手随转体分别慢慢向左下、右上分开，右手高与眼平（手心斜向上），肘微屈，左手落在左胯旁，肘也微屈，手心向下，指尖向前；眼看右手（图13、14）。

⑤与③解同，只是左右相反（图15~17）。

⑥与④解同，只是左右相反（图18、19）。

要点：上体不可前俯后仰，胸部必须宽松舒展。两臂分开时要保持弧形。身体转动时要以腰为轴。弓步动作与分手的速度要均匀一致。做弓步时，迈出的脚先是脚跟着地，然后脚掌慢慢踏实，脚尖向前，膝盖不要超过脚尖；后腿自然伸直；前后脚夹角成45°~60°（需要时后脚脚跟可以后蹬调整）。野马分鬃式的弓步，前后脚的脚跟要分在中轴线两侧，它们之间的横向距离（即以动作行进的中线为纵轴，其两侧的垂直距离为横向）应该保持在10~30厘米。

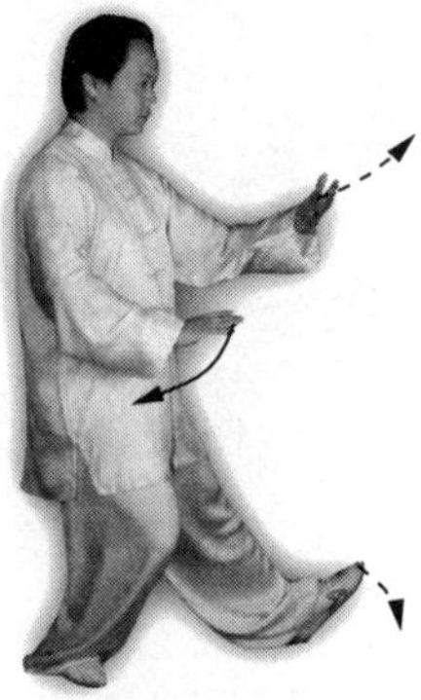

图 18

图 19

（三）白鹤亮翅

①上体微向左转；左手翻掌向下，左臂平屈胸前，右手向左上画弧，手心翻转向上，与左手成抱球状；眼看左手（图20）。

②右脚跟进半步，上体后坐，身体重心移至右腿，上体先向右转，面向右前方，眼看右手；然后左脚稍向前移，脚尖点地，成左虚步，同时上体再微向左转，面向前方，两手随转体慢慢向右上、左下分开，右手上提停于右额前，手心向左后方，左手落于左胯前，手心

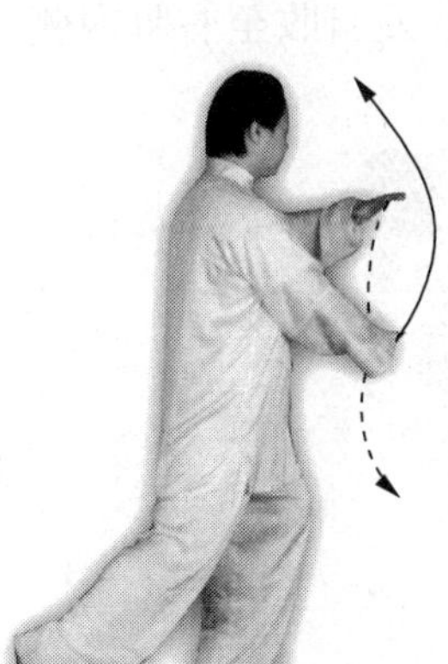

图 20

向下，指尖向前；眼平看前方（图21、22）。

要点：完成姿势时胸部不要挺出，两臂都要保持半圆形，左膝要微屈。身体重心后移和右手上提、左手下按要协调一致。

图 21

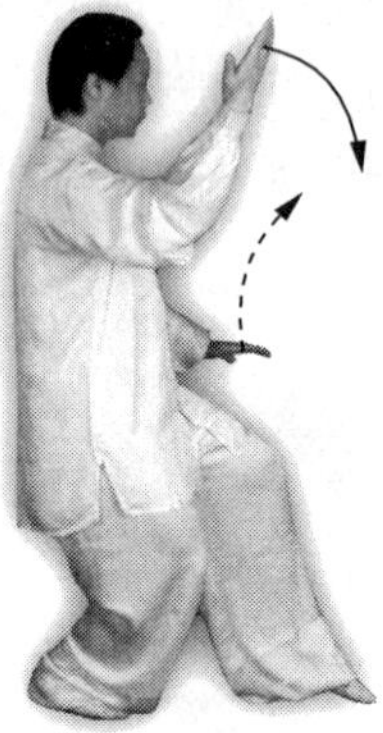

图 22

第 二 组

（四）左右搂膝拗步

①右手从体前下落，由下向后上方画弧至右肩外，手与耳同高，手心斜向上，左手由左下向上、向右画弧至右胸前，手心斜向下；同时上体先微向左再向右转；左脚收至右脚内侧，脚尖点地；眼看右手（图23~25）。

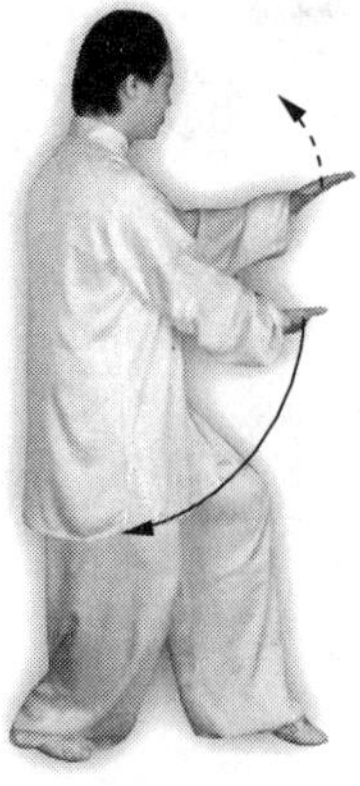

图 23

图 24

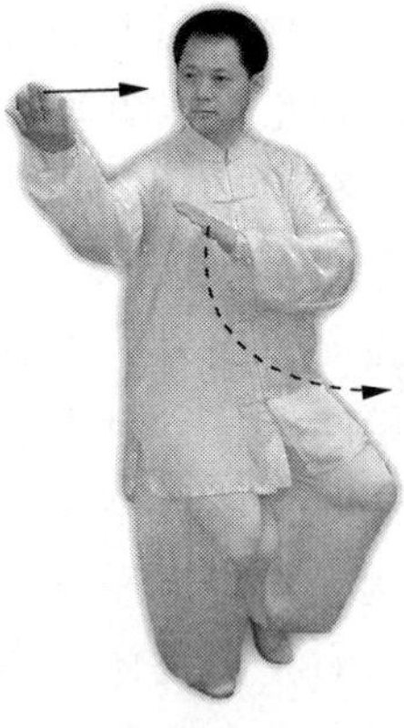

图 25

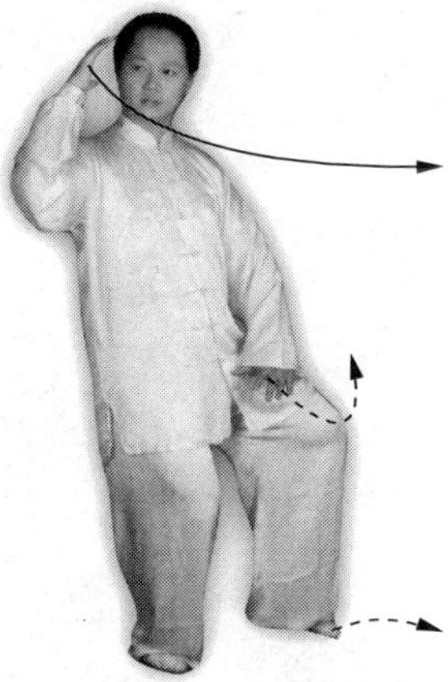

图 26

图 27

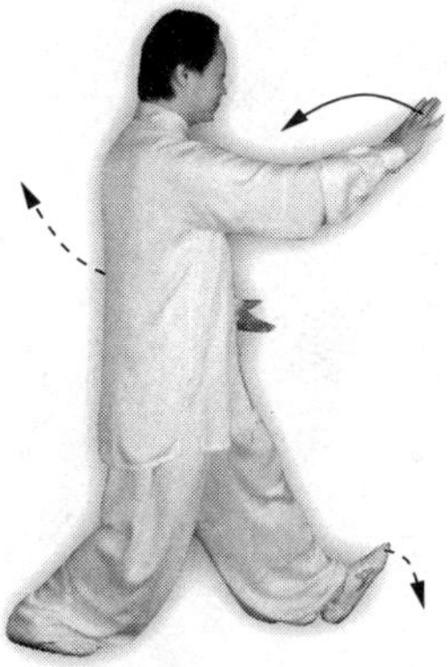

图 28

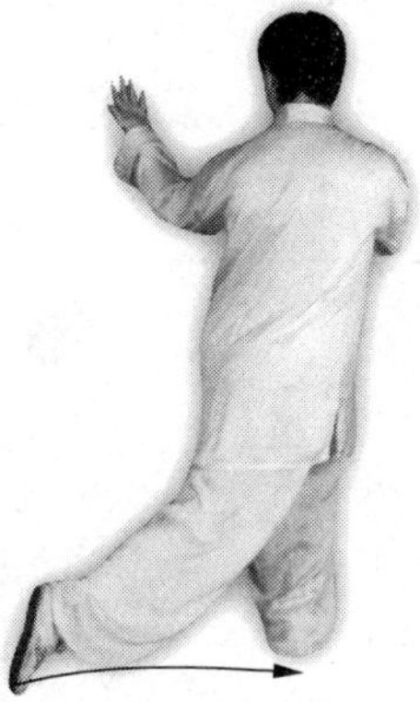

图 29

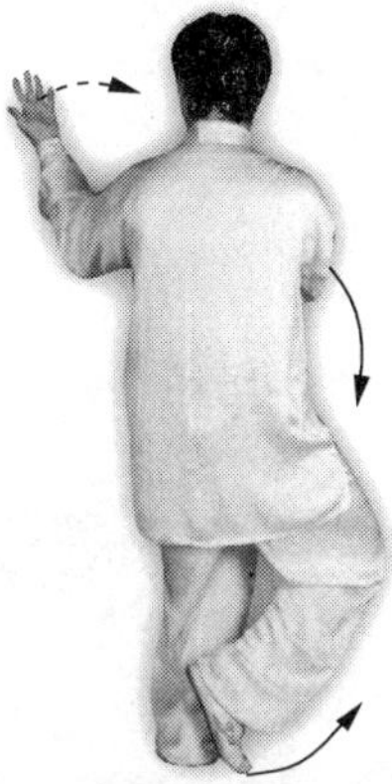

图 30

②上体左转，左脚向前（偏左）迈出成左弓步；同时右手屈回由耳侧向前推出，高与鼻尖平，左手向下由左膝前搂过落于左胯旁，指尖向前；眼看右手手指（图26、27）。

③右腿慢慢屈膝，上体后坐，身体重心移至右腿，左脚尖翘起微向外撇，随后脚掌慢慢踏实，左腿前弓，身体左转，身体重心移至左腿，右脚收到左脚内侧，脚尖点地；同时左手向外翻掌由左后向上画弧至左肩外侧，肘微屈，手与耳同高，手心斜向上，右手随转体向上、向左下画弧落于左胸前，手心斜向下；眼看左手（图28~30）。

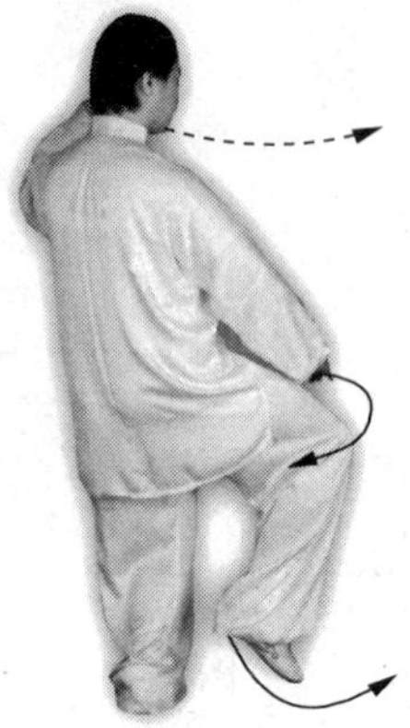

图 31

图 32

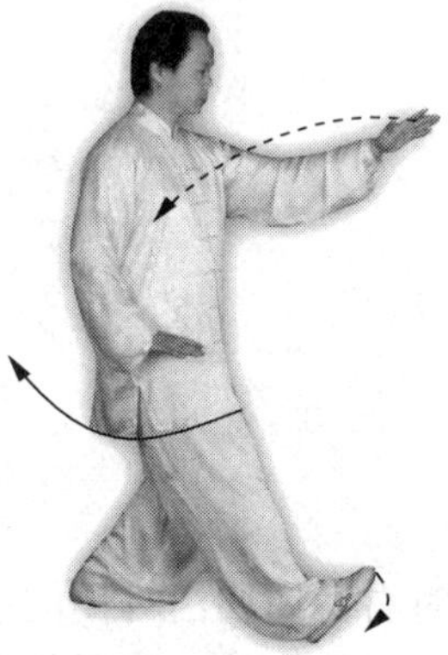

图 33

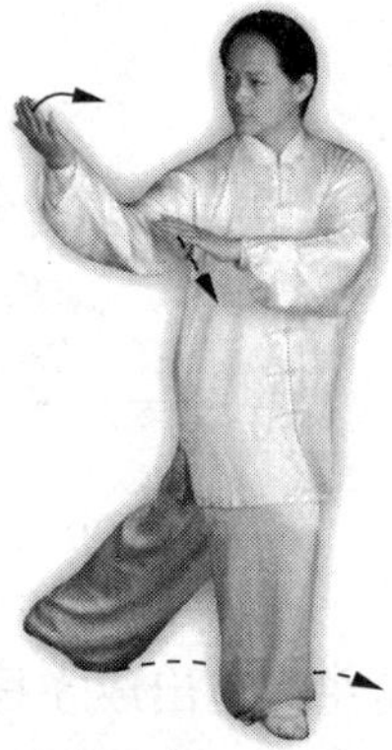

图 34

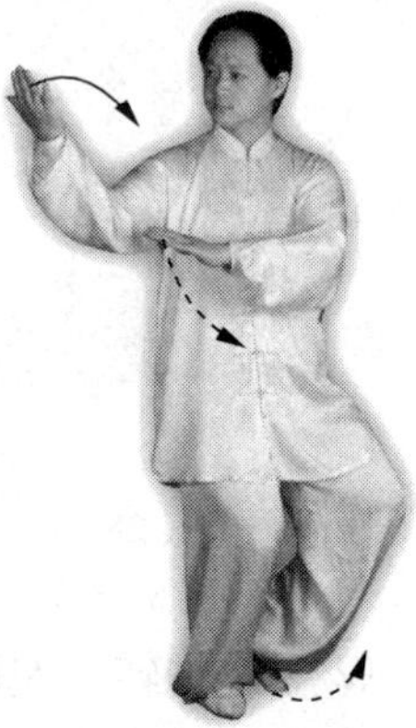

图 35

④与②解同，只是左右相反（图31、32）。

⑤与③解同，只是左右相反（图33~35）。

⑥与②解同（图36、37）。

要点：前手推出时，身体不可前俯后仰，要松腰松胯。推掌时要沉肩垂肘，坐腕舒掌，同时须与松腰、弓腿上下协调一致。搂膝拗步成弓步时，两脚跟的横向距离保持30厘米左右。

图 36

图 37

（五）手挥琵琶

右脚跟进半步，上体后坐，身体重心转至右腿上，上体半面向右转，左脚略提起稍向前移，变成左虚步，脚跟着地，脚尖翘起，膝部微屈；同时左手由左下向上挑举，高与鼻尖平，掌心向右，臂微屈，右手收回放在左肘里侧，掌心向左；眼看左手食指（图38~40）。

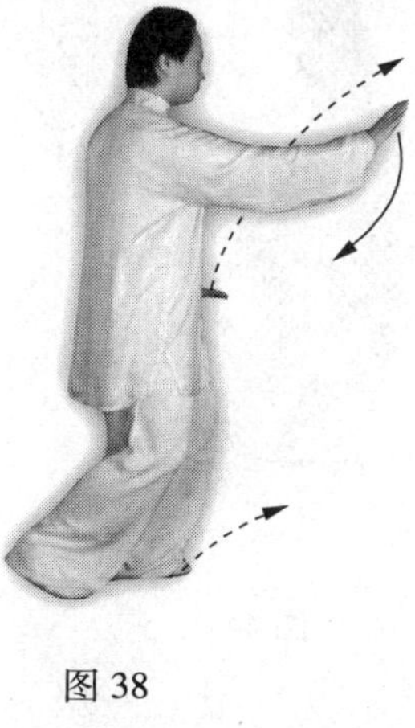

图 38

图 39

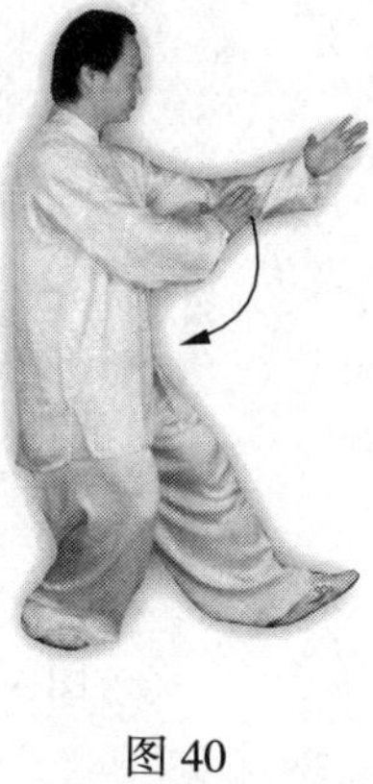

图 40

要点：身体要平稳自然，沉肩垂肘，胸部放松。左手上起时不要直向上挑，要由左向上、向前微带弧形。右脚跟进时，脚掌先着地后再全脚踏实。身体重心后移和左手上起、右手回收要协调一致。

（六）左右倒卷肱

①上体右转；右手翻掌（手心向上）经腹前由下向后上方画弧平举，臂微屈，左手随即翻掌向上；眼的视线随着向右转体先向右看，再转向前方看左手（图41、42）。

②右臂屈肘折向前，右手由耳侧向前推出，手心向前，左臂屈肘后撤，手心向上，撤至左肋外侧；同时左腿轻轻提起向后（偏左）退一步，脚掌先着地，然后全脚慢慢踏实，身体重心移到左腿上，成右虚步，右脚随转体以脚掌为轴扭正；眼看右手（图43、44）。

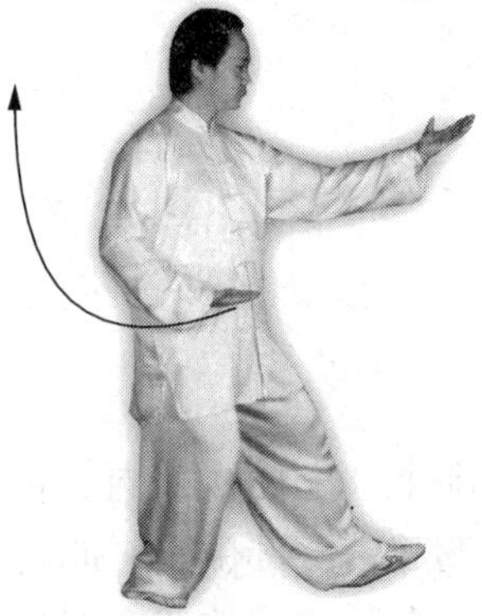

图 41

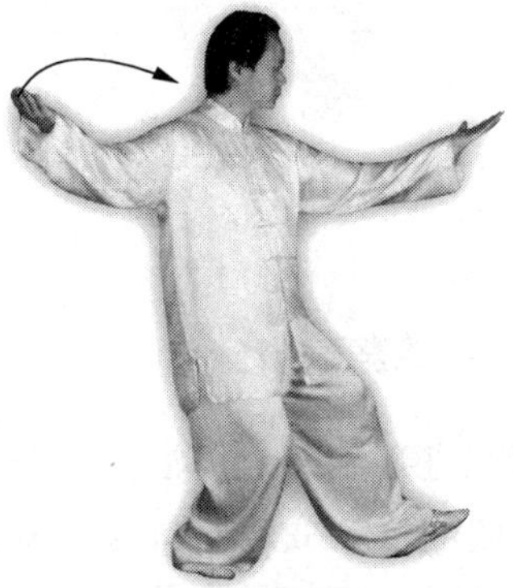

图 42

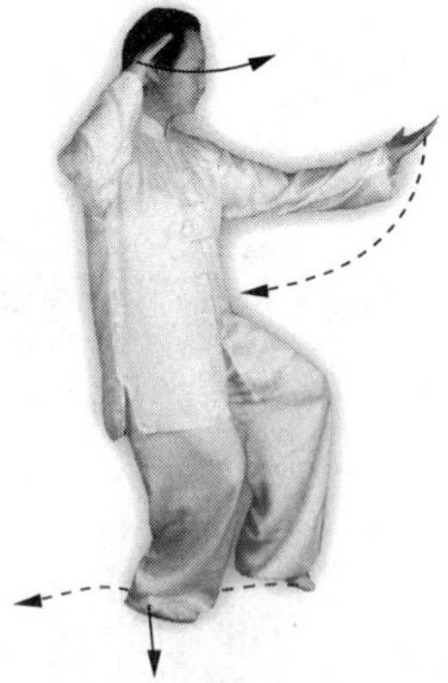

图 43

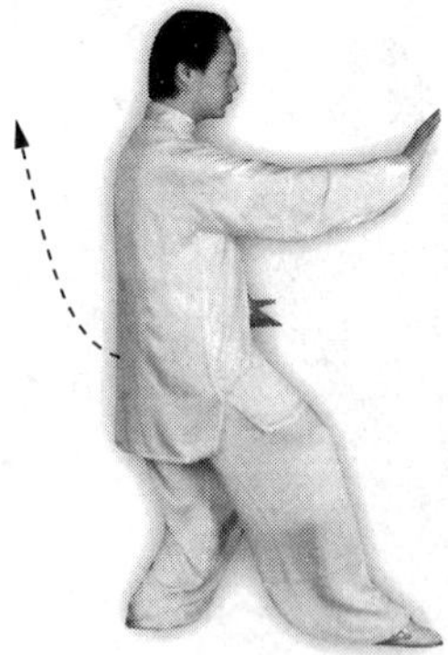

图 44

图 45
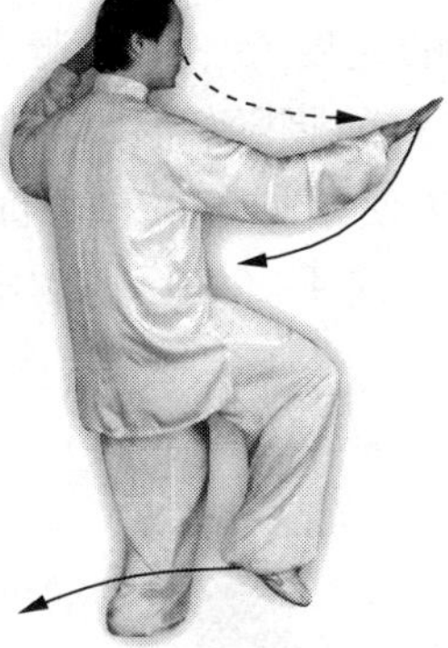
图 46

图 47
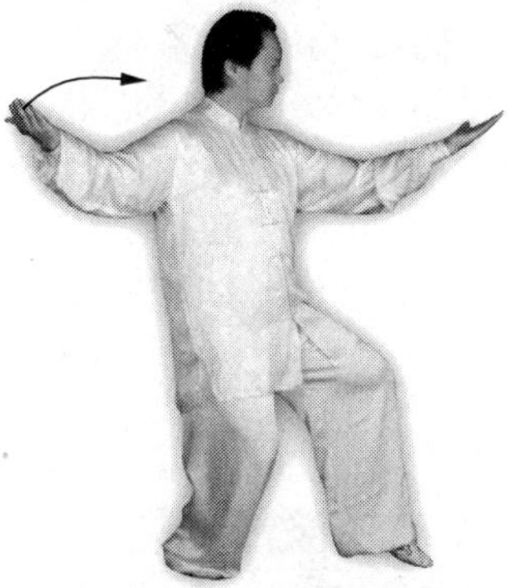
图 48
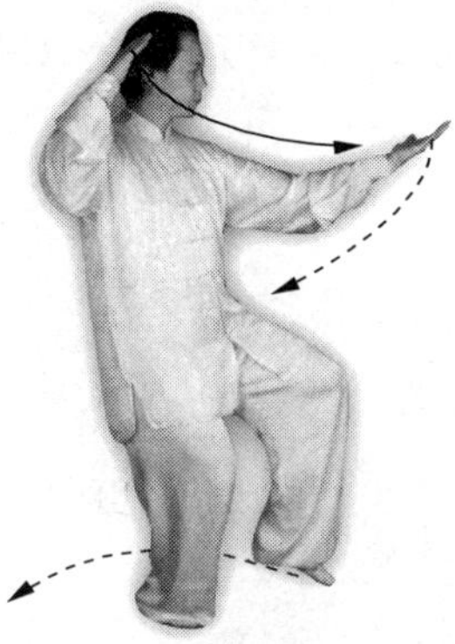
图 49
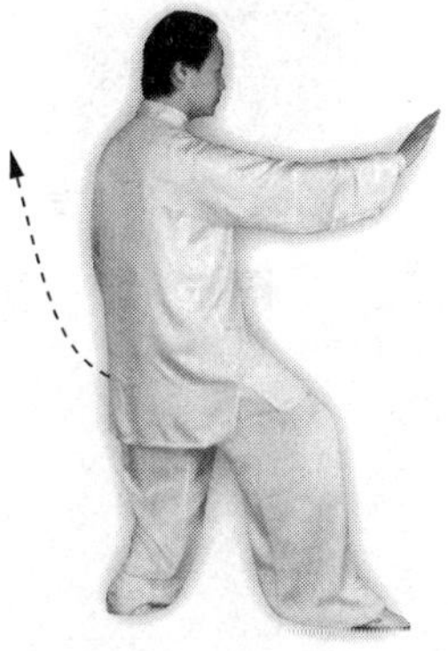
图 50

③上体微向左转；同时左手随转体向后上方画弧平举，手心向上，右手随即翻掌，掌心向上；眼随转体先向左看，再转向前方看右手（图45）。

④与②解同，只是左右相反（图46、47）。

⑤与③解同，只是左右相反（图48）。

⑥与②解同（图49、50）。

⑦与③解同（图51）。

⑧与②解同，只是左右相反（图52、53）。

要点：前推的手不要伸直，后撤的手也不可直向回抽，随转体仍走弧线。前推时，要转腰松胯，两手的速度要一致，避免僵硬。退步时，脚掌先着地，然后再慢慢全脚踏实，同时，前脚随转体以脚掌为轴扭正。退左脚略向左后斜，退右脚略向右后斜，避免使两脚落在一条直线上。后退时，眼神随转体动作先向左或右看，然后再转看前手。最后退右脚时，脚尖外撇的角度略大些，便于接做“左揽雀尾”的动作。

图 51

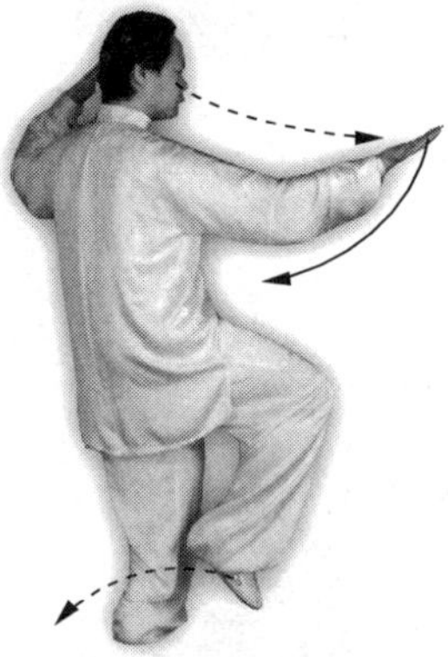

图 52

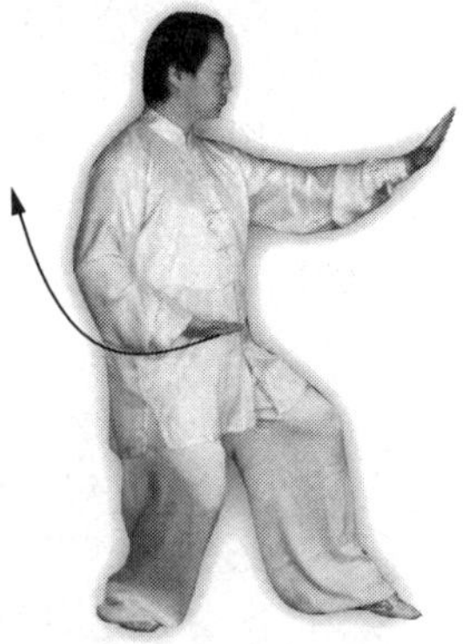

图 53

第 三 组

（七）左揽雀尾

①上体微向右转；同时右手随转体向右上方画弧平举，手心向上，左手放松，手心向上；眼看左手（图54）。

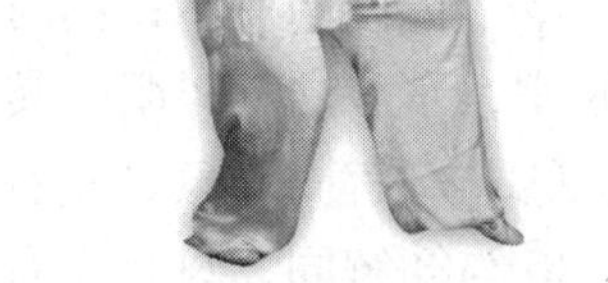

图 54

②身体继续向右转；左手自然下落逐渐翻掌经腹前画弧至右肋前，手心向上，右臂屈

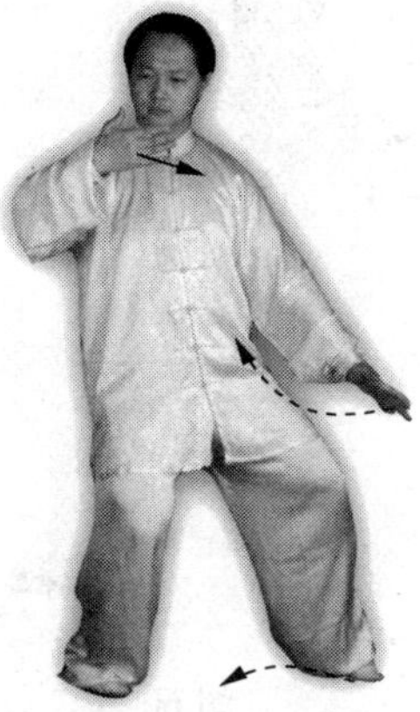

图 55

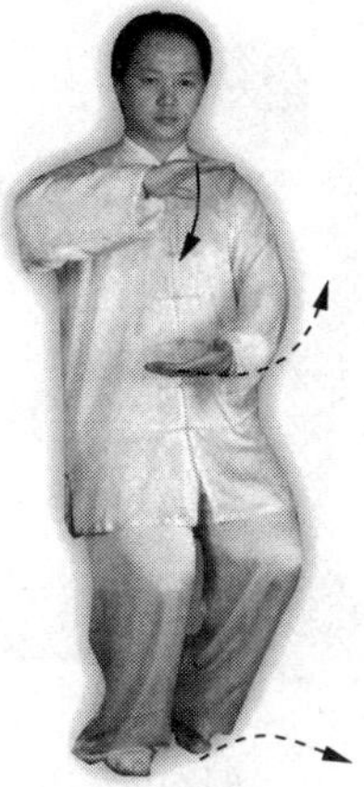

图 56

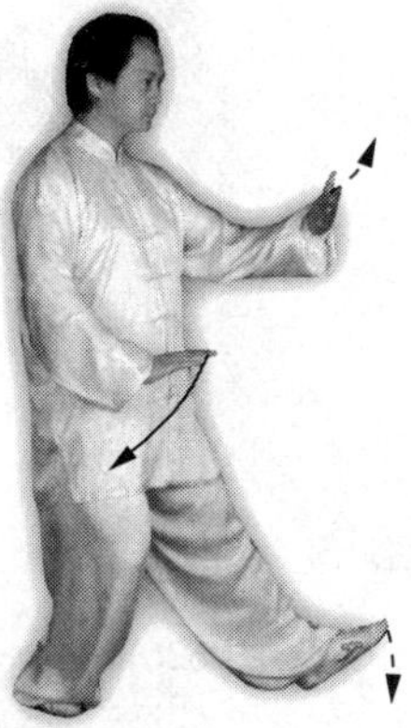

图 57

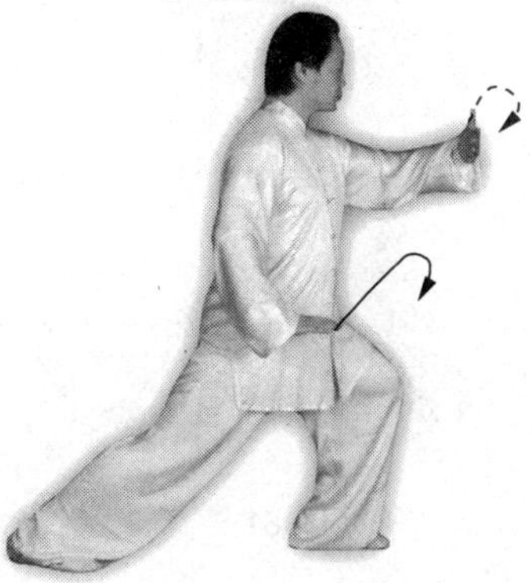

图 58

肘；手心转向下，收至右胸前，两手相对成抱球状；同时身体重心落在右腿上，左脚收到右脚内侧，脚尖点地；眼看右手（图55、56）。

③上体微向左转；左脚向左前方迈出，上体继续向左转，右腿自然蹬直，左腿屈膝，成左弓步；同时左臂向左前方掤出（即左臂平屈成弓形，用前臂外侧和手背向前方推出），高与肩平，手心向后，右手向右下落于右胯旁，手心向下，指尖向前；眼看左前臂（图57、58）。

要点：掤出时，两臂前后均保持弧形。分手、松腰、弓腿三者必须协调一致。揽雀尾弓步时，两脚跟横向距离不超过10厘米。

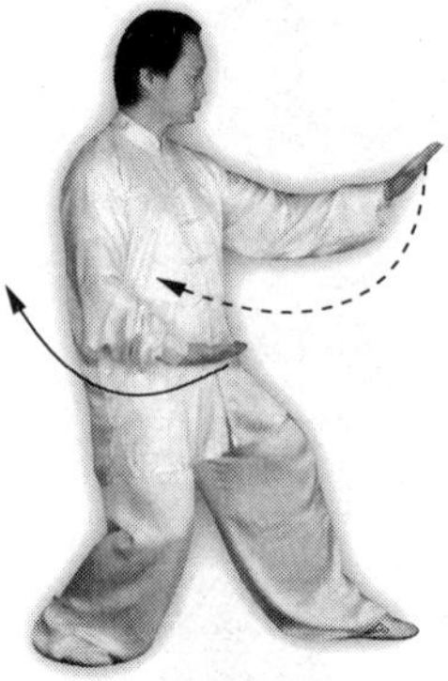
图 59

图 60

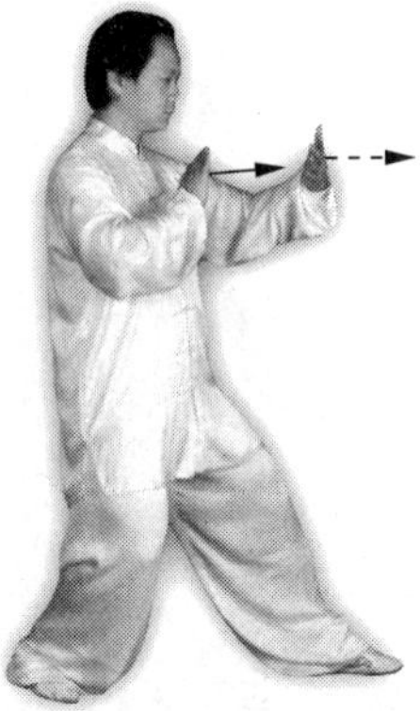
图 61

图 62

④身体微向左转；左手随即前伸翻掌向下，右手翻掌向上，经腹前向上、向前伸至左前臂下方；然后两手下捋（lü音吕），即上体向右转，两手经腹前向右后上方画弧，直至右手手心向上，高与肩齐，左臂平屈于胸前，手心向后；同时身体重心移至右腿；眼看右手（图59、60）。

要点：下捋时，上体不可前倾，臀部不要凸出。两臂下捋须随腰旋转，仍走弧线。左脚全掌着地。

⑤上体微向左转，右臂屈肘折回，右手附于左手腕里侧（相距约5厘米），上体继续向左转，双手同时向前慢慢挤出，左手心向右，右手心向前，左前臂保持半圆；同时身体重心逐渐前移变成左弓步；眼看左手腕部（图61、62）。

要点：向前挤时，上体要正直。挤的动作要与松腰、弓腿相一致。

图 63

图 64

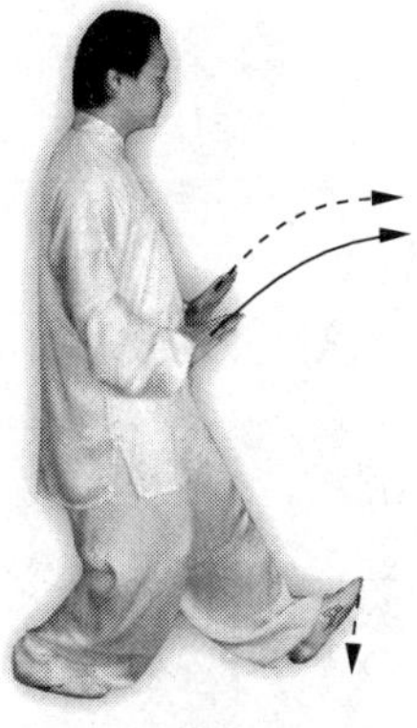

图 65

图 66

⑥左手翻掌，手心向下，右手经左腕上方向前、向右伸出，高与左手齐，手心向下，两手左右分开，宽与肩同；然后右腿屈膝，上体慢慢后坐，身体重心移至右腿上，左脚尖翘起；同时两手屈肘回收至腹前，手心均向前下方；眼向前平看（图63~65）。

⑦上式不停，身体重心慢慢前移，同时两手向前、向上按出，掌心向前；左腿前弓成左弓步；眼平看前方（图66）。

要点：向前按时，两手须走弧线，腕部高与肩平，两肘微屈。

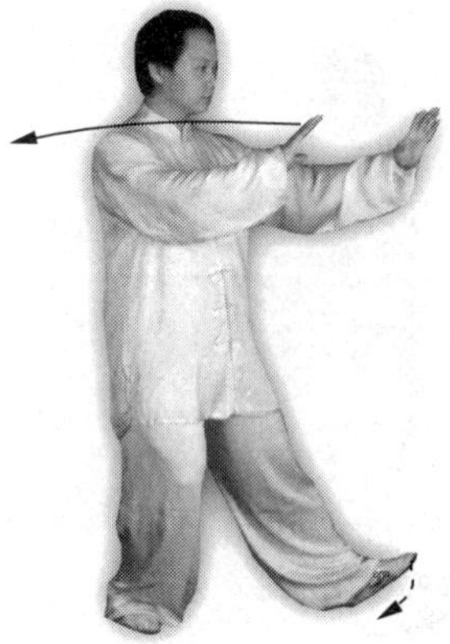

图 67

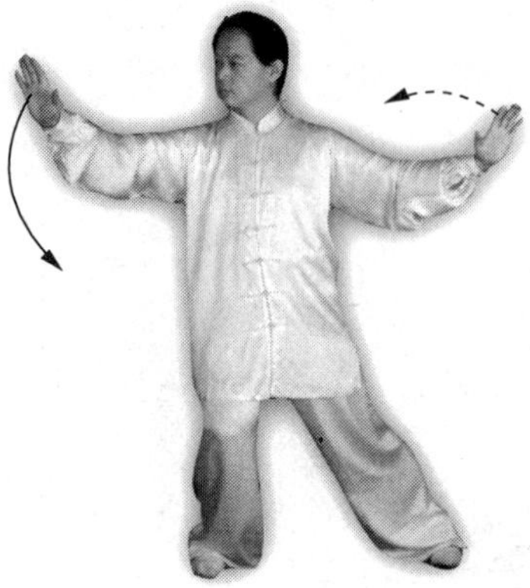

图 68

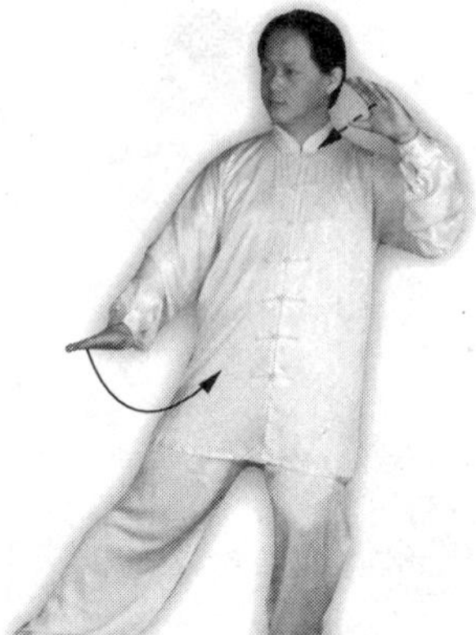

图 69

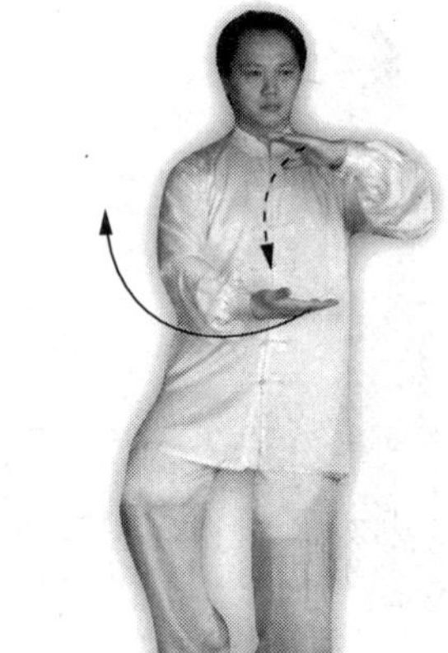

图 70

（八）右揽雀尾

①上体后坐并向右转，身体重心移至右腿，左脚尖里扣；右手向右平行画弧至右侧，然后由右下经腹前向左上画弧至左肋前，手心向上，左臂平屈胸前，左手掌心向下与右手成抱球状；同时身体重心再移至左腿上，右脚收至左脚内侧，脚尖点地；眼看左手（图67~70）。

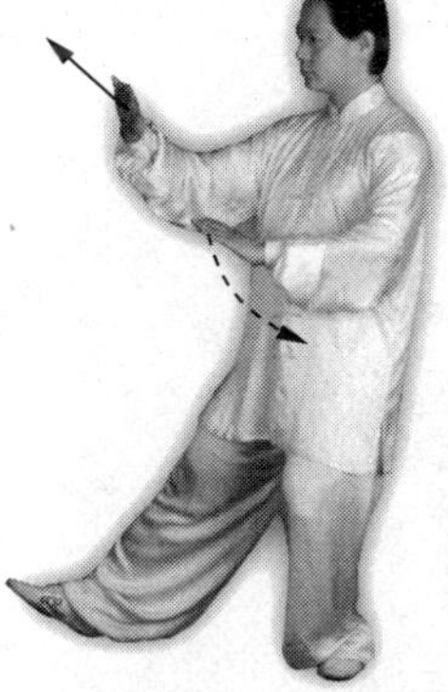

图 71

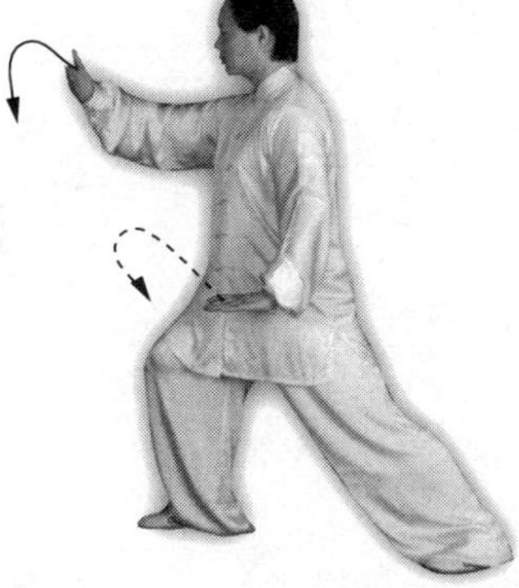

图 72

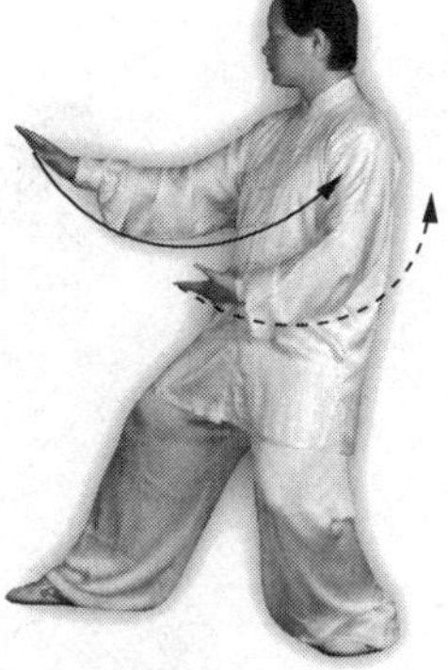

图 73

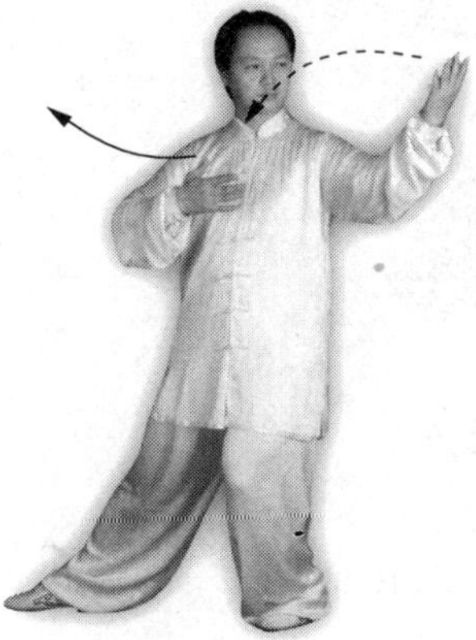

图 74

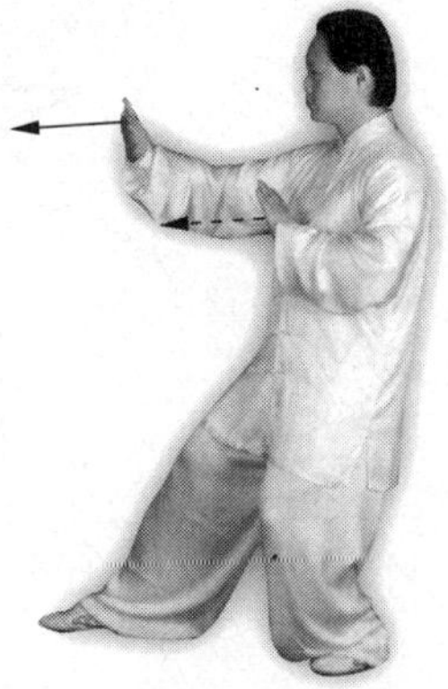

图 75

图 76

②同“左揽雀尾”③解，只是左右相反（图71、72）。
③同“左揽雀尾”④解，只是左右相反（图73、74）。
④同“左揽雀尾”⑤解，只是左右相反（图75、76）。

⑤同“左揽雀尾”⑥解，只是左右相反（图77~79）。

⑥同“左揽雀尾”⑦解，只是左右相反（图80）。

要点：均与“左揽雀尾”相同，只是左右相反。

图 77

图 78

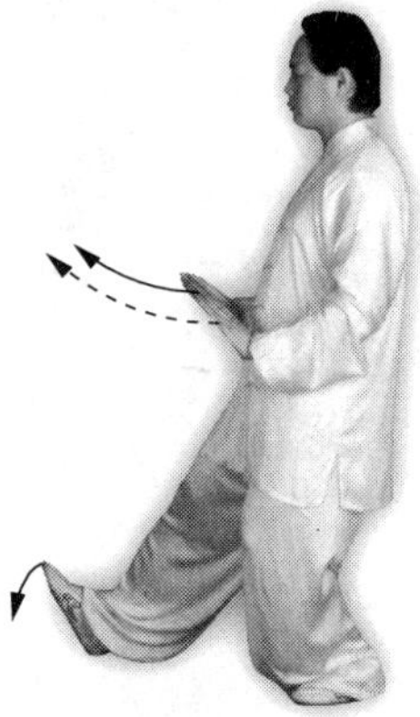

图 79

图 80

第 四 组

（九）单　鞭

①上体后坐，身体重心逐渐移至左腿上，右脚尖里扣，同时上体左转；两

手（左高右低）向左弧形运转，直至左臂平举，伸于身体左侧，手心向左，右手经腹前运至左肋前，手心向后上方；眼看左手（图81、82）。

②身体重心再渐渐移至右腿上，上体右转，左脚向右脚靠拢，脚尖点地；同时右手向右上方画弧（手心由里转向外），至右侧方时变勾手，臂与肩平，左手向下经腹前向右上画弧停于右肩前，手心向里；眼看左手（图83、84）。

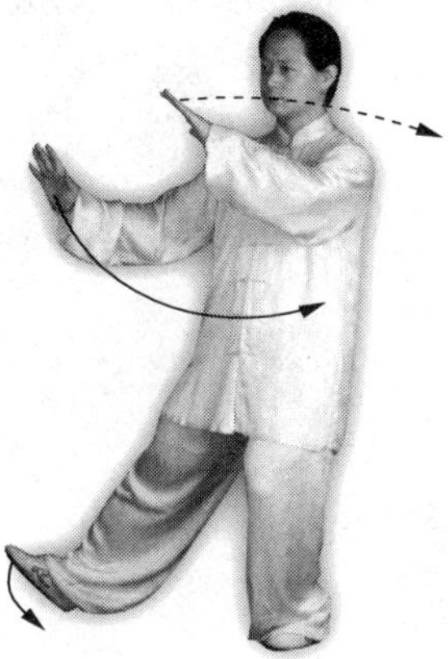

图 81

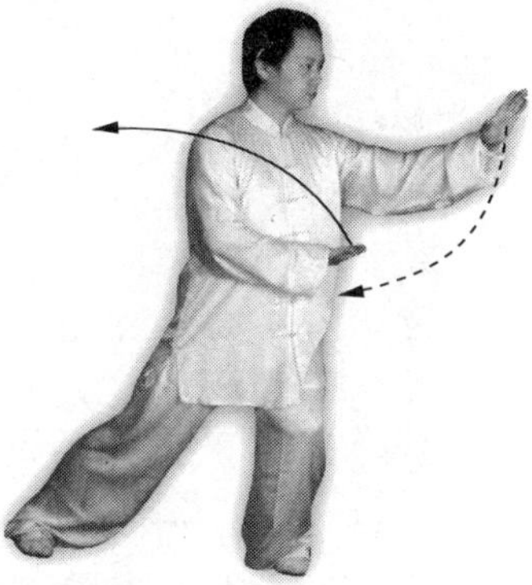

图 82

图 83

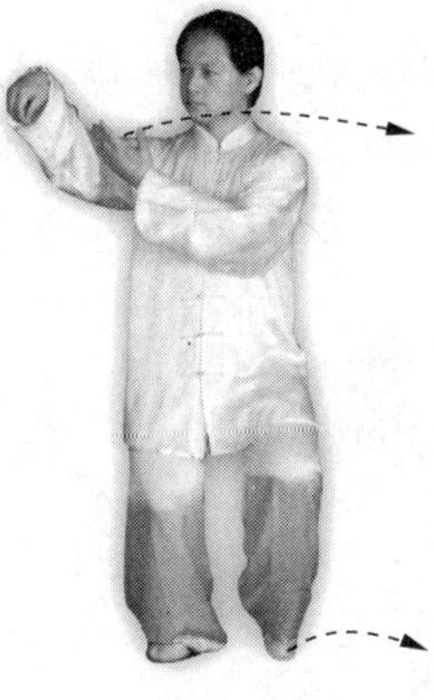

图 84

③上体微向左转；左脚向左前侧方迈出，右脚跟后蹬，成左弓步；在身体重心移向左腿的同时，左掌随上体的继续左转慢慢翻转向前推出，手心向前，

手指与眼齐平，臂微屈；眼看左手（图85、86）。

要点：上体保持正直、松腰。完成式时，右肘稍下垂，左肘与左膝上下相对，两肩下沉。左手向外翻掌前推时，要随转体边翻边推出，不要翻掌太快或最后突然翻掌。全部过渡动作上下要协调一致。如面向南起势，单鞭的方向（左脚尖）应向东偏北（大约为15°）。

图 85

图 86

（一〇）云　手

①身体重心移至右腿上，身体渐向右转，左脚尖里扣；左手经腹前向右上画弧至右肩前，手心斜向后，同时右手变掌，手心向右前；眼看左手（图87~89）。

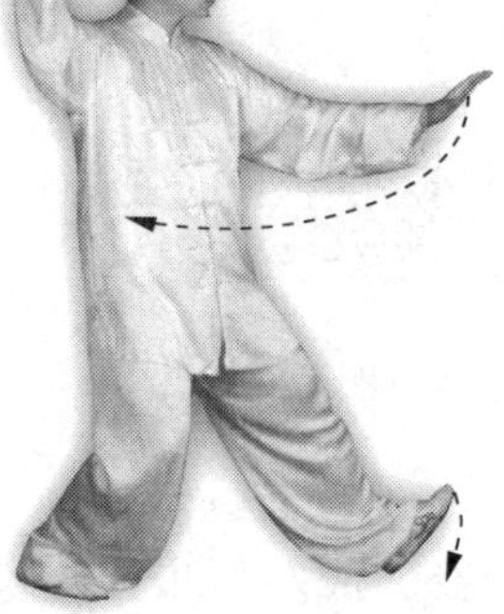

图 87

图 88

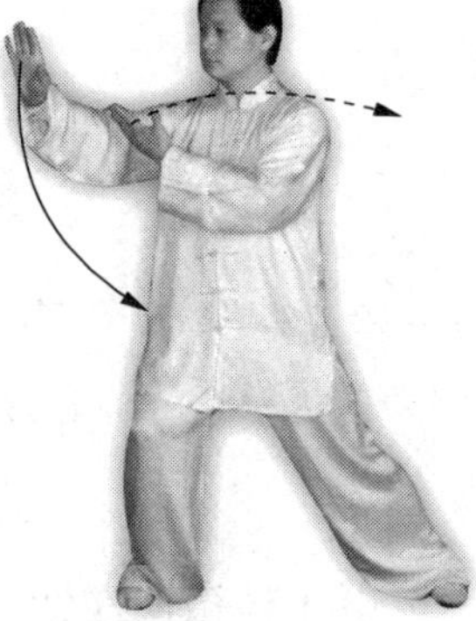

图 89

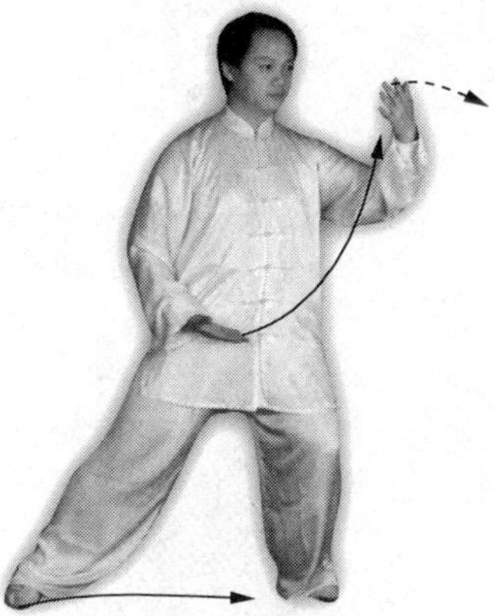

图 90

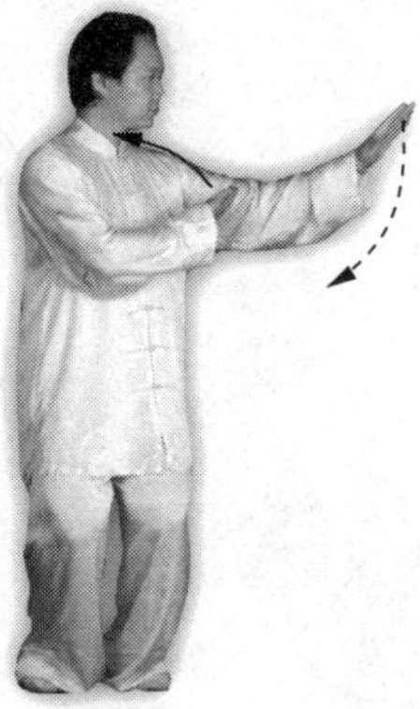

图 91

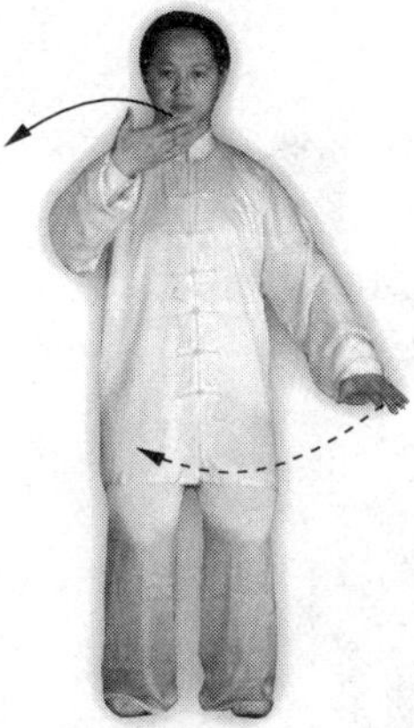

图 92

图 93

图 94

②上体慢慢左转，身体重心随之逐渐左移；左手由脸前向左侧运转，手心渐渐转向左方，右手由右下经腹前向左上画弧至左肩前，手心斜向后；同时右脚靠近左脚，成小开立步（两脚距离10~20厘米）；眼看左手（图90、91）。

③上体再向右转；同时左手经腹前向右上画弧至右肩前，手心斜向后，右手向右侧运转，手心翻转向右；随之左腿向左横跨一步；眼看右手（图92~94）。

图 95

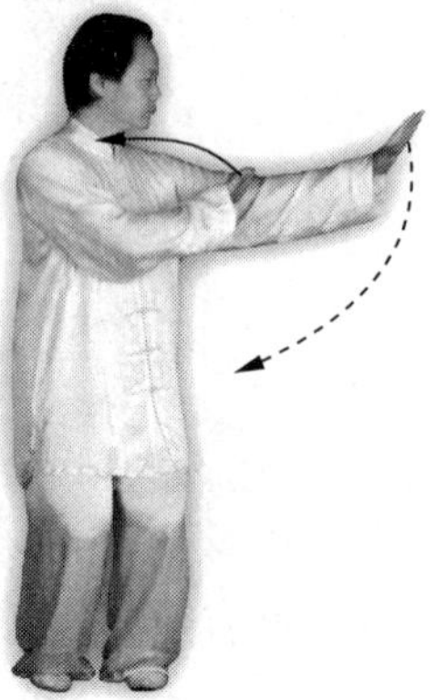

图 96

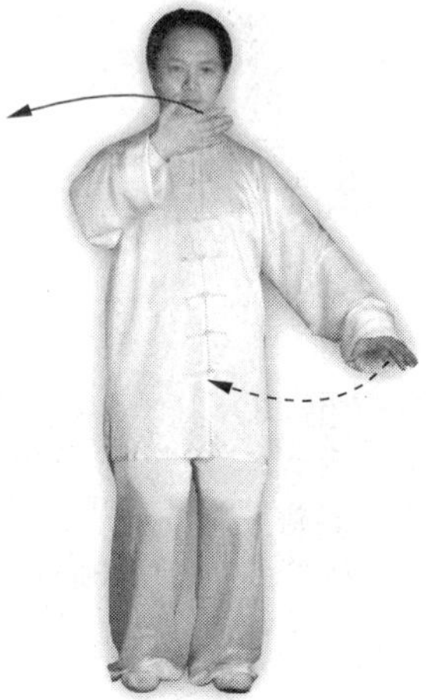

图 97

图 98

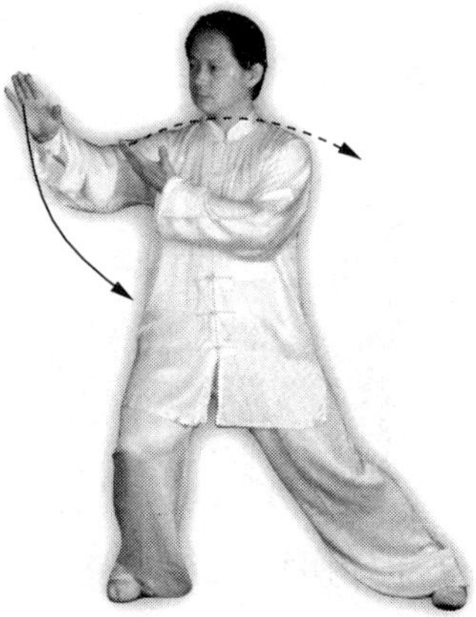

图 99

④同②解（图95、96）。
⑤同③解（图97~99）。

⑥同②解（图100、101）。

要点：身体转动要以腰脊为轴，松腰、松胯，不可忽高忽低。两臂随腰的转动而运转，要自然圆活，速度要缓慢均匀。下肢移动时，身体重心要稳定，两脚掌先着地再踏实，脚尖向前。眼的视线随左右手而移动。第三个“云手”的右脚最后跟步时，脚尖微向里扣，便于接“单鞭”动作。

图 100

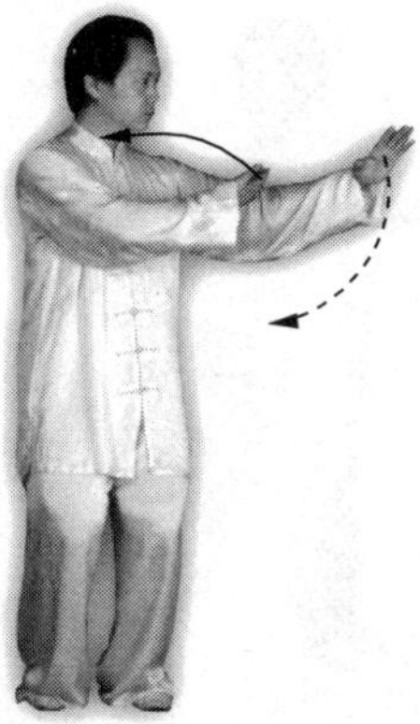

图 101

（一一）单　鞭

①上体向右转；右手随之向右运转，至右侧方时变成勾手，左手经腹前向右上画弧至右肩前，手心向内；身体重心落在右腿上，左脚尖点地；眼看左手（图102~104）。

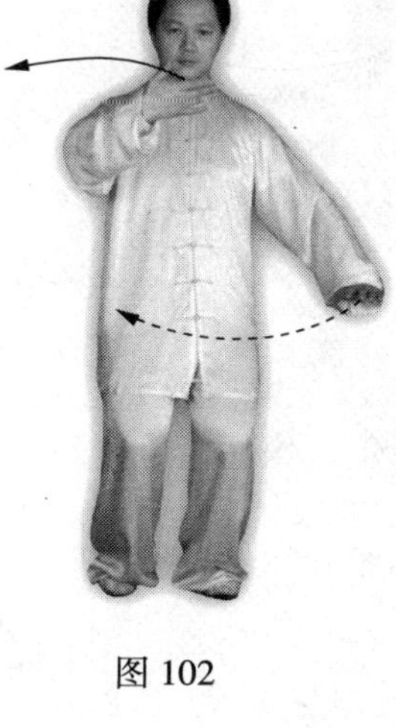

图 102

图 103

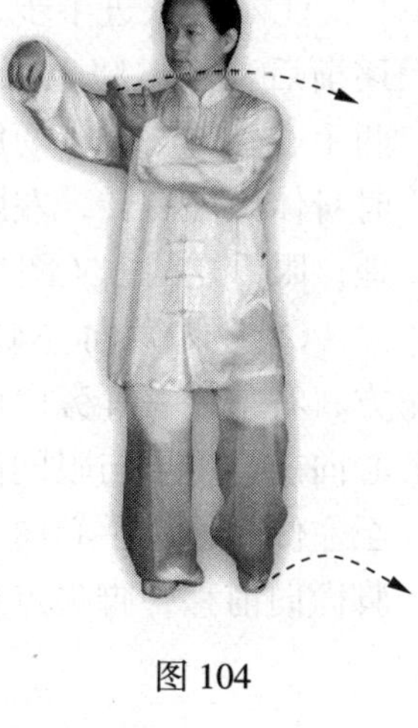

图 104

②上体微向左转，左脚向左前侧方迈出，右脚跟后蹬，成左弓步，在身体重心移向左腿的同时，上体继续左转；左掌慢慢翻转向前推出，成“单鞭”式（图105、106）。

要点：与前“单鞭”式相同。

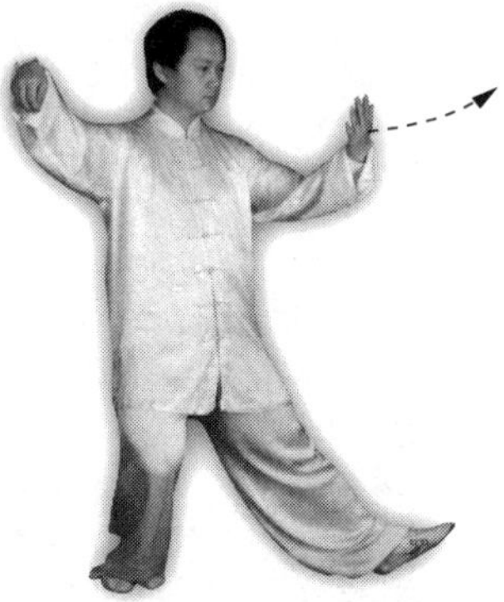

图 105

图 106

第 五 组

（一二）高探马

①右脚跟进半步，身体重心逐渐后移至右腿上；右手变掌，两手心翻转向上，两肘微屈；同时身体微向右转，左脚跟渐渐离地；眼看左前方（图107）。

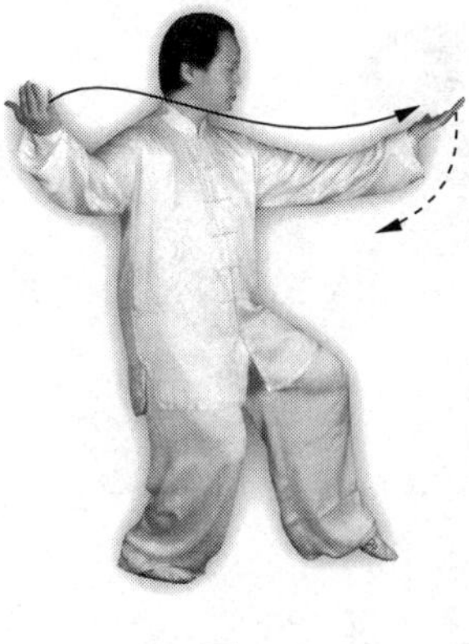

图 107

②上体微向左转，面向前方；右掌经右耳旁向前推出，手心向前，手指与眼同高，左手收至左侧腰前，手心向上；同时左脚微向前移，脚尖点地，成左虚

步；眼看右手（图108）。

要点：上体自然正直，双肩要下沉，右肘微下垂。跟步移换重心时，身体不要有起伏。

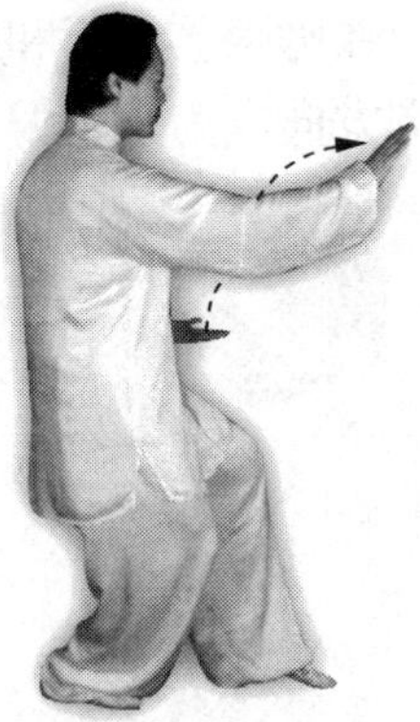

图 108

（一三）右蹬脚

①左手手心向上前伸至右腕背面，两手相互交叉，随即向两侧分开并向下画弧，手心斜向下；同时左脚提起向左前侧方进步（脚尖略外撇）；身体重心前移，右腿自然蹬直，成左弓步；眼看前方（图109~111）。

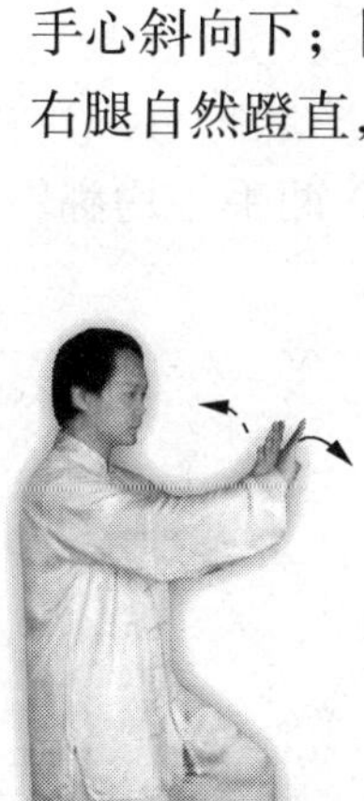

图 109

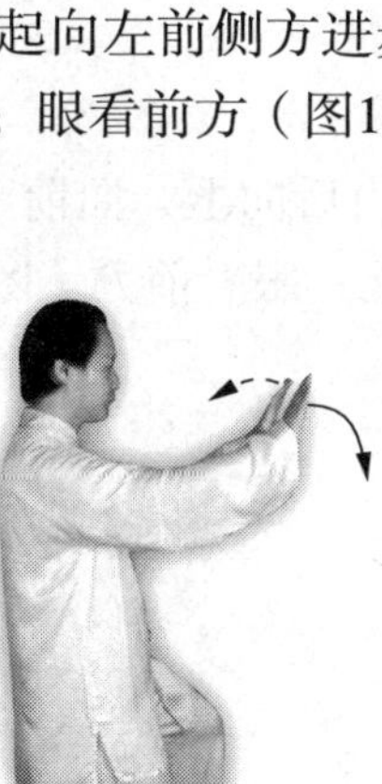

图 110

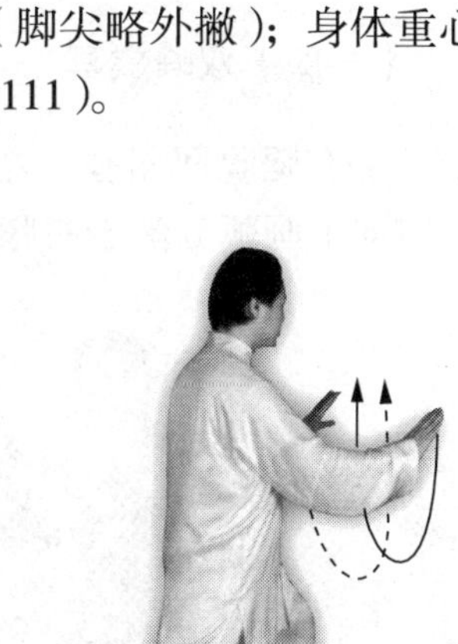

图 111

②两手由外圈向里圈画弧，交叉合抱于胸前，右手在外，手心均向内；同时右脚向左脚靠拢，脚尖点地；眼平看右前方（图112）。

③两臂左右画弧分开平举，肘部微屈，手心均向外；同时右腿屈膝提起，右脚向右前方慢慢蹬出；眼看右手（图113、114）。

要点：身体要稳定，不可前俯后仰。两手分开时，腕部与肩齐平。蹬脚时，左腿微屈，右脚尖回勾，劲使在脚跟。分手和蹬脚须协调一致。右臂和右腿上下相对。如面向南起势，蹬脚方向应为正东偏南（约30°）。

图 112

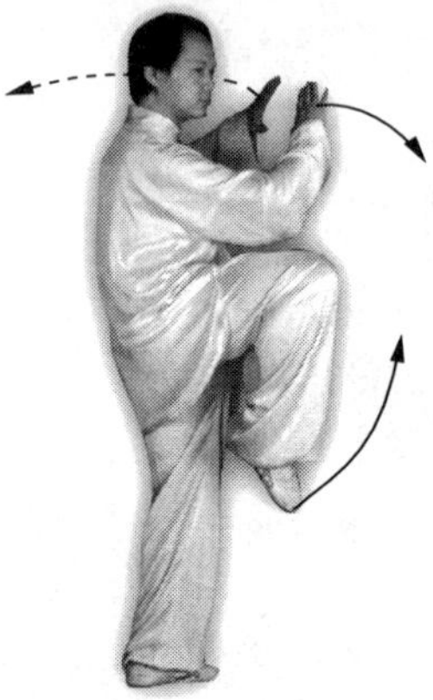
图 113

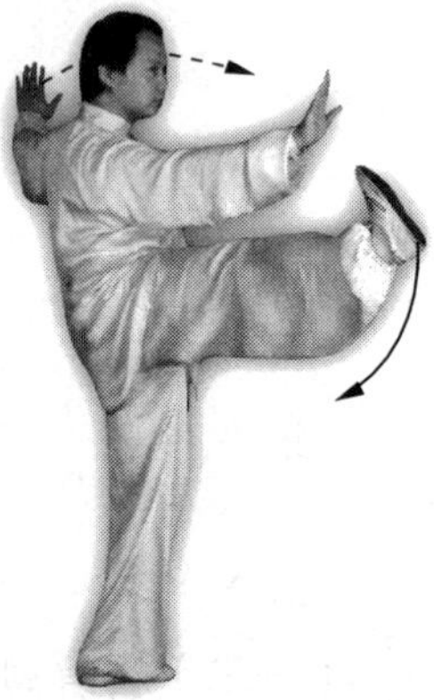
图 114

（一四）双峰贯耳

①右腿收回屈膝；左手由后向上、向前下落至体前，两手心均翻转向上，同时向下画弧分落于右膝两侧；眼看前方（图115、116）。

图 115

图 116

②右脚向右前方落下，身体重心渐渐前移，成右弓步，面向右前方；同时两手下落，慢慢变拳，分别从两侧向上、向前画弧至面部前方，成钳形状，两拳相对，高与耳齐，拳眼都斜向内下（两拳中间距离10~20厘米）；眼看右拳（图117、118）。

要点：完成式时，头颈正直，松腰松胯，两拳松握，沉肩垂肘，两臂均保持弧形。双峰贯耳式的弓步和身体方向与右蹬脚方向相同。弓步的两脚跟横向距离同“揽雀尾”式。

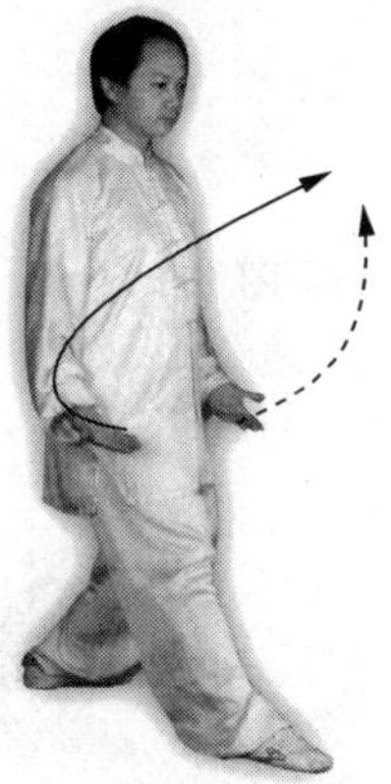
图 117

图 118

（一五）转身左蹬脚

①左腿屈膝后坐，身体重心移至左腿，上体左转，右脚尖里扣；同时两拳变掌，由上向左右画弧分开平举，手心向前；眼看左手（图119、120）。

图 119

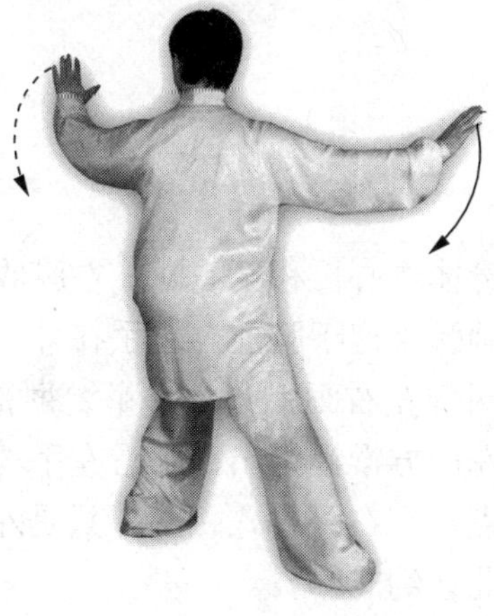
图 120

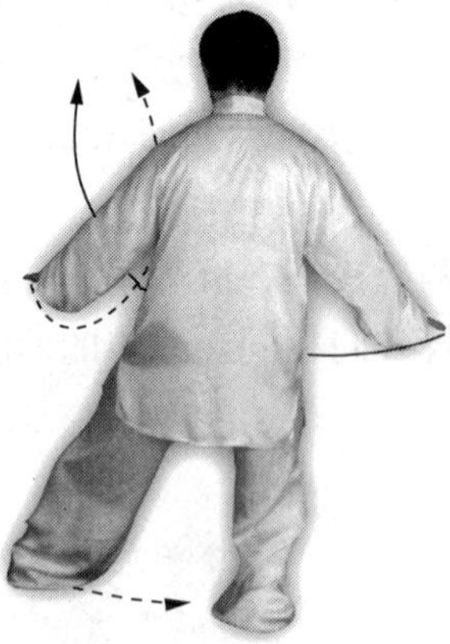

图 121

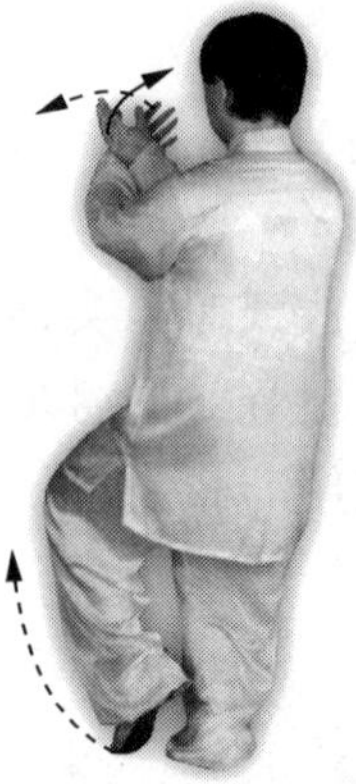

图 122

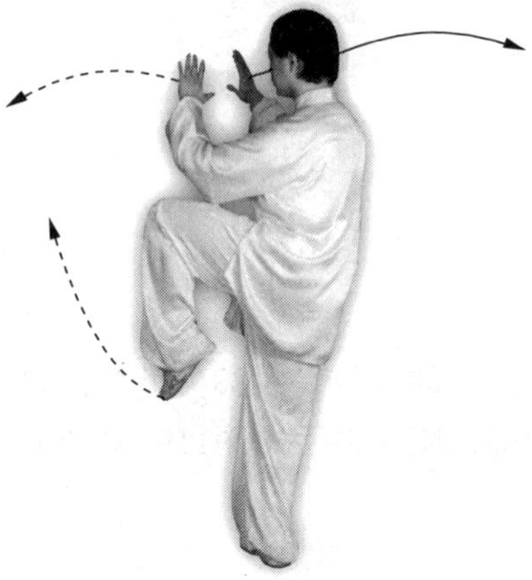

图 123

图 124

②身体重心再移至右腿，左脚收到右脚内侧，脚尖点地；同时两手由外圈向里圈画弧合抱于胸前，左手在外，手心均向内；眼平看左方（图121、122）。

③两臂左右画弧分开平举，肘部微屈，手心均向外；同时左腿屈膝提起，左脚向左前方慢慢蹬出；眼看左手（图123、124）。

要点：与右蹬脚式相同，只是左右相反。左蹬脚方向与右蹬脚成180°（即正西偏北，约30°）。

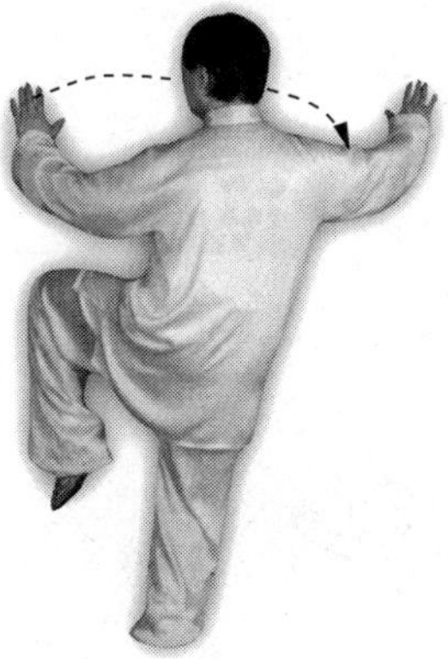
图 125

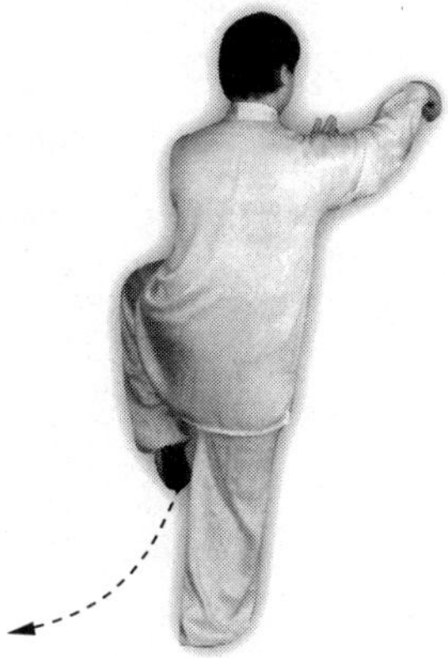
图 126

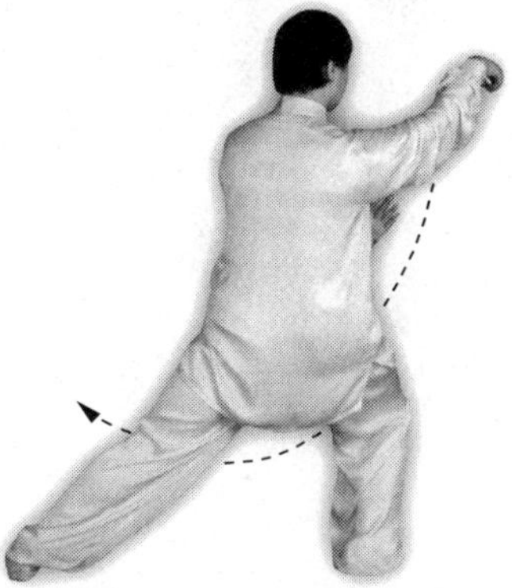
图 127

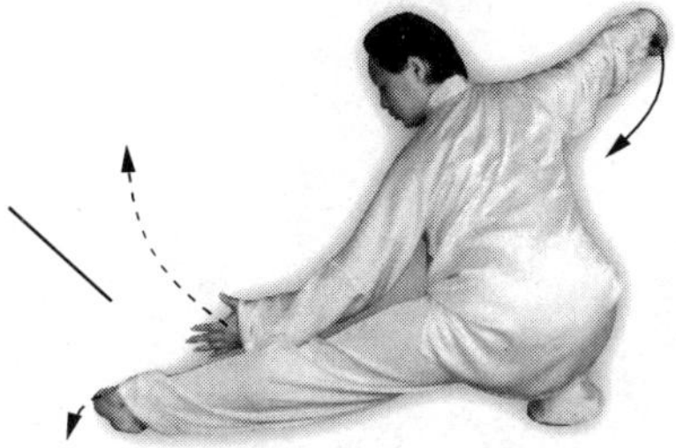
图 128

第 六 组

（一六）左下势独立

①左腿收回平屈，上体右转；右掌变成勾手，左掌向上、向右画弧下落，立于右肩前，掌心斜向后；眼看右手（图125、126）。

②右腿慢慢屈膝下蹲，左腿由内向左侧（偏后）伸出，成左仆步；左手下落（掌心向外）向左下顺左腿内侧向前穿出；眼看左手（图127、128）。

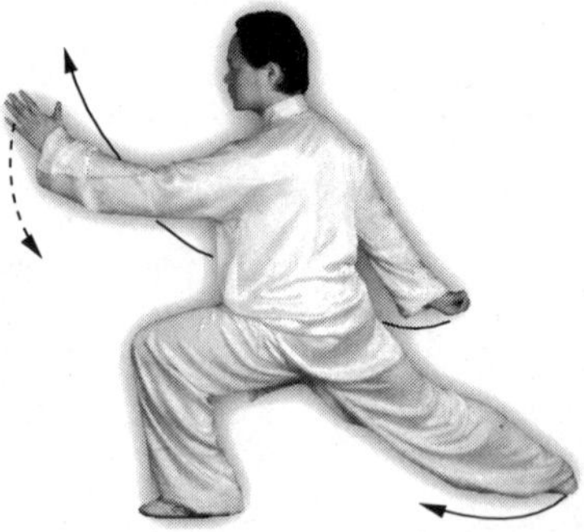

图 129

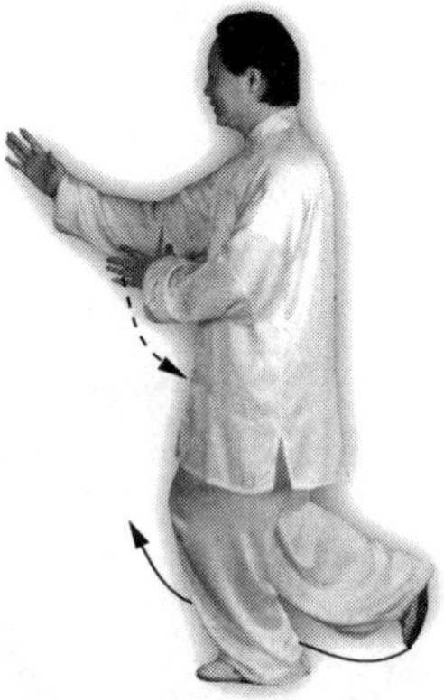

图 130

图 131

要点：右腿全蹲时，上体不可过于前倾。左腿伸直，左脚尖须向里扣，两脚脚掌全部着地。左脚尖与右脚跟踏在中轴线上。

③身体重心前移，左脚跟为轴，脚尖尽量向外撇，左腿前弓，右腿后蹬，右脚尖里扣，上体微向左转并向前起身；同时左臂继续向前伸出（立掌），掌心向右，右勾手下落，勾尖向后；眼看左手（图129）。

④右腿慢慢提起平屈，成左独立式；同时右手变掌，并由后下方顺右腿外侧向前弧行摆出，屈臂立于右腿上方，肘与膝相对，手心向左，左手落于左胯旁，手心向下，指尖向前；眼看右手（图130、131）。

要点：上体要正直，独立腿要微屈，右腿提起时脚尖自然下垂。

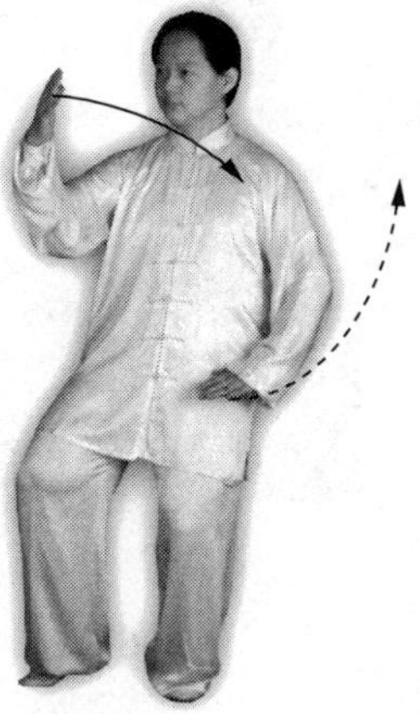

图 132

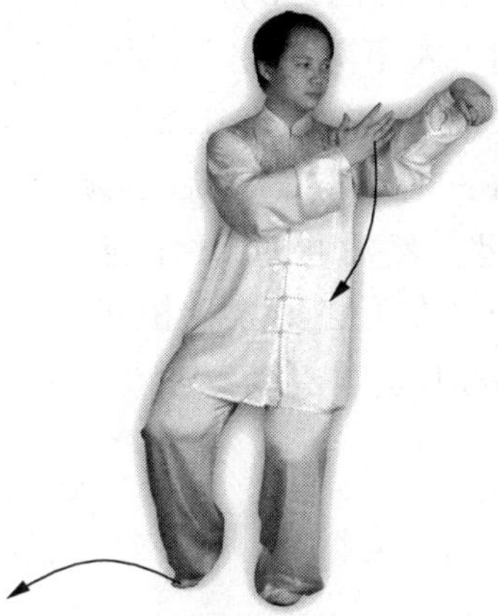

图 133

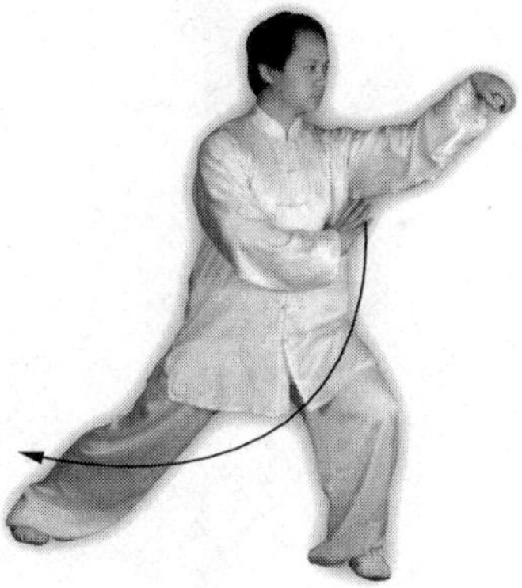

图 134

图 135

（一七）右下势独立

①右脚下落于左脚前，脚掌着地，然后左脚前掌为轴，脚跟转动，身体随之左转；同时左手向后平举变成勾手，右掌随着转体向左侧画弧，立于左肩前，掌心斜向后；眼看左手（图132、133）。

②同“左下势独立”②解，只是左右相反（图134、135）。

③同“左下势独立”③解，只是左右相反（图136）。

④同“左下势独立”④解，只是左右相反（图137、138）。

要点：右脚尖触地后必须稍微提起，然后再向下仆腿。其他均与“左下势独立”相同，只是左右相反。

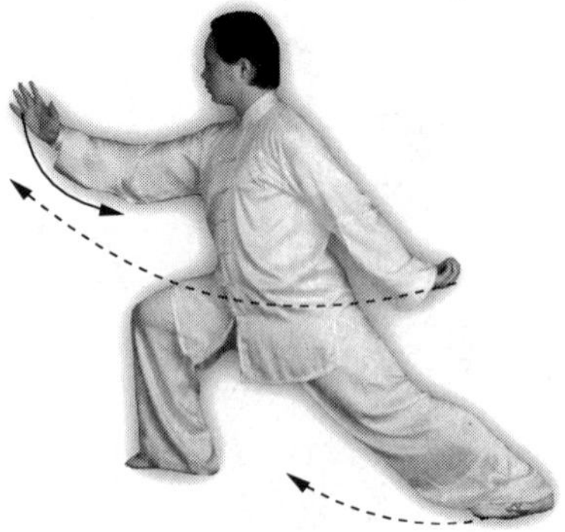

图 136

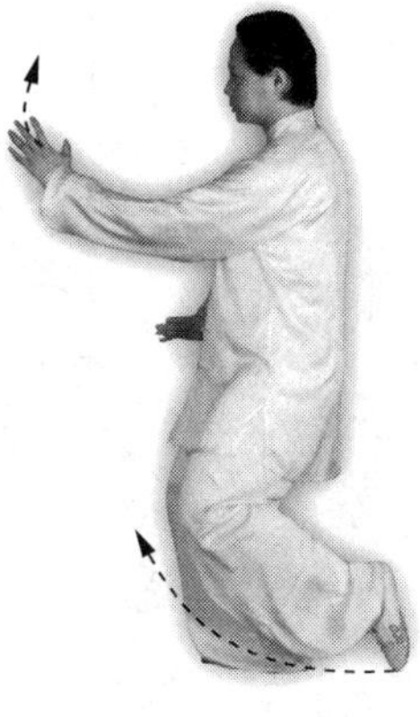

图 137

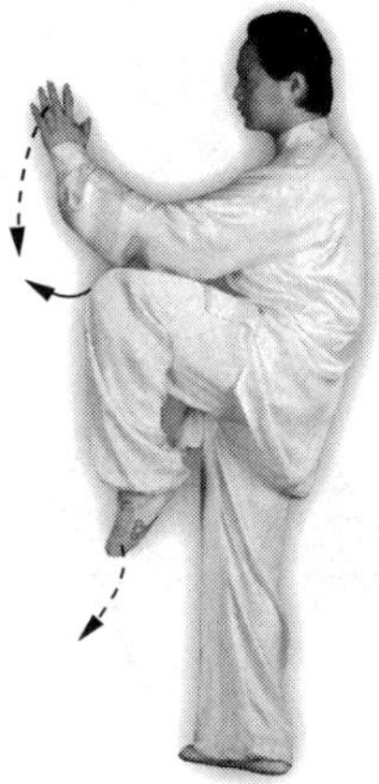

图 138

第 七 组

（一八）左右穿梭

①身体微向左转；左脚向前落地，脚尖外撇，右脚跟离地，两腿屈膝成半

坐盘式；同时两手在左胸前成抱球状（左上右下）；然后右脚收到左脚的内侧，脚尖点地；眼看左前臂（图139~141）。

②身体右转，右脚向右前方迈出，屈膝弓腿，成右弓步；同时右手由脸前向上举并翻掌停在右额前，手心斜向上，左手先向左下再经体前向前推出，高与鼻尖平，手心向前；眼看左手（图142~144）。

图 139

图 140

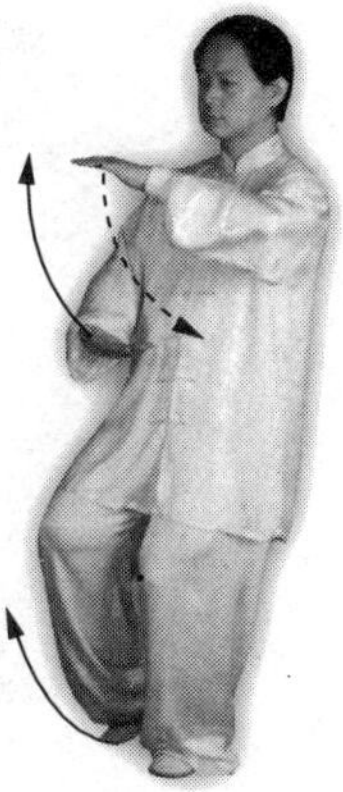

图 141

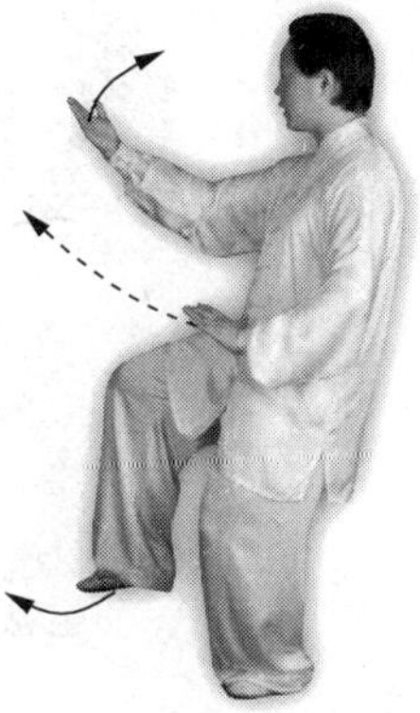

图 142

图 143

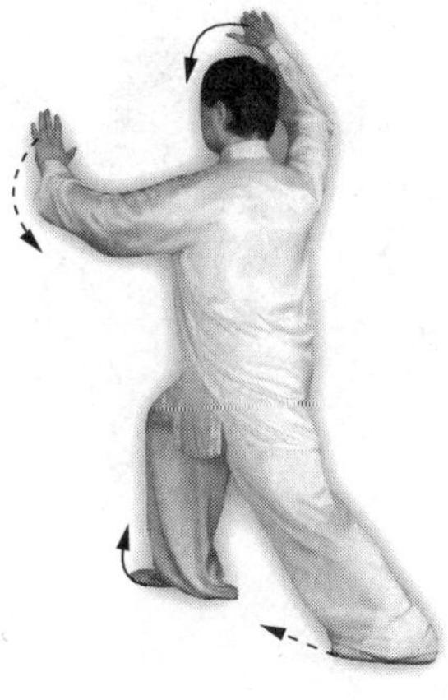

图 144

③身体重心略向后移，右脚尖稍向外撇，随即身体重心再移至右腿，左脚跟进，停于右脚内侧，脚尖点地；同时两手在右胸前成抱球状（右上左下）；

眼看右前臂（图145、146）。

④同②解，只是左右相反（图147~149）。

要点：完成姿势面向斜前方（如面向南起势，左右穿梭方向分别为正西偏北和正西偏南，均约30°）。手推出后，上体不可前俯。手向上举时，防止引肩上耸。一手上举一手前推要与弓腿松腰上下协调一致。做弓步时，两脚跟的横向距离同搂膝拗步式，保持在30厘米左右。

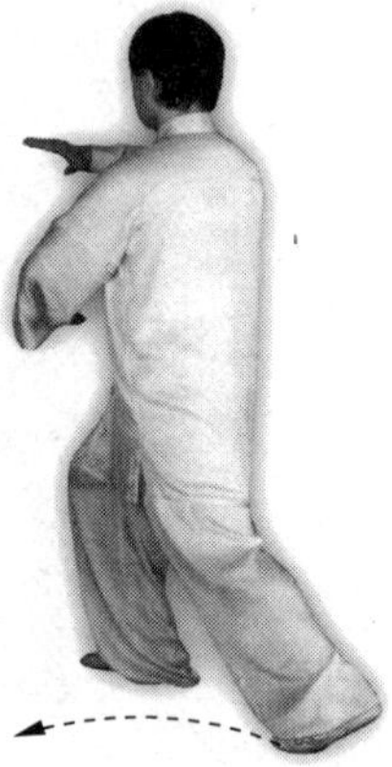

图 145

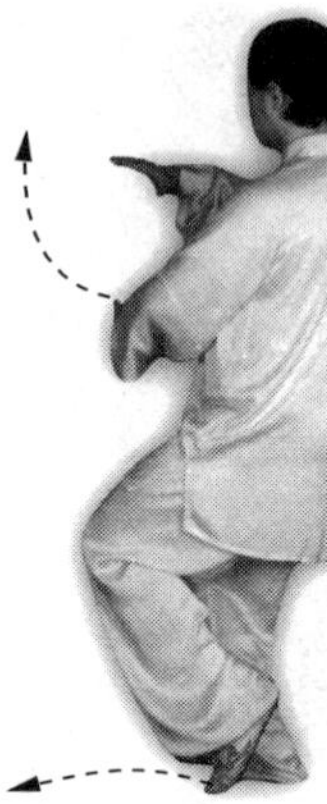

图 146

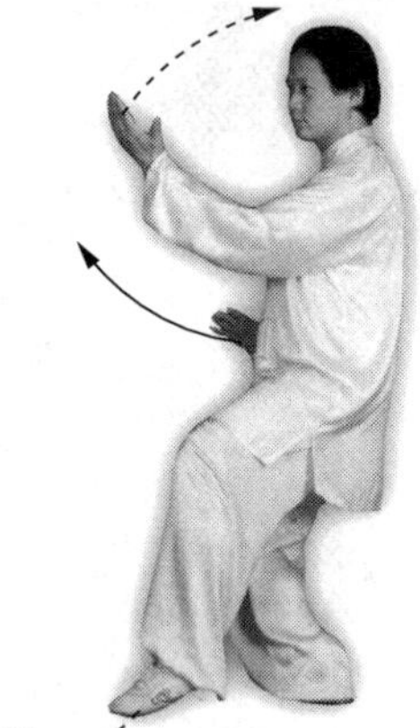

图 147

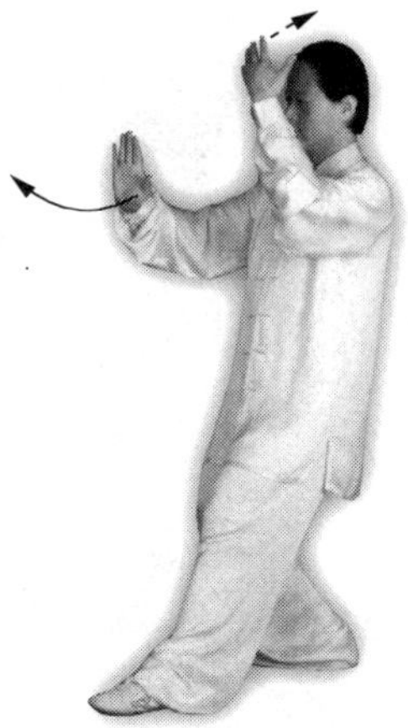

图 148

图 149

（一九）海底针

右脚向前跟进半步，身体重心移至右腿，左脚稍向前移，脚尖点地，成左虚步，同时身体稍向右转；右手下落经体前向后、向上提抽至右耳旁，再随身体左转，由右耳旁斜向前下方插出，掌心向左，指尖斜向下；与此同时，左手向前、向下画弧落于左胯旁，手心向下，指尖向前；眼看前下方（图150、151）。

要点：身体要先向右转，再向左转。完成姿势时面向正西。上体不可太前倾，避免低头和臀部外凸。左腿要微屈。

图 150

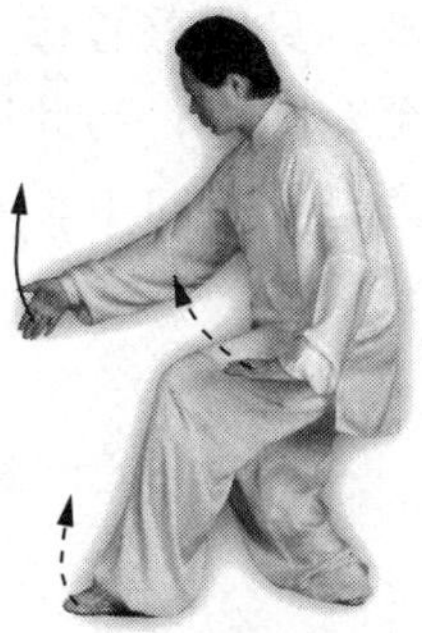

图 151

（二〇）闪通背

上体稍向右转，左脚向前迈出，屈膝弓腿成左弓步；同时右手由体前上提，屈臂上举，停于右额前上方，掌心翻转斜向上，拇指朝下，左手上起经胸前向前推出，高与鼻尖平，手心向前；眼看左手（图152~154）。

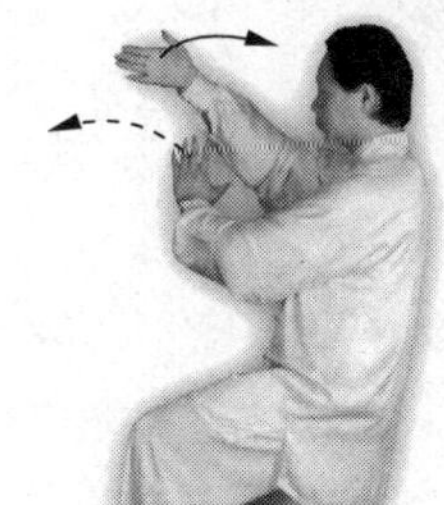

图 152

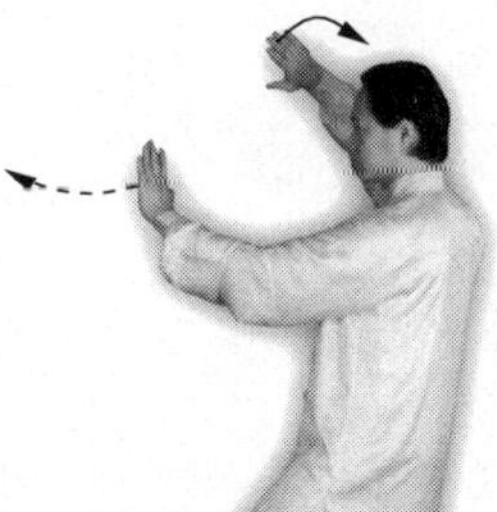

图 153

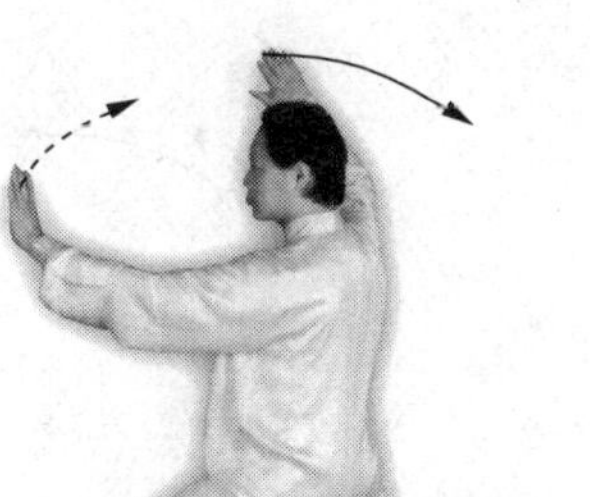

图 154

要点：完成姿势上体自然正直，松腰、松胯；左臂不要完全伸直，背部肌肉要伸展开。推掌、举掌和弓腿动作要协调一致。弓步时，两脚跟横向距离同“揽雀尾”式（不超过10厘米）。

第 八 组

（二一）转身搬拦捶

①上体后坐，身体重心移至右腿上，左脚尖里扣，身体向右后转，然后身体重心再移至左腿上；与此同时，右手随着转体向右、向下（变拳）经腹前画弧至左肋旁，拳心向下，左掌上举于头前，掌心斜向上；眼看前方（图155、156、附图156）。

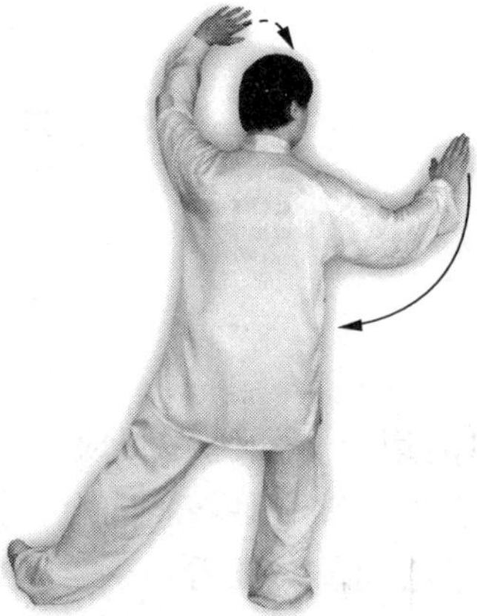

图 155

图 156

附图 156

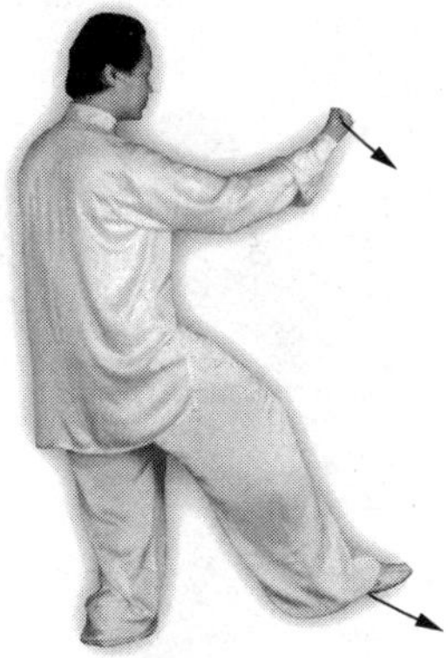

图 157

附图 157

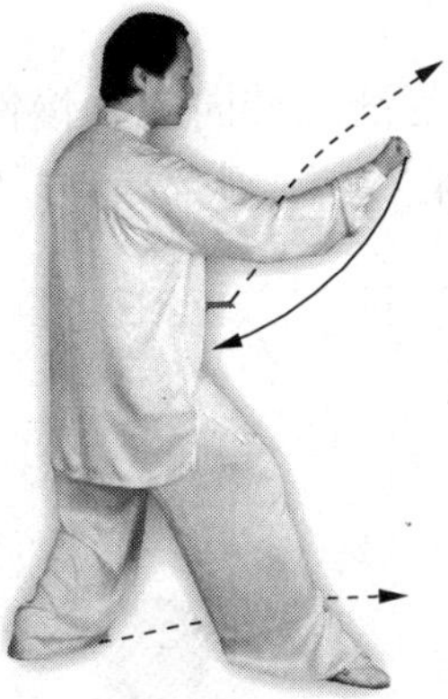

图 158

图 159

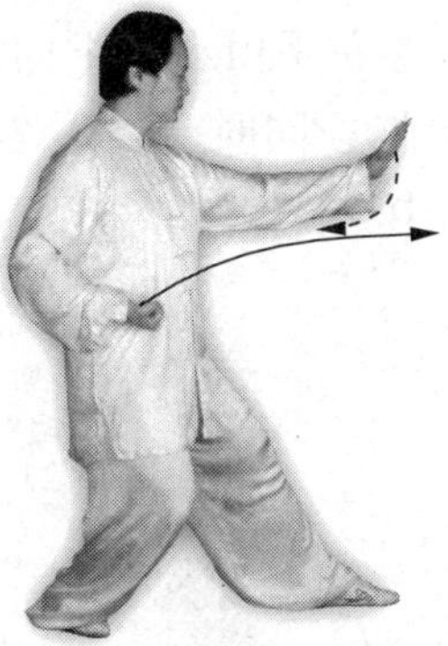

图 160

②向右转体；右拳经胸前向前翻转撇出，拳心向上，左手落于左胯旁，掌心向下，指尖向前；同时右脚收回后（不要停顿或脚尖点地）即向前迈出，脚尖外撇；眼看右拳（图157、附图157、158）。

③身体重心移至右腿上，左脚向前迈一步；左手上起经左侧向前上画弧拦出，掌心向前下方，同时右拳向右画弧收到右腰旁，拳心向上；眼看左手（图159、160）。

④左腿前弓成左弓步；同时右拳向前打出，拳眼向上，高与胸平，左手附于右前臂里侧；眼看右拳（图161）。

要点：右拳不要握得太紧。右拳回收时，前臂要慢慢内旋画弧，然后再外旋停于右腰旁，拳心向上。向前打拳时，右肩随拳略向前引伸，沉肩垂肘，右臂要微屈。弓步时，两脚横向距离同“揽雀尾”式。

图 161

（二二）如封似闭

①左手由右腕下向前伸出，右拳变掌，两手手心逐渐翻转向上并慢慢分开回收；同时身体后坐，左脚尖翘起，身体重心移至右腿；眼看前方（图162~164）。

图 162

图 163

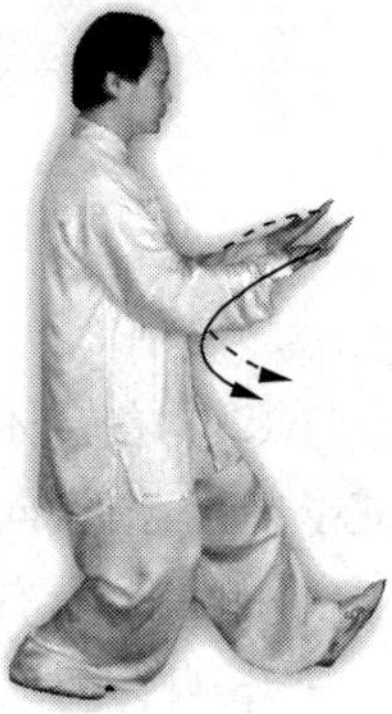
图 164

②两手在胸前翻掌，向下经腹前再向上、向前推出，腕部与肩平，手心向前；同时左腿前弓成左弓步；眼看前方（图165~167）。

要点：身体后坐时，避免后仰，臀部不可凸出。两臂随身体回收时，肩、肘部略向外松开，不要直着抽回。两手推出宽度不要超过两肩。

图 165

图 166

图 167

（二三）十字手

①屈膝后坐，身体重心移向右腿，左脚尖里扣，向右转体；右手随着转体动作向右平摆画弧，与左手成两臂侧平举，掌心向前，肘部微屈；同时右脚尖随着转体稍向外撇，成右侧弓步；眼看右手（图168、169）。

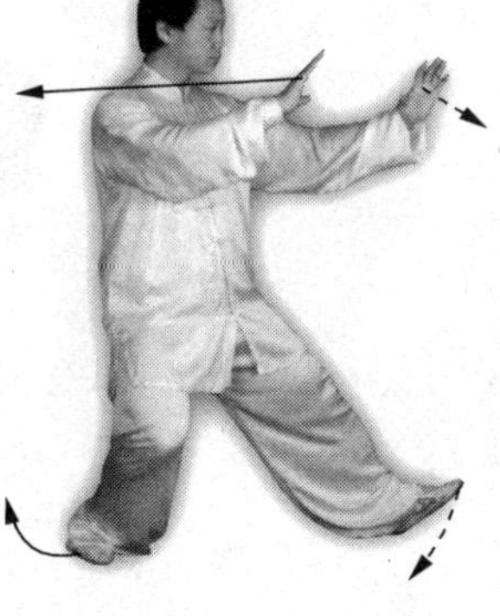
图 168

图 169

②身体重心慢慢移至左腿，右脚尖里扣，随即向左收回，两脚距离与肩同宽，两腿逐渐蹬直，成开立步；同时两手向下经腹前向上画弧交叉合抱于胸前，两臂

撑圆，腕高与肩平，右手在外，成十字手，手心均向后；眼看前方（图170、171）。

要点： 两手分开和合抱时，上体不要前俯。站起后，身体自然正直，头要微向上顶，下颏稍向后收。两臂环抱时须圆满舒适，沉肩垂肘。

图 170

图 171

（二四）收　势

两手向外翻掌，手心向下，两臂慢慢下落，停于身体两侧；眼看前方（图172~174）。

要点： 两手左右分开下落时，要注意全身放松，同时气也徐徐下沉（呼气略加长）。呼吸平稳后，把左脚收到右脚旁，再走动休息。

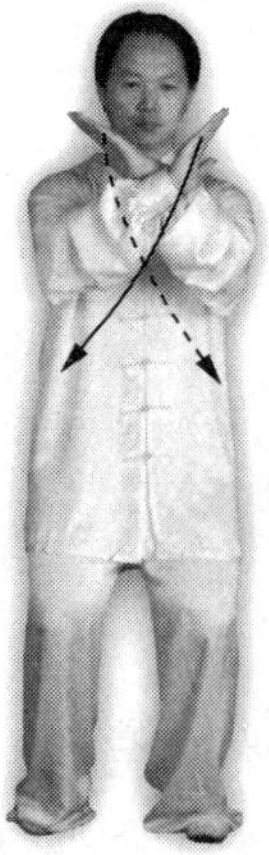
图 172

图 173

图 174

二十四式太极拳动作路线示意图

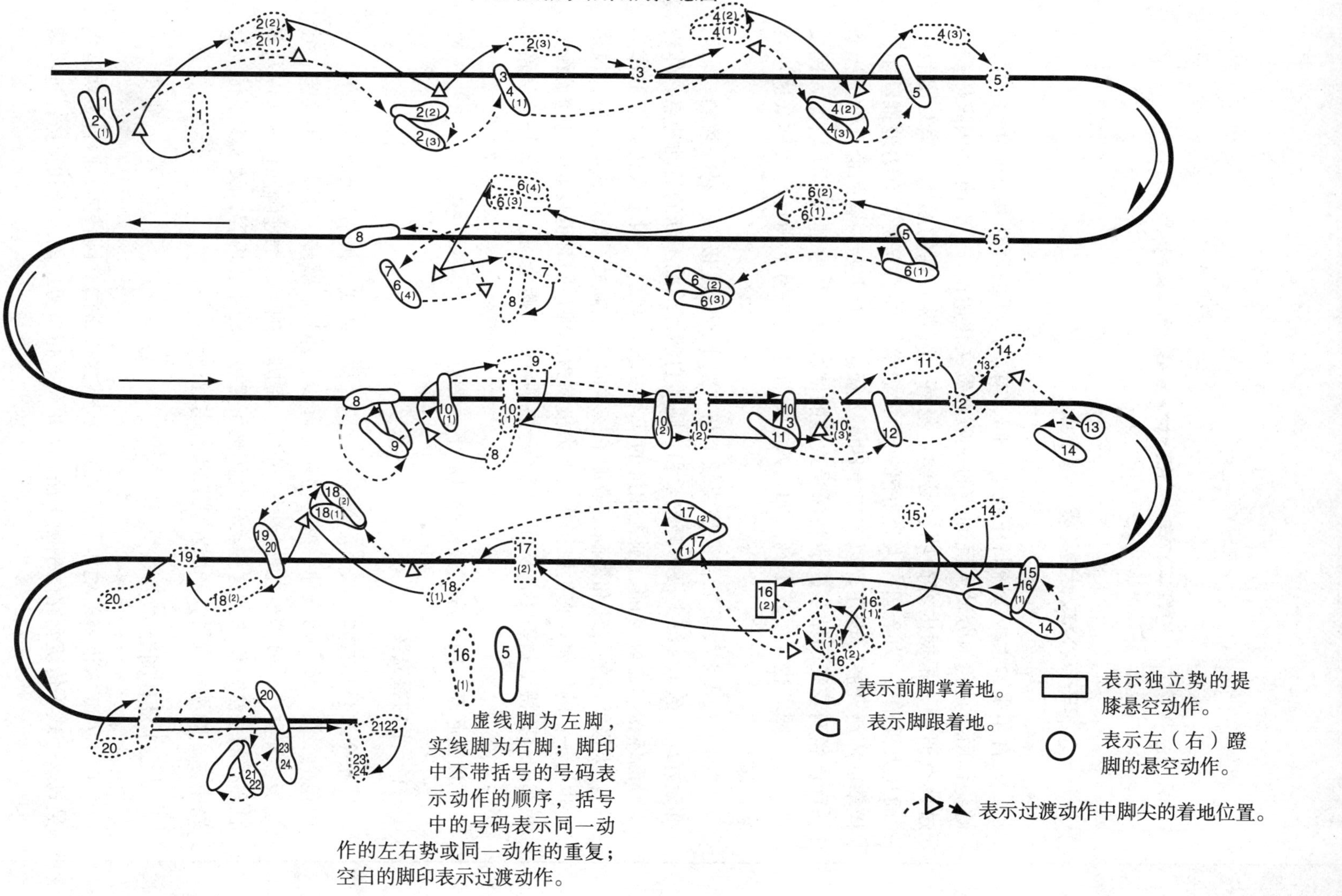

第二节　四十八式太极拳

一、四十八式太极拳的特点

几百年来，太极拳流行于我国民间，有着广泛的群众基础和很好的医疗健身作用，是我国劳动人民创造的一项宝贵文化遗产。1956年，国家体委经过调查研究，根据内容简明、易学、易练、先易后难的原则，编写出版了“简化太极拳”，为全国广大爱好者初学太极拳提供了方便，有力地推动了太极拳的广泛开展。现在，以“二十四式太极拳”为主要内容的群众性太极拳活动已经遍及我国城乡，成为深受欢迎的体育项目和保健医疗手段。人民要求普及，跟着也就要求提高。四十八式太极拳正是为了满足广大群众这一要求而编写的。

“四十八式太极拳”在锻炼要领上与“二十四式太极拳”是一致的。它们都较好地发扬了传统太极拳轻松柔和、圆活自然、绵绵不断的运动特点，体现了心静体松、意领身随、刚柔相济的基本要求。然而，四十八式太极拳作为“简化太极拳”的继续和提高，增加了技术内容，加大了难度和运动量，风格上也有一定的发展。它仍以杨式大架太极拳为基础，同时也吸取了其他流派太极拳的一些特点和练法，从而形成了舒展圆活、均衡全面、生动简练的拳路风格。

概括起来，四十八式太极拳具有下述特点：

（一）内容充实

整个拳套共有四十八个姿势动作，比“二十四式太极拳”增加了一倍。其中包括：拳、掌、勾三种手型；弓步、虚步、仆步、歇步、丁步、半马步、独立步、开立步、横裆步九种步型；分脚、蹬脚、拍脚、摆莲脚四种腿法以及多种多样的手法、步法。这些动作既体现了太极拳的主要内容，又减少了传统套路中存在的动作重复，一般左式右式各出现一次。

（二）动作圆活

四十八式太极拳的动作不仅采用了杨式太极拳的立圆转换，而且多次运用吴式、孙式等传统套路的平圆手法。如单鞭、捋挤势中的云转和穿抹；进步栽捶、左右穿梭、右蹬脚等动作的平圆、立圆变换衔接，使动作更加圆活协调，富于变化。在步法上，四十八式在稳定轻灵的基础上，吸取了武式、孙式等流派的撤步、跟步练法，增加了步法的灵活性。在姿势造型上，四十八式力求做到舒展大方，气势完整。如斜身靠、独立跨虎、白蛇吐芯、转身大捋等拳势，既表现了武术特点，又有很好的艺术造型。

（三）均衡全面

四十八式太极拳注重了锻炼的全面性，动作左右匀称。一些典型动作，如单鞭、云手、搬拦捶等，在左式的基础上增加了对称的右式，这就克服了某些传统套路偏于一侧，左右不均的“一头沉”现象。再从两腿负荷上看，全套弓步共出现二十九次，其中左弓步十五次，右弓步十四次；虚步共出现十二次，其中左虚步七次，右虚步五次；仆步、独立步共出现六次，其中左右腿各负重三次，这样，基本上做到了两腿负荷平衡，锻炼全面。此外，在手法运用上还注意加大了拳法比重，各种拳法约占全部动作的三分之一，大大突破了传统套路中所谓“太极五捶”的局限。

（四）编排合理

整个拳套分为六段，出现两次高潮。第一段包括七个式子，着重于基本手型、手法、步型、步法的练习，重点动作是捋挤势。第二段包括第八式~第十三式，增加了步法、身法的灵活转换，重点动作是转身推掌。第三段包括第十四式~第十九式，是拳套的第一次高潮，动作起伏转折较大，重点动作是拍脚伏虎。第四段包括第二十式~第二十八式，重点动作是左、右蹬脚。第五段包括第二十九式~第三十六式，重点动作是左右穿梭。四、五两段侧重了平衡、柔韧和协调性练习，如分脚、蹬脚、云手、穿梭等动作，都对有关素质和身体机能提出了较高要求。第六段是整个拳套的最后高潮，包括最后十二个式子，其中有三种手型、七种步型、一种外摆腿法以及多种手法、步法和身法的顺逆直横、起伏转换，重点是转身大捋、转身摆莲两个旋转性动作。整套拳以“白鹤亮翅”为开门势，经过三个往返，两次高潮，最后以“掤捋挤按”“十字手”趋于和缓而收势。在编排上层层相迭，疏密相间，一气呵成。

（五）易于开展

四十八式太极拳在内容上、风格上都力求与“简化太极拳”衔接适应。“简化太极拳”的全部动作，都被“四十八式”直接采用或稍做变化后采用。

这就使广大群众学会“简化太极拳”以后，可以比较容易地继续学习四十八式太极拳。实践证明，一般人在掌握“简化太极拳”的基础上，用十几个学时就可学会。在选材上，四十八式太极拳尽量选择群众熟悉喜爱、开展较广的姿势动作。对于一些难度较大的动作和发劲动作，如拍脚伏虎、掩手撩拳等，都规定了不同的练法和幅度，以适应不同体质、不同爱好的群众特点，为四十八式太极拳的普及开展创造了有利条件。

二、四十八式太极拳的基本技术要领

（一）手型

1. **拳**：五指卷屈，自然握拢，拇指压于食指、中指第二指节上。

2. **掌**：五指微屈分开，掌心微含，虎口成弧形。

3. **勾**：五指第一指节自然捏拢，屈腕。

各种手型都要求用力自然、舒展，不可僵硬。握拳不要过紧；掌指不要僵直，也不要松软过屈；腕部要保持松活。

（二）主要手法

1. **掤**：臂成弧形，前臂由下向前掤架，横于体前，掌心向内，高与肩平；着力点在前臂外侧。

2. **捋**：两臂稍屈，掌心斜相对，两掌随腰的转动，由前向后画弧捋至体侧或体后侧。

3. **挤**：后手贴近前手的前臂内侧，两臂同时向前挤出；挤出后两臂撑圆，高不过肩，低不过胸，着力点在后手掌指和前手的前臂。

4. **按**：两掌同时由后向前推按；按出后，手腕高不过肩，低不过胸，掌心向前，指尖朝上；臂稍屈，肘部松沉。按时与弓腿、松腰协调一致。

5. **打拳（冲拳）**：拳从腰间旋转向前打出；打出后拳眼向上成立拳，高不过肩，低不过裆，臂微屈，肘部不可僵直，着力点在拳面。

6. **栽拳**：拳从上向前下方栽打；打出后拳面向前下方，虎口向一侧，着力点在拳面。

7. **贯拳**：拳从侧下方向斜上方弧形横打；臂稍屈，拳眼斜向下，着力点在拳面。

8. **撇拳**：拳从上向前撇打；拳心斜向上，高与头平，着力点在拳背。

9. **穿拳**：拳沿着另一手臂或大腿内侧伸出。

10. **撩拳**：臂由屈到伸，拳经下向前或前下撩打；撩出后拳心向下，高不过肩，低不过裆。

11. **抱掌**：两掌心上下相对或稍错开，在体前或体侧成抱球状；上手高不过肩，下手约与腰平，两掌撑圆，两臂成弧形，松肩垂肘。

12. **分掌**：两掌向斜前方与斜后方或向斜上方与斜下方分开；分掌后前手停于头前或体前，后手按于胯旁，两臂微屈成弧形。

13. **搂掌**：掌经膝前横搂，停于胯旁，掌心向下。

14. **推掌**：掌从肩上或胸前向前推出，掌心向前，指尖向上，指高不过眉，低不过肩，臂微屈成弧形，肘部不可僵直。

15. **穿掌**：掌沿另一手臂或大腿内侧伸出。

16. **云手**：两掌在体前交叉向两侧画立圆，指高不过头、低不过裆；两掌在云拨中翻转拧裹。

17. **撩掌**：掌经下向前或前下方撩出，掌心向上或向前上方，高不过胸，低不过裆。

18. **架掌**：屈臂上举，掌架于额前斜上方，掌心斜向外。

19. **撑掌**：两掌上下分撑，对称用力。

20. **压掌**：拇指向内、掌心向下，横掌下落压按。

21. **托掌**：掌心向上，掌由下向上托举。

22. **采**：掌由前向斜下捋带。

23. **挒**：掌向斜外侧撕打。

24. **靠**：肩、背或上臂向斜外发力。

25. **滚肘**：前臂竖于体前，边旋转边向外撅挡。

各种手法均要求走弧形路线，前臂做相应旋转，不可直来直往，生硬转折，并注意与身法、步法协调配合。臂伸出后，肩、肘要松沉，腕要松活，掌指要舒展，皆不可僵硬或浮软。关于手法的着力点，主要是说明其攻防含义，练习中应重意不重力地去体现，不可故意僵劲。

（三）步型

1. **弓步**：前腿屈膝，大腿斜向地面，膝与脚尖基本垂直，脚尖直向前；后腿自然伸直，脚尖斜向前约45°~60°。两脚全脚着地。

2. **虚步**：后腿屈蹲，大腿斜向地面（高于水平），脚跟与臀部基本垂直，脚尖斜向前，全脚着地；前腿稍屈，用前脚掌、脚跟或全脚着地。

3. 仆步：一腿屈膝全蹲，全脚着地，脚尖稍外展；另一腿自然伸直于体侧，接近地面，全脚着地，脚尖内扣。

4. 独立步：支撑腿微屈站稳，另一腿屈膝提起，举于体前，大腿高于水平。

5. 开立步：两脚平行开立、宽不过肩，两腿直立或屈蹲。

6. 歇步：两腿交叉屈蹲，前后相叠，后膝接近前腿膝窝。前脚全脚着地，脚尖外展，后脚前脚掌着地，脚尖向前。

7. 半马步：前脚直向前，后脚横向外，两脚相距约2~3脚长，全脚着地。两腿屈蹲，大腿高于水平，体重略偏于后腿。

8. 丁步（点步）：一腿屈蹲，全脚着地，另一腿屈收，脚停于支撑脚内侧或侧前、侧后约10厘米处，前脚掌虚点地面。

9. 横裆步（侧弓步）：两脚左右开立，同弓步宽，脚尖皆向前；一腿屈蹲，膝与脚尖垂直，另一腿自然伸直。

各种步型都要自然稳健，虚实分明。胯要缩，膝要松，臀要敛，足要扣。两脚距离不可过大过小，并须保持适当跨度，尤其拗步步型，两脚不要踩在一条线上，以利松腰松胯、气沉丹田、稳定重心。

（四）主要步法

1. 上步：后脚向前一步或前脚向前半步。

2. 退步：前腿向后退一步。

3. 撤步：前脚或后脚向后退半步。

4. 进步：两脚连续各前进一步。

5. 跟步：后脚向前跟进半步。

6. 侧行步：两脚平行，连续依次侧移。

7. 盖步：一脚经支撑脚前向侧方落。

8. 插步：一脚经支撑脚后向侧方落。

9. 碾脚：以脚跟为轴，脚尖外展或内扣；以前脚掌为轴，脚跟外展。

各种步法变换要求轻灵沉稳，虚实分明。前进时，脚跟先落地；后退时，前脚掌先落地，迈步如猫行，不可平起平落、沉重笨滞。两脚前后和横向距离要适当，脚掌或脚跟碾转要适度，以利重心稳定，姿势和顺。伸直腿要自然，膝部不可挺直。

（五）腿法

1. 蹬脚：支撑腿微屈站稳，另一腿屈膝提起，小腿上摆，脚尖回勾，脚跟外蹬，高过腰部。

2. 分脚：支撑腿微屈站稳，另一腿屈膝提起，然后小腿上摆，脚面绷平，脚尖向前踢出，高过腰部。

3. 拍脚：支撑腿微屈站稳，另一腿向上摆踢，脚面绷平，手掌在额前迎拍脚面。

4. 摆莲脚：支撑腿微屈站稳，另一腿从异侧踢起，经面前向外做扇形摆动，脚面绷平，两手在额前依次迎拍脚面，击拍两响。

各种腿法均要求支撑稳定，膝关节不可僵直，胯关节松活，上体维持中正，不可低头弯腰、前俯后仰、左右歪斜。

（六）身型、身法、眼法

1. 身型

①头：虚领顶劲，不可偏歪摇摆。

②颈：自然竖直，肌肉不可紧张。

③肩：保持松沉，不可上耸，也不要后张或前扣。

④肘：沉坠松垂，自然弯曲，不可僵直或扬吊。

⑤胸：舒松微含，不可挺胸，也不要故意内缩。

⑥背：舒展拔背，不可驼背。

⑦腰：松活自然，不可后弓或前挺。

⑧脊：中正竖直，不要左右歪扭。

⑨臀：向内收敛，不可外凸或摇摆。

⑩胯：松正缩收，不要僵挺或左右凸出。

⑪膝：屈伸自然松活，不要僵直。

2. 身法

保持中正安舒，旋转松活，不偏不倚，自然平稳。动作以腰为轴，带动四肢，上下相随，不可僵滞浮软、俯仰歪斜、忽起忽落。

3. 眼法

总的要求是思想集中，意念引导，精神贯注，神态自然。定势时，眼平视前方或注视两手；换势中，眼神与手法、身法协调配合。

（七）动作要领

1. 体松心静，呼吸自然。身体各部自然舒松，不用拙力。思想安静集中，专心引导动作，呼吸自然平稳，深长细匀，并与动作和运劲协调配合，一般规律是"虚吸实呼""开吸合呼""起吸落呼"，不可勉强憋气。

2. 动作弧形，虚实分清。动作变换要走弧形，不可直来直去、生硬转换。重心移动要沉稳、虚实分明，不可呆滞双重。

3. 上下相随，圆活完整。动作要以腰为轴，带动四肢，上下配合，完整一体。不可手脚脱节、腰身分离、割裂断劲。

4. 均匀连贯，和顺自然。动作要连贯柔和，绵绵不断。速度保持大体均匀，不可忽快忽慢。遇有发劲、拍脚动作，速度可以有所变化，但需保持前后衔接自然，气势完整不散。

5. 轻灵沉稳，刚柔相济。运劲要轻灵不浮，沉稳不僵。外柔内实，刚柔相济。发劲要起于腰腿，达于两手，弹性展放，刚中寓柔。

三、四十八式太极拳练习步骤

打太极拳和练习其他体育项目一样，要经过一个由生到熟、由熟到巧的逐步提高过程。

大致说来，学习打太极拳可以分成三个阶段，有人称做三步功夫。第一阶段，应该在姿势上、动作上打好基础。初学拳时要把拳套中的手型、手法、步型、步法、身型、身法以及腿法、眼法等基本技术要领弄清楚，做到姿势正确舒展，动作稳定柔和。第二阶段，注意掌握动作变化规律和运动特点，做到连贯圆活，上下相随，协调自然。第三阶段，着重劲力的运用和意念、呼吸与动作的结合，做到轻灵沉着，刚柔相济，意、气、力内外合一。

现把练习四十八式太极拳的各步骤要点简述如下：

在打基础的第一阶段，应注意以下几点。

（一）端正

打太极拳首先要保持身体中正安舒，姿势正确。在悬头竖项、沉肩垂肘、松腰敛臀等要领中，特别要注意腰脊中正，两肩两胯放松放平，以保持上体的自然正直。身体其他部位的姿势也要认真按动作要求做好。实际上忽视任何一个部位的要领，都会牵扯其他部位的姿势变形。如臀部外凸，必然连及腰部、胸部前挺，腹肌紧张，造成错误动作定型。故在初学时切不可贪多求快、潦草从事。

（二）稳定

要使上体端正舒展，必须首先保持下肢稳定。步型、步法是整个姿势的基础，如果步子过小过窄或脚的位置、角度不对，变换动作时虚实不清，势必造成身体重心不稳，因此必须首先把步型、步法的要求弄清楚。可以通过单练各种桩步和步法，恰当地掌握身体重心变换的时机。还可根据具体情况，多做各种腿法（蹬脚、分脚、踢腿等）和增进腰部柔韧性的练习，也能够增强下肢力量，有利于提高动作的稳定性。

（三）舒松

初学时，在姿势动作中要注意舒松自然，按照具体要求把动作做得舒展柔和。初学者往往容易使用拙力，造成不必要的紧张，打基础时应从舒松柔和的要求入手，注意克服紧张、生硬的毛病。

（四）轻柔

为了较快地掌握太极拳轻缓柔和的运动特点，初学时注意动作要慢、要柔，用力要轻、要匀。一般说来，初学时动作慢一些，用力轻一些，易于使动作准确，速度均匀，消除拙力。

第二阶段应着重于掌握太极拳的动作规律，体现太极拳运动特点，要注意以下几点。

（一）连贯

在姿势动作有了一定基础之后，就要努力做到节节贯穿。各个姿势动作要前后衔接，一气呵成，好像行云流水一样，前一个动作的完成，就是下一个动作的开始。比如初学时可以把掤、捋、挤、按四个局部动作分解开来；熟练之后，就要把四个动作衔接在一起，动作之间虽然仍要保持一定的节奏感（即在一个动作做完后，微微一沉），但要在似停非停之际立刻接做下一个动作，整个过程要保持前后连贯，环环衔接，不可松懈。

（二）协调

练太极拳是全身活动，要求上下相随，完整一气，全身各部位的运动保持协调一致。比如做“云手”动作，腰脊转动，带动两臂在空间画圆，两掌随着臂部运动不断地内外翻转，两腿支撑整个身体左右移动和旋转，头部也随躯干自然扭转，同时两眼不断注视交换的上手，这样就形成了一个处处牵连密切配合的全身运动。

（三）圆活

太极拳的动作是以各种弧形、曲线构成的。认识和掌握这一规律，就能自觉地避免直来直往和转死弯、拐直角的现象，使动作圆活不滞。在动作要领上，要特别注意运用腰脊带动四肢进行活动，只有做到以腰为轴，才能使手法、步法变转圆活，动作轻灵顺遂。

第三阶段：过去有人把这个时期称为“由着熟而渐悟懂劲”的阶段，或者叫做“练意、练气、练劲”的阶段。练习中要注意掌握以下要点。

（一）虚实分明，刚柔相济

在武术练习中，常常把矛盾转换概括称作虚实变化。太极拳从整体动作来分，除个别情况外，动作达到终点定势为“实”，动作变转过程为“虚”。从局部动作来分，主要支撑体重的腿为实，辅助支撑或移动换步腿为虚；体现动作主要内容的手臂为实，辅助、配合的手臂为虚。分清了动作的虚实，用力的时候，就要有张有弛，区别对待。实的动作和部位，用力要求沉着、充实；虚的动作和部位，要求轻灵、含蓄。例如动作达到定势或趋于完成时，腰脊和关节要松沉、稳定。动作变转运动时，全身各关节要舒松、活泼。上肢动作由虚而实时，前臂要沉着，手掌逐渐舒指、展掌、塌腕，握拳要由松而紧；由实而虚时，前臂运转要轻灵，手掌略微含蓄，握拳由紧而松。这样，结合动作虚实变化，劲力有柔有刚、张弛交替，打起拳来就可轻灵、沉着，避免不分主次、平均用力和双重、呆滞的毛病。

（二）连绵不断，劲力完整

太极拳的劲力除要求刚柔相济外，还要求均匀完整，时时处处不断劲。如同传统理论中所说“勿使有凹凸处，勿使有断续处”。断劲就是指力量的中断、停顿、脱节、突变。要使劲力绵绵不断，就要在动作连贯、协调、圆活的基础上掌握运劲规律。太极拳用力要求发自腰腿，运用于两臂、两手、达于手指，动作起来，以腰为枢纽，周身完整一气。凡是腰部的旋转都和腿的屈伸、脚的外撇里扣、身体重心移动相配合一致。两臂运转也要在腰部旋转带动下进行。

强调腰腿发力，周身完整，不是忽视上肢作用。太极拳中两臂变化最多，是劲力运用的集中表现。比如前臂外旋时，小指一侧微微用力，好似向外拧劲；前臂内旋时，拇指一侧微微用力，好似向里裹劲；前推时，除腕部微微塌住劲外，要注意中指或食指领劲，意念中好像力量贯注到指尖。这样尽管动作千变万化，但劲力始终贯穿衔接、完整一气，做到势换劲不断。

概括起来，前面讲的刚柔相济，是指力量的变化；这里讲的连绵不断，是指劲力的完整。

（三）意念集中，以意导动

练太极拳自始至终要求思想集中。在技术熟练以后，注意力就应集中到劲力运用方面。例如做捋的动作要有牵引或是捋住物体的意念；按的动作要有向前推按的想像，从这种有关的意念活动引导劲力的发挥和变化，做到“意动身随”“意到劲到”。意念活动能动地引导动作，不仅使劲力体现得更充分、动作更准确，而且对调节中枢神经、增强各部器官的机能、提高医疗效果，都有直接影响，所以有人形容太极拳是用意不用力的“意识体操”。关于太极拳意念引导动作，在理解和实践中要特别注意以下几点。

第一，意念集中不是情绪紧张呆板。意念活动要与劲力的刚柔、张弛相一致，形成有节奏有变化的运动。意念活动和劲力运用是统一运动的两个方面，都要体现“沉而不僵，轻而不浮”的特点。

第二，意念、劲力、动作三者是统一的，但它们的相互关系则有主有从。

意念引导劲力，劲力产生运动。太极拳要求“先在心、后在身”，势换劲连，劲换意连。但对这种主从关系，不能有脱节、割裂的理解，意念的变化要表现在劲力和动作上。练太极拳不能片面追求“虚静”，追求“有圈之意，无圈之形”，那样就会把意念活动割裂架空，使人莫测高深，无所适从。

（四）呼吸自然，配合动作

太极拳呼吸深长细匀，通顺自然。初学时只要求自然呼吸。动作熟练以后，可以根据个人锻炼的体会和需要，有意识地引导呼吸，使其更好地适应劲力与动作的要求，这种呼吸叫“拳势呼吸”。比如太极拳动作接近定势时，要求沉稳聚合、劲力充实，这时就应该有意识地配合呼气，做到舒胸、束肋、实腹，以气助力。太极拳动作变换复杂，一般说来，凡是由实转虚，劲力含蓄轻灵，肩胛开展，胸膛扩张的时候，应该配合吸气；相反，当动作由虚转实，劲力沉实集中，肩胛内合，胸腔收缩的时候，应该配合呼气。这种结合与运动中的生理需要是一致的，也正是武术中“以意运气、以气运身”“气力合一”的体现。太极拳的“拳势呼吸”就是使呼吸的自发配合变为自觉的引导。

“拳势呼吸”的运用不是绝对的。因为太极拳的动作不是按呼吸节拍编排的。不仅不同的拳套，练起来呼吸次数深度各不相同，就是同一套路，不同体质的人，呼吸也无法强求一律。可以这样说，练拳时只能要求在主要动作和胸、肩开合较明显的动作上，做到“拳势呼吸”。在练一些过渡动作及个人感到呼吸难以结合的动作时，仍需要进行自然呼吸，或采用辅助呼吸（短暂呼吸）加以过渡调节。所以打太极拳时无论技术如何熟练，总要以“拳势呼吸”和“自然呼吸”结合使用，才能保证呼吸与动作的结合自然妥善，符合太极拳“气以直养而无害”的原则要求。不要简单地开列“呼吸程序表”，使呼吸机械绝对，强求统一。尤其是病员或体质较弱的人，练太极拳更应因人制宜，保持呼吸的自然顺遂，不能生硬勉强，以免有伤身体。

四、四十八式太极拳动作图解说明

1. 为了表述清楚，图像和文字对动作做了分解说明，打拳时应力求连贯衔接。

2. 在文字说明中，除特殊注明外，不论先写或后写身体的某一部分，各运动部位都要同时协调活动，不要先后割裂。

3. 方向转变以人体为准标明前后左右。必要时也假设以面向南起势，注明东南西北。

4. 图上的线条是表明从这一个动作到下一个动作经过的路线和部位。左手左脚为虚线（-------►），右手右脚为实线（——►）。个别动作的线条受角度、方向等限制，可能不够详尽，应以文字说明为准。

5. 某些背向、侧向动作，增加了附图，以便对照。

五、动作名称

起势

第一段

（一）白鹤亮翅　　（二）左搂膝拗步
（三）左单鞭　　（四）左琵琶势
（五）捋挤势（三）　　（六）左搬拦捶
（七）左掤捋挤按

第二段

（ 八 ）斜身靠

（ 九 ）肘底捶

（一〇）倒卷肱（四）

（一一）转身推掌（四）

（一二）右琵琶势

（一三）搂膝栽捶

第三段

（一四）白蛇吐芯（二）

（一五）拍脚伏虎（二）

（一六）左撇身捶

（一七）穿拳下势

（一八）独立撑掌（二）

（一九）右单鞭

第四段

（二〇）右云手（三）

（二一）右左分鬃

（二二）高探马

（二三）右蹬脚

（二四）双峰贯耳

（二五）左蹬脚

（二六）掩手撩拳

（二七）海底针

（二八）闪通背

第五段

（二九）右左分脚

（三〇）搂膝拗步（二）

（三一）上步擒打

（三二）如封似闭

（三三）左云手（三）

（三四）右撇身捶

（三五）左右穿梭

（三六）退步穿掌

第六段

（三七）虚步压掌

（三八）独立托掌

（三九）马步靠

（四〇）转身大捋

（四一）撩掌下势

（四二）上步七星

（四三）独立跨虎

（四四）转身摆莲

（四五）弯弓射虎

（四六）右搬拦捶

（四七）右挪捋挤按

（四八）十字手

收势

六、四十八式太极拳套路介绍

起势

①身体自然直立，两脚并拢，头颈正直，下颏内收，胸腹放松，肩臂松

垂，两手轻贴在大腿外侧；精神集中，眼向前平视；呼吸保持自然（图1）。

②左脚向左轻轻分开半步，与肩同宽，脚尖向前（图2）。

③两手慢慢向前平举，手指微屈，手心向下，举至与肩同高，两臂距离约同肩宽，肘微下垂（图3）。

④上体保持正直，两腿缓慢屈膝半蹲；两掌轻轻下按，落至腹前，掌心向下，掌膝相对（图4、附图4）。

要点：屈膝程度要因人而异，一般说来，大腿与地面成45°~60°斜角。整个拳套，除少数动作（如仆步、开立步、独立步等）身体有明显升降外，应保持高度大体一致，不要忽高忽低，起伏不定。

图 1

图 2

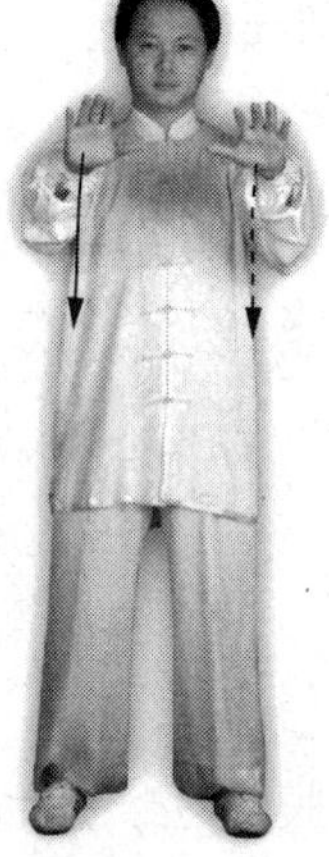

图 3

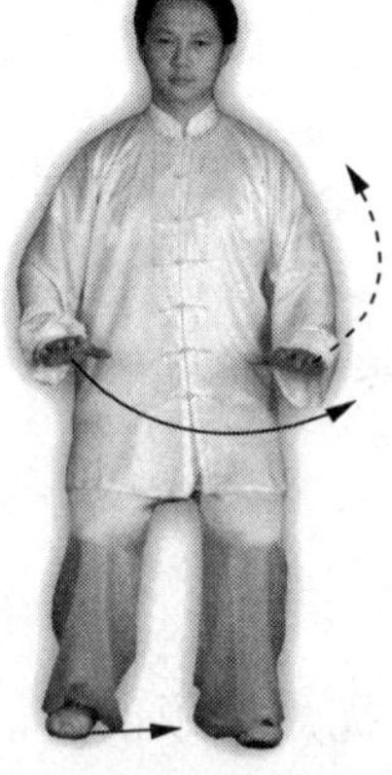

图 4

附图 4

第 一 段

（一）白鹤亮翅

①上体微左转，身体重心移至左腿；左掌微上提，左臂屈收在左胸前，右掌经腹前向左画弧，两掌左上右下，掌心相对，在左胸前成“抱球”状；同时右脚提起并内收；眼看左掌前方（图5）。

②右脚向右后方撤半步，重心后移，腰随之右转；右掌自左下方向右上方画弧，左掌经右肩前向下画弧；眼看右掌（图6）。

③上体微左转，面向前方；两掌继续向不同方向画弧，左掌按于左胯旁，掌心向下，指尖向前，右掌提至额前右上方，掌心向内，两臂皆保持弧形；同时左脚稍向内移，前脚掌着地，膝部微屈，成左虚步；眼向前平视（图7）。

要点： 虚步时，两脚夹角大约45°。后腿膝部与脚尖、臀部与脚跟大体相对，上体保持端正，注意缩胯收臀，膝部不要过于里扣或外敞。

图 5

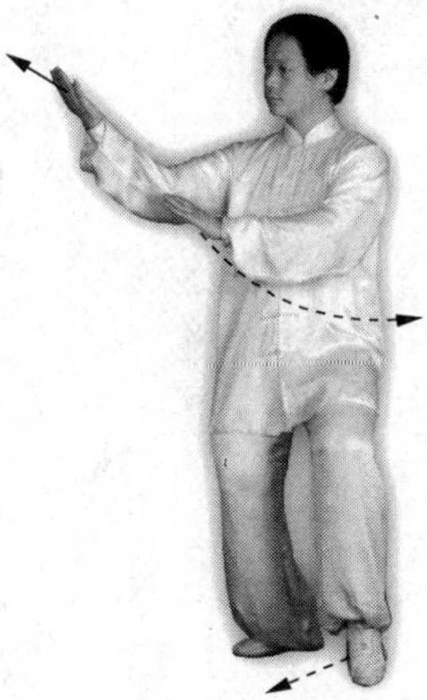

图 6

图 7

（二）左搂膝拗（ào 音奥）步

①上体微向左转；右掌经体前画弧下落，左掌经体侧画弧上举（图8）。

②上体向右转；右掌经下向右后上方画弧至与耳同高，掌心斜向上，左掌同时经面前向右下画弧至右胸前，掌心斜向下；左脚同时收至右脚内侧；眼看右掌（图9）。

③上体微左转；左脚向前（偏左）迈出一步（两脚横向距离30厘米左右），身体重心前移，左腿屈弓，右腿自然蹬直成左弓步；同时，右掌屈收经耳侧向前推出，指尖高与鼻平，左掌向左下经左膝前搂过，按于左胯旁，掌心向下，指尖向前；上体正直，松腰、松胯；眼看右掌（图10）。

要点：弓步时，两脚夹角为45°~60°（必要时，后脚跟可以后展调整），左膝大体和左脚尖垂直。为了保持重心稳定，弓步的两脚不要前后踩在一条线上，更不要左右交叉。应根据上体扭转程度和劲力方向，两脚保持10~30厘米的横向距离。

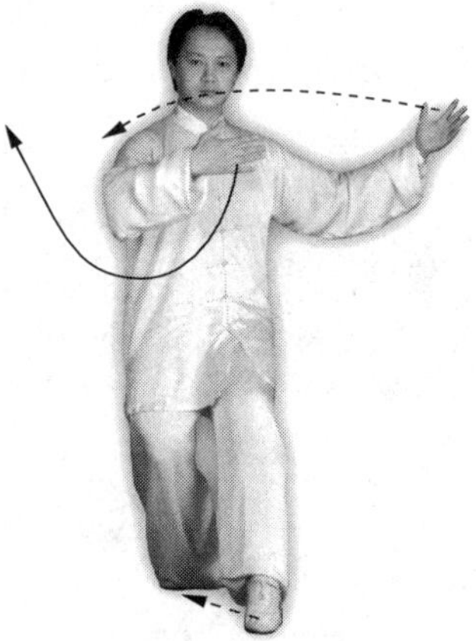

图 8

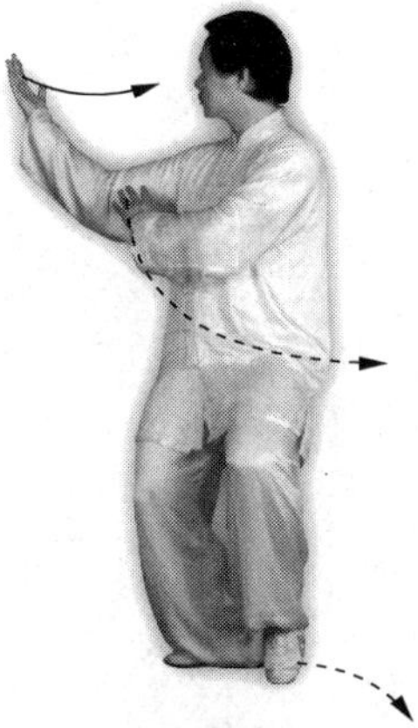

图 9

图 10

（三）左单鞭

①上体后坐，重心移向右腿，左脚尖翘起，并稍内扣，上体随之右转；右臂随转体后带，掌心向下，左掌自左下方经体侧向体前画弧，高与肩平，掌心

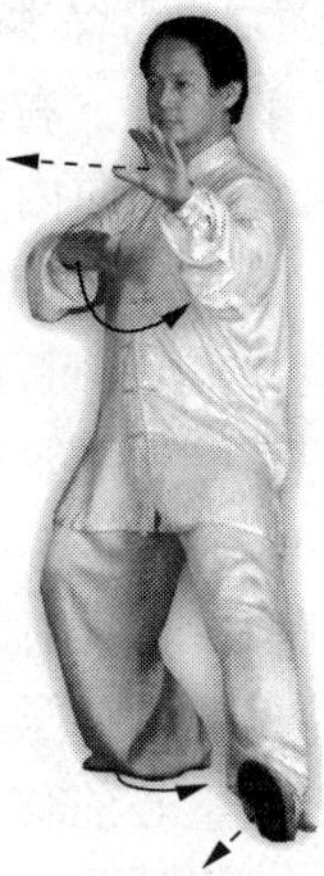

图 11

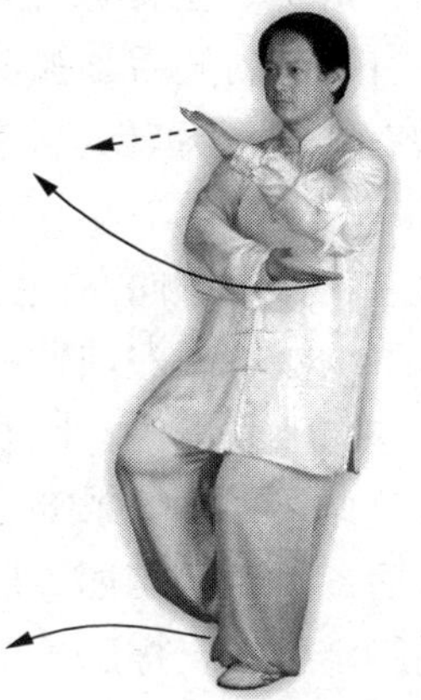

图 12

图 13

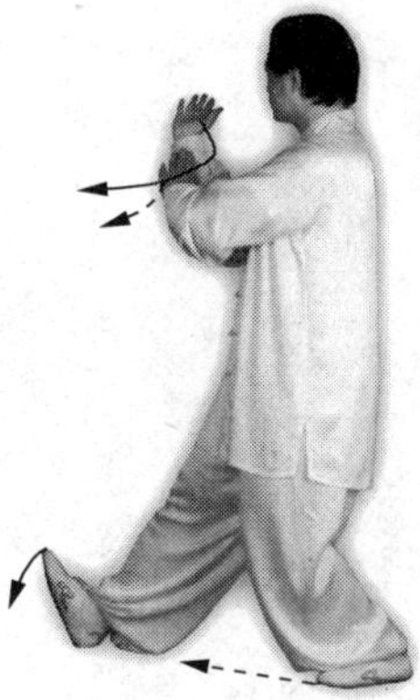

图 14

斜向下；头随体转，眼看前方（图11）。

②左脚落实，身体重心移至左腿，右脚收至左脚内侧；同时左前臂微回收，右臂外旋，掌心朝上，从左肘下方向左前方穿出（图12）。

③右脚向右前方（假设面向南起势，此式应向西。下同）迈出一步（两脚横向距离10厘米左右），重心前移成右弓步；同时左掌附于右腕内侧（掌心同侧），两掌同时自左向前画半个平圆，右掌心斜向内，左掌心斜向外；上体转向正前方，松腰、松胯；眼看前掌（图13）。

④上式不停，上体后坐，右脚尖上翘；右掌自前向右、向后屈肘再画半个平圆，掌心向上，左掌仍附于右腕内侧，随右前臂画平圆；眼看右掌（图14）。

⑤右脚内扣落实，上体微左转，重心移于右腿，左脚随之收于右脚内侧；同时右前臂在右肩前内旋后画弧前伸，右掌随之前按，至右前方时，右掌变勾手，左掌亦随右掌一起翻转（前臂外旋），收停在右肘内侧，掌心向内；眼看右手（图15）。

⑥上体微左转，左脚向左前方（正东稍偏北）迈出一步，重心前移成左弓步；同时上体继续左转，左前臂内旋，左掌慢慢向前推出，掌心朝前，指尖高与鼻平，左手左脚上下相对；眼看左掌（图16）。

要点：两臂画平圆时，腰部随之转动，上体要保持正直，不可俯仰歪斜。推掌、按掌以后，手臂要稍屈，肘要松沉，不可僵直或耸肩扬肘。初学者在收脚上步时，前脚掌可在支撑脚内侧轻轻点地，以利重心稳定。重心前移成弓步时，后腿自然蹬直，膝部不要僵挺，脚跟可以随之后展调整（下同）。

图 15

图 16

（四）左琵琶势

①腰部松缩，微向左转；右脚提起跟进半步，前脚掌着地，落在左脚后面；同时左掌向内、向下画弧至左胯前，右勾手变掌随腰的转动向内、向前平摆至体前，掌心斜向上；眼看前方（图17）。

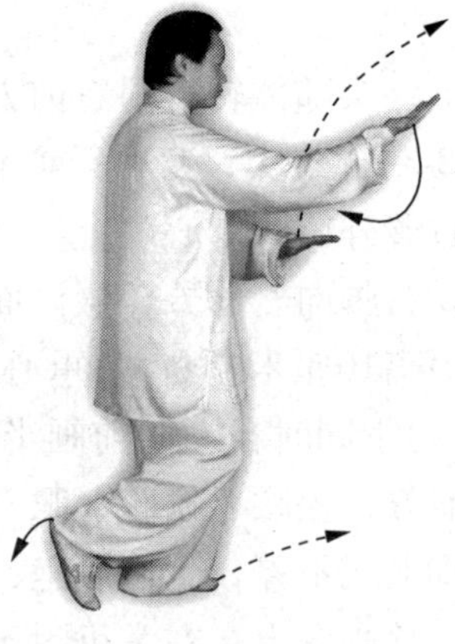

图 17

②重心后移，右脚落实，左脚稍向前上步，脚跟着地，膝微屈，成左

虚步；同时右掌随腰部微右转，屈肘回带，掌心转向下，左掌向外、向前上方画弧挑举，然后两臂松沉合劲，左掌成侧立掌停于面前，指尖与眉心相对，右掌也成侧掌，屈臂合于胸前，掌心与左肘相对；眼看左掌（图18）。

要点：右脚落步时先以前脚掌着地，随重心后移再慢慢全脚踏实。提步时，脚跟先离地，然后轻轻将全脚提起。提步落步要用力轻匀，不可突然蹬地砸地。

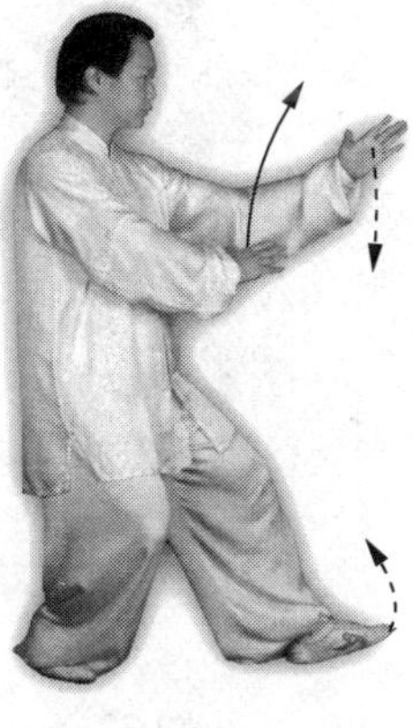

图 18

（五）捋（lǚ 音吕）挤势（三）

①左脚稍向左外挪动，然后全脚落实，重心前移成左弓步，上体稍右转；右掌自左前臂上方穿出，由左向右前方画弧平抹，掌心斜向下，左掌微外旋（掌心斜向上）并向后画弧，收至右肘内侧下方；眼看右掌（图19、20）。

②两掌自前向下捋，左掌捋至左胯外侧，右掌捋至腹前；同时右脚收于左脚内侧；眼看右前方（图21）。

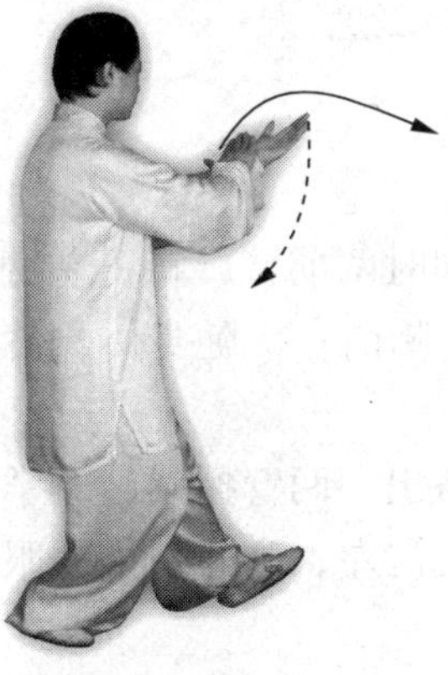

图 19

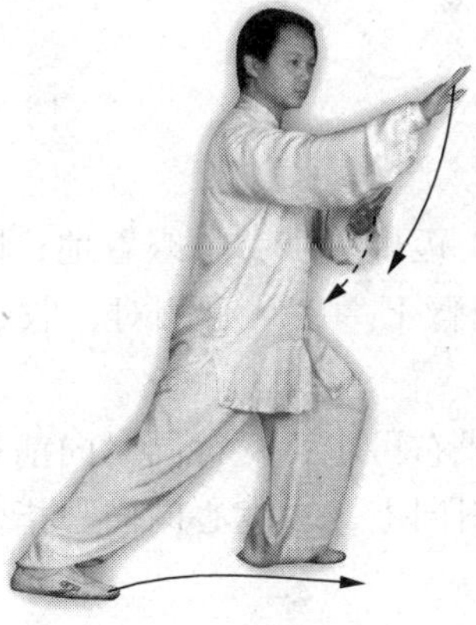

图 20

图 21

图 22

图 23

图 24

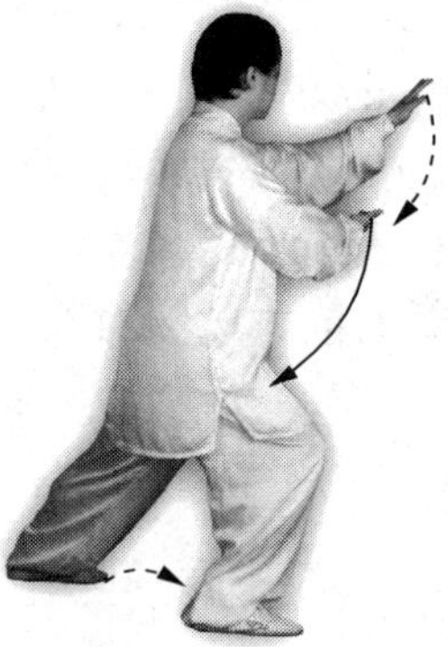
图 25

③右脚向右前方（东南）迈出一步，脚跟着地；同时两前臂旋转（左臂内旋，右臂外旋），两掌翻转屈臂上举，掌心相对，收于胸前；头随身体自然转动（图22）。

④右脚落实，重心前移成右弓步；两臂同时向前挤出，两臂撑圆，左掌指贴近右腕，掌心向外，指尖斜向上，右掌心向内，指尖向左，高与肩平；眼看右腕，成右捋挤式（图23）。

⑤重心后移，右脚尖翘起微内扣，再落地成右弓步；同时上体左转，左掌自右前臂上方穿出，向左前方画弧平抹，右掌微向后画弧，收至左肘内侧下方；眼看左掌（图24、25）。

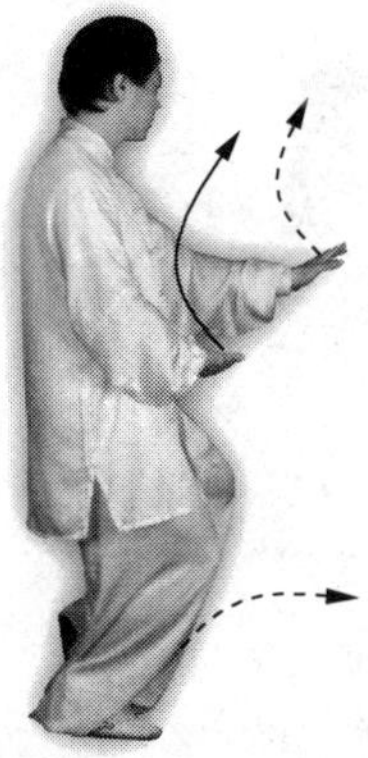
图 26

图 27

图 28

图 29

图 30

图 31

⑥左捋挤式动作同前右捋挤式，惟左右相反，方向东北（图26~28）。

⑦右捋挤式动作同前右捋挤式（图29~33）。

要点：由捋变挤时，两掌在体前边翻转边上提，两手摆动不要超过身体。下捋与收脚、前挤与弓腿要做到协调一致。收脚时，如果初学者掌握不好重心，前脚掌可以在支撑脚内侧点地停顿一下，然后再向前上步。类似动作皆同样处理，不再注明。

图 32

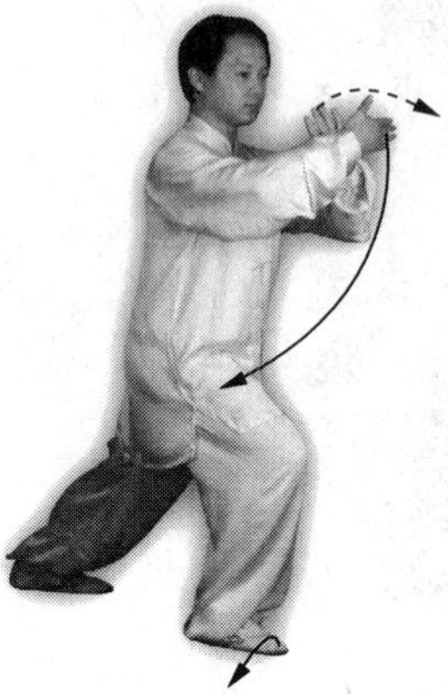

图 33

（六）左搬拦捶

①重心后移，右脚尖外展，上体右转；左掌向左前（正东）伸展，掌心斜向下，右掌同时向下画弧，掌心朝上（图34）。

②重心前移，左脚收于右脚内侧；右掌经下向右后画弧，再向上卷收，停于体前，掌心向下，高与肩平，左掌变拳向下、向右画弧收于右腹前，拳心向下；眼向前平视（图35）。

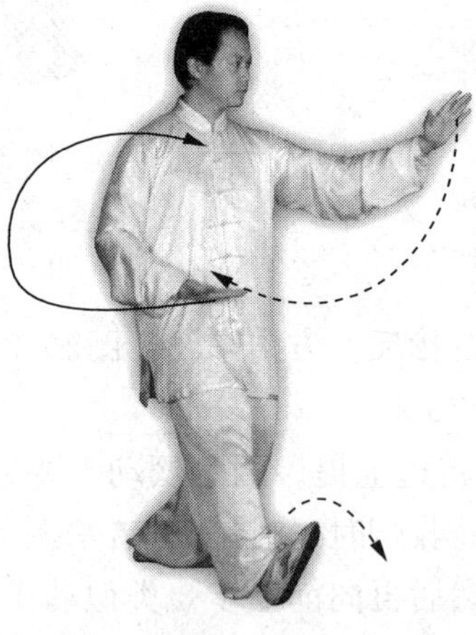

图 34

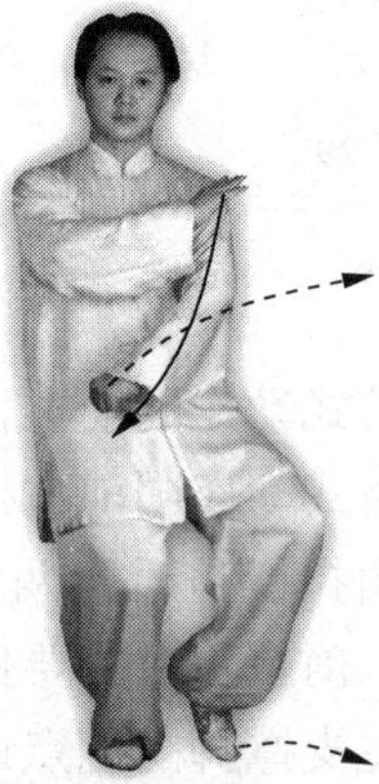

图 35

③左脚向前垫步，脚跟着地，脚尖外撇；左拳随之向前（正东）搬出，拳心翻向上，高与胸平，右掌经左前臂外侧顺势按至右胯旁；眼看左拳（图36）。

④重心前移，左脚落实，右脚经左脚内侧收提上步；腰向左转；左拳向左画弧收于左腰间，拳心向上，右掌经体右侧画弧向前拦出，高与胸齐，掌心向前下方；眼看右掌（图37）。

⑤重心前移成右弓步，左拳由腰间向前打出，拳眼向上，高与胸齐，右掌同时收于左前臂内侧；眼看左拳（图38）。

要点：两手画弧相交时前后上下要对称，画成两个相交的立圆。左拳搬出后再回收时，左前臂先内旋，然后再外旋并卷收于腰间；右掌拦出时，右前臂先外旋，然后再内旋并拦于体前。

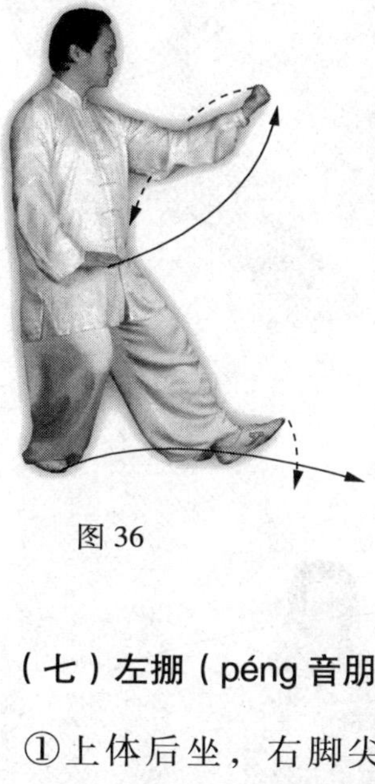
图 36

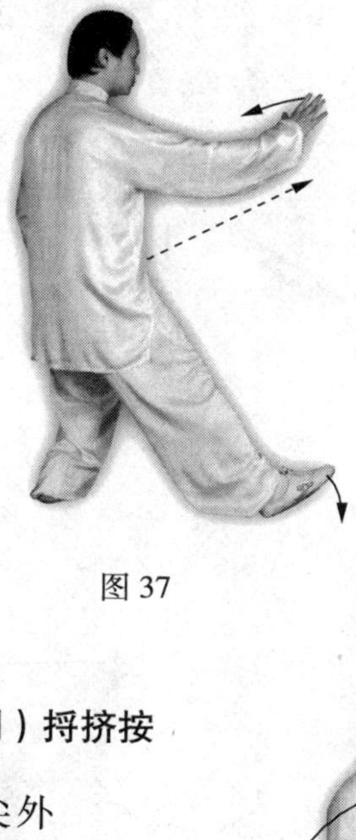
图 37

图 38

（七）左掤（péng 音朋）捋挤按

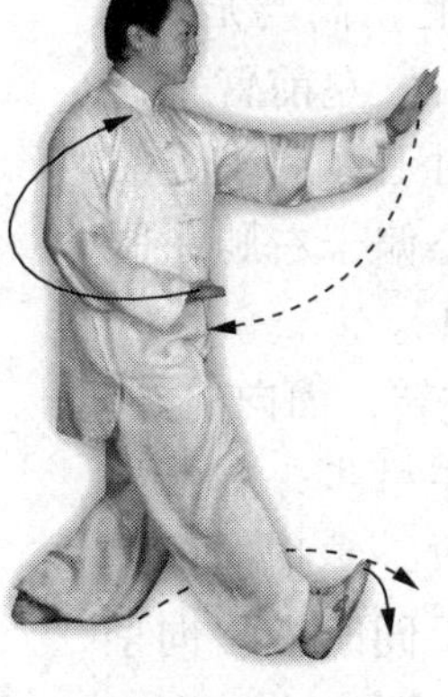
图 39

①上体后坐，右脚尖外展，腰向右转；右前臂外旋，右掌向下画弧，掌心向上，左拳变掌，前臂内旋并前伸，掌心转向下（图39）。

②右脚落实，重心前移，左脚收于右脚内侧；同时左掌由前向下画弧至腰前，右掌自

下向后、向上画弧收卷至胸前，两掌成“抱球”状（图40）。

③上体微左转，左脚向前迈出一步，重心前移，右腿后蹬，脚跟后展，成左弓步；同时左前臂向前掤出（即左臂呈弧形，用前臂外侧向前上方架出），高与肩平，掌心向内，右掌向下按于右胯旁；眼看左前臂（图41）。

④腰微向左转，左掌前伸并翻掌，掌心向下，右前臂外旋，掌心转向上，经腹前向上、向前伸至左前臂下方（图42）。

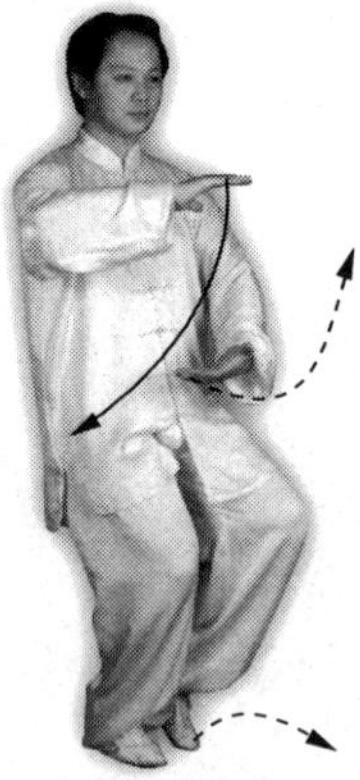

图 40

图 41

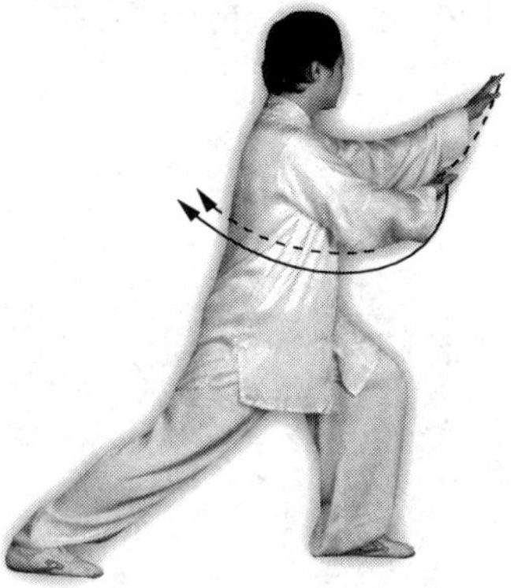

图 42

⑤上体右转；两掌下捋并经腹前向右后上方画弧，右掌心斜向上，高与肩平，左掌心斜向后，左前臂平屈于胸前；同时上体后坐，右腿屈膝，重心偏于右腿；眼看右掌（图43）。

⑥上体左转，面向前方，重心前移成左弓步；右臂屈肘，右掌卷收，掌指向前搭近左腕，双手同时慢慢向前挤出，高与肩平，左掌心向

图 43

内，右掌心向前，两臂保持半圆形；眼看左腕（图44）。

⑦右掌经左腕上方伸出，两掌左右分开，与肩同宽，掌心向下；随即上体后坐，重心移至右腿，左脚尖翘起；两臂屈肘，两掌收至胸前，掌心向前下方。眼平视前方（图45）。

⑧左腿前弓成左弓步；两掌落下经腹前向前、向上按出，腕高与肩平；松腰松胯，沉肩坠肘，塌腕舒掌；眼平视前方（图46）。

要点：由捋变挤时，两手向身后摆开。由挤变按时，注意缩胯、敛臀，上体正直，不可前俯后仰。

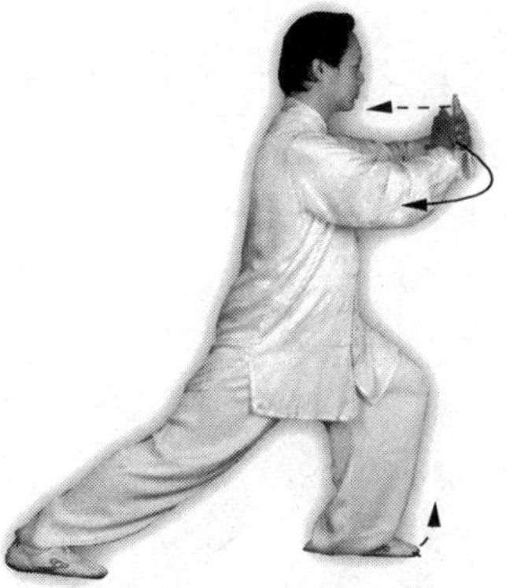

图 44

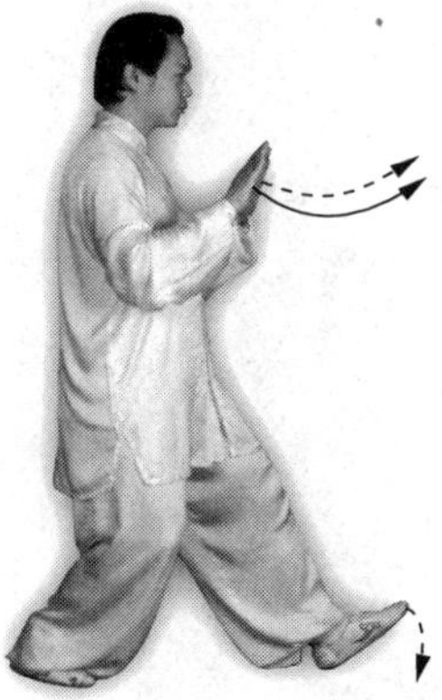

图 45

图 46

第 二 段

（八）斜身靠

①重心移向右腿，左脚尖内扣，身体右转；右掌由左向右画弧至身体右侧，左掌对称地分举在身体左侧，两肘微屈，掌心向前；眼看右掌（图47）。

②身体重心移于左腿，右脚收于左脚内侧；同时右掌向下、向左画弧收至体前，高与肩平，左掌同

图 47

时收至体前，与右掌腕部交搭，抱成斜十字形（右掌在外），掌心都转向内；眼看前方（图48）。

③上体微右转，右脚向右前方（正西偏北约30°）迈出，脚跟着地；同时两手握拳，前臂微内旋；眼看前方（图49）。

④重心前移，左腿自然蹬直（脚跟随之后展），成右弓步；同时两拳分别向左下和右上撑开，右拳停于右额角前，拳心斜向外，左拳下撑于左胯旁，拳心斜向身后；上体斜向西南；眼看左前方（图50）。

要点：定势时，弓步方向为西偏北，上体转向西偏南。注意沉肩松胯，肩、臂微向外撑劲，上体不要侧倒。

图 48

图 49

图 50

（九）肘底捶

①重心左移，右脚尖随之翘起并内扣，上体左转；右拳变掌，前臂外旋，掌心向上并向内掩裹画弧，左拳同时变掌，向左、向内画弧；眼看右掌（图51）。

②重心右移，左脚收至右脚内侧；右掌翻转并屈收在右胸前，掌心向下，左前臂外旋，左掌掌心翻转向上，并经腹前向右画弧，

图 51

与右掌相对成“抱球”状（右上左下）；眼看右掌（图52）。

③上体左转；左脚向左前方摆脚垫步，脚跟着地，脚尖外撇；左掌经右前臂下方向左上方画弧，掌心向里，高与鼻齐，右掌经左胸前画弧下落至右胯旁；眼看左掌（图53）。

④上体继续左转；左脚落实，身体重心前移至左腿，右脚跟进半步，前脚掌着地落在左脚后面；左前臂内旋，左掌向左、向下画弧至体侧，掌心向下，右掌向右、向前画弧至体前，掌心斜向上，高与鼻平；面向正东，眼看前方（图54）。

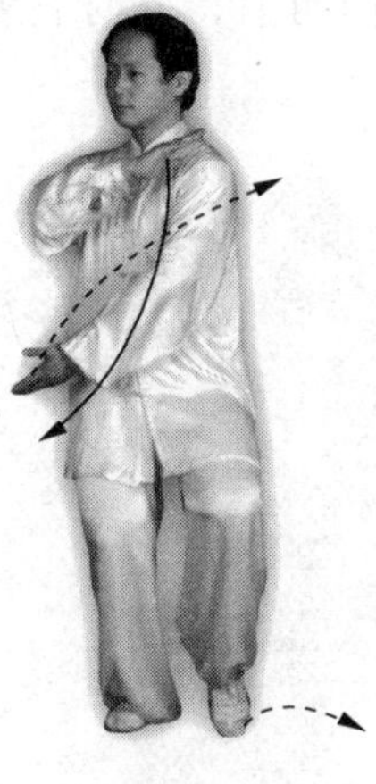

图 52

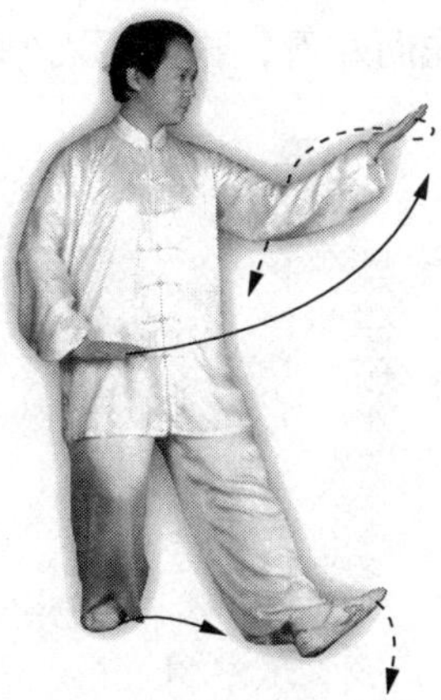

图 53

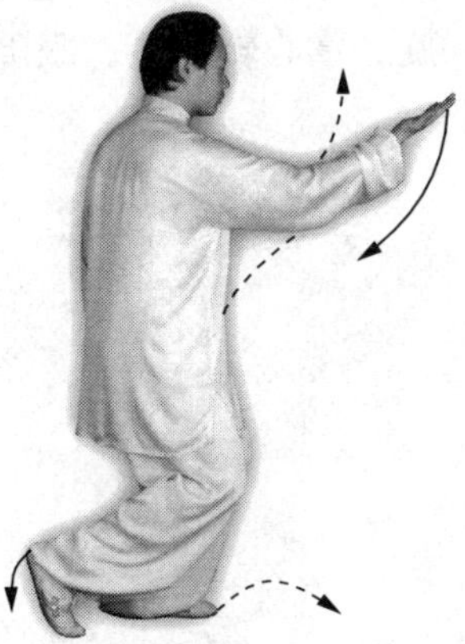

图 54

⑤重心后移，右脚落实，左脚向前微移，脚跟着地成左虚步；左掌经腰间从右腕上方向前穿出成侧立掌，掌心向右，指尖与眉心相对，同时右掌变拳回收，置于左肘内侧下方，拳眼向上；眼看左掌（图55）。

要点：整个动作要连贯一气，以腰为轴带动四肢。定势时，松肩垂肘，微向下沉劲，右拳置于左肘下方偏右，保持胸部舒展。

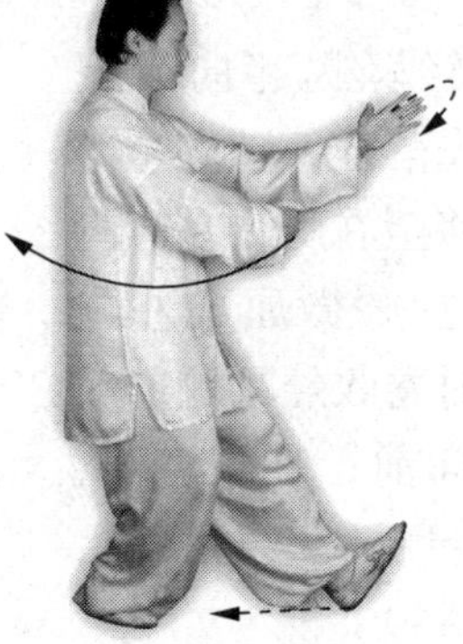

图 55

（一〇）倒卷肱（四）

①上体右转；右拳变掌，掌心向上，由前经右胯侧向后画弧平举，肘部微屈，随之左臂外旋，掌心翻向上；左脚轻轻提起；眼随转体先向右看，再转向前看左掌（图56）。

②左脚轻提，脚尖下垂，向后退步，前脚掌着地，随之身体重心后移，左脚踏实，右脚脚跟微外展，脚尖朝前成右虚步；同时右臂屈肘，右掌卷收经耳侧向前推出，掌心向前，高与肩平，左手向下撤至左胯前；上体正直，松腰松胯；眼看右掌（图57）。

③上体左转；左掌向下、向左后方画弧平举，掌心仍向上，同时右臂外旋，掌心转向上；眼随转体先向左看，再转看右掌（图58）。

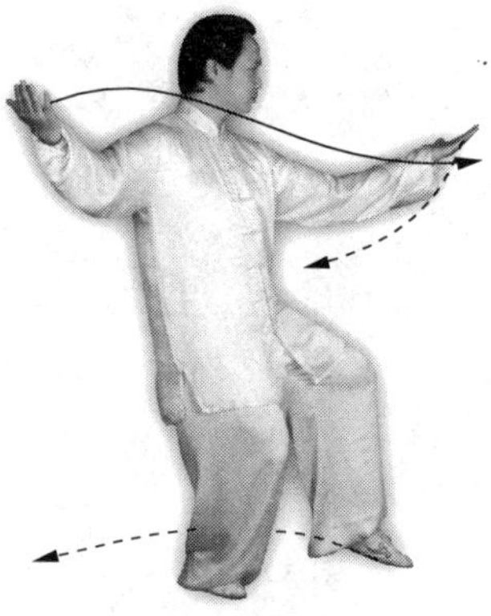

图 56

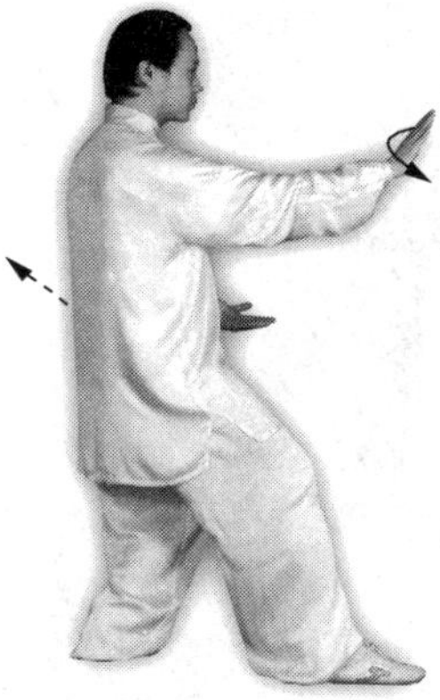

图 57

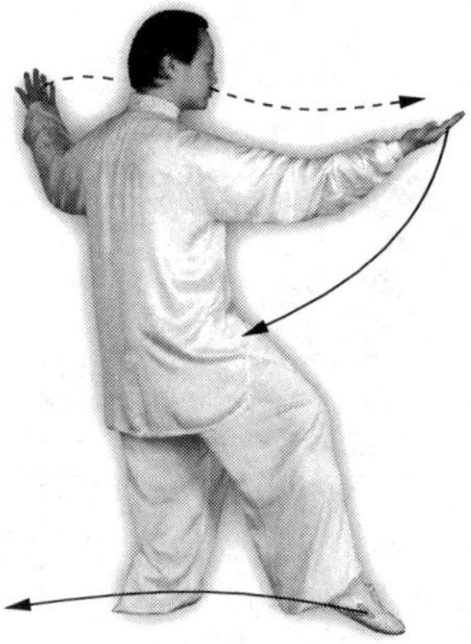

图 58

④右脚轻轻提起向后退步，前脚掌先落地，随之全部踏实，重心移至右腿，左脚脚跟微外展，左膝微屈成左虚步；左掌屈肘卷收经耳侧向前推出，掌心向前，高与肩平，右掌向下、向后撤至右胯前；眼看左掌（图59）。

图 59

⑤倒卷肱左右各重复一次，动作同前（图60~63）。

要点：退步时，前脚掌先落地，然后全脚踏实，重心后移，做到虚实转换清楚。同时两脚要保持约10厘米的横向距离，两腿不要成交叉状退步，以免重心不稳。

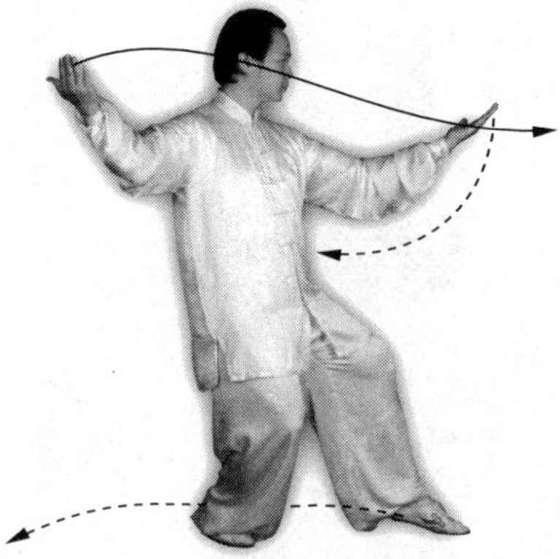

图 60

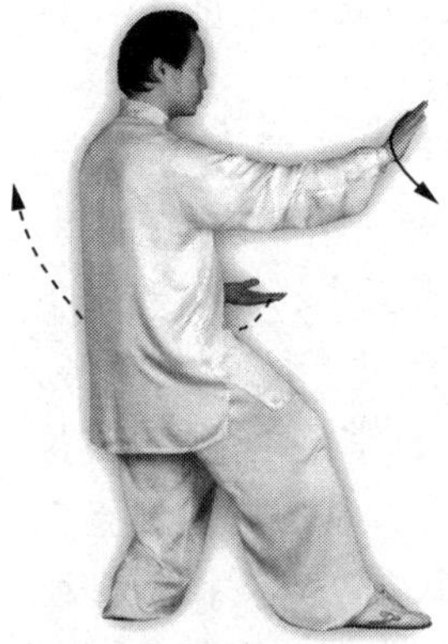

图 61

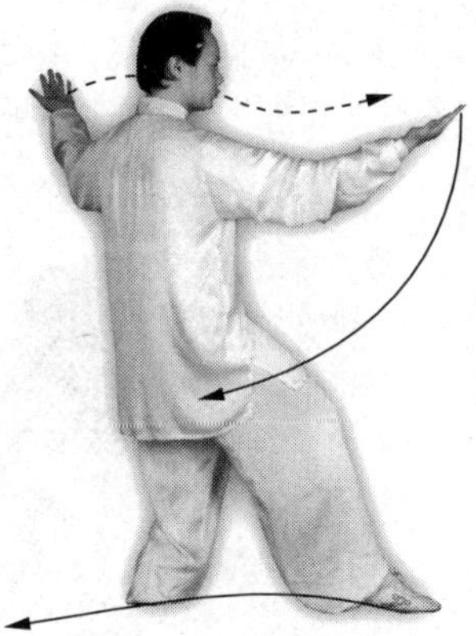

图 62

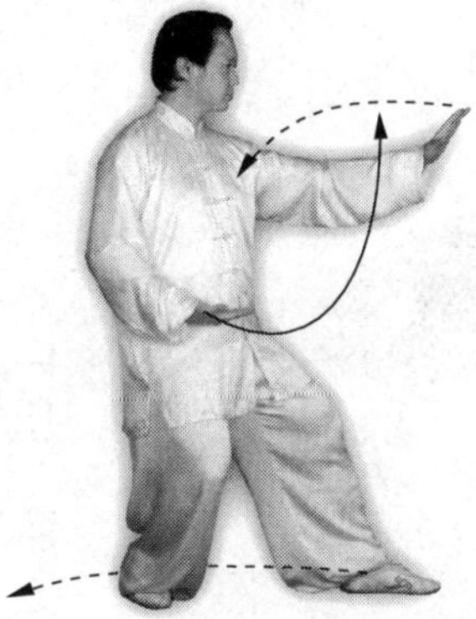

图 63

（一一）转身推掌（四）

①左脚撤至右脚后，前脚掌着地；左掌外旋先向上举，再收至右胸前，掌

心向下，右掌由下向右上方画弧，掌心向上，高与头平；眼看右掌（图64）。

②以左脚掌、右脚跟为轴向左后方转体，转身后重心仍在右腿；在转动中右掌屈肘回收，左手略向下按；眼看左前方（西北）（图65）。

③左脚向前（西北）迈步，右脚随即跟进，落于左脚后侧，前脚掌点地成丁步；同时左掌下落经左膝前搂过，按于左胯旁，掌指向前，右掌经耳侧向前推出，掌指向上，掌心向前，指尖高与鼻平；眼看右掌（图66）。

图 64

④以左脚跟、右脚掌为轴向右后转体，转身后重心仍在左腿；同时左臂外旋并向左、向上画弧上举，左掌心向上，高与头平，右掌下落至左胸前，掌心向下；眼看右前方（图67）。

图 65

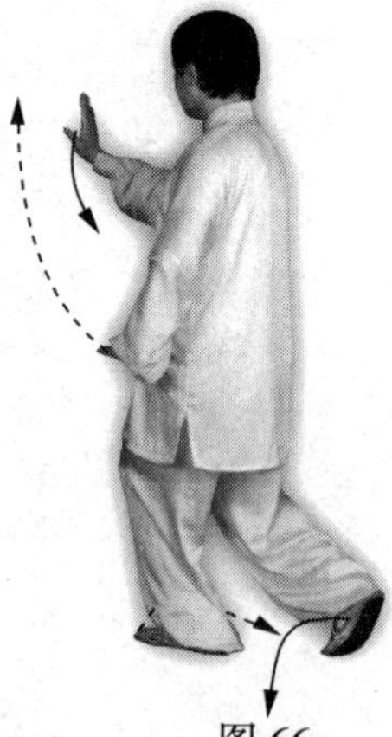

图 66

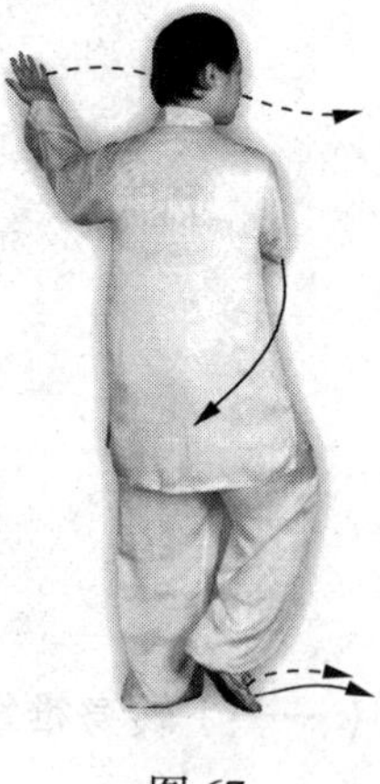

图 67

⑤右脚向前（东南）上步，左脚随即跟进，落在右脚后面，前脚掌着地成丁步；右掌经右膝前搂过，掌指向前，按于右胯旁，左掌经耳侧向前推出，掌指向上，掌心向前，指尖高与鼻平；眼看左掌（图68）。

⑥左右转身推掌各重复一次。动作同前，惟方向分别为东北和西南，与前面的转身推掌恰成四角方向（图69~72）。

要点：丁步时，两脚横向、竖向均要保持10厘米的距离，以便于转动。转动时，体重置于两脚间，转身后重心移向后腿，保证转动灵活。整个动作要做得既轻灵又沉稳。

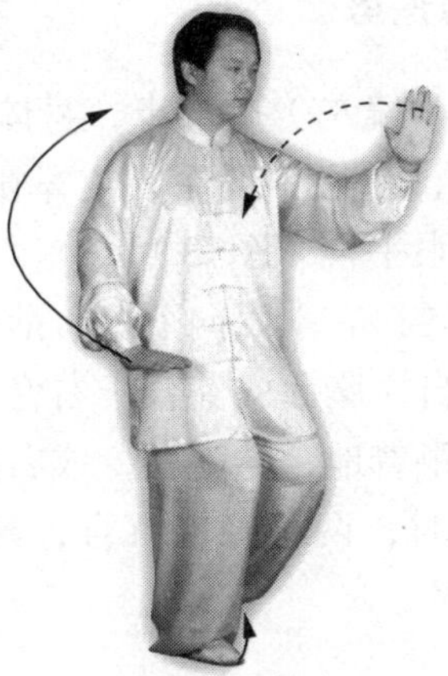

图 68

图 69

图 70

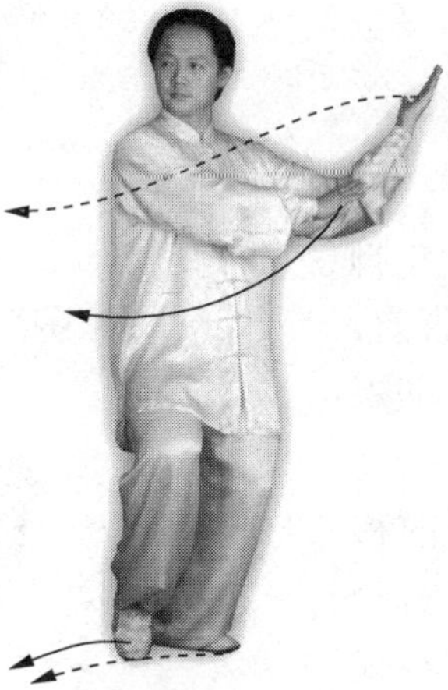

图 71

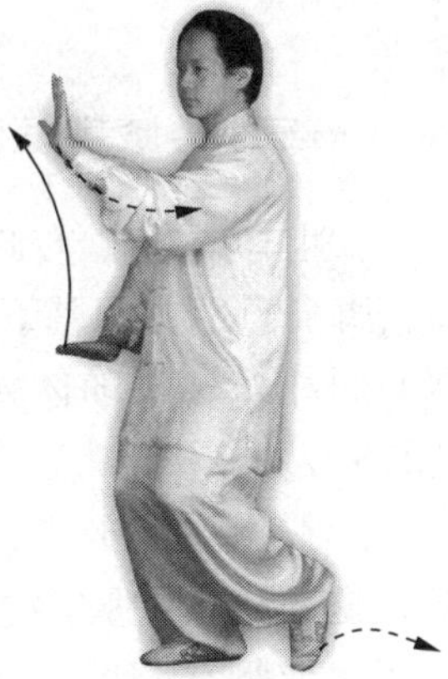

图 72

（一二）右琵琶势

①左脚向后（偏左）撤半步，身体重心移于左腿，上体左转；左臂屈收，左掌带至左胸前，掌心斜向下，右掌随之向前、向上画弧至体前，掌心斜向左；头随体转，眼平视（图73）。

②上体微右转；右掌微向下沉，前臂微外旋，掌心向左成侧立掌，指尖与眉心相对，左掌自左胸前向前合于右臂内侧，掌心向右，与右肘相对；同时右脚提起微移，脚跟着地，膝微屈，成右虚步；面向正西，眼看右掌（图74）。

要点：定势时，两臂轻轻沉合，注意正头、竖颈、松腰、沉肩，上体正直，方向转为正西。

图 73

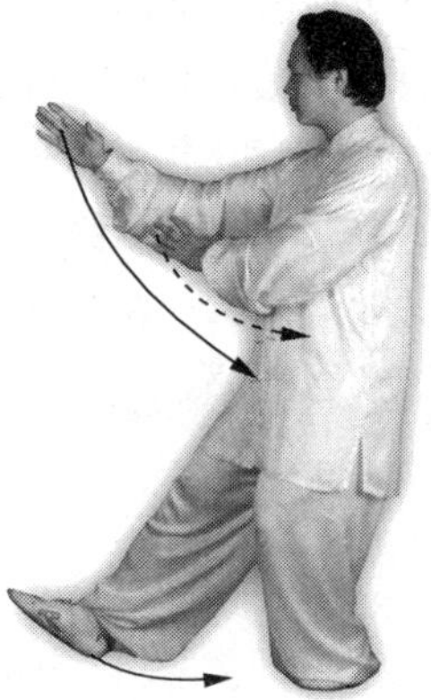

图 74

（一三）搂膝栽捶

①上体左转；右脚收于左脚前，脚尖点地；两掌下捋至腹前，掌心斜相对；头随体转，眼平视（图75）。

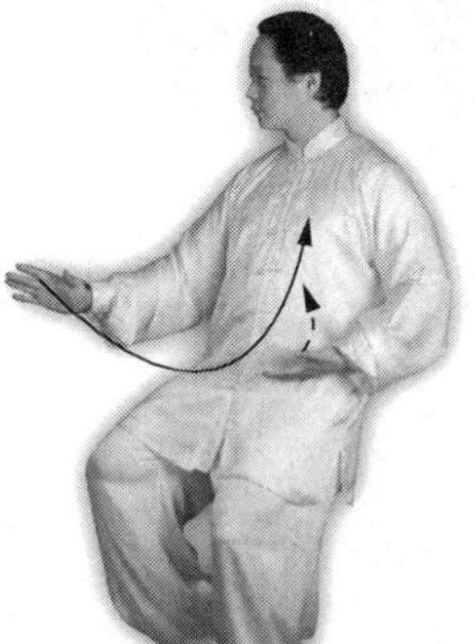

图 75

②右脚前进半步，重心前移至右腿，随之左脚跟进落于右脚后面，前脚掌着地；两掌翻转提到胸前，同时向左、向前画平弧，

右掌心向上，高与肩平，左掌心向下附于右腕内侧；眼看右掌（图76、77）。

③重心移向左腿，上体左转；左前臂外旋，左掌向下、向后画弧上举，手心斜向上，高与头平，右掌经面前向左画弧，按于左胸前，掌心向下；眼看左掌（图78）。

④上体右转，右脚向前迈出，左腿蹬直成右弓步；右掌向下经右膝前搂过，按于右胯旁，掌指向前，左掌变拳经耳侧向前下方打出，拳眼向右，拳面斜向前下，高与腹平；眼看前下方（图79）。

要点：两臂沿平圆和立圆交替画弧，衔接力求圆活，要以腰带动。定势时，上体不可过于前倾，步型为拗弓步。凡拗弓步步型（搂膝拗步、左右穿梭等）要注意保持两脚间的较大跨度，做到重心稳定，上体自然。

图 76

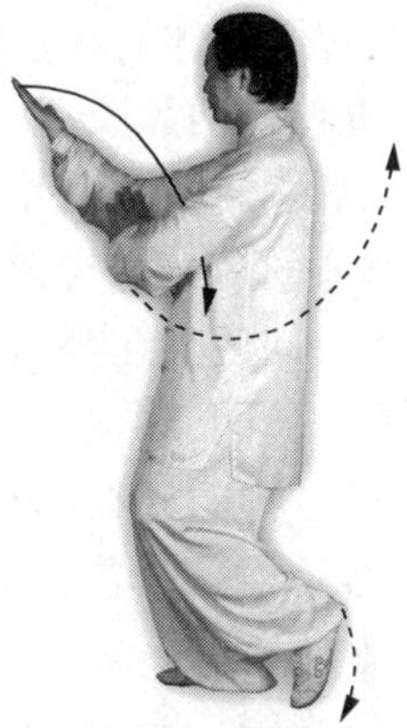
图 77

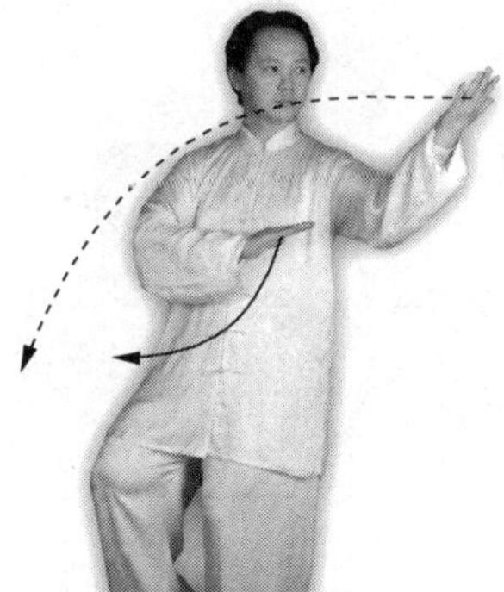
图 78

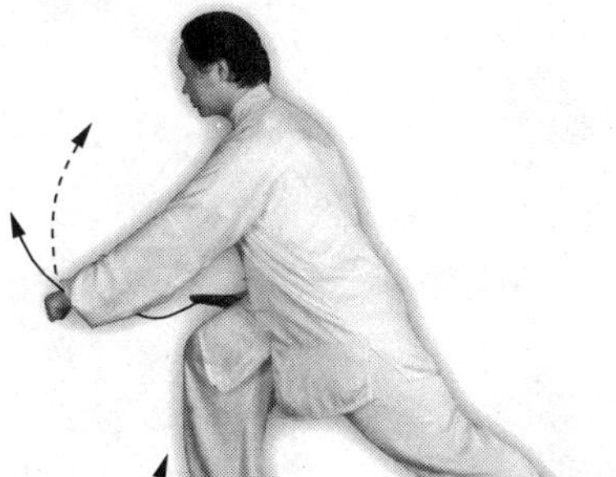
图 79

第 三 段

（一四）白蛇吐芯（二）

①重心后移，右脚尖翘起；左拳上提，右掌上托；眼看右掌（图80）。

②右脚内扣，向左后转身，重心右移，左脚提起原地向外搬转，右脚跟随转体离地扭转，两脚交叉相叠，右膝接近左腿膝窝成歇步；左拳变掌经体前下落，收至腰间，掌心向上，右掌经耳侧向前推出，高与胸平，掌心向前；眼看右掌（图81）。

③重心前移，右脚提起向前上一步，脚尖外撇，上体右转，左脚跟随转体离地扭转，两腿交叉相叠成歇步；左掌向后、向上卷收并经耳侧向前推出，掌心向前，高与胸平，右掌翻转，向下、向后收在腰间，掌心向上；眼看左掌（图82、83）。

要点：左脚向外搬转时，应原地提起，然后横落体前。转身和上步要保持上体正直，不要歪扭。歇步时，两腿半蹲，后膝接近前膝窝处，重心略偏于前腿。

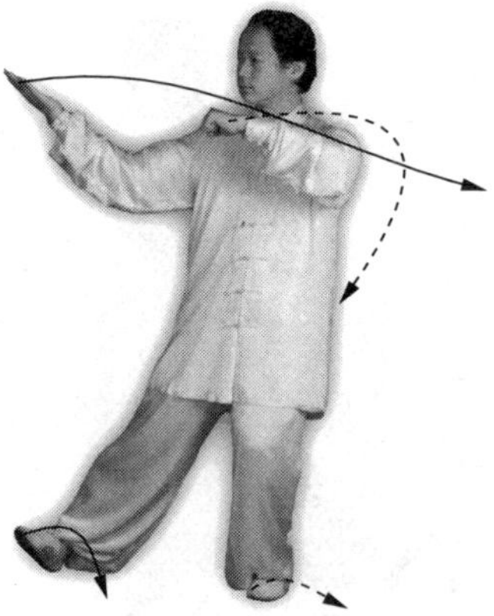

图 80

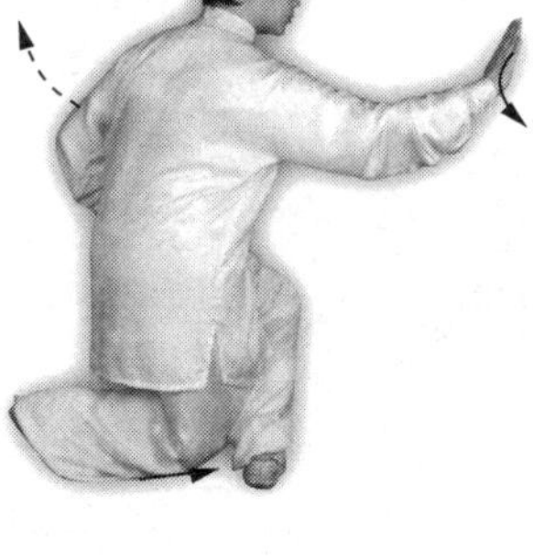

图 81

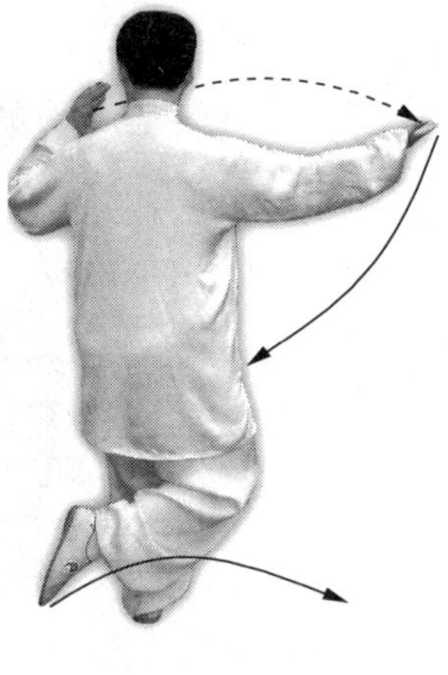

图 82

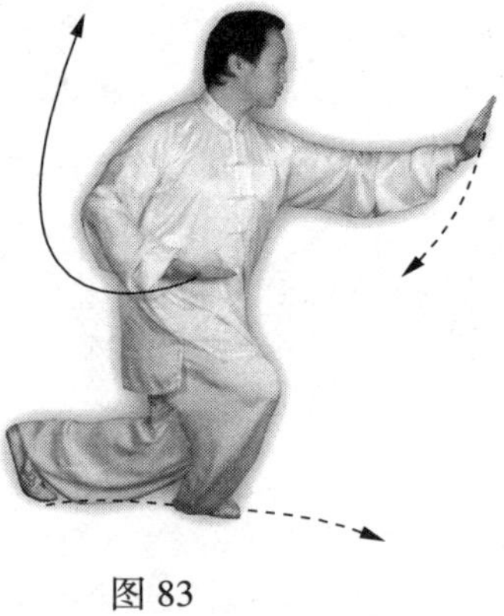

图 83

（一五）拍脚伏虎（二）

①重心前移，左脚向前垫步；左掌向左下方画弧，右掌向后、向上画弧，停于头右侧，准备拍脚；眼向前平视（图84）。

②左脚落实，左腿支撑，右脚向前、向上踢出，脚面自然伸平；右掌向前击拍右脚面，左掌向后、向上画弧平举于身体左后方，掌心向外，高与肩平；眼看右掌（图85）。

③右脚向左前方盖步落下，左脚在右脚落地之际随即提起；同时两掌一齐向右平摆，掌心均向下；眼看右掌（图86）。

④左脚向左侧（正北）落步，右腿蹬直成左弓步（向北）；两掌随左转体经腹前向下、向左画弧，边画弧边握拳；眼看左拳（图87）。

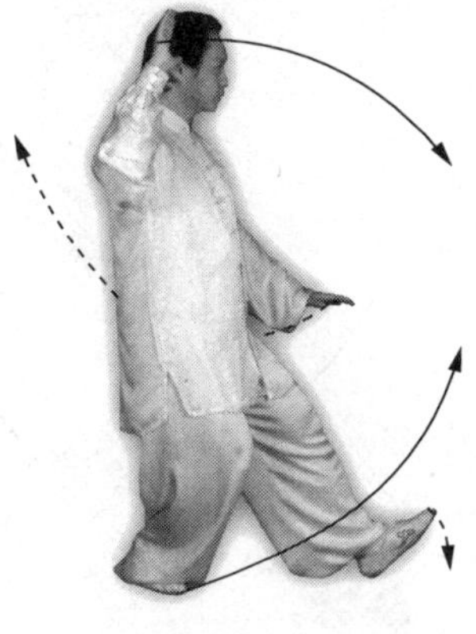

图 84

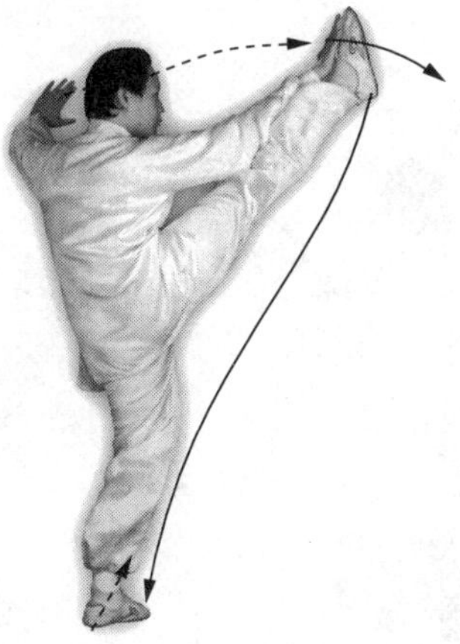

图 85

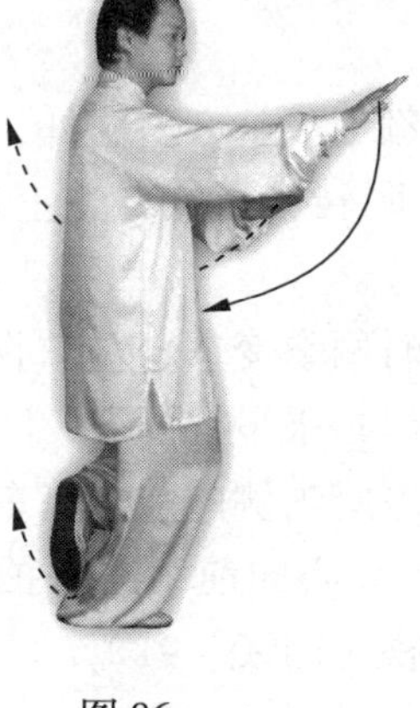

图 86

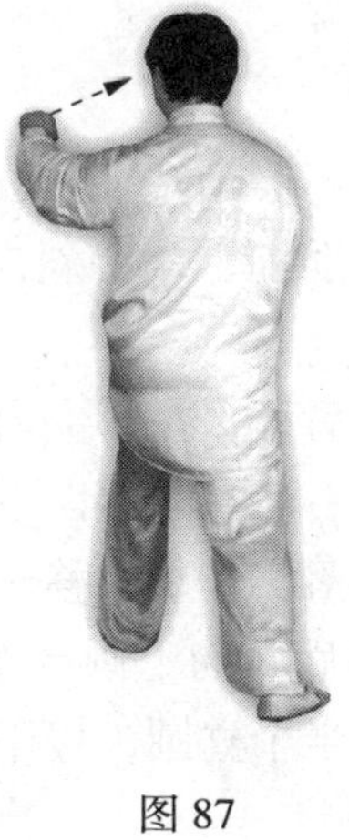

图 87

图 88

附图 88

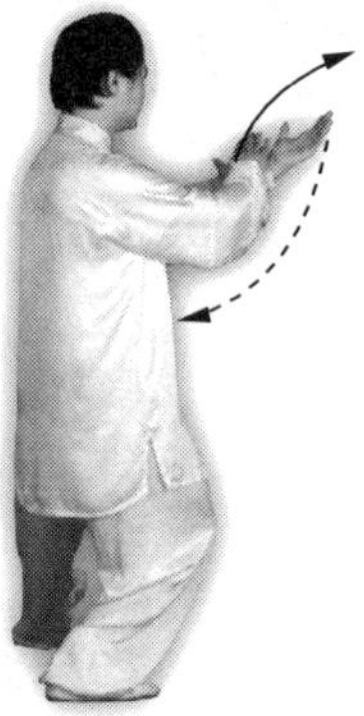

图 89

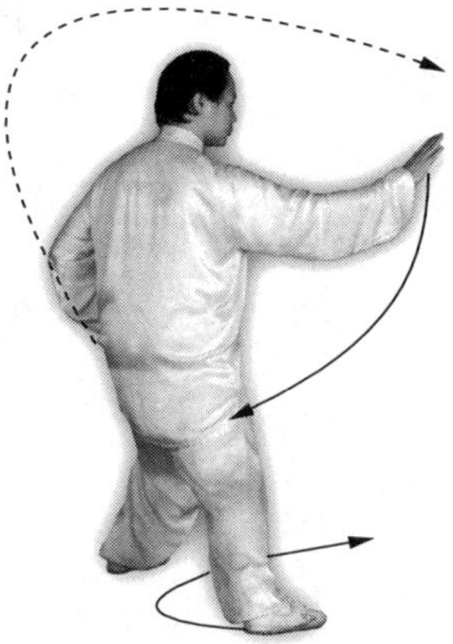

图 90

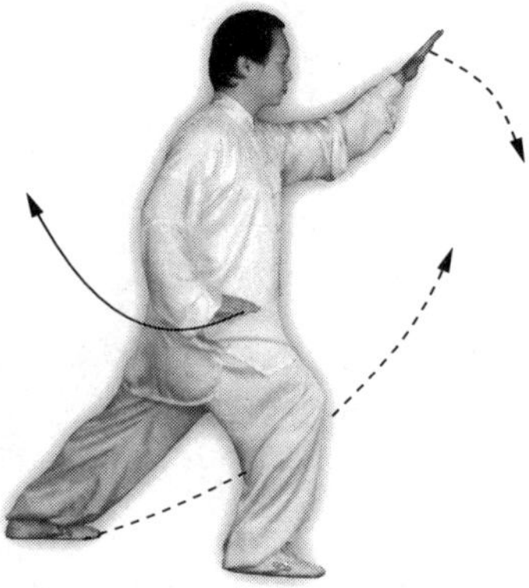

图 91

⑤上式不停，左拳向右屈肘平贯，停于左额前，拳心斜向外，右拳向左平贯，停于左肋前，拳心斜向下；松腰、松胯；眼转看右前方（正东）（图88、附图88）。

⑥重心后移，左脚尖内扣，上体右转；同时两拳变掌，左掌收于胸前，掌心斜向上，右掌掌心斜向下，从左前臂上方穿出；眼平视前方（图89）。

⑦左脚落实，重心移于左腿，右脚提起经左脚内侧向前（正东）垫步；左掌向下、向后、向上画半个立圆，至头左侧，掌心向前，准备拍脚，右掌向前、向下画半个立圆，停于右胯旁；眼向前平视（图90、91）。

图 92

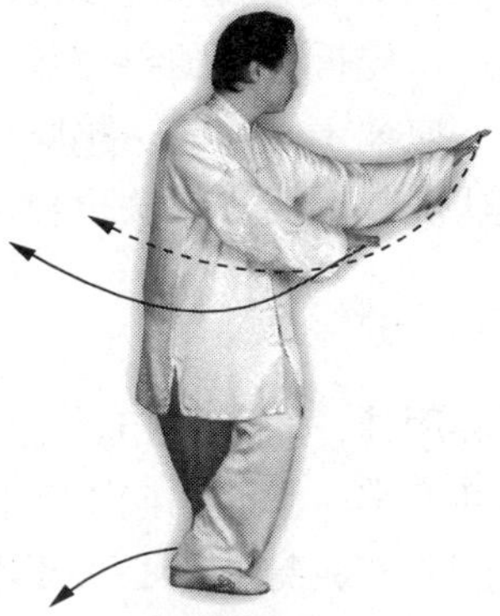

图 93

图 94

图 95

⑧右腿支撑，左腿向前、向上踢出，脚面伸平；左掌向前击拍左脚面，右掌向后、向上画弧，平举于身体右后方，高与肩平，掌心向外；眼看左掌（图92）。

⑨左脚向右前方盖步落下，右脚在左脚落地之际随即提起；同时两掌一齐向左平摆，掌心向下；眼看左掌（图93）。

⑩右脚向右侧（正南）落步，右腿屈膝成右弓步（向南）；两掌经腹前向下、向右画弧，逐渐变握拳；眼看右拳（图94）。

⑪上式不停，右拳向左屈肘平贯，停于右额前，拳心斜向外，左拳向右平贯，停于右肋前，拳心斜向下；松腰、松胯；眼转看左前方（正东）（图95）。

要点：拍脚前，两臂动作要与上步协调配合，不可上下脱节，也不要挺胸直臂。拍脚时，支撑腿微屈站稳，拍脚高度因人而异，不可弯腰憋气强求高度。拍脚后，先折收小腿再盖步落地。落地要轻缓，不要故意腾空纵跳，落点不要太远，应偏于侧前方。拍脚后，也可向身后插步落地，随之向体侧撤步转体，接做伏虎势。插步练法也要求落脚轻缓，移动平稳。

（一六）左撇身捶

①重心后移，右脚内扣，上体左转；同时右拳变掌，掌心斜向上，收于胸前，左拳亦变掌，掌心斜向下，从右前臂上方向前穿出；眼向前看（图96）。

②右脚踏实，身体重心移于右腿；左掌微向上、向前画弧，掌心向下，右掌向下、向后画弧收至右胯前，掌心向上；眼看左掌（图97）。

③上体右转，左脚收至右脚内侧；左掌下落握拳收至小腹前，拳心斜向内，拳眼向右，右掌向后、向上再向体前画弧，翻掌向下附于左前臂内侧（掌心同侧）。眼看左前方（图98）。

④上体微左转，左脚向左前方（东北）迈出一步，重心前移成左弓步；左拳上提经面前向前撇打，拳心斜向上，高与头平，右掌仍附于左前臂内侧；眼看左拳（图99）。

要点：撇拳前，右脚内扣不要过大，左掌应向正东方向穿出。回收时，两手交叉画圆，左掌边收边握拳，不要做成捋的动作。整个动作要注意腰的转动，做到周身协调完整。

图 96

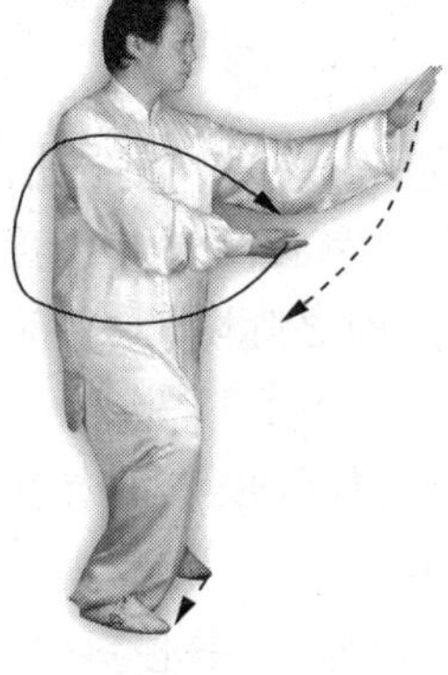

图 97

图 98

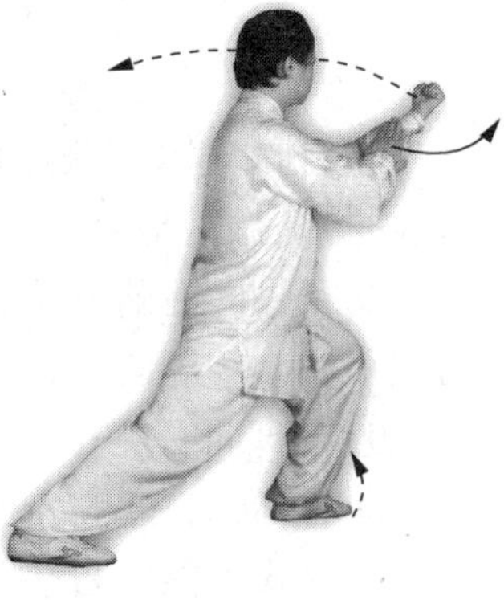

图 99

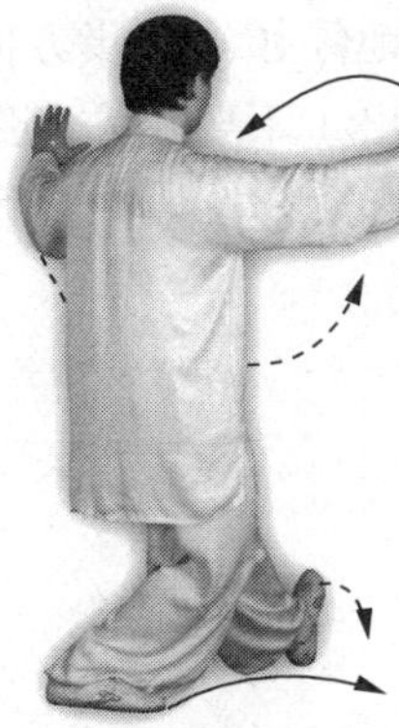

图 100

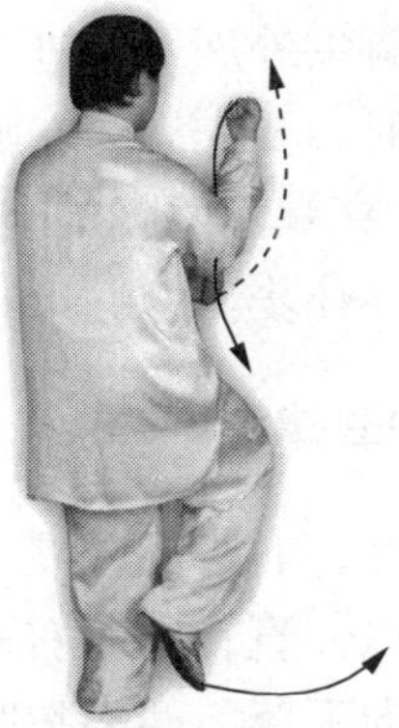

图 101

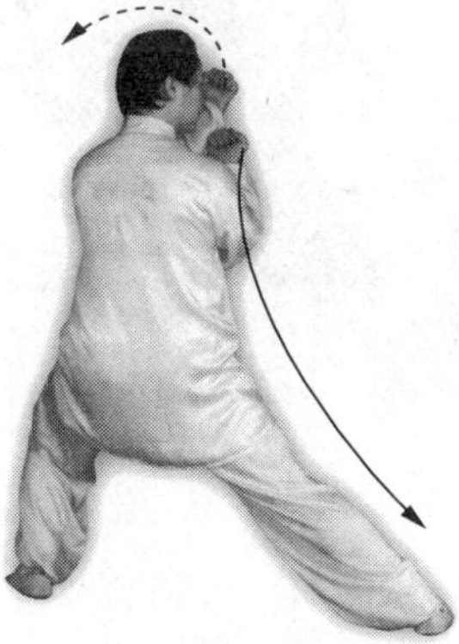

图 102

图 103

（一七）穿拳下势

①重心后移，左脚尖翘起微外展，上体稍左转；左拳变掌向上、向左画弧，右掌向下、向右画弧，两掌心皆向下；眼看左掌（图100）。

②上式不停，左脚落实，重心前移，右脚收于左脚内侧；两掌继续画立圆，同时逐渐握拳，左拳拳心向内收于腹前，右拳拳心向内合于面前；眼向前看（图101）。

③右臂掩肘下落，左拳从右前臂外侧上穿；同时左腿屈膝下蹲，右脚向右侧（正东偏南约30°）伸出成右仆步；眼看右前方（图102）。

④上体右转；右拳经腹前沿右腿内侧向右前方穿出，左拳向左后上方伸展，两拳拳眼均转向上；眼看右拳（图103）。

要点： 左脚尖外展不要过大。右脚提收后可稍点地停顿。仆步方向应为正东偏南。仆步时，要先屈蹲左腿，随之右腿向右侧仆出（不要用右脚跟擦地滑出），然后转体穿拳。两脚要全脚踏实，脚跟不可掀起。老年人可以放高姿势，左腿半蹲做成半仆步。

（一八）独立撑掌（二）

①重心前移，右脚尖外展，左脚尖内扣，左腿微伸直；同时右拳略向上挑，左拳稍向下落，两拳拳眼仍向上。眼向前看（图104）。

②右脚蹬地，左脚提起；右拳变掌微内旋，左拳变掌下落经腰侧向前、向上方穿出，掌心向内；眼向前看（图105）。

③身体起立，右腿微屈站稳，左腿屈膝提至体前，脚面展平，成右独立步；同时右掌向下按于右胯前，指尖向左，左掌从右前臂内侧上穿并翻掌撑于头前上方，指尖向右，掌心斜向上；眼向前看（图106）。

图 104

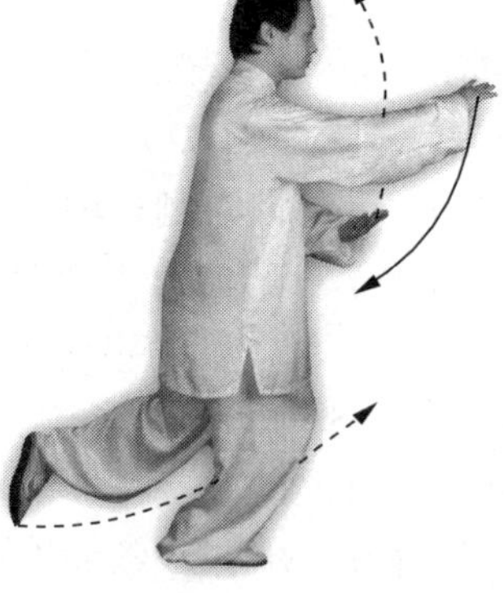

图 105

图 106

④左脚向前（偏左）落步，重心前移，左脚蹬地，右腿屈膝提至体前，脚面展平，成左独立步；右前臂外旋，使掌心向内经体前从左前臂内侧上穿，翻掌撑于头上（指尖向左，掌心斜向上），左掌下落按于左胯前（指尖向右）；眼向前看（图107~109）。

要点：独立步时，支撑腿微屈，膝部不要僵挺。向上穿掌时，要配合腰部的轻轻旋转。撑掌时，上体保持正直，头向上顶，全身要松沉。

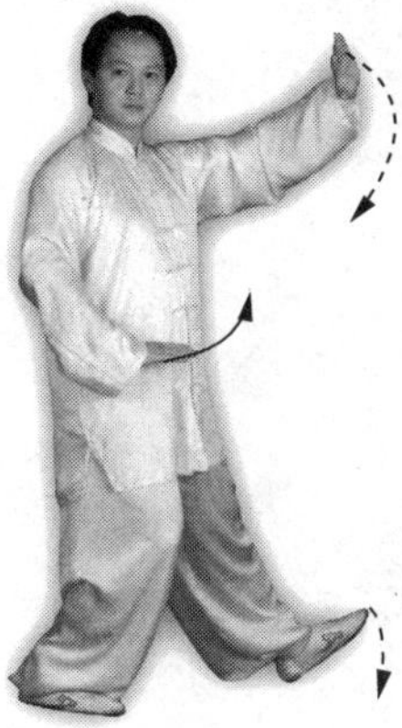

图 107

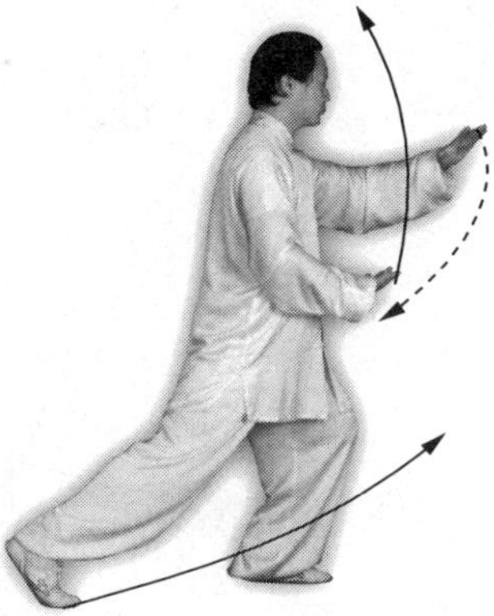

图 108

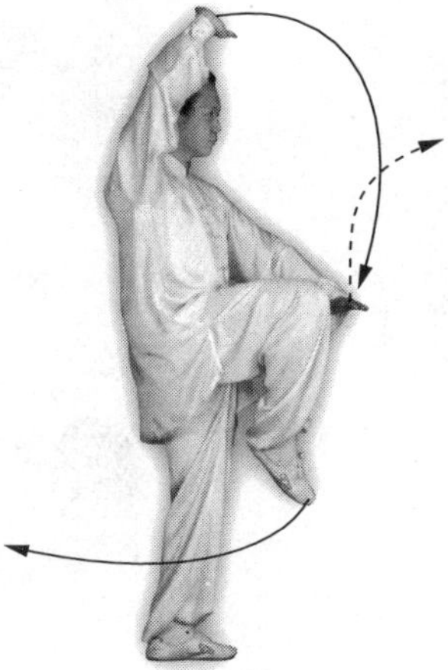

图 109

（一九）右单鞭

①右脚后撤一步，左腿屈蹲成左弓步；同时右掌向前、向下落，掌心转向上，左掌自右前臂上方向上、向前伸，掌心向下；眼看左掌（图110）。

②重心后移，两掌自体前向下、向后一齐捋回，收至腹前；头随体转（图111）。

图 110

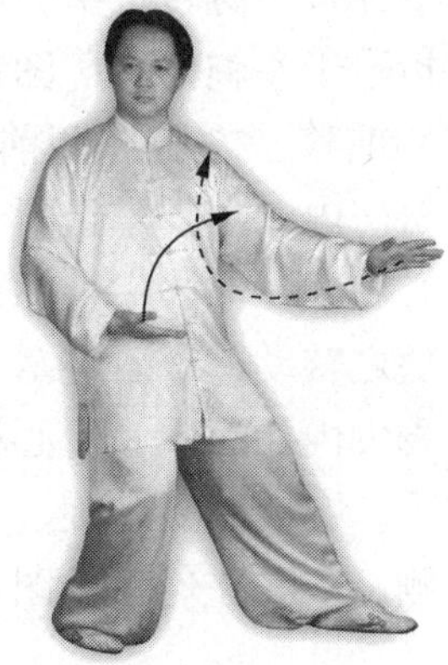

图 111

图 112

图 113

图 114

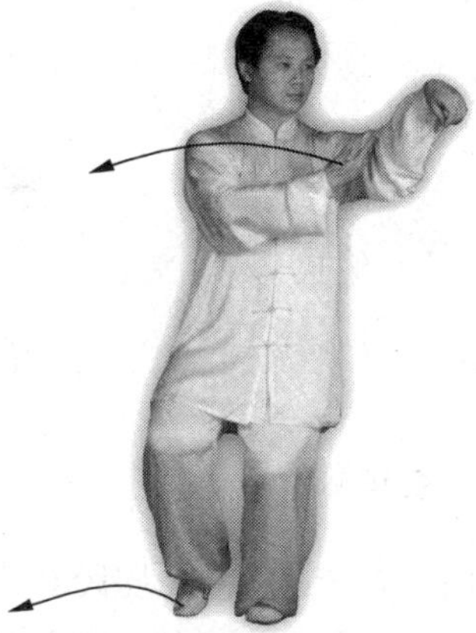

图 115

③左掌经腹前翻转上举，高与胸平，掌心向内，右掌同时翻转上举，掌心向前，掌指附于左腕内侧（图112）。

④重心前移，左腿屈膝前弓，上体左转；左掌自右向前画平圆，高与肩平，掌心斜向内，右掌掌指附于左腕内侧随之画圆；眼随左掌（图113）。

⑤重心后移，左脚尖上翘；左掌继续屈肘向左、向后画平圆，掌心翻转向上，右掌随之转动；眼看左掌（图114）。

⑥左脚尖内扣落实，重心移至左腿；左掌随左前臂内旋向左前方按出，随之变成勾手，右前臂微外旋，右掌掌心转向内，收于左肘弯处；同时右脚回收于左脚内侧；眼看左勾手（图115）。

⑦上体稍右转，右脚向右前方（正西稍偏北）迈出，重心前移成右弓步；右掌随转体慢慢翻掌并向前推出，掌指向上，掌心向前，指高与鼻平，右肘右膝上下相对；眼看右掌（图116）。

要点：弓步方向应略偏向西北。胸部舒展内含，肘、肩都要松沉，手臂不要僵直，两臂不要伸成一条直线。推掌要走弧形，边翻边推，并与转腰相配合，到终点时松肩塌腕，向下沉劲。

图 116

第 四 段

（二〇）右云手（三）

①上体左转，重心移向左腿，右脚尖内扣；右掌向下、向左画立圆至左肩前，掌心向内；眼看左勾手（图117）。

②右掌经面前向右画立圆，掌心向内，左勾手变掌，向下经腹前画立圆，同时左前臂外旋，掌心由外逐渐转内；身体重心渐渐移向右腿；上体和视线均随右掌转动（图118、119）。

图 117

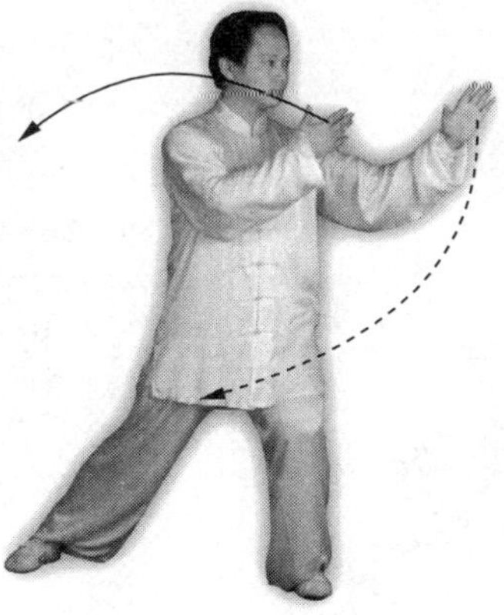
图 118

图 119

③上体继续右转；右掌画弧到身体右侧，前臂内旋，掌心翻转向外，左掌向上画弧至右肩前，掌心向内；同时左脚向右脚收拢成小开立步，两脚相距10~20厘米，脚尖向前；眼看右掌（图120）。

④上体左转，重心移向左腿；左掌经面前向左，右掌经腹前向左，同时画立圆；上体和视线均随左手移动（图121）。

⑤上体继续左转，右脚向右侧跨一步，脚尖仍向前；两掌云至身体左侧时逐渐翻转，左掌心翻转向外，右掌心翻转向内；眼看左掌（图122）。

⑥上体右转，重心移至右腿，左脚收并，两脚相距10~20厘米；右掌经面前向右，左掌经腹前向右，同时做立圆云转，云至身体右侧时，两掌逐渐翻转；上体和视线随右手转动（图123、124）。

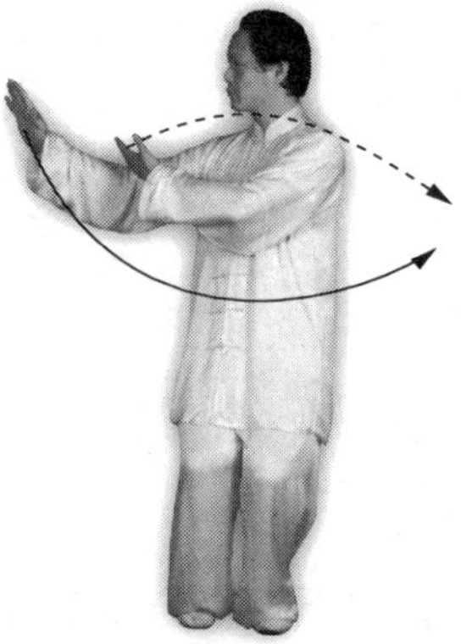
图 120

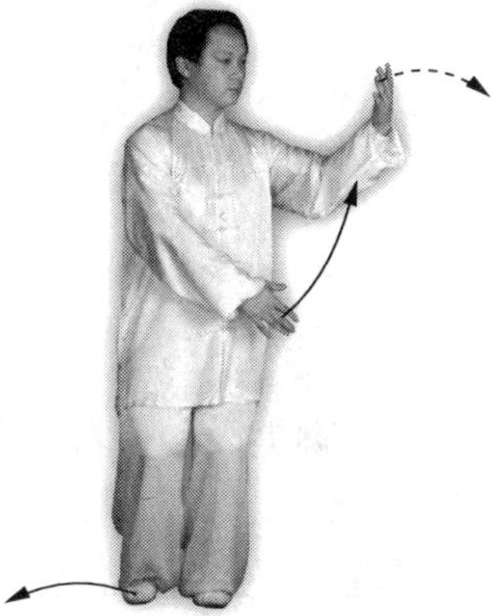
图 121

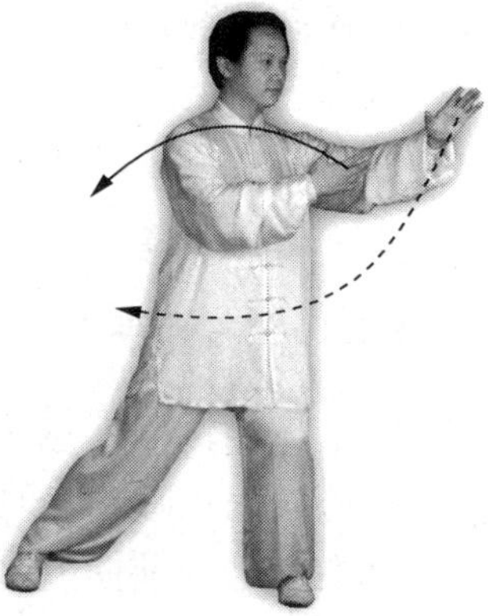
图 122

图 123

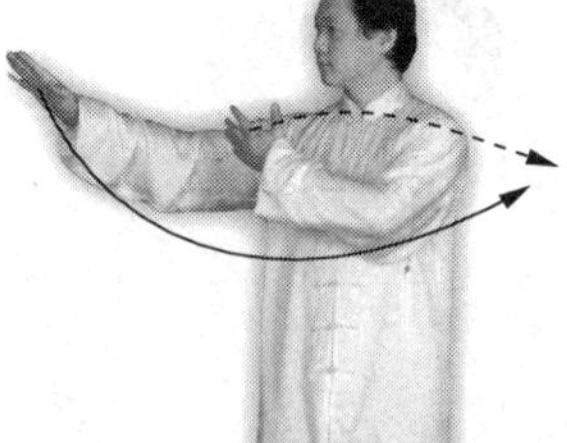
图 124

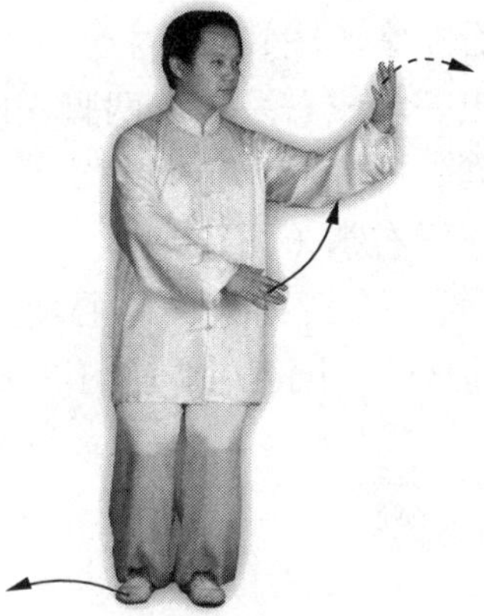

图 125

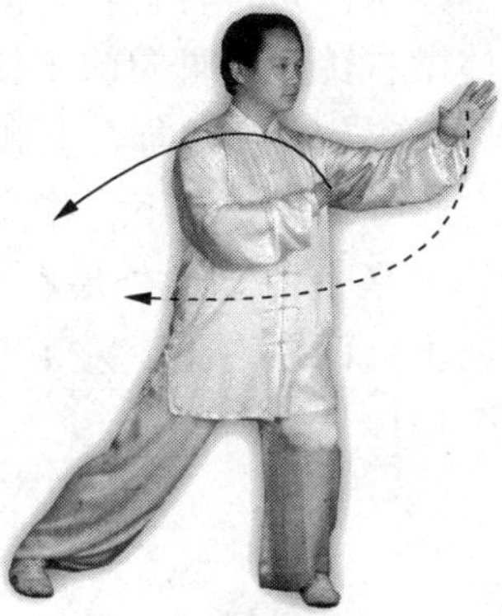

图 126

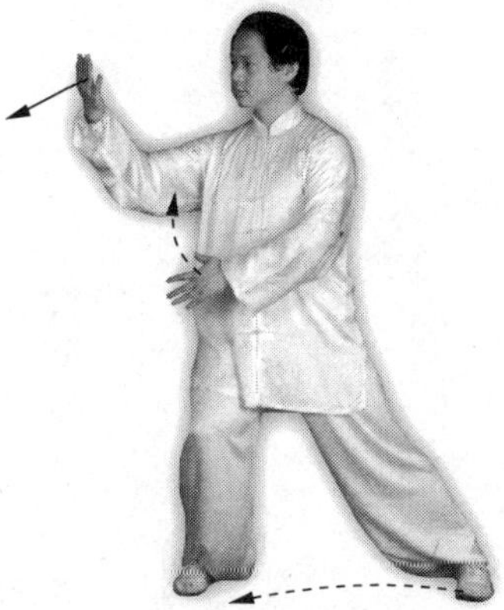

图 127

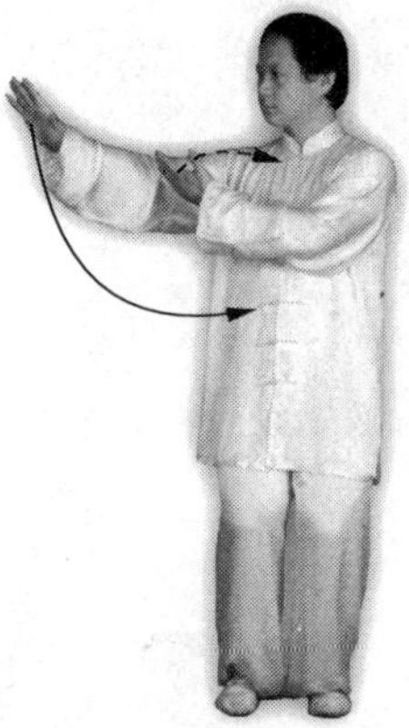

图 128

⑦右云手再重复一次，动作同前（图125~128）。

要点：两脚要平行向右移动。开步和并步要轻提轻落，前脚掌内侧先着地。整个动作要均匀、平稳、连贯，以腰为轴，上体要保持正直。两掌云转时，上掌指高不过眉，下掌指低不过裆，翻掌不可突然。

（二一）右左分鬃

①重心移至左腿，上体左转；两掌继续向左云转，至体前时，两掌翻转相对成“抱球”状；同时右脚轻轻提起；眼看左掌（图129）。

②上体微右转，右脚向前（偏右）迈出一步成右弓步（两脚横向距离约30厘米）；两掌随转体分别向右上和左下分开，右掌指高与眼平，掌心斜向上，左掌按于左胯旁，掌心向下，指尖向前；眼看右掌（图130）。

③上体后坐，右脚尖外展，身体微右转；右臂内旋使掌心向下，左臂外旋，掌心向上，两掌右上、左下在胸前“抱球”；同时左脚收于右脚内侧；眼看右掌（图131、132）。

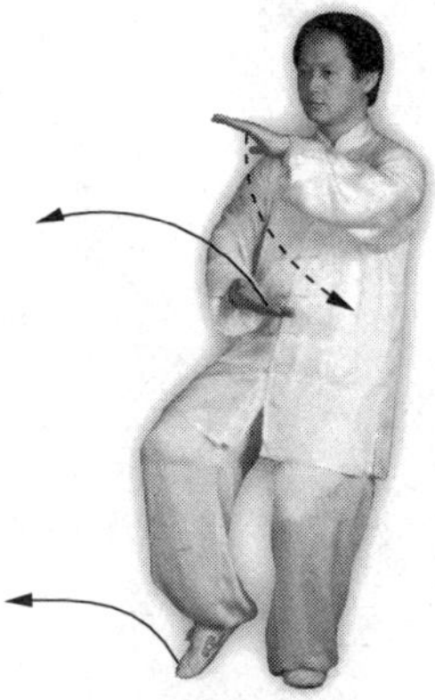

图 129

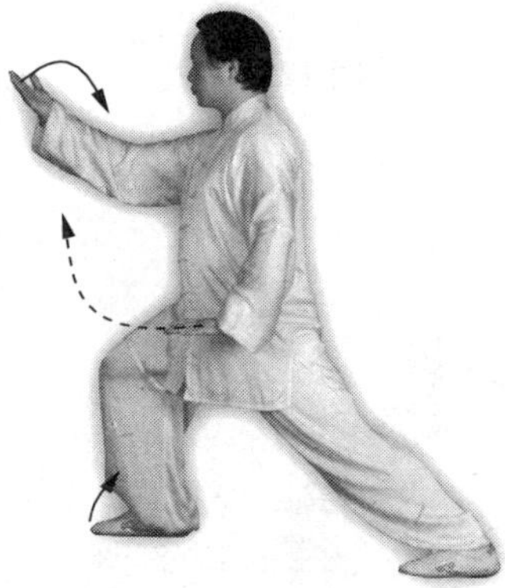

图 130

图 131

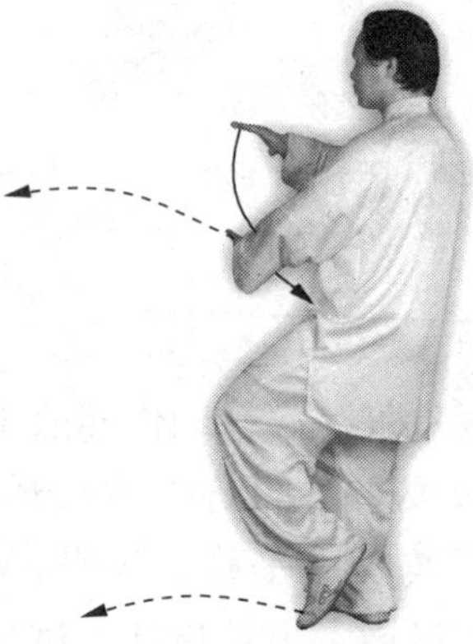

图 132

④上体左转，左脚向前（偏左）迈出一步，成左弓步（两脚横向距离约30厘米）；两掌随转体分别向左上和右下分开，左掌指高与眼平，掌心斜向上，右掌按于右胯旁，指尖向前；眼看左掌（图133）。

要点：右左分鬃较前掤动作更开展一些，前臂稍向外斜，腰扭转幅度也较大，所以两脚跨度应加大一些。弓步时，分掌和弓腿要协调一致，后腿边蹬直，脚跟边外展，两脚夹角在45°~60°之间。类似动作皆应如此处理。

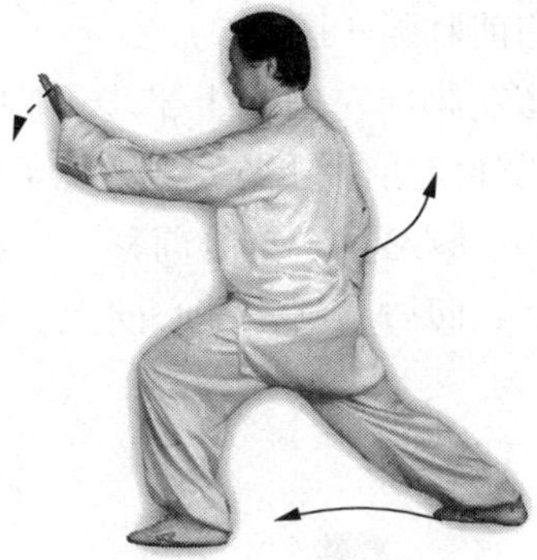
图 133

（二二）高探马

①右脚跟进半步，前脚掌落地；左掌微外旋，右掌自下向后平举，高与肩平，掌心转向上；眼向前平视（图134）。

②重心后移，踏实右脚，上体微向右再向左转，左脚稍向前垫步，前脚掌着地，成左虚步；左掌下落收至腰前，掌指向前，掌心向上，右掌卷收经耳旁向前推出，掌心斜向前，掌指高与眼平；眼看右掌（图135）。

要点：跟步、坐腿和垫步时，腰部都要自然地微微左右转动，防止俯身、凸臀和高低起伏。

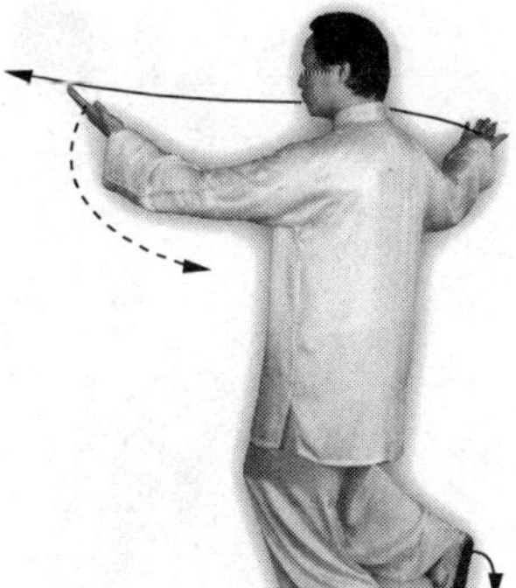
图 134

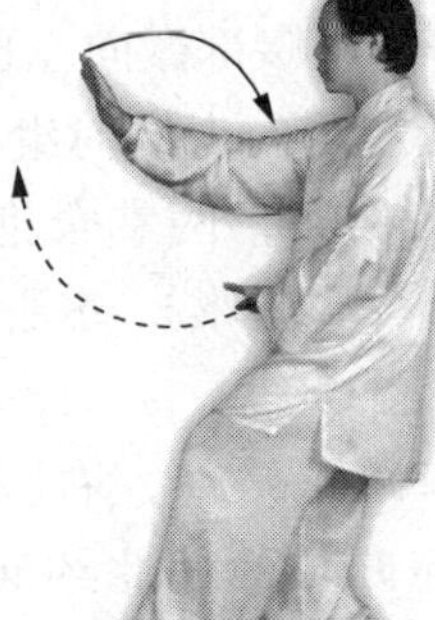
图 135

（二三）右蹬脚

①上体右转，左脚轻轻提起；右掌向右后带，左掌掌心翻转向下，并向左、向前画弧（图136）。

②左脚向左前方上半步，脚跟着地；同时左前臂外旋，掌心向上，稍向后收，右掌自左前臂上方穿出；眼看右掌（图137）。

③左脚落实，重心前移，左腿前弓；右掌向上、向前画圆，掌心向下，左掌向下、向后画圆，掌心向上；眼看右掌（图138）。

图 136

图 137

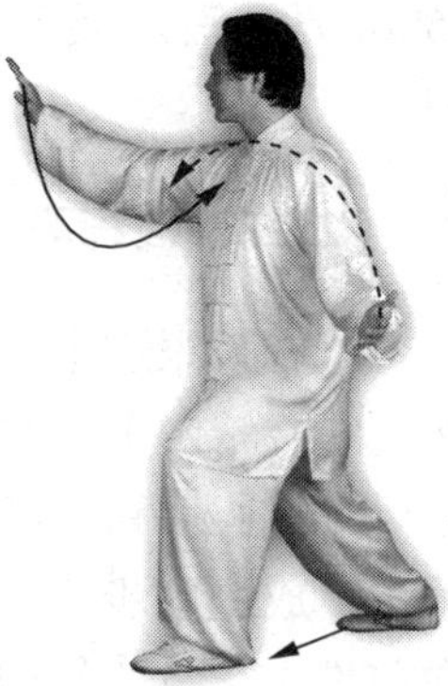

图 138

④右脚收于左脚内侧，脚尖点地（也可不点地），腰部微向左再向右旋转；右掌向下，左掌向上同时继续画圆，至胸前时两腕相交，两掌合抱成斜十字，举于胸前（右掌在外），掌心均向内；眼看右前方（图139）。

⑤左腿微屈站稳，右腿屈膝提起，右脚向右前方（西偏北约30°）慢慢蹬出，脚尖回勾，力在脚跟；两掌分别向右前和左后方画弧撑开，肘部微屈，腕

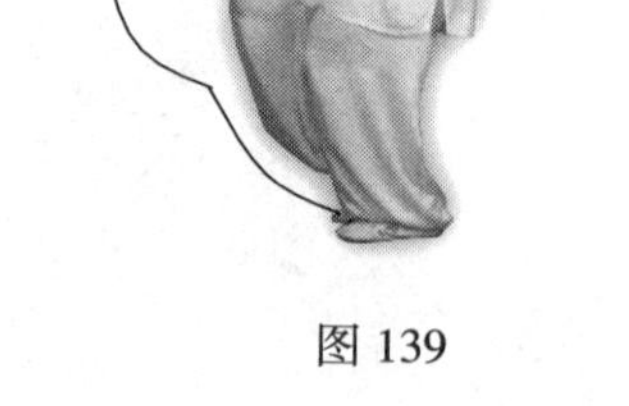

图 139

与肩平，掌心向外，右臂、右腿上下相对；眼看右掌（图140）。

要点：蹬脚前，两掌的转换要与腰部旋转相配合，掌运转路线（平圆、立圆）要衔接，动作要圆活。蹬脚时两掌向斜前、斜后弧形撑开，不可直推猛撑。蹬脚要匀要稳，上体保持自然正直，不要弯腰低头，憋气勉强。

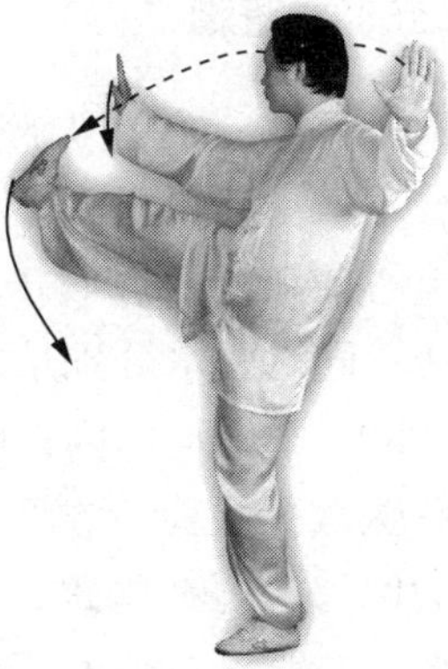
图 140

（二四）双峰贯耳

①右小腿收回，右膝平屈，脚尖自然下垂；左前臂外旋，左掌由后向上、向前画弧下落，右掌掌心翻转向上与左掌同时平行落于右膝上方；眼向前平视（图141）。

②右脚向前方（西偏北约30°）落下，脚跟着地；两掌下落，经两胯旁慢慢握拳；眼看前方（图142）。

③右脚落实，重心前移成右弓步；两拳分别从两侧向上、向前贯出，高与耳齐，两拳眼斜向下，相距约一头宽，两臂成钳形；眼看前方（图143）。

要点：不可低头弓腰，耸肩扬肘。方向与右蹬脚一致，皆为西偏北。

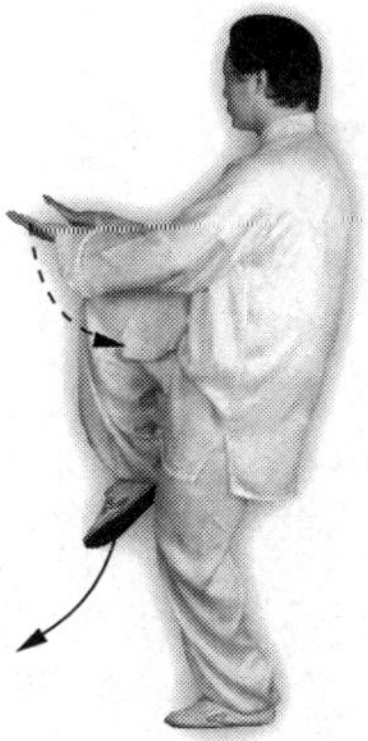
图 141

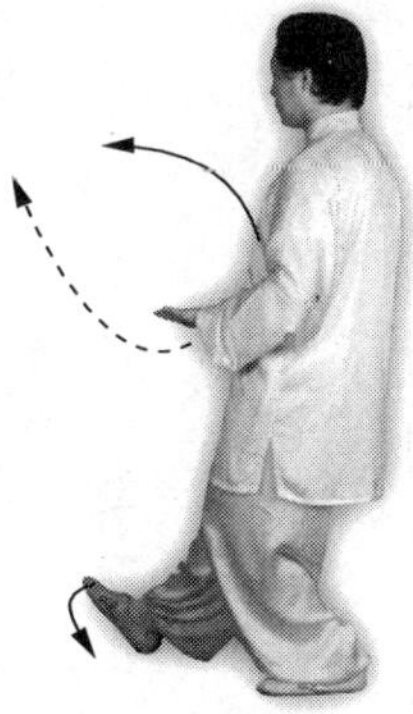
图 142

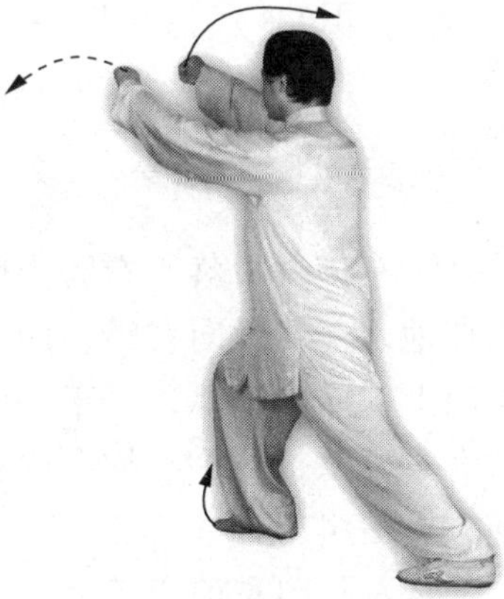
图 143

（二五）左蹬脚

①重心后移，右脚尖翘起微外展；两拳变掌向左右同时分开，掌心皆向外；眼看左掌（图144）。

②重心前移，左脚收于右脚内侧，脚尖点地（也可不点地），腰微向右再向左旋转；同时两掌分别从左右侧向下、向内画弧，在胸前交叉抱成斜十字形（左掌在外），掌心均向内；眼看左前方（图145）。

③右腿微屈站稳，左腿屈膝提起，左脚向左前方（西偏南约30°）慢慢蹬出，脚尖回勾，力在脚跟；两掌向左前方和右后方同时画弧撑开，肘部微屈，腕与肩平，左臂、左腿上下相对；眼看左掌（图146）。

要点：同右蹬脚。惟左右相反（方向为西偏南）。

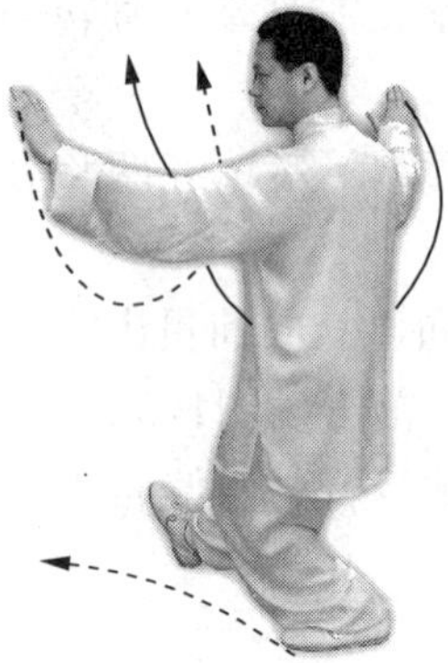

图 144

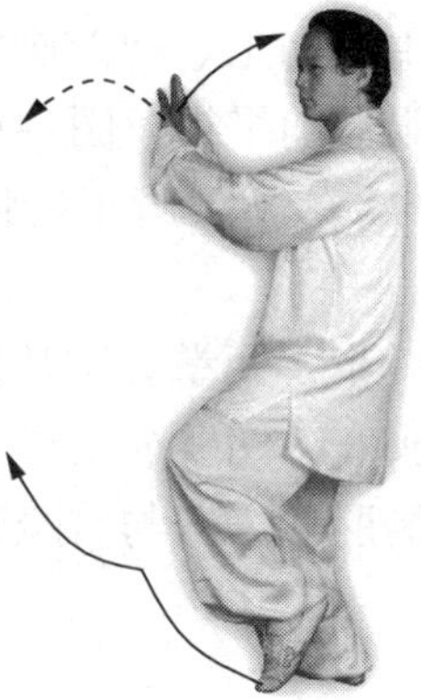

图 145

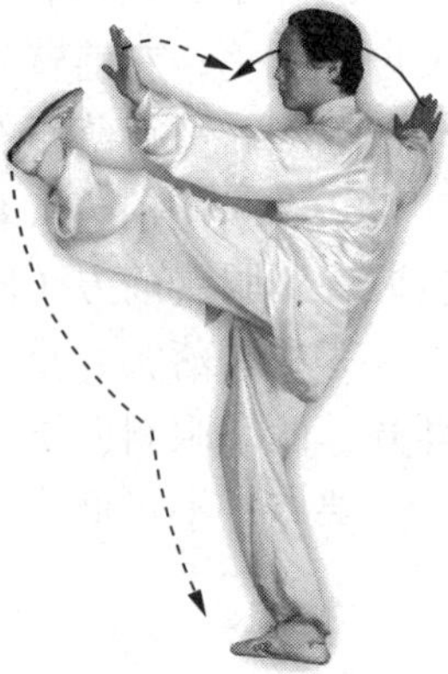

图 146

（二六）掩手撩拳

①左脚收回落于右脚内侧，脚尖点地，上体微向右转；两掌自两侧向上、向内画弧，举于头前；同时右掌变拳，两手心均向内；眼看前方（图147）。

②左脚向左前方（西南）迈出一步，脚跟着地，上体向右拧转，两臂外旋，同时向怀中掩裹下落至

图 147

右腰间，右拳落于左掌心上，手心均向上；眼看右前下方（图148、附图148）。

③上体左转，重心左移；左腿前弓，右腿蹬展，成左弓步；左掌随左转腰握拳收至左腰间，拳心向上，右拳随上体左转，向前（正面）直臂撩出（也可快速发力撩弹），高与腹平，拳眼向左，拳面斜向前下；眼看右拳（图149）。

要点：步型为左弓步（方向西偏南），撩拳方向为正西，撩拳后要松肩、垂肘、顺肩。如果采取快速发力练法，要注意周身完整，腰腿发力，弓步斜向和顺肩程度较前稍大。前臂弹抖要快速松展，拳高不过肩，前后衔接，圆活自然，气势贯穿。

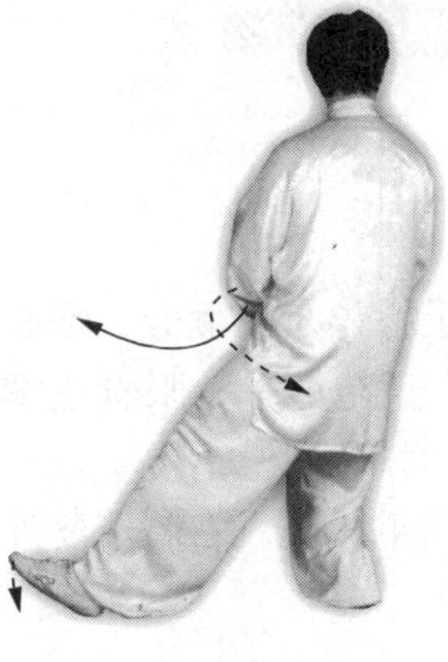

图 148

附图 148

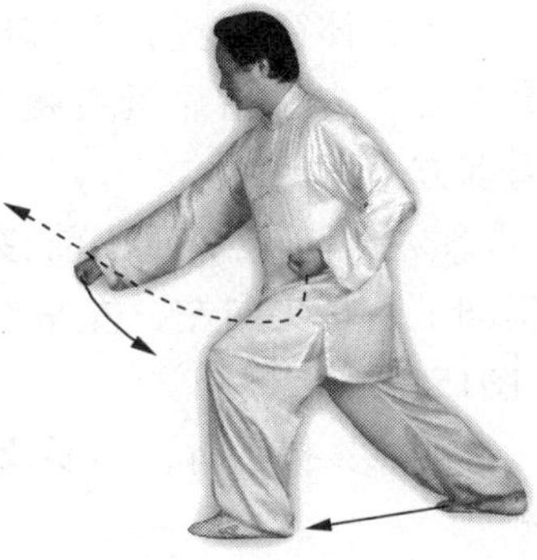

图 149

（二七）海底针

①右脚跟进半步在左脚侧后方落下，前脚掌先着地，然后全脚踏实；上体右转，身体重心后移至右腿，左脚轻轻提起；左拳变俯掌向左、向前画平弧，右拳变侧掌下落，经体右侧向上抽提至右耳旁；眼看前方（图150、151）。

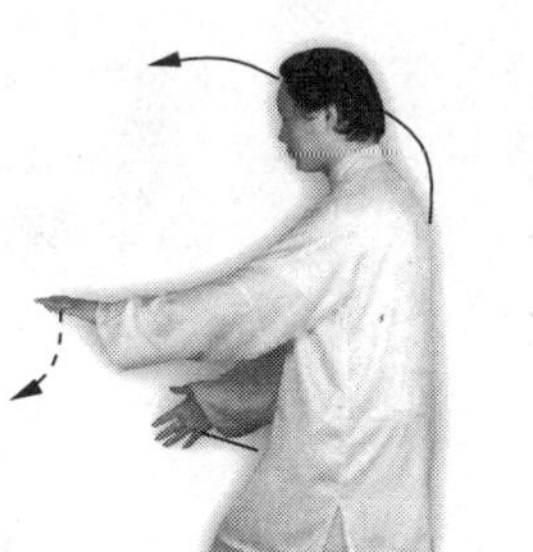

图 150

图 151

②上体左转；右手从耳侧向前下方插掌，指尖斜向前下，掌心向左，左手向左画弧按于左胯旁，掌指向前；左脚向前移半步，前脚掌着地成左虚步；塌腰、沉肩；眼看前下方（图152）。

要点：跟步和坐腿时，要配合腰部自然旋转。定式时，右肩前顺，上体可稍向前倾。

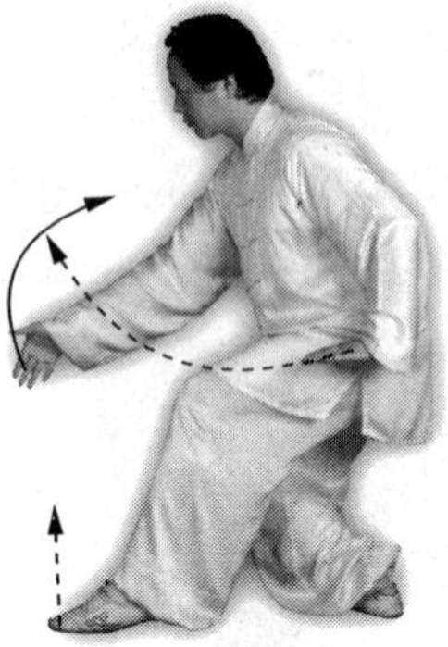
图 152

（二八）闪通背

①上体微右转，左脚提起；两掌上提，左掌指靠近右腕内侧；眼看前方（图153）。

②左脚前落，重心前移成左弓步；右掌经面前翻掌上撑停于右额旁，掌心斜向上，指尖向左，左掌经胸前向前推出，掌心向前，高与鼻平；眼看左掌（图154）。

要点：提手时，不要耸肩吊肘。定式时，要向前、向下松腰。右胯不要外敞。

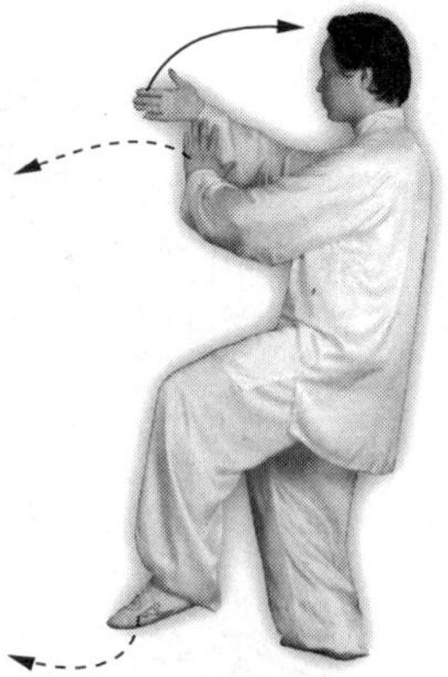
图 153

图 154

第五段

（二九）右左分脚

①重心后移，左脚尖充分内扣，上体右后转；两掌向两侧画弧，掌心向外；眼看右前方（图155）。

②重心左移，收回右脚，脚尖点地（也可不点地）；两手向下再向体前画弧，在腹前交叉后再合抱于胸前成斜十字形（右掌在外），掌心均向内；眼看右前方（正东偏南）（图156、附图156）。

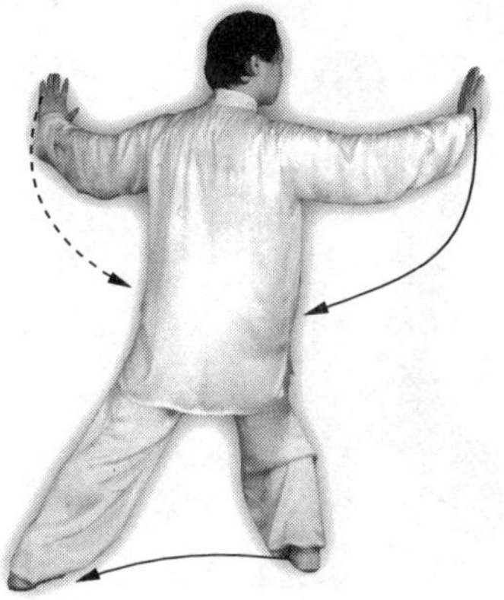

图 155

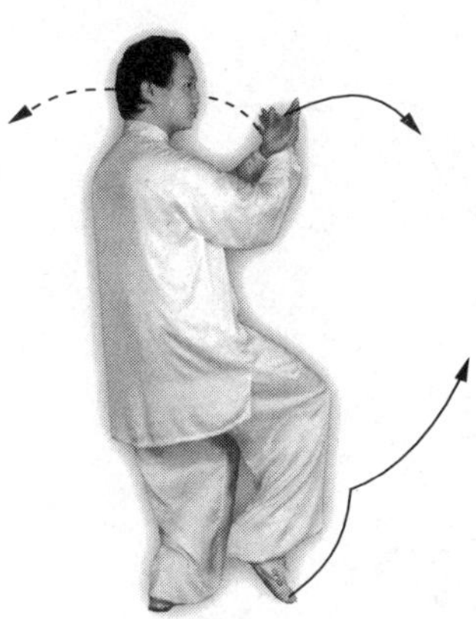

图 156

附图 156

③左腿微屈站稳，右腿屈膝提起，右脚向右前方（正东偏南）慢慢踢出，脚面展平；两掌同时向右前方和左后方画弧撑开，掌心皆向外，腕高与肩平，肘部微屈，右臂、右腿上下相对；眼看右掌（图157）。

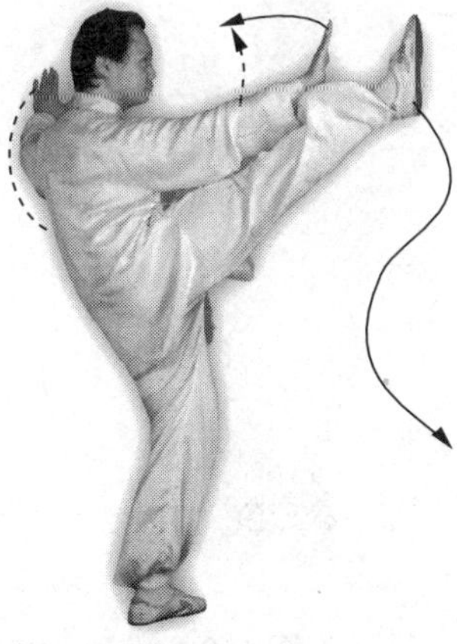

图 157

④右小腿屈收，右脚向右前方（东南）落下，脚跟着地；右前臂外旋，右掌心转向上并稍向内收，左掌下落经左腰侧向前、向上画弧并从

右前臂上方穿出，掌心向上；眼看左掌（图158）。

⑤右脚落实，重心前移，左腿蹬直；左掌向上、向前画弧，掌心向下，右掌向下、向后画弧，掌心向上；眼看左掌（图159）。

⑥左脚收至右脚内侧，脚尖点地（也可不点地），腰微向右再向左旋转；左掌向下、右掌向上同时继续画圆弧至胸前时，两掌腕部交叉合抱成斜十字形（左外右内），掌心皆向内；眼看左前方（正东偏北）（图160）。

⑦右腿微屈站稳，左腿屈膝提起，左脚向左前方（正东偏北）慢慢踢出，脚面展平；两掌同时向左前和右后方画弧撑开，掌心皆向外，腕高与肩平，肘部微屈，左臂、左腿上下相对；眼看左掌（图161）。

要点：参看右蹬脚。

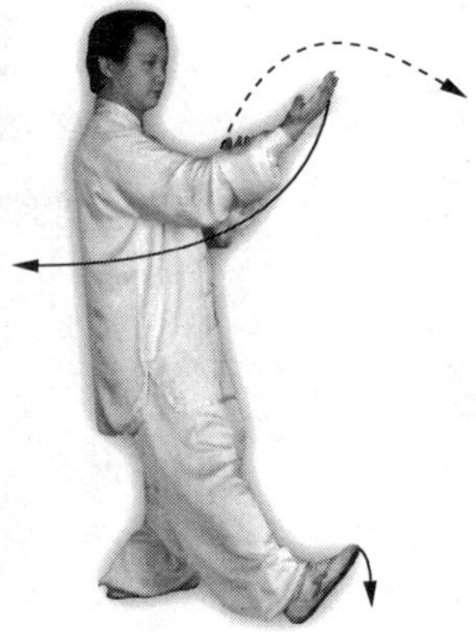

图 158

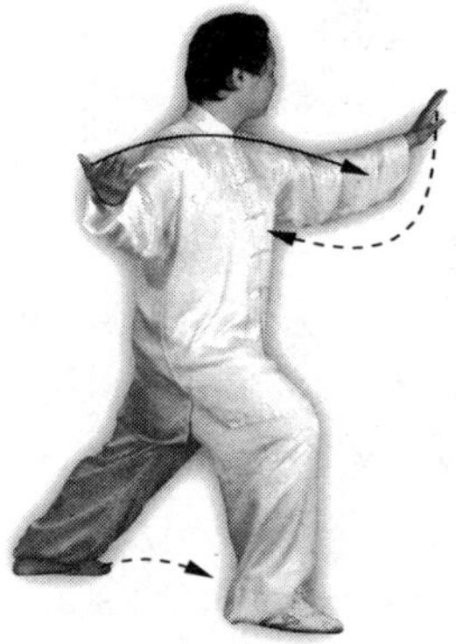

图 159

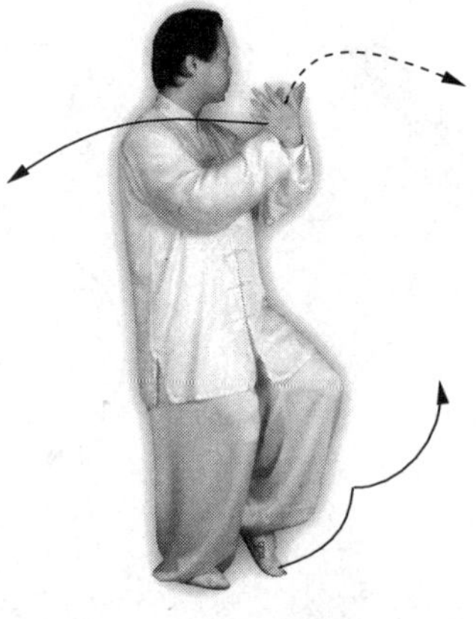

图 160

图 161

（三〇）搂膝拗步（二）

①左小腿屈收，左脚落于右脚内侧，上体右转；右掌翻转上举，高与头平，左掌随转体向上、向右画弧落于右肩前，掌心向下；眼看右掌（图162）。

②上体左转，左脚向前（偏左）迈出一步，重心前移成左弓步（两脚跨度约30厘米）；左掌下落经左膝前搂过，按于左胯旁，掌指向前，右掌屈收经耳侧向前推出，掌心向前，高与鼻平；眼看右掌指（图163）。

③重心后移，左脚尖翘起外展，上体左转；两前臂外旋，右掌心转向左，左掌心转向上（图164）。

④左脚踏实，重心前移，右脚提起向前（偏右）上步，接做右搂膝拗步。动作同左式，惟左右相反（图165、166）。

要点：推掌时，肩略向前顺，松腰、沉肩，上体正直。

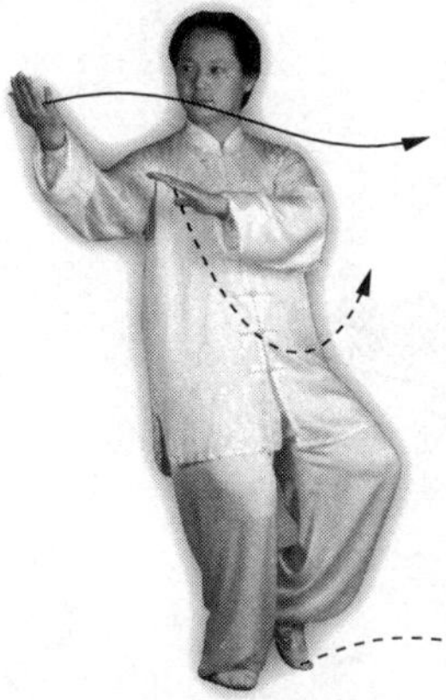

图 162

图 163

图 164

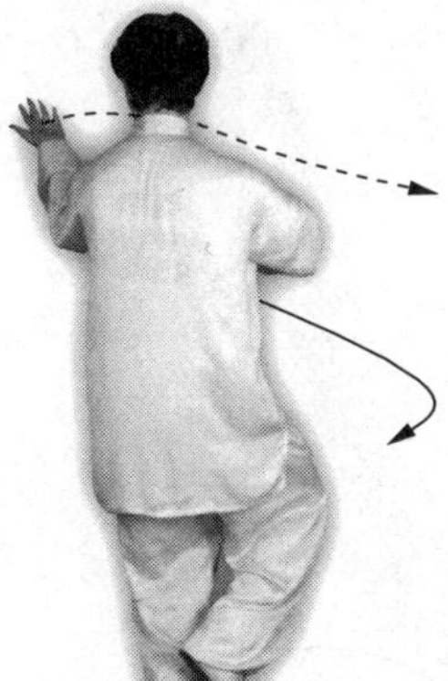

图 165

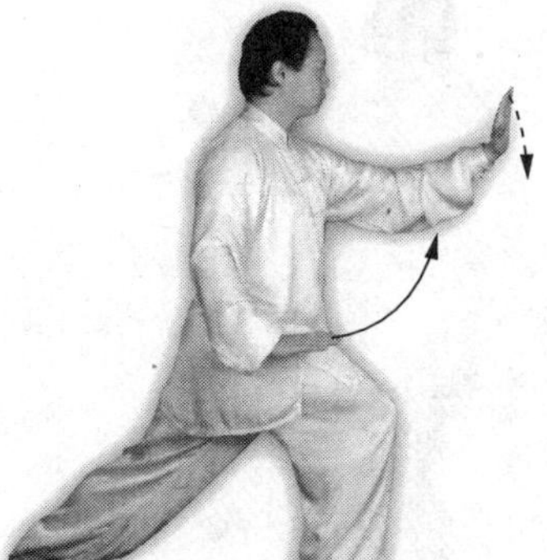

图 166

（三一）上步擒打

①重心后移，右脚尖翘起并外展；左掌翻向上并微向后收，右掌屈肘从左前臂上方向前穿出，掌心斜向外；眼看前方（图167）。

②右脚落实，重心前移，身体右转；右掌自左向前、向右抹掌画弧，左掌向右、向后画弧，收于腹前；眼看右掌（图168）。

③左脚提起向前上一步；右掌向外画弧，再握拳收于右腰间，拳心向上，左掌向左再向前画弧，扣腕握拳停于体前，拳心向下，拳眼斜向内，高与肩平；眼看左拳（图169）。

④左脚落实，重心前移成左弓步；右拳自腰间向前打出，拳眼向上，高与肩平，左拳微向后收于右腕下方，拳心向下；眼看右拳（图170）。

要点：穿掌外抹接两掌画弧要连贯圆活，腰部先向右转再向左转将右拳打出。

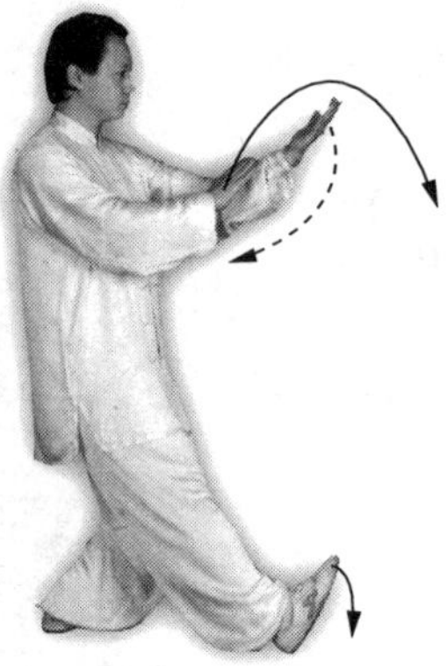

图 167

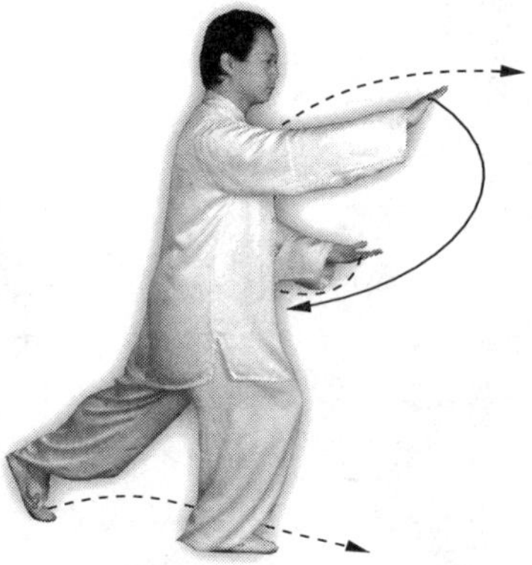

图 168

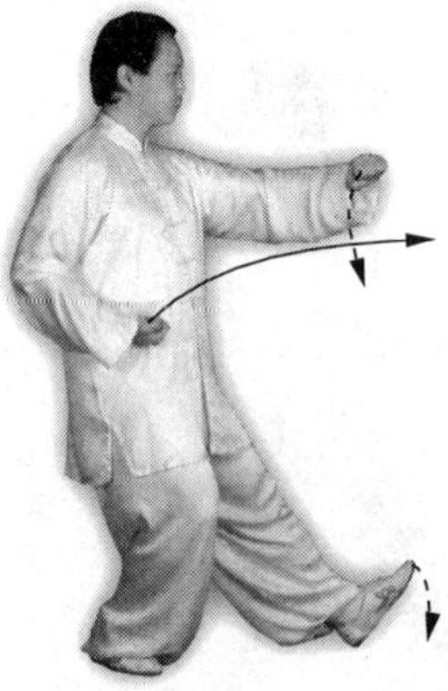

图 169

图 170

图 171

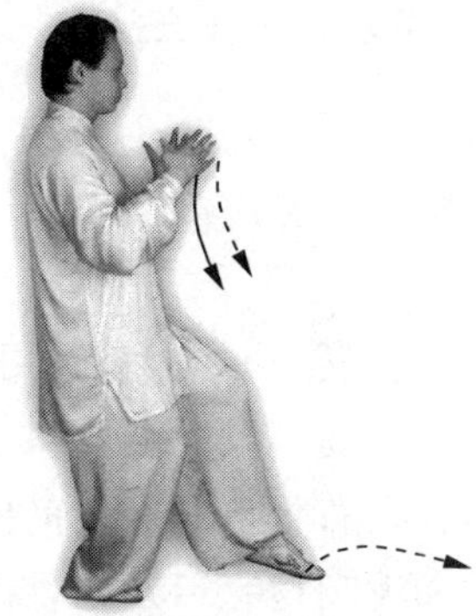

图 172

图 173

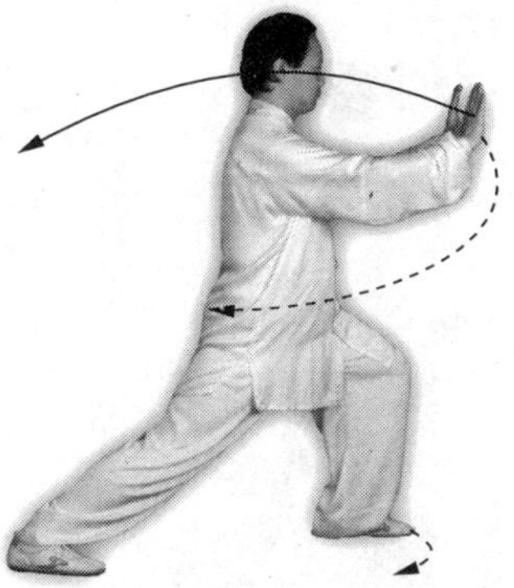

图 174

（三二）如封似闭

①右脚跟进半步，前脚掌着地；同时两拳变掌，掌心斜向上；眼向前平视（图171）。

②重心后移，右脚落实，左脚提起向前上半步，左腿屈膝成左弓步；两掌慢慢分开收至胸前（与两肩同宽），同时两前臂边收边内旋，手心翻转，两掌下落经腹前再向前按出，掌心向前，腕高与肩平；眼向前看（图172~174）。

要点：两掌后收时，要边收边分边翻转，并以两肘牵引，不要肘部不动，前臂扬起向后卷收。重心移动要虚实清楚，按掌和弓腿要协调一致，同时完成。

（三三）左云手（三）

①重心后移，左脚尖内扣，上体右转；右掌自左向右经面前画立圆，掌心向外，左掌自左经腹前向右画立圆，掌心由外转向内；上体及视线随右掌转动（图175）。

②上体左转，重心移至左腿，右脚收于左脚内侧落地，两脚相距10~20厘米，脚尖皆向前；同时左掌掌心向内，自右经面前向左立圆云转，至身体左侧时翻掌向外，右掌自右经腹前向左立圆云转，掌心由外转向内；上体及视线均随左掌转动（图176、177）。

③上体右转，重心移向右腿，左脚向左侧跨出一步，脚尖仍向前；右掌经面前向右立圆云转，左掌经腹前向右立圆云转，云至身体右侧时，两掌逐渐翻转；上体及视线随右掌转动（图178、179）。

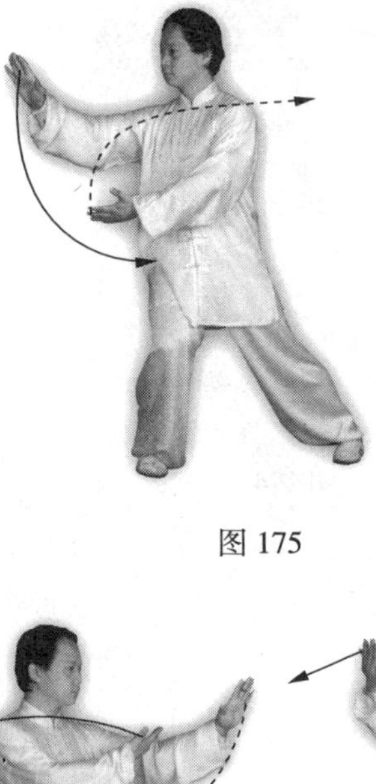

图 175

图 176

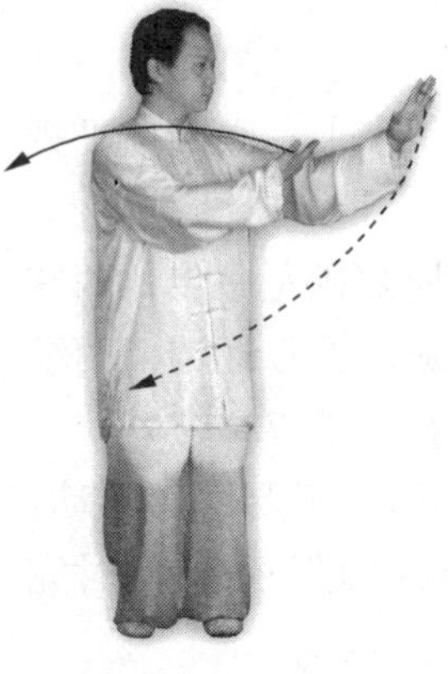

图 177

图 178

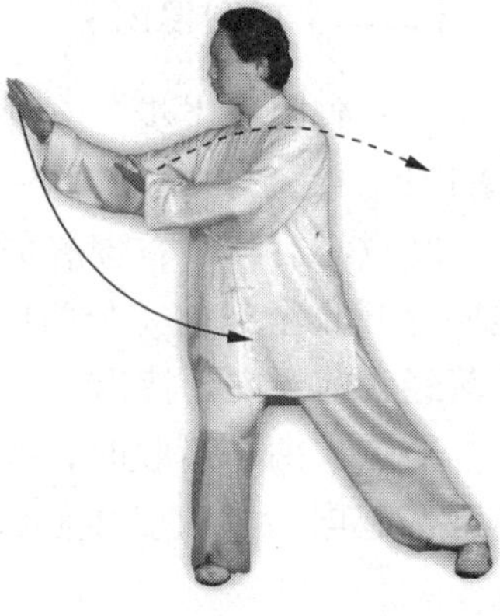

图 179

图 180

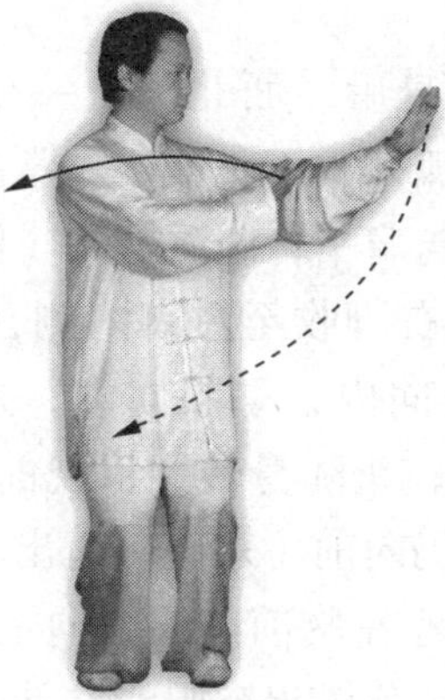
图 181

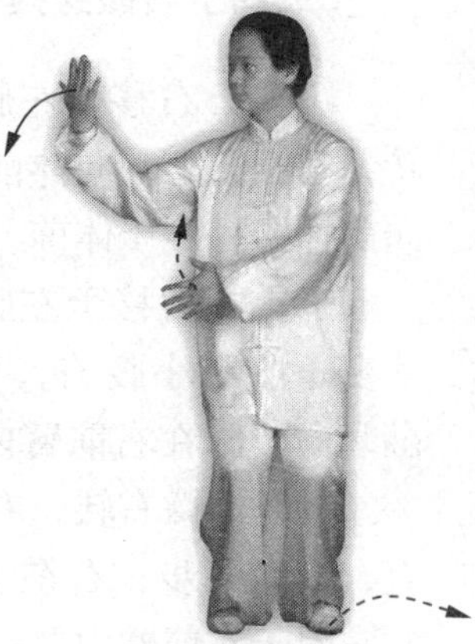
图 182

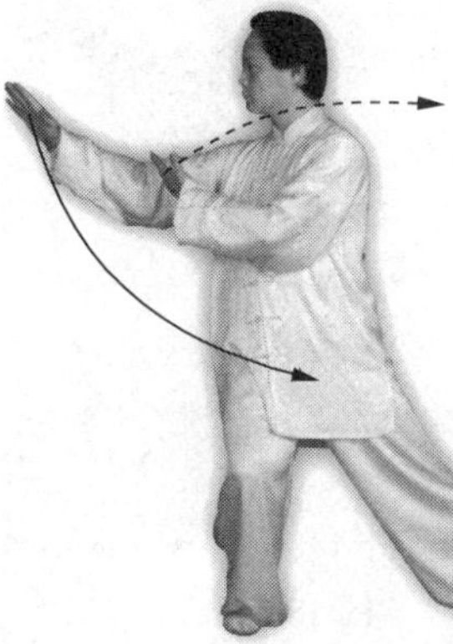
图 183

图 184

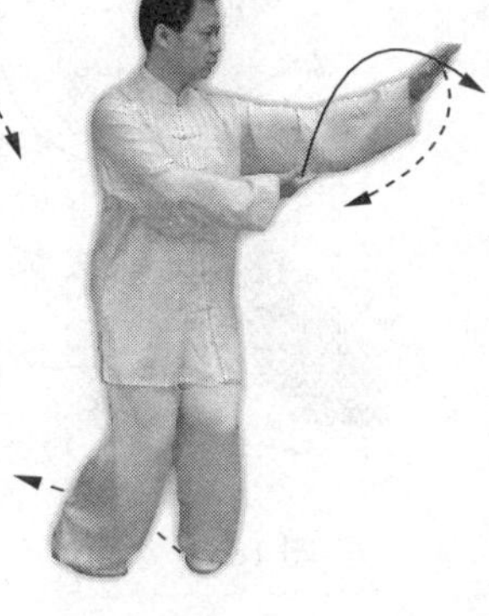
图 185

④上体左转，重心移至左腿，右脚收于左脚内侧（两脚相距10~20厘米），脚尖皆向前；同时左掌经面前向左立圆云转，右掌经腹前向左立圆云转，云至身体左侧时，左掌心转向外，右掌心转向内；上体及视线均随左掌转动（图180、181）。

⑤上述动作再重复一次，惟最后收并右腿时，右脚内扣约45°（图182~185）。

要点：同右云手，惟行进方向向左。第三次收右步时，注意内扣右脚，以便于转接下个动作。

（三四）右撇身捶

①重心右移，左脚向身后（西北）撤一步，右腿弓屈成右弓步；左掌翻转，掌心向上，向体前画弧回收于腹前，右掌掌心翻转朝前下，经左前臂上方向前伸探，停于体前，高与肩平；眼看右掌（图186）。

②重心后移于左腿，右脚收至左脚内侧，脚尖点地，上体左转；右掌下落变拳收至小腹前，拳心向内，拳眼向左，左掌向左、向上再向体前画弧，翻掌向下附在右前臂内侧；头随身转，目视前方（图187）。

③身体微右转，右脚仍向前（东南）迈出，重心前移，右腿屈膝，左腿伸直，成右弓步；右拳上提经左胸前向前、向上撇出，拳心斜向上，高与头平，左掌附于右前臂内侧一齐向前撇出；眼看右拳（图188）。

要点：方向为东南，步型成右弓步，两腿不要歪拧、交错。其他参考左撇身捶。

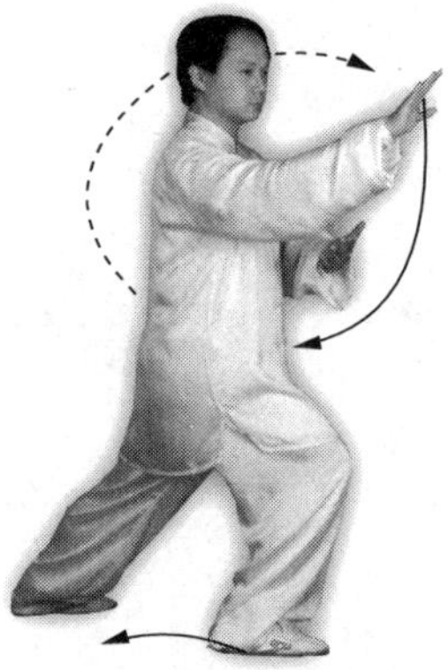

图 186

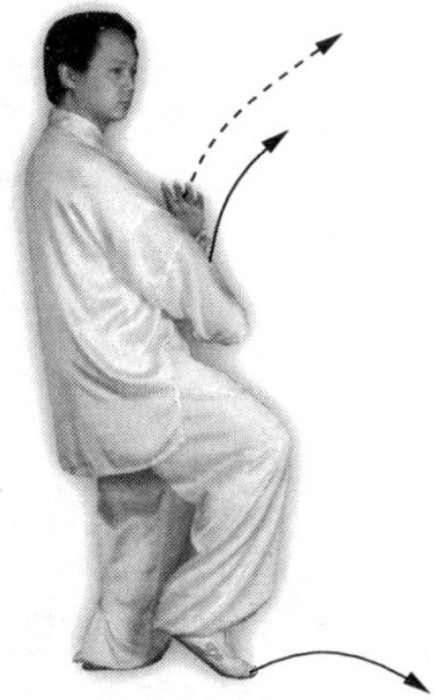

图 187

图 188

（三五）左右穿梭

①重心后移，右脚尖翘起内扣，上体稍左转；左掌自右前臂上方穿出，掌心斜向下，右拳同时变掌，微向后收，掌心斜向上（图189）。

②上体再稍左转，右脚落实，重心移于右腿；左掌向左

图 189

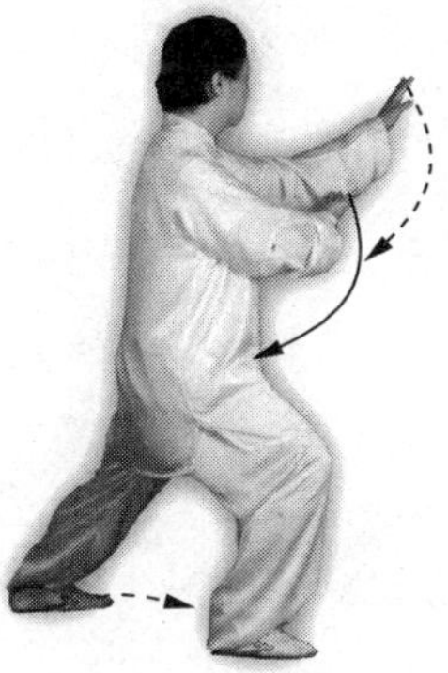

图 190

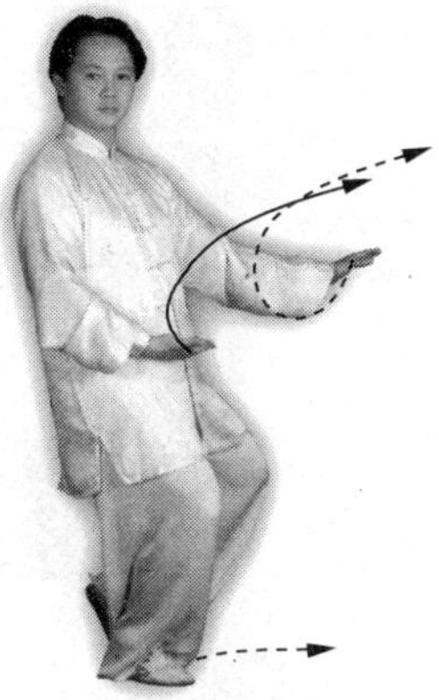

图 191

图 192

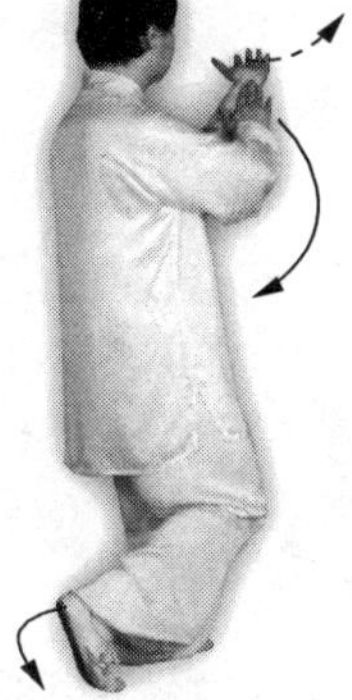

图 193

前方抹掌，右掌收于左肘内侧下方，两掌心斜相对；眼看左掌（图190）。

③上体右转；两掌自前向下捋回，右掌捋至右胯旁，掌心向上，左掌捋至腹前，掌心斜向下；同时左脚收至右脚内侧；眼看右前方（图191）。

④左脚向左前方（东北）迈出一步，重心前移成左弓步；左前臂外旋，右前臂内旋，两掌上提至胸前，右掌指附于左腕内侧，随重心前移自右向前画平圆，左掌心斜向上，右掌心斜向下，高与肩平；眼看左掌（图192）。

⑤上体左转；左臂屈肘，左掌向左、向后画平圆，掌心斜向上，右掌仍附于左腕内侧；右脚同时向前跟进半步，前脚掌着地；眼看左掌（图193）。

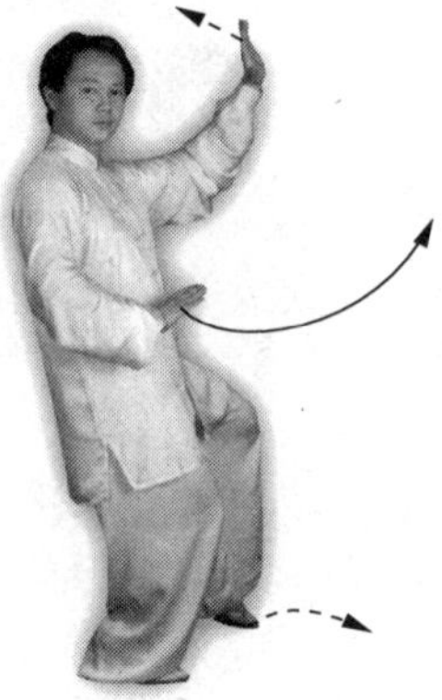

图 194

图 195

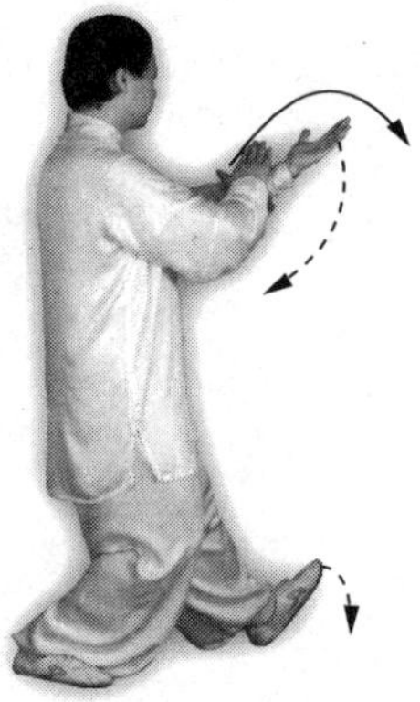

图 196

图 197

⑥右脚落实，重心后移于右腿，左脚提起，上体右转；右掌自左前臂内侧收于胸前，左前臂内旋，左掌翻转，掌心斜向前；眼看右前方（图194）。

⑦左脚向前（东北）迈出一步，左腿屈膝成左弓步（两脚横向距离约30厘米），上体左转；左掌上架于左额前上方，掌心斜向上，右掌向前推出，掌心向前，高与鼻平；眼看右掌（图195）。

⑧重心后移，左脚尖翘起内扣，上体右转；左臂外旋使手心斜向上，落于体前，右掌稍回收再从左前臂上方穿出（图196）。

⑨左脚落实，重心前移于左腿，上体稍右转；右掌向右前方抹掌，左掌收于右肘内侧下方，两掌心斜相对；眼看右掌（图197）。

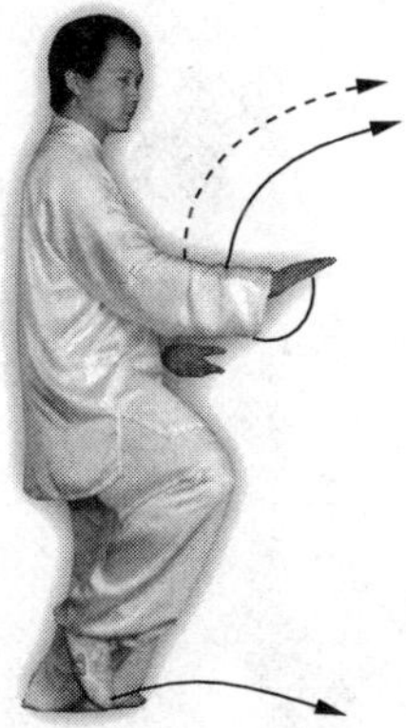

图 198

图 199

图 200

图 201

⑩上体左转；两掌自前向下捋回，左掌捋至左胯旁，掌心向上，右掌捋至腹前，掌心斜向下；同时右脚收于左脚内侧；眼看右前方（图198）。

⑪右脚向右前方（东南）迈出一步，重心前移成右弓步；两前臂旋转，两掌向上收至胸前，左掌指轻附于右腕内侧，随重心前移自左向前画平圆，右掌心斜向上，左掌心斜向下，高与肩平；眼看右掌（图199）。

⑫上体右转，左脚向前跟进半步，前脚掌着地；右臂屈肘向右、向后画平圆，左掌仍附于右腕内侧；眼看右掌（图200）。

⑬左脚落实，重心移至左腿，右脚微提，上体左转；左掌收于胸前，右前臂内旋，右掌心斜向前；眼看右前方（图201）。

⑭右脚向前（东南）迈出一步，右腿屈膝成右弓步（两脚横向距离约30厘米），上体右转；右掌上架于右额前上方，掌心斜向上，左掌向前推出，高与鼻平，掌心向前；眼看左掌（图202）。

图 202

要点：手脚动作配合要协调，应大体做到扣脚（扣到和中线大体平行）和穿掌一致，弓腿和抹掌一致，下捋和收脚一致，翻掌向前画平圆与上步弓腿一致，向后画平圆和跟步一致，翻掌和后坐一致，前推、上架和上步弓腿一致。定式方向分别为东北和东南。步型为拗弓步，跨度应保持30厘米左右。上体要直，胯要正，防止吊肘、歪身、扭胯。

（三六）退步穿掌

①重心后移至左腿，右脚尖翘起，上体左转；左掌向左、向后画弧至左腰侧，掌心向下，右前臂向外旋，右掌落于体前，掌心斜向左上；眼看右掌（图203）。

②右脚提起经左脚内侧向后（正西）撤步，左腿屈膝成左弓步；右掌下按，落于左肘下方，左掌掌心翻转向上卷收至腰间，再经右前臂上方向前上方穿出，高与眼平；眼看左掌（图204）。

要点：坐腿要充分，收脚要轻，退步要稳，方向转为正东。上下要配合，手的动作不要过快。

图 203

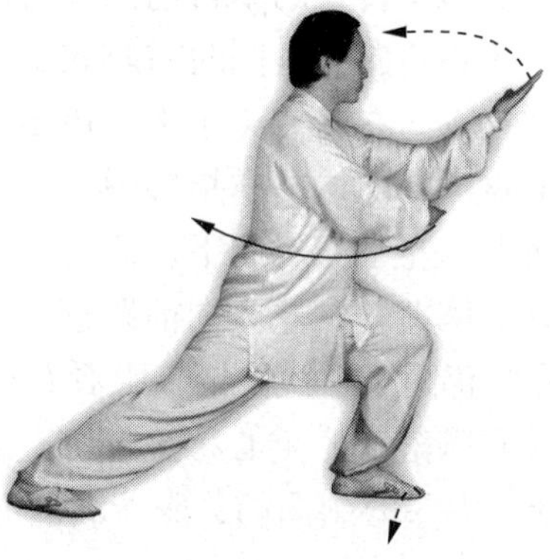

图 204

第 六 段

（三七）虚步压掌

①重心后移，左脚内扣，上体右后转；同时右掌收至腹前，左掌举于左额上方；眼向前平视（图205）。

②重心后移至左腿，右脚提起，脚尖转朝前成右虚步；上体向下松沉，微向前俯；左掌自上而下横按于右膝上方，掌心向下，拇指向内，右掌按于右胯旁，掌指向前；眼看前下方（图206）。

要点：转身成虚步时，右脚要稍向右调整移动，做到松腰、松胯。压掌时顺肩转腰，不要低头弯腰，上体不要过于前俯。

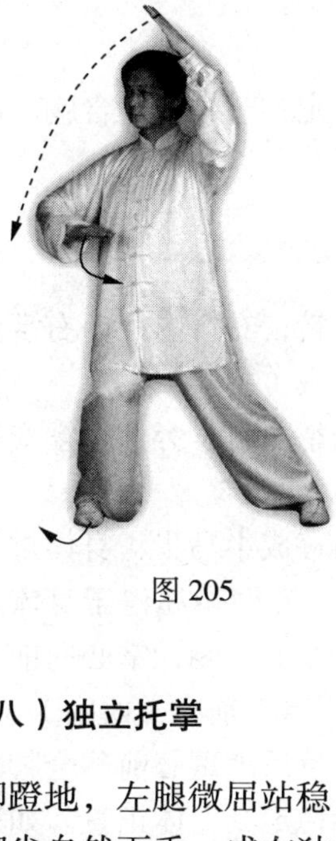

图 205

图 206

（三八）独立托掌

左脚蹬地，左腿微屈站稳，右腿屈膝提起，脚尖自然下垂，成左独立步；同时上体左转，右掌翻转上托，举于体前，掌心向上，腕高与胸平，左掌向左、向上画弧，撑于体侧，高与胸平，掌心向外，掌指斜向前上；眼看右掌（图207）。

图 207

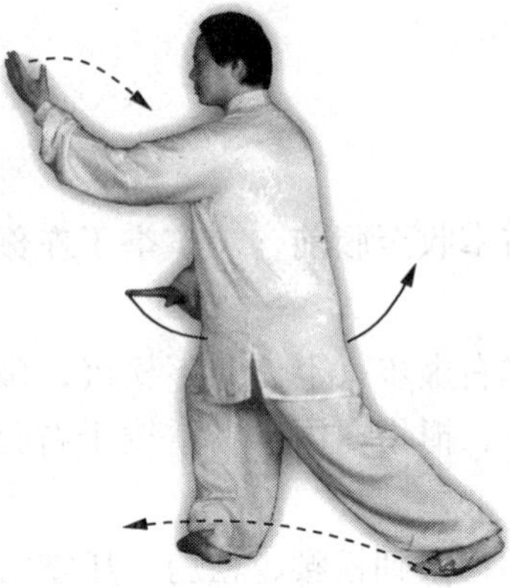

图 208

图 209

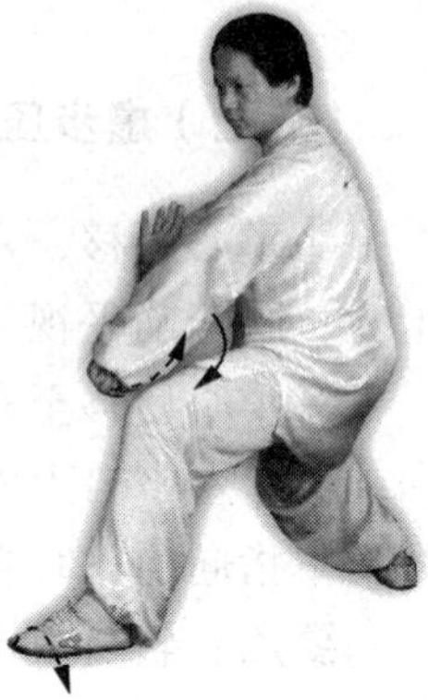

图 210

要点：蹬起、转腰、托掌三者要协调一致。定式时松腰、含胸、沉肩、坠肘、沉腕，微微呼气，体现出动作的虚实变化。

（三九）马步靠

①右脚在体前横落，重心移于右腿，上体右转；右臂内旋，右掌向下、向右画弧，左臂外旋，左掌向上、向右画弧；眼平视（图208）。

②左脚收于右脚内侧；右掌翻转向上，并侧举至右耳旁，左掌变拳，落于胸前，拳心向下；眼看前方（图209）。

③左脚向左前方（西南）上步，重心略向前移成半马步（身体重心偏于右腿），上体稍左转；左前臂下落经腹前向前靠出，左臂微屈停于身体左侧，左拳拳眼向内，拳面向下停于左膝上方，右掌落于左肘内侧，掌心向前，推助左臂向前靠出（此动作也可采取短促发力练法）；眼看左前方（西南）（图210）。

要点：向前垫步和上步时都要脚跟先着地，然后随重心前移全脚踏实。定式时，方向西南，腰向前、向下松沉，保持桩步稳定，上体正直。如采用发力练法，要做到腰腿发力，周身完整，小腹充实，快速整齐。半马步步型，两脚的夹角不要超过90°，重心稍偏于后腿，要圆裆，后膝微向内合。

（四〇）转身大捋

①重心后移，上体微右转，左脚尖外展；左拳变掌，两掌掌心同时转向右

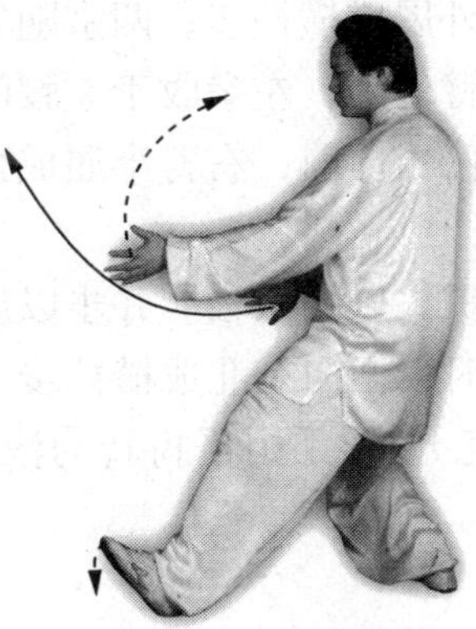

图 211

图 212

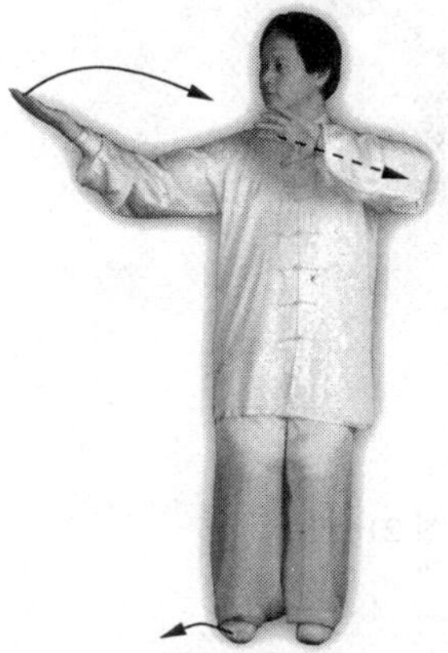

图 213

图 214

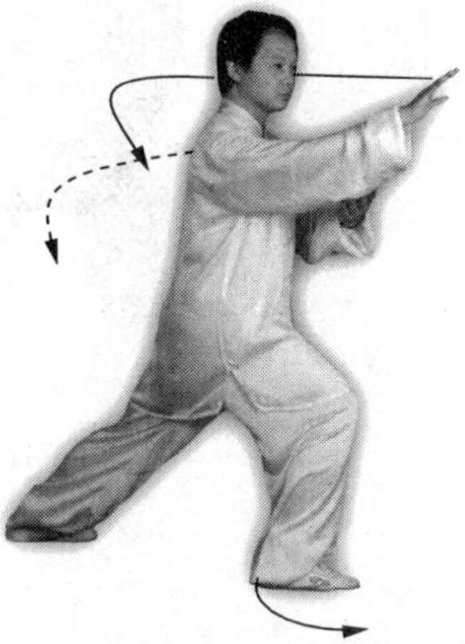

图 215

并微向后收；眼看前方（图211）。

②上体左转，左脚落实，重心前移，右脚向前收于左脚内侧（两脚平行，相距约10厘米），身体稍向上站起，重心仍在左腿；两掌同时向上提举，高与肩平，右掌举于身体右侧，掌心向上，左掌屈肘提至体前，掌心向外；眼看右掌（图212、213）。

③右前脚掌为轴，脚跟外展，屈膝下蹲，身体重心移向右腿，上体左转，左脚向后（西北）撤步；两掌随体转向左平捋至体前，右掌伸向东南，高与肩平，左掌停于右肘内侧，两掌心斜相对；眼看右掌（图214、215）。

④上体继续左转，重心移向左腿，右脚跟外展成横裆步；两掌随转体向左平捋，同时逐渐握拳，然后松腰、沉肩，左前臂外旋，左拳收于左腰间，拳心向上，右前臂外旋滚肘下沉，右拳高与胸齐，停于体前，右臂半屈成弧形，拳心斜向内；眼看右拳（图216、附图216）。

要点：并步、转体、撤步、平捋要衔接连贯，以腰做轴。并步以后面向正南，撤步以后面向东南，后脚斜向东北。定式时，面向东北成横裆步（两脚平行向前，宽同弓步，左腿屈弓，右腿自然伸直），两手由平捋转为滚肘撅臂，向下沉劲。头随身体自然转动。

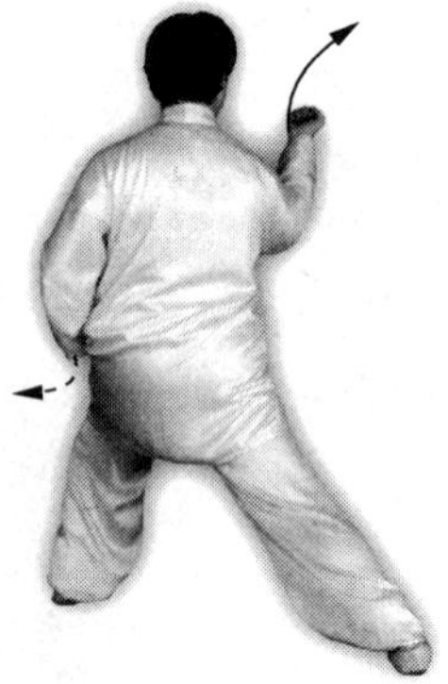

图 216

附图 216

（四一）撩掌下势

①上体右转，重心移向右腿；右臂屈肘向上画弧，右拳停于右额前，拳心向外，左拳自腰间向身后穿出，拳心向后；眼看前方（图217）。

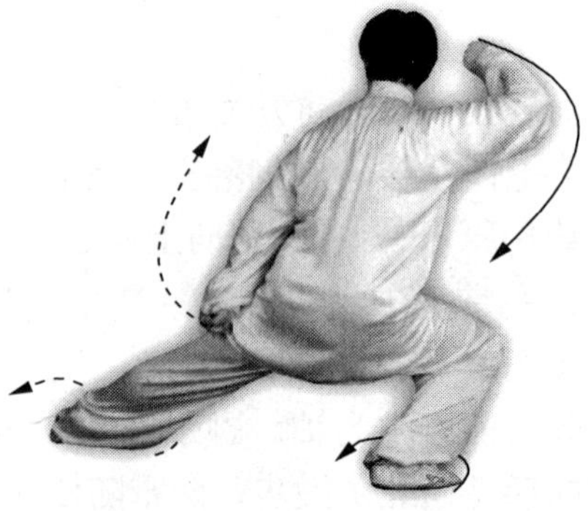

图 217

②左脚尖外展，右脚尖内扣，重心左移，上体左转；左拳翻转变掌，自左向体前画弧，掌心斜向下，右拳变掌向

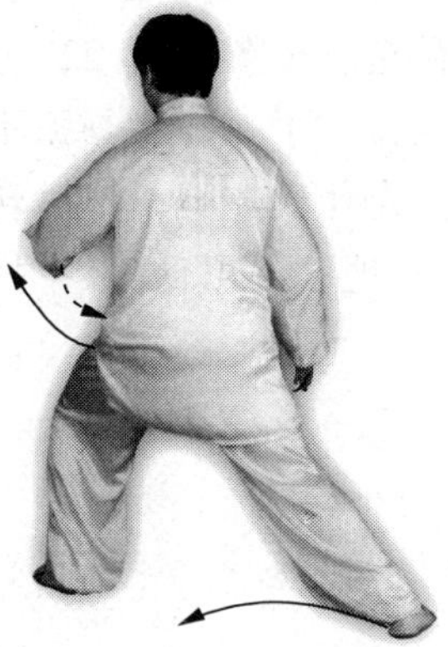

图 218

图 219

附图 219

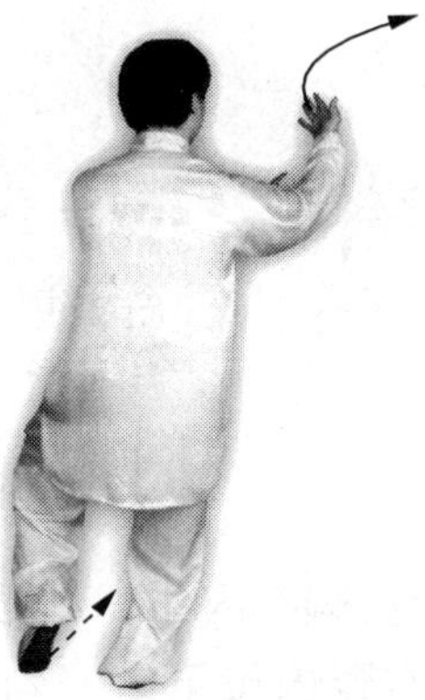

图 220

图 221

后、向下画弧，掌心由后渐转向前；头随体转，眼看前方（图 218）。

③右脚进半步停在左脚侧后方，前脚掌点地成丁步；右掌经右胯外侧向前下方撩出，掌心斜向前，高与小腹平，左掌掌指轻附于右前臂内侧，掌心斜向下，拇指向内；面向西北，眼看前下方（图219、附图219）。

④右脚落实，上体右转，重心移于右腿，左脚轻轻提起；右掌向上、向右画弧至身体右前方变成勾手，左掌仍附于右前臂内侧并随之转动，然后收于右肘弯处，掌心向内；眼看右勾手（图220、221）。

⑤左腿向左侧方（正西偏南）仆出，右腿屈膝下蹲成左仆步，上体左转；左掌下落经腹前顺左腿内侧向前穿出，掌心向右；眼看左掌（图222、223）。

要点： 撩掌以前，两脚的展、扣要和身体转动一致，左手在身后画弧不要过大；跟步时，要合胯屈腿将右脚轻轻提起。下势时，先仆出左腿，然后转身穿掌，右腿要全蹲（老年人可以半蹲），两脚都要全脚着地，不可低头、弓腰、过于前俯。撩掌方向西北，下势方向西偏南。

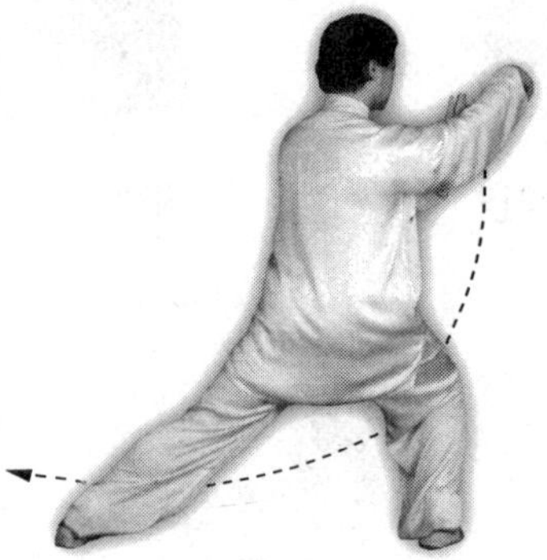

图 222

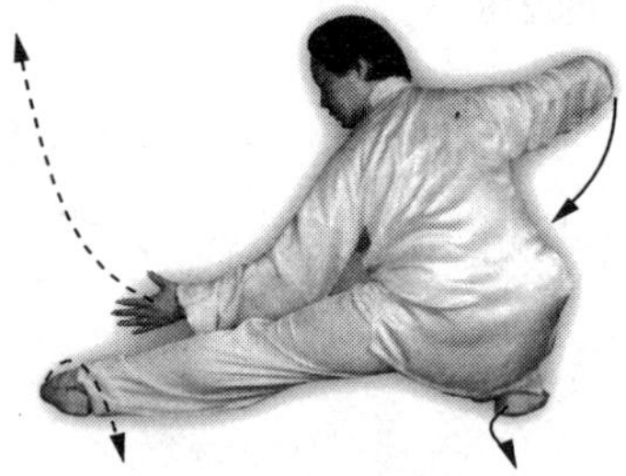

图 223

（四二）上步七星

①重心前移，上体左转；左脚尖外展，右脚尖内扣，右腿自然蹬直，左腿屈弓；左掌向上、向前挑起，高与肩平，右臂内旋下落，勾尖向上，停于身后；眼看左掌（图224）。

图 224

②右脚向前上一步，前脚掌落地成右虚步；左掌变拳微向内收，拳心向内，右勾手变拳自后向前、向上架起，拳心向外，两腕相交成十字拳（右拳在外），高与肩平，两臂撑圆；眼看左拳（图225）。

要点： 起身前，随上体左转，左脚尖尽量外展，右脚尖尽量内扣。起身时，合胯、提腿上步要轻灵平稳。定式时，肩胯要松沉。

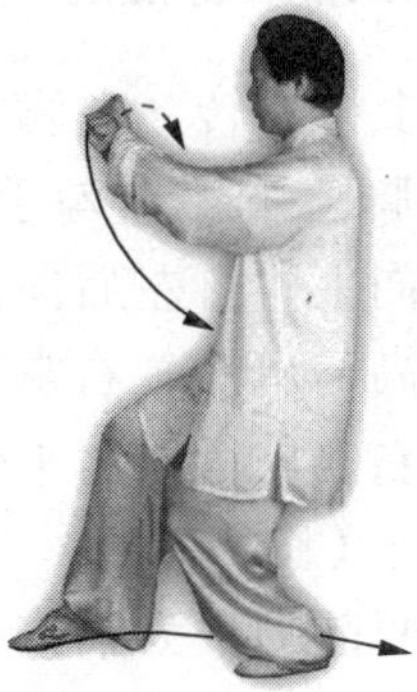

图 225

（四三）独立跨虎

①右脚向右后撤一步，重心后移，上体右转；右拳变掌向下、向右画弧，停于右胯外侧，掌心向下，左拳同时变掌随身体右转稍向右画弧（图226）。

②左脚提起微向右移动成左虚步，上体左转；左掌向下经腹前再向左画弧按于左胯旁，右掌向上画弧经头前再向下画弧，落于左腿侧上方，掌心向上；头随身体转动，眼向前平视（图227）。

③右脚蹬地独立，右腿微屈站稳，左腿提起，膝部微屈，脚面展平，举于体前；右掌向前、向上挑掌，掌心侧向左，腕部高与肩平，左掌变勾手同时上提，举于左后方，高与肩平，上体左拧；眼看左前方（西南）（图228）。

要点： 定式时，右腿独立，膝部微屈，左腿似直未直，自然地悬举于体前，左脚略内扣，高度因人而异。右手、左脚大体上下相对。上体扭向西南，保持自然舒展。

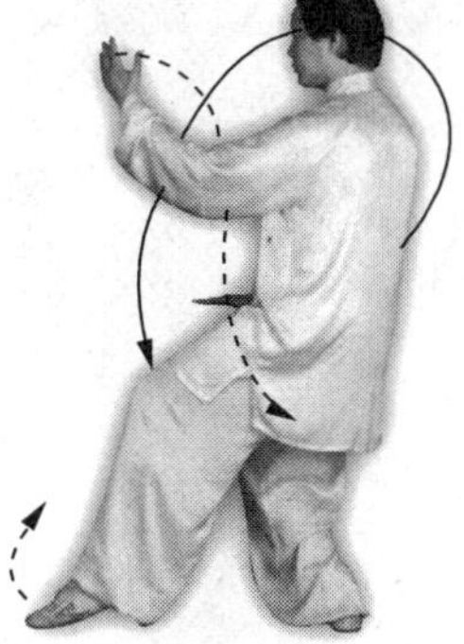

图 226

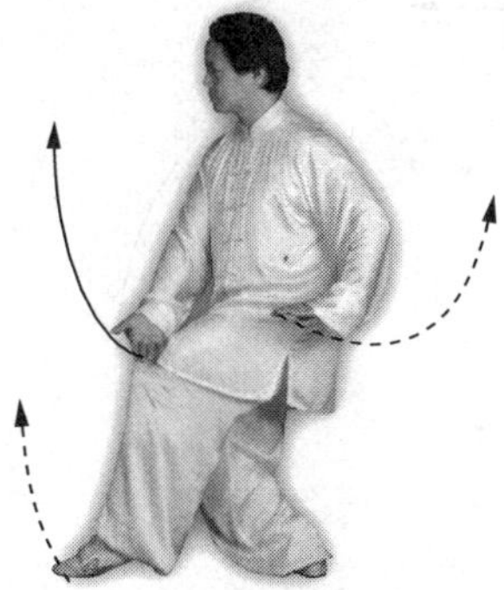

图 227

图 228

（四四）转身摆莲

①上体右转，左脚在右脚外侧扣脚落下；左勾手变掌，手心转向上，自左后向前画弧平摆，高与肩平，右掌翻转向下、向右、向后屈肘平带；眼平看前方（图229）。

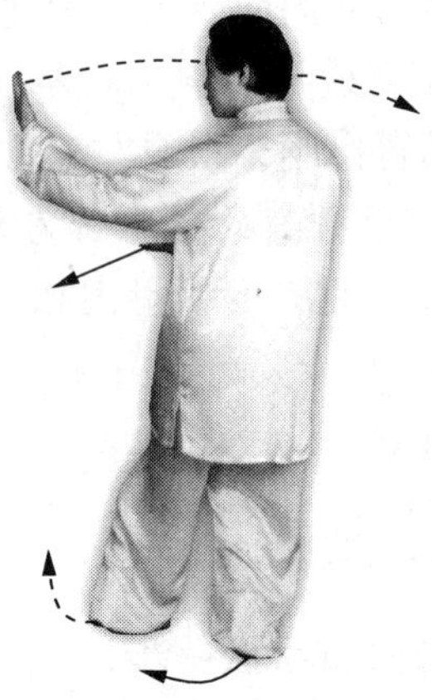

图 229

②两前脚掌为轴，向右后转体；左掌稍内收，右掌翻转经胸前向左肘下方穿出，两掌掌心皆向上；头随体转，平看前方（图230）。

③身体继续右转至面向正南；右掌自左肘下穿出后向上、向右画弧，同时右前臂内旋，掌心转向右，举于体右侧，高与肩平，左掌自右臂内侧回收至右肩前，掌心亦转向右；眼看右掌（图231）。

④右脚提起向左、向上、向右做扇形外摆，脚面展平；同时两掌自右向左摆掌，在体前先左后右拍击右脚面；眼看两掌（图232）。

要点：扣步不要太远，两腿微屈，两前脚掌碾地，身体旋转270°，上体不要摇晃，两臂穿摆要和身体旋转一致。摆莲脚时，右腿上举，上体微向前倾,但不可紧张。年老体弱者,手可不拍击脚面。

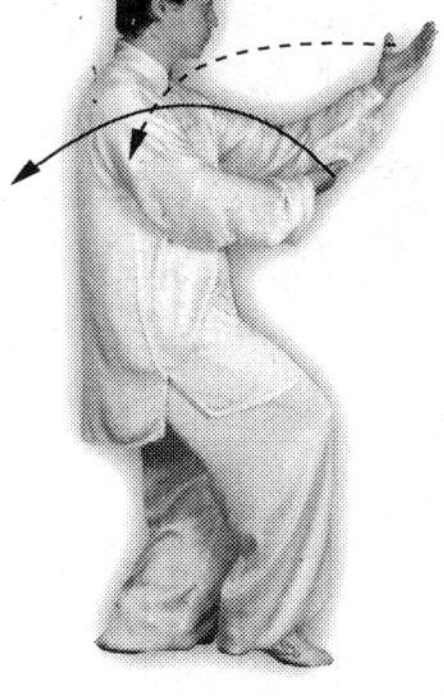

图 230

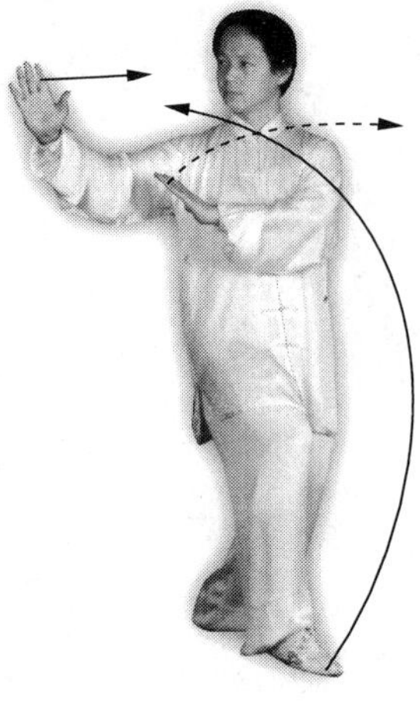

图 231

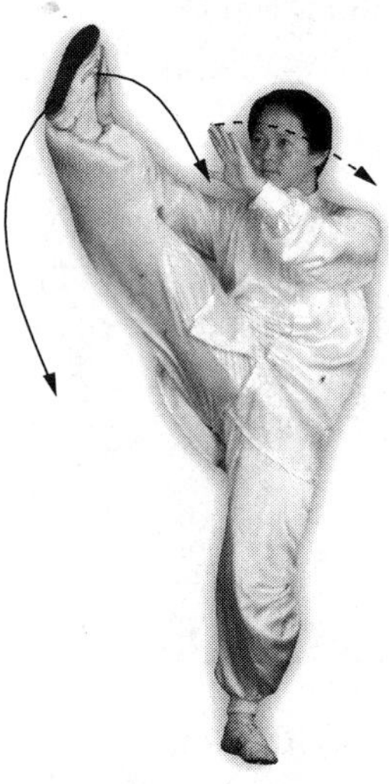

图 232

（四五）弯弓射虎

①右小腿屈收，右脚提于身体右侧，脚尖自然下垂，左腿微屈独立，上体左转；两掌左摆，左掌摆至身体左侧，右掌摆于左肩前，掌心皆向左，高与肩平；眼看左掌（图233）。

②上体微右转，右脚向右侧（正西稍偏北）落下，两掌下落；眼看前方（图234）。

③上体右转，身体重心移于右腿成右弓步；两掌同时向下、向右画弧至身体右侧时变拳，然后上体左转，左拳经面前向左前方（西南）打出，拳心斜向前，拳眼斜向上，高与鼻平，右拳屈肘收于右额前，拳心向外，拳眼斜向下；眼看左拳（图235、236）。

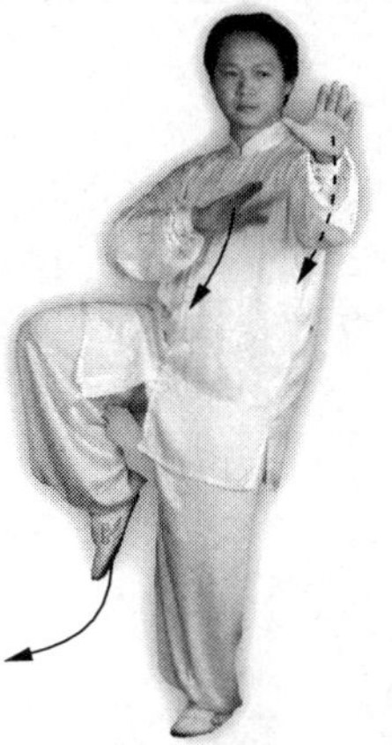

图 233

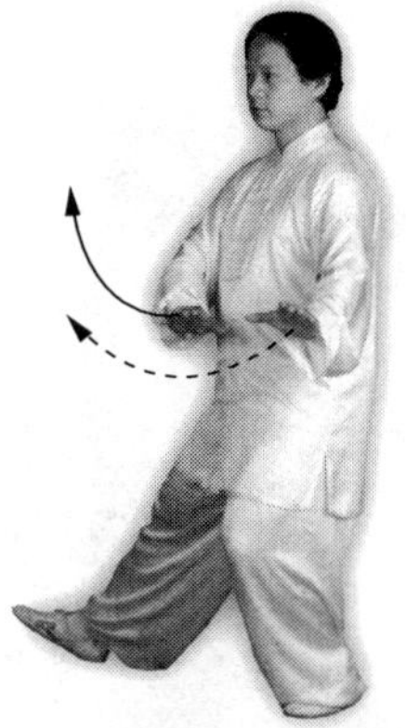

图 234

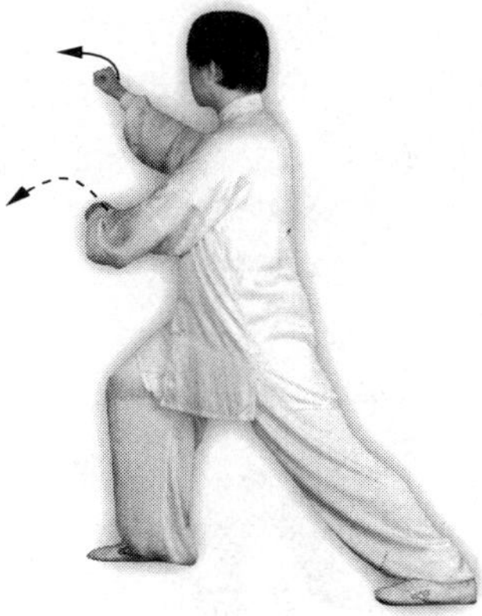

图 235

图 236

要点：两手向右摆动时，头、腰都要随之转动，眼看右拳。定式时，腰向下松沉并稍向回（左）旋，但右膝不要内扣，也不要向左扭胯。头转向西南和左拳方向一致。弓步方向略偏西北。

（四六）右搬拦捶

①左腿屈膝，重心后移，右脚尖内扣，上体左转；左拳变掌翻转向上，经体前下落收至左腰间，右拳也变掌自左前臂上穿出，向右前方抹掌，掌心向前下；眼先看右掌，再随转体向前平视（图237、238）。

②右脚收至左脚内侧；左掌在体侧画弧屈收至胸前，掌心向下，右掌变拳向下、向左收至左肋前，拳心向下；眼看前方（图239）。

③右脚向前垫步，脚跟着地，脚尖外撇，上体右转；右拳向前（正西）翻转搬出，高与胸平，拳心向上，左掌顺势按于左胯旁，掌指向前；眼看右拳（图240）。

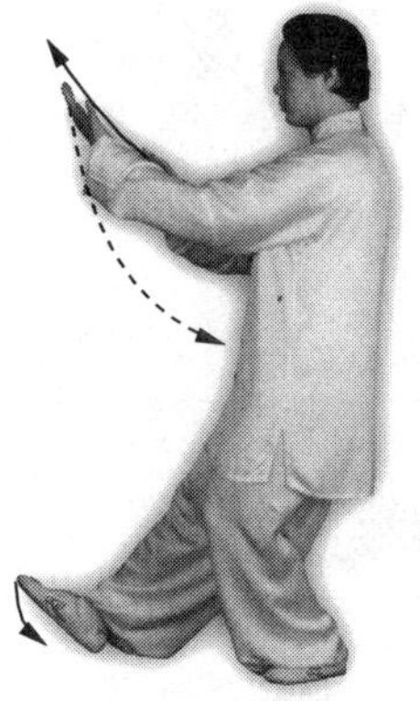

图 237

图 238

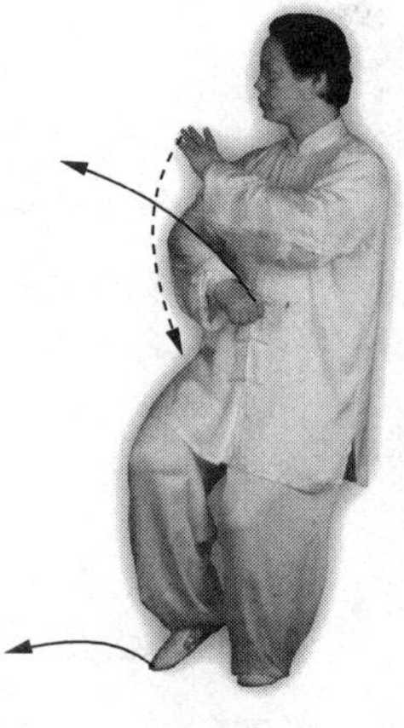

图 239

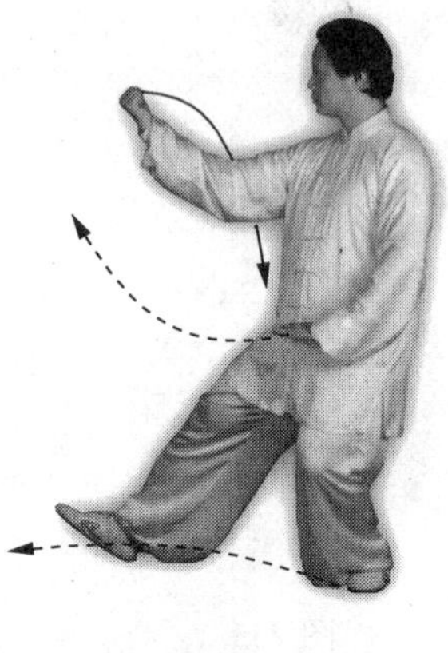

图 240

④上体右转，重心前移，左脚提收上步；右拳随身体右转向右画弧，收于右腰间，拳心向上，左掌向左、向前画弧拦出，掌心斜向下；眼看左掌（图241）。

⑤重心前移，左腿前弓成左弓步，上体微左转；右拳向前打出，拳眼向上，高与胸平，左掌收于右前臂内侧；眼看右拳（图242）。

要点：收右脚时要先扣回脚尖，再轻轻收脚。必要时，左脚尖可适当外展，便于上体左转。其他要点参看左搬拦捶。

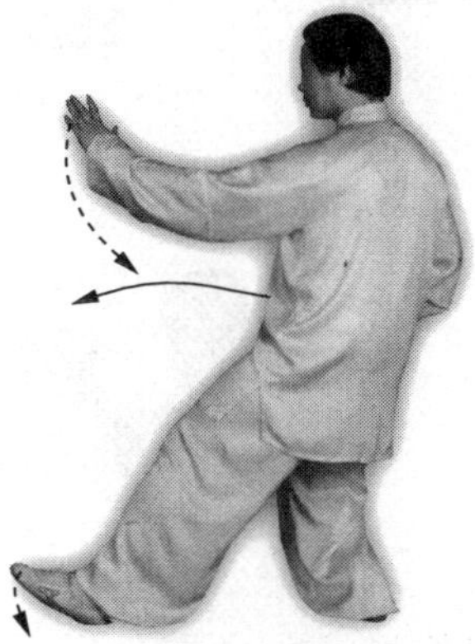

图 241

图 242

（四七）右掤捋挤按

①重心后移，左脚尖翘起外展，上体左转；左掌向下画弧，掌心向上，右拳同时变掌前伸，掌心向下；眼看左前方（图243）。

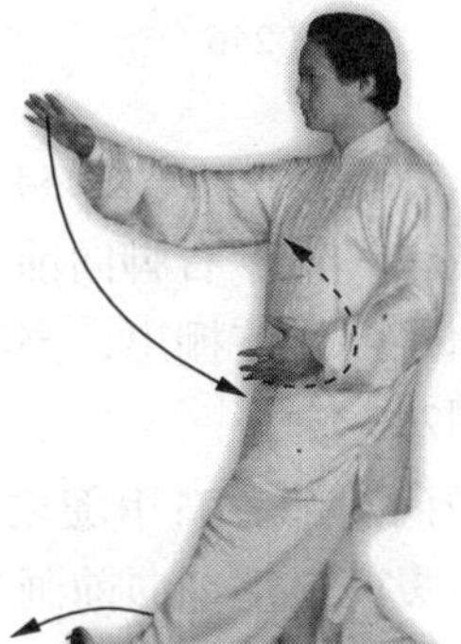

图 243

②重心前移，左腿屈膝，右脚收至左脚内侧；同时右掌由前向下画弧，左掌自下向后再翻转向上画弧，两掌在胸前“抱球”（右掌在下，

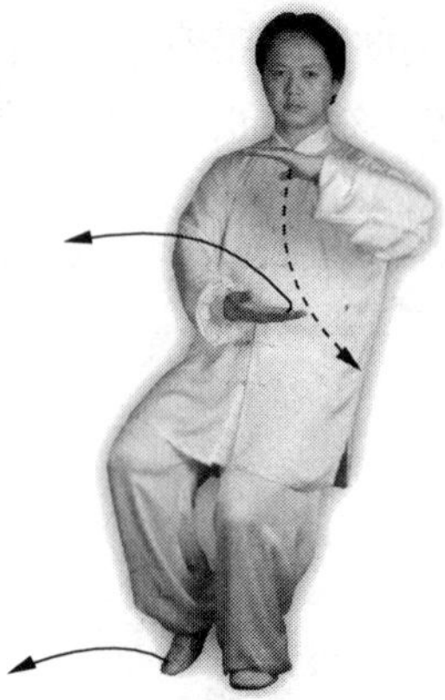

图 244

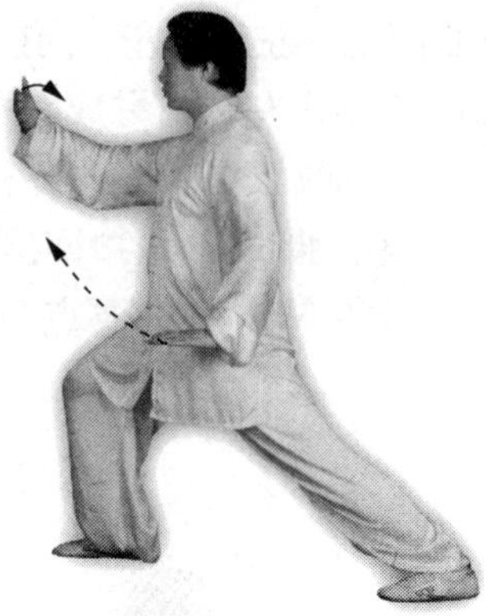

图 245

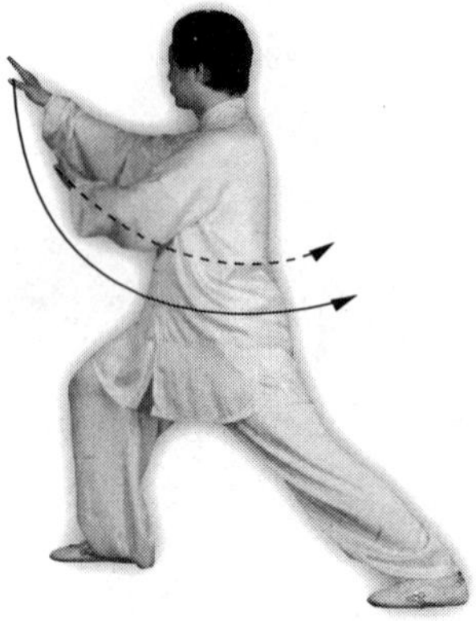

图 246

图 247

两掌心相对）；眼看左掌（图244）。

③上体微向右转，右脚向前方迈出一步，重心前移成右弓步；两掌同时上下分开，右前臂向体前掤出，高与肩平，掌心向内，左掌下落按于左胯旁；眼看右前臂（图245）。

④上体微向右转；右手随之前伸，右前臂内旋，掌心向下，左前臂外旋，掌心向上，经腹前向上、向前画弧，伸至右前臂下方；眼看右掌（图246）。

⑤上体左转，重心后移至左腿；两手向下捋，经腹前再向左后上方画弧并上举至左掌心斜向上，腕高与肩平，右掌心斜向后，右前臂平屈胸前；眼看左掌（图247）。

⑥上体右转，重心前移成右弓步；左臂内旋屈肘，左掌掌指向前搭近右腕内侧，掌心向前，双手同时慢慢向前挤出，右掌心向内，两臂保持半圆形；眼看右腕（图248）。

⑦左掌经右腕上方伸出，随即两掌向左右分开，与肩同宽，掌心向下；上体慢慢后坐，身体重心移至左腿，右脚尖翘起；两臂屈肘，两掌收至胸前，掌心向前下；眼向前平视（图249）。

⑧右脚落实，右腿前弓成右弓步；两掌下落经腹前向前、向上挤出，手腕高与肩平，掌心向前；眼向前平视（图250）。

要点：同左掤捋挤按，惟左右相反。

图 248

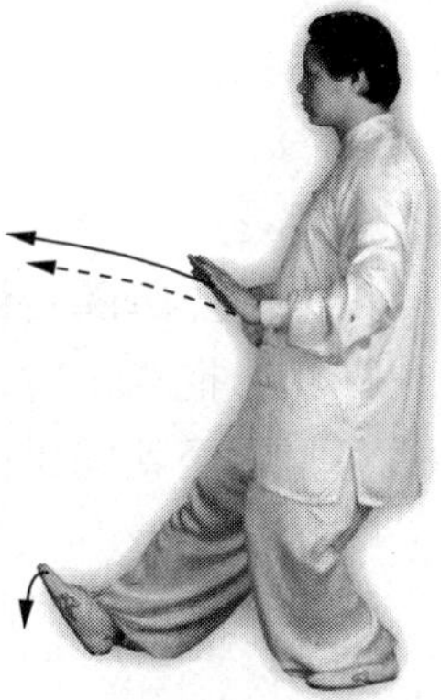

图 249

图 250

（四八）十字手

①上体左转，重心左移，右脚尖内扣；左掌随身体左转经面前向左平摆，右掌同时向右侧撑开，两掌心均向前；眼看左掌（图251）。

②左脚尖外展，继续向左转体，左腿屈膝，右腿自然蹬直；同时左掌随转体继续向左平摆，与右掌对称平举在身体两侧，肘部略屈，两掌心均

图 251

向前；眼看左掌（图252）。

③重心右移，左脚尖内扣，上体右转；两掌向下、向内画弧，并在腹前使两腕相交，两掌合抱（左掌在外），上举于胸前，掌心均向内；眼看前方（图253）。

④左脚内收成开立步，两脚平行，与肩同宽，脚尖向前，然后两腿慢慢直立，上体转正；两掌交叉合抱举于体前，高与肩平，两臂撑圆，左掌在外，成斜十字形；眼看前方（图254）。

图 252

要点：向左摆掌时，右脚扣向正南，左脚随转体和重心左移渐渐外展，不要待体重完全压实左腿后再转动左脚。合抱双手时，左脚尖应先内扣再提收左脚，然后缓缓起立，腰部微微回（左）旋至朝向正南，体重平均放在两腿。

图 253

图 254

收势

①两前臂同时内旋，两掌分开，与肩同宽，掌心向下，徐徐下落；眼看前方（图255）。

②两手慢慢下落至两腿外侧，上体正直，头微上顶，松肩垂肘，呼吸自然；眼看前方（图256）。

③左脚收至右脚旁，两脚并拢，脚尖仍向前；眼看前方（图257）。

要点：精神、速度、劲力都要均匀完整贯彻始终，不可松懈。身体保持自然沉稳。

图 255

图 256

图 257

七、四十八式太极拳的动作路线示意图

说　明

1. 整套拳基本在一条直线上往返运动，因无法叠写，故将图面展开。

2. 几个动作在原地活动的，“动作名称”并列。

3. “动作名称”的下端为该式定势时练习者的胸部朝向，字的上端为背向方向。

4. 示意图方向应假设面向南方起势，以便与动作说明相对照。

四十八式太极拳动作路线示意图

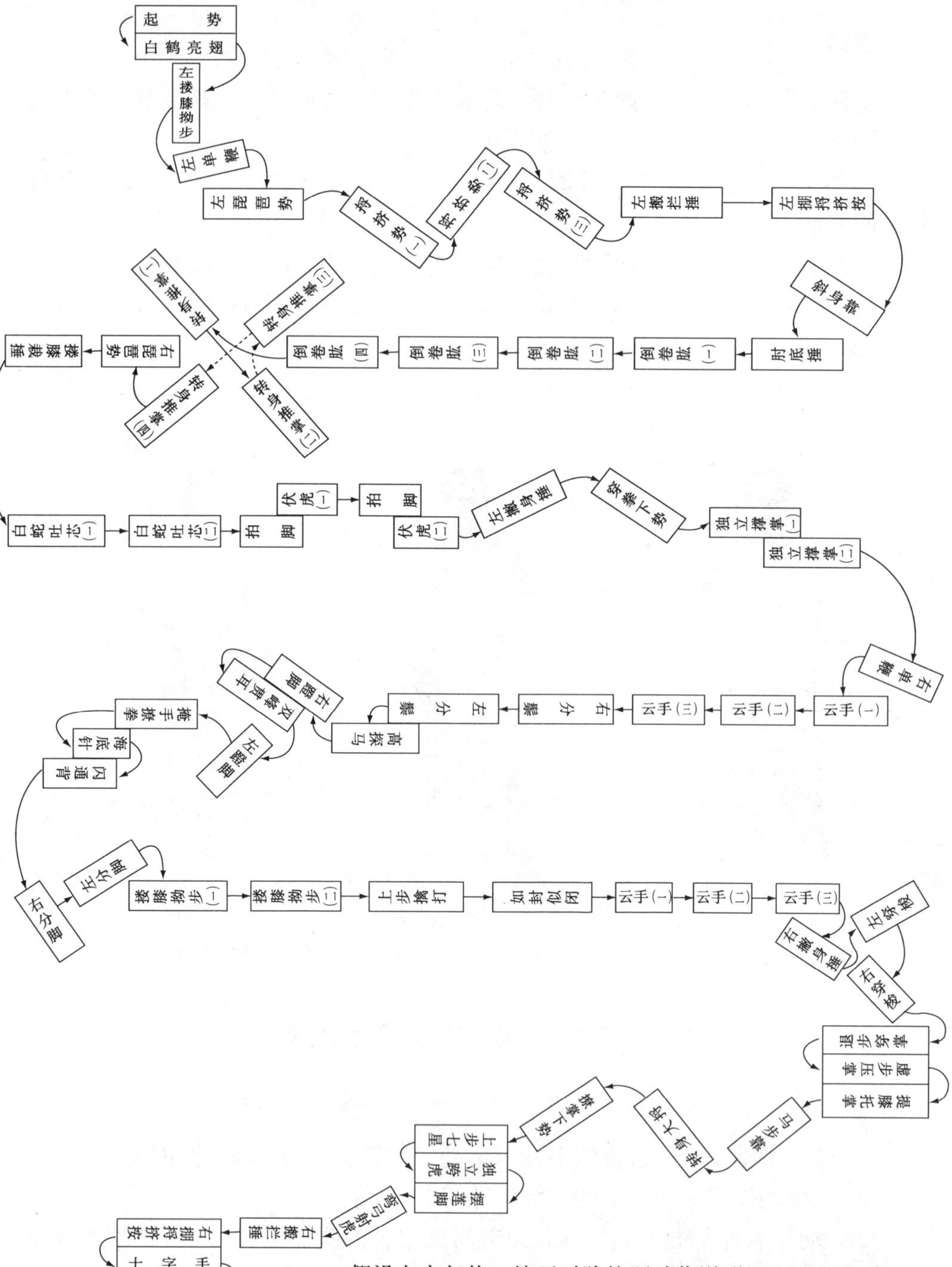

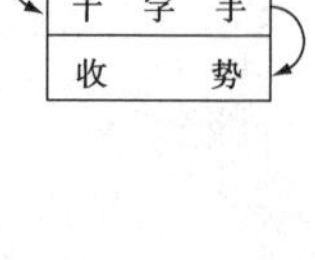

假设向南起势，练习时除按照动作说明以面对方向为前，背向方向为后，左手方向为左，右手方向为右外，在斜度较大的动作，说明中也加了东西南北字样，并可参阅此图进行对照。

第三节　八十八式太极拳

一、动作名称

（ 一 ）预备势　　（ 二 ）起势
（ 三 ）揽雀尾　　（ 四 ）单鞭
（ 五 ）提手　　（ 六 ）白鹤亮翅
（ 七 ）左搂膝拗步　　（ 八 ）手挥琵琶
（ 九 ）左右搂膝拗步　　（一〇）手挥琵琶
（一一）进步搬拦捶　　（一二）如封似闭
（一三）十字手　　（一四）抱虎归山
（一五）斜揽雀尾　　（一六）肘底看捶
（一七）左右倒卷肱　　（一八）斜飞势
（一九）提手　　（二〇）白鹤亮翅
（二一）左搂膝拗步　　（二二）海底针
（二三）闪通背　　（二四）转身撇身捶
（二五）进步搬拦捶　　（二六）上步揽雀尾
（二七）单鞭　　（二八）云手
（二九）单鞭　　（三〇）高探马
（三一）右分脚　　（三二）左分脚
（三三）转身左蹬脚　　（三四）左右搂膝拗步
（三五）进步栽捶　　（三六）翻身白蛇吐芯
（三七）进步搬拦捶　　（三八）右蹬脚
（三九）左披身伏虎　　（四〇）右披身伏虎
（四一）回身右蹬脚　　（四二）双峰贯耳
（四三）左蹬脚　　（四四）转身右蹬脚
（四五）进步搬拦捶　　（四六）如封似闭
（四七）十字手　　（四八）抱虎归山
（四九）斜揽雀尾　　（五〇）横单鞭
（五一）左右野马分鬃　　（五二）进步揽雀尾
（五三）单鞭　　（五四）左右穿梭（四斜角）

(五五)进步揽雀尾
(五六)单鞭
(五七)云手
(五八)单鞭
(五九)下势
(六〇)左右金鸡独立
(六一)左右倒卷肱
(六二)斜飞势
(六三)提手
(六四)白鹤亮翅
(六五)左搂膝拗步
(六六)海底针
(六七)闪通背
(六八)转身撇身捶
(六九)进步搬拦捶
(七〇)上步揽雀尾
(七一)单鞭
(七二)云手
(七三)单鞭
(七四)高探马
(七五)左穿掌
(七六)转身十字蹬脚
(七七)搂膝打捶
(七八)上步揽雀尾
(七九)单鞭
(八〇)下势
(八一)上步七星
(八二)退步跨虎
(八三)转身摆莲脚
(八四)弯弓射虎
(八五)进步搬拦捶
(八六)如封似闭
(八七)十字手
(八八)收势还原

二、动作说明

(一)预备势

身体自然直立，两脚开立，与肩同宽，脚尖向前；两臂自然下垂，两手放在大腿外侧；眼向前平看(图1、2)。

要点：头颈正直，下颏微后收。不可故意挺胸或收腹。精神要集中。

图 1

图 2

(二)起势

①两臂慢慢向前平举，两手高与肩平，与肩同宽，手心

向下（图3）。

要点：两臂前举时，动作须轻缓，不可紧张用力。

②两腿屈膝；两掌下按，两肘下垂与膝相对；眼看前方（图4）。

要点：两肩下沉，两肘下垂，手指自然微屈。屈膝、松腰，臀部不可凸出，身体重心落于两腿中间。两臂下落要与身体的下蹲动作协调一致。

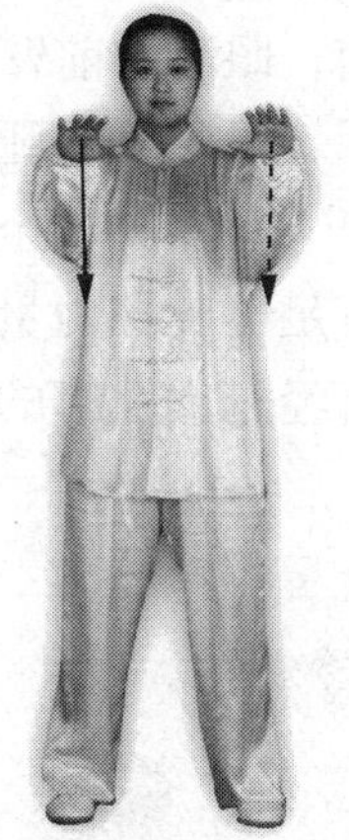

图 3

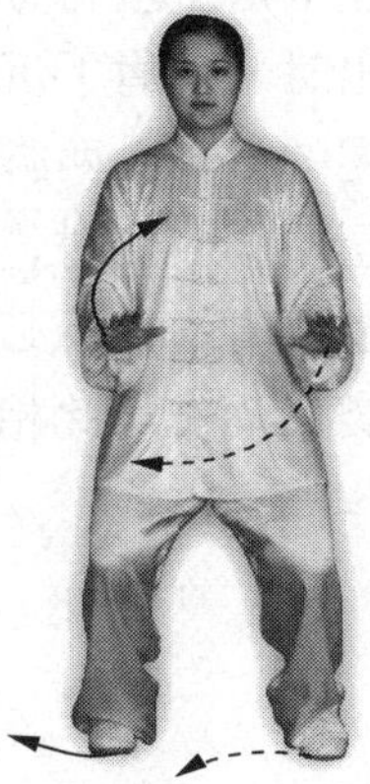

图 4

（三）揽雀尾

①右脚尖微向外撇，同时身体微向右转；右臂平屈于胸前，左手随体转动作向右下方画弧至右肋下，与右手相对成抱球状（左手心向上，右手心向下）；身体重心落在右腿上，左脚收至右脚内侧，脚尖着地；眼看右手（图5）。

②上体向左转；左脚向左前方迈一步，脚尖向前，右腿自然蹬直，左腿屈膝，成左弓步；同时左臂向左前方掤出（即左臂平屈成弓形，用前臂外侧和手背向前方推

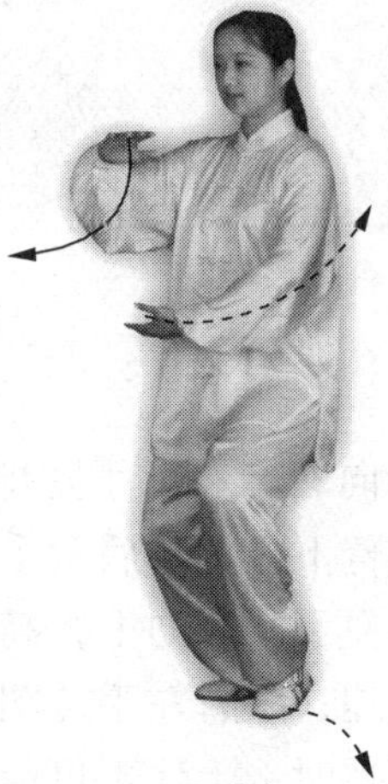

图 5

出），左手和前臂高与肩平，手心向后，右手向右、向下落于右胯旁，肘微屈，手心向下；眼看左前臂（图6）。

③身体微向左转；左臂平屈于左胸前，与肩同高，手心向下，右手经腹前向左画弧，至左肋下（手心向上）与左手上下相对成抱球状；同时右脚收至左脚内侧，脚尖点地，身体重心落在左腿；眼看左手（图7）。

④上体向右转；右脚向右前方迈出一步，左脚跟向后蹬伸，右腿屈膝，成右弓步；同时，上体继续向右转，面向前方，右臂向前掤出，高与肩平，手心向后，左手向左下落于左胯旁，手心向下，指尖向前；眼看右前臂（图8）。

要点：掤出时，两肩下沉，两臂均成弧形。分手、松腰和弓腿三者必须协调一致。揽雀尾的弓步，两脚横向距离约10厘米。第①动左脚收至右脚内侧和第③动右脚收至左脚内侧时，如动作熟练后，腿部有足够支撑力量，能掌握变换身体重心的要领时，也不必脚尖点地，只要前进脚经过支撑脚的内侧后，即可向前迈步。类似动作与此相同。

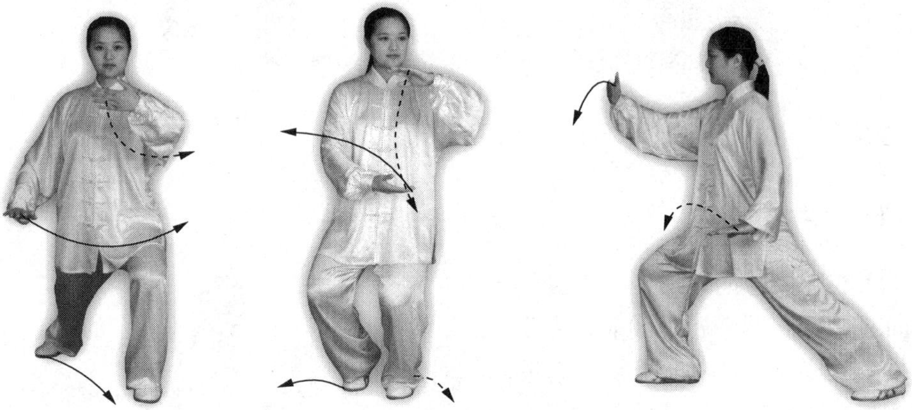

图 6　　图 7　　图 8

⑤上体稍向右转；右手随即前伸翻掌向下，左手翻掌向上，经腹前向上、向前伸至右前臂下方，然后两手一齐下捋，即上体向左转，两手经腹前向左后方画弧，直至左手手心向上，高与肩齐，右臂平屈于胸前，手心向后；同时身体重心移至左腿；眼看左手（图9~11）。

要点：下捋时，上体不可前倾，臂部不要凸出。两臂下捋须随腰旋转，仍走弧线。右脚全脚掌着地。

图 9

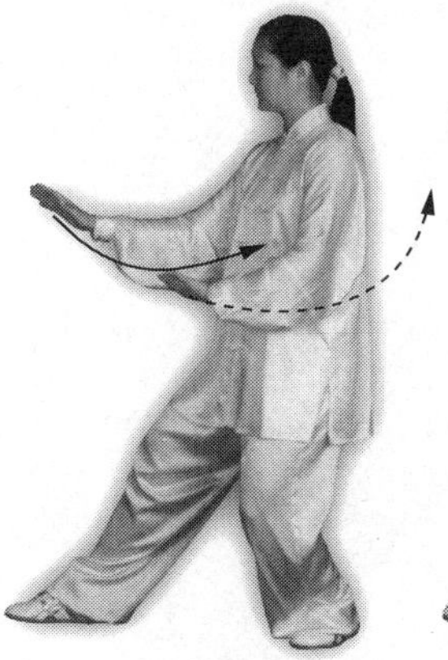
图 10

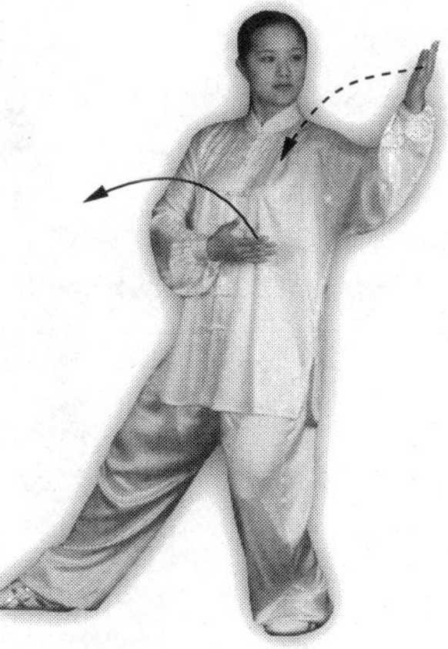
图 11

⑥上体稍向右转；左臂屈肘折回，左手附于右手腕里侧（两腕相距约5厘米），上体继续右转至面向前方，双手同时向前慢慢挤出，右手心向后，左手心向前，两前臂要保持半圆；同时，身体重心逐渐前移成右弓步；眼看右手腕部（图12、13）。

要点：向前挤出时，上体要正直。挤的动作要与松腰、弓腿相一致。

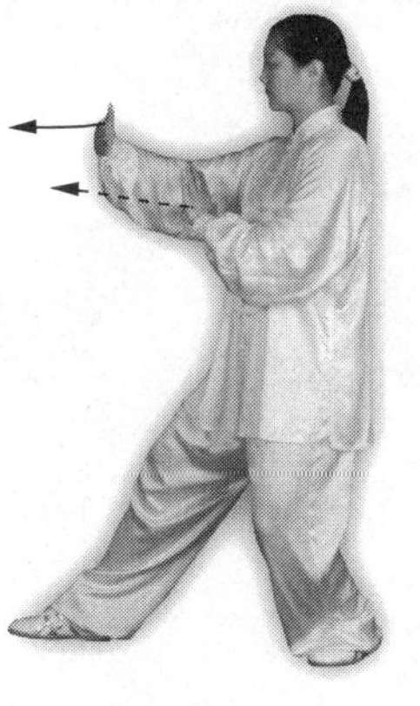
图 12

图 13

⑦左手经右腕上方向前、向左伸出，与右手齐平，手心向下，右手随即翻掌向下，两手左右分开，与肩同宽；然后上体后坐，身体重心移至左腿，右脚尖翘起；同时，两臂屈肘收至胸前，手心均向前下方；眼看前方（图14~16）。

⑧上式不停，两手慢慢继续向后收，然后经腹前再向前、向上按出，掌心

图 14

图 15

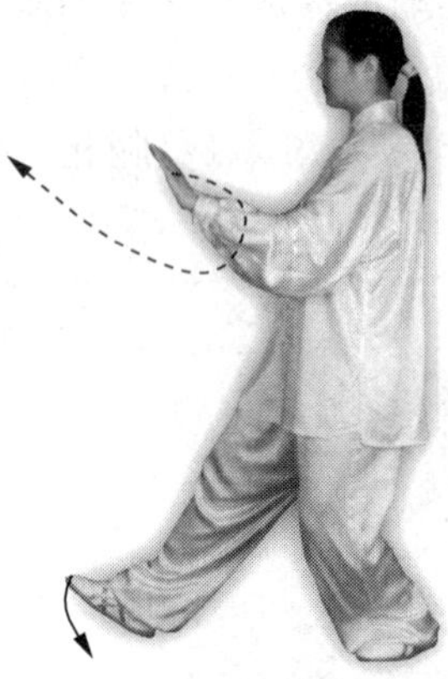

图 16

图 17

向前，手腕高与肩平；同时身体重心前移，右腿前弓成右弓步；眼平视前方（图17）。

要点：向前按时，上体要正直，松腰、松胯。两臂应随着松腰、弓腿徐徐向前按出，沉肩垂肘。两手须走曲线。

整个动作均以腰为主宰。两臂绕行，须圆活自然。腿部的前弓后坐，要灵活稳健。在做捋、挤、按动作时，后腿的脚跟不要随意扭动。

图 18

图 19

图 20

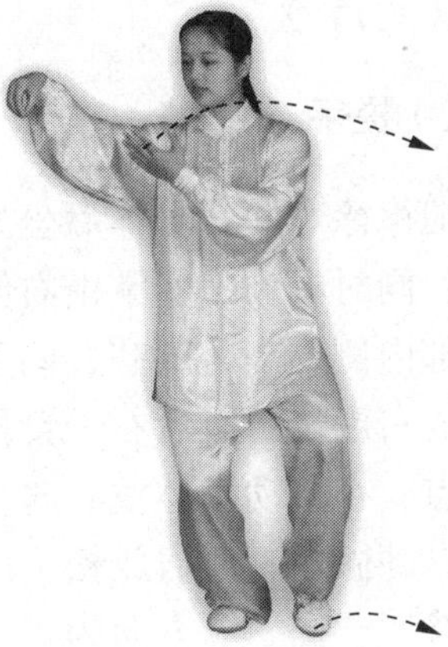

图 21

（四）单鞭

①上体后坐，身体重心逐渐移至左腿，右脚尖里扣，同时上体左转；两手（左高右低）向左弧形运转，直至左臂平举于左侧，手心向左，右手经腹前运至左肋前，手心向后上方；眼看左手（图18、19）。

②身体重心再渐渐移至右腿，上体右转，左脚向右脚靠拢，脚尖着地；同时，右手向右上方画弧（手心由向里转向外），至右侧方时变为勾手，臂与肩平，左手向下经腹前向右上方画弧停于右肩前，手心向里；眼看左手（图20、21）。

③上体微向左转；左脚向左前侧方迈出（脚尖向左微斜），右脚跟后蹬成左弓步；在身体重心移向左腿的同时，左掌随上体继续左转慢慢翻转向前推出，手心向前，手指与眼平齐，臂微屈；眼看左手（图22）。

要点：完成姿势上身正直，松腰；右肘部稍下垂，左肘与左膝上下相对，两肩下沉。左手向外翻掌向前推时，要随转体边翻边推出，不要翻掌太快或最后突然翻掌。全部过渡动作，上下要协调一致。如面向正南起势，“单鞭”的方向应面向东稍偏北（约15°）。

图 22

（五）提手

右腿徐徐弯曲，身体后坐并向右侧回转，左脚尖里扣，然后身体重心再落于左腿；同时右勾手变掌由右侧移至脸前成侧立掌，指尖高与眉齐，左手收于右臂肘部内侧，高与胸齐，两手心左右相对；同时右脚提起落于左脚前，脚跟着地，成右虚步；眼看右手食指（图23、24）。

要点：在移动身体重心时，上体要平稳自然，臀部不可外凸。在右脚跟着地时，右膝微屈，两肩放松下沉，两臂微屈，肘尖下垂。胸部肌肉放松。如面向南起势，“提手”方向为正南偏西（约30°）。

图 23

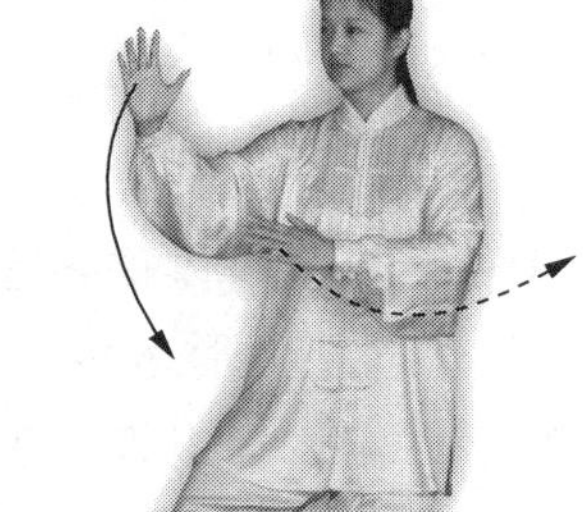

图 24

（六）白鹤亮翅

身体向左转，两手向左下画弧，在身体左侧相抱（左手在上，右手在下）；同时右脚稍向后移，脚尖里扣；然后上体右转，再微向左转面向前方；两手随转体分别向右上左下分开，右手上提停于右额前，手心向左后方，左手下按落于左胯前，手心向下，指尖向前；同时身体重心后移至右腿上，左脚移至体前，脚尖点地，成左虚步；眼平视前方（图25~27）。

要点：完成姿势，转回成面向东方；胸部不要前挺，两臂上下均要保持半圆形，左膝微屈。身体重心后移和右手上提、左手下按要协调一致。

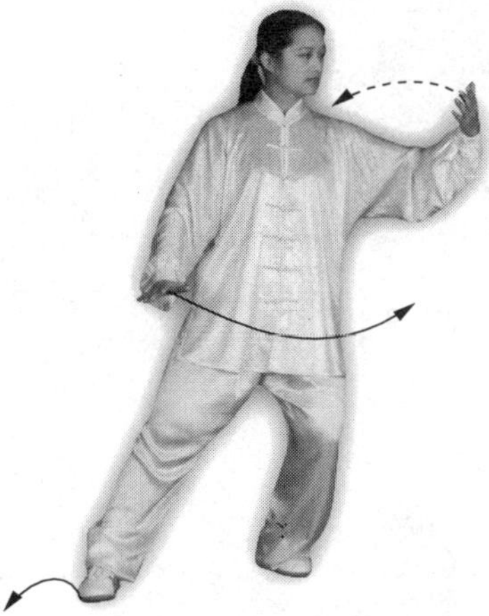

图 25

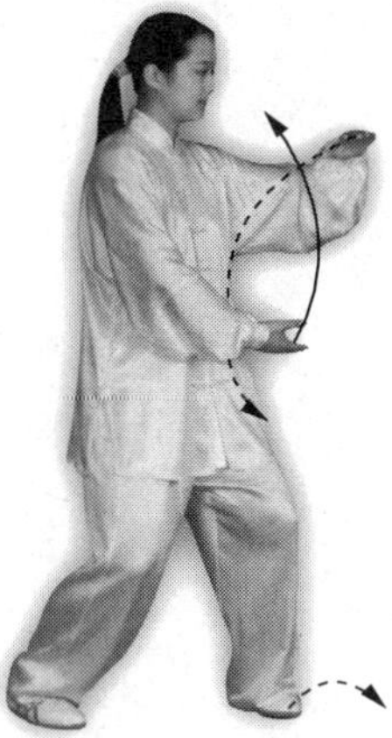

图 26

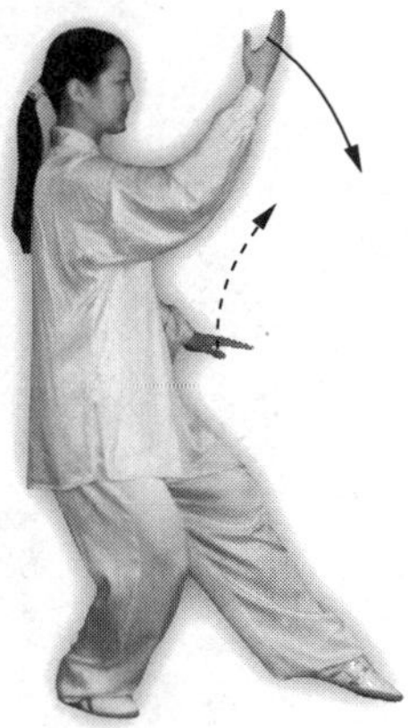

图 27

（七）左搂膝拗步

①右手从身体前方下落，由下向后上方画弧至右肩部外侧，肘微屈，手与耳同高，手心斜向上，左手上起由左下向上、向右下方画弧至右胸前，手心斜向下；同时上体先微向左再向右转体，左脚收回至右脚内侧，脚尖点地；眼看右手（图28~30）。

②上体左转，左脚向前（偏左）迈出，右腿自然伸直成左弓步；同时右臂屈回，右手由耳侧向前推出，高与鼻尖平，左手向下由左膝前搂过落于左胯旁，指尖向前；眼看右手手指（图31）。

要点：右手推出时，须沉肩垂肘，坐腕舒掌，身体不可前俯后仰，要与松腰、弓腿上下协调一致。搂膝拗步弓步时，两脚跟的横向距离保持30厘米左右。如果在向前迈步时，能掌握好变换身体重心的要领，也可脚尖不点地向前直接迈步，但前进之脚务要经过支撑脚的内侧（慢练时可做停顿）再向前上步，身体要保持平衡稳定。以后类似动作，同此处理，不再注明。

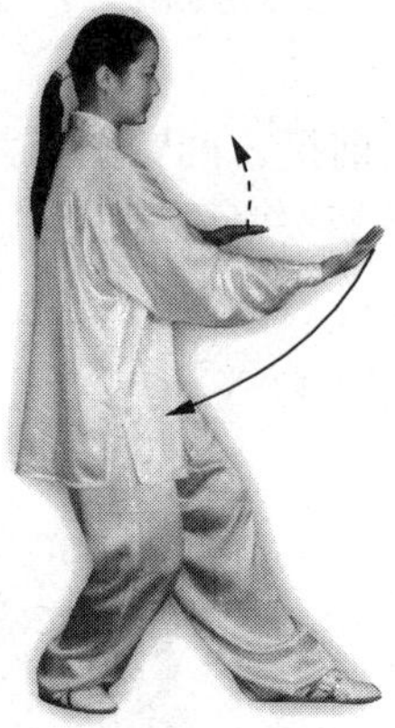

图 28

图 29

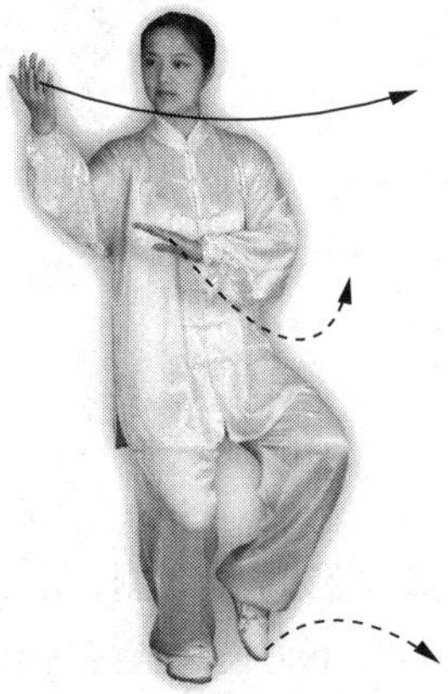

图 30

图 31

（八）手挥琵琶

右脚跟进半步到左脚后，上体后坐，半面向右转，身体重心移至右腿上，左脚提起略向前移，脚跟着地，脚尖翘起，成左虚步；同时，左手由左下向上、向前上方挑举，高与鼻尖平，掌心向右，臂微屈，右手收回放在左臂肘部里侧，掌心向左；眼看左手食指（图32、33）。

要点： 身体要平稳自然，臀部不要外凸。沉肩垂肘，胸部放松。左手上起时，不要直向上挑，要由左向上、向前，微带弧形。右脚跟进时，脚掌先着地，再全脚踏实。身体重心后移与上体半面向右转、左手上起、右手回收要协调一致。

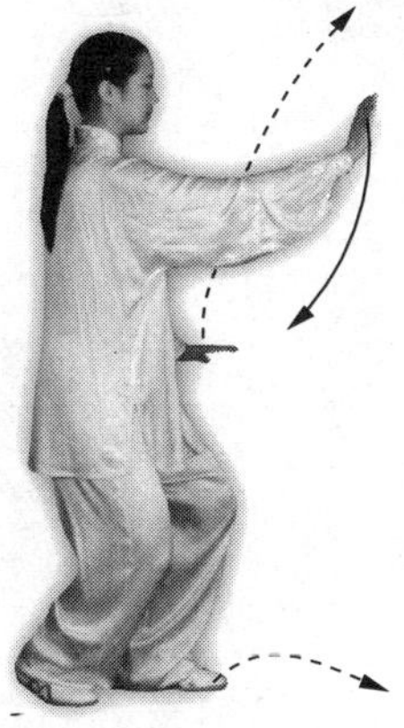

图 32

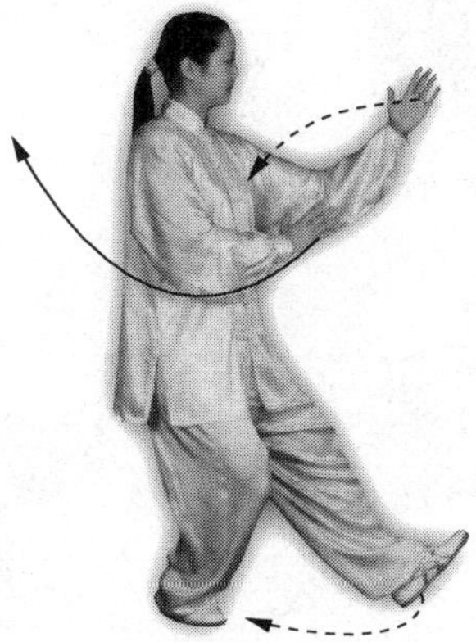

图 33

（九）左右搂膝拗步

①右手下落，由下向后上画弧至右肩部外侧，肘微屈，手与耳同高，手心斜向上，左手由左上向右下画弧放在胸部右侧，手心斜向下；同时上体右转；左脚收至右脚内侧，脚尖点地；眼看右手（图34）。

②上体左转，左脚向前（偏左）迈出成左弓步；同时右臂屈回，右手由右耳侧向前推出，高与鼻尖平，左手向下由左膝前搂过落于左胯旁；眼看右手手指（图35）。

③右腿慢慢屈膝，上体后坐，身体重心移于右腿，身体左转；左脚尖翘起微向外撇，随后左脚掌慢慢踏实，左腿前弓，身体重心再移到左腿上，右脚收至左脚内侧，脚尖点地；同时左手向外翻掌由左后向上画弧至左肩外侧，肘微屈，手与耳同高，手心斜向上，右手随转体向上、向左下画弧落于左肩前，手心斜向下；眼看左手（图36~38）。

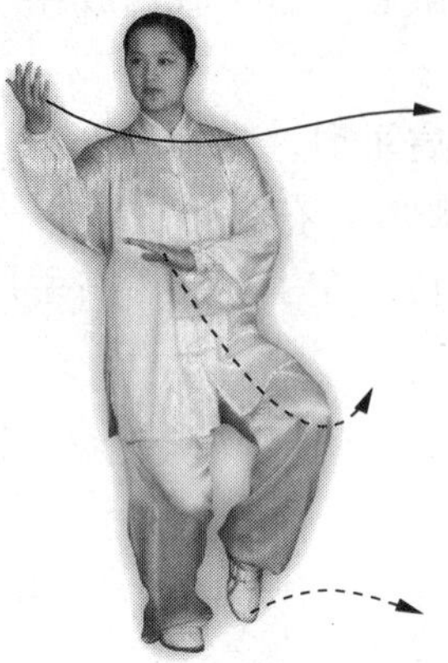
图 34

图 35

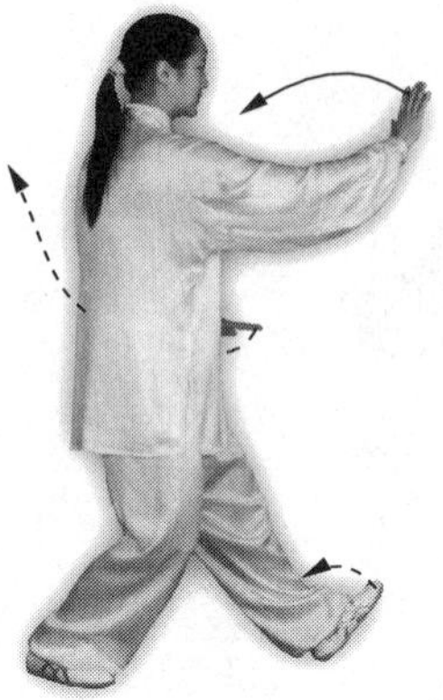
图 36

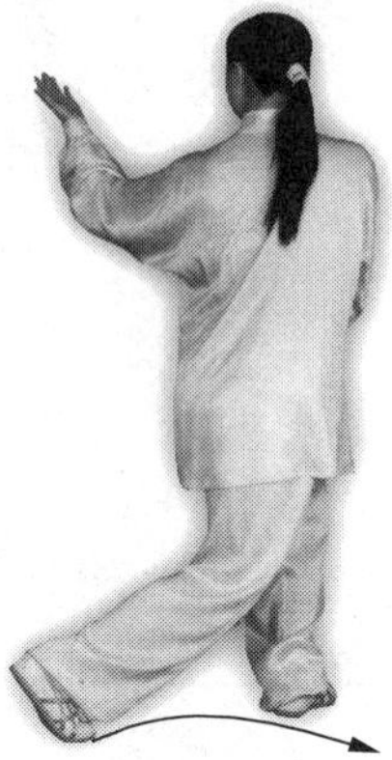
图 37

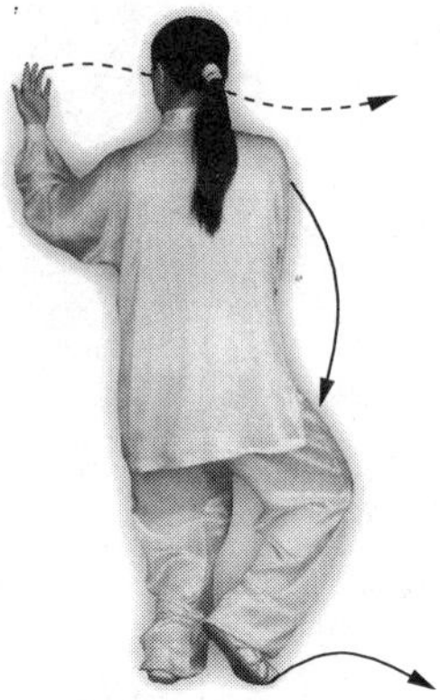
图 38

④与②解同，只是左右相反（图39）。

⑤与③解同，只是左右相反（图40~42）。

⑥与②解同（图43）。

要点：“右搂膝拗步”与“（七）左搂膝拗步”相同，只是左右相反。

图 39

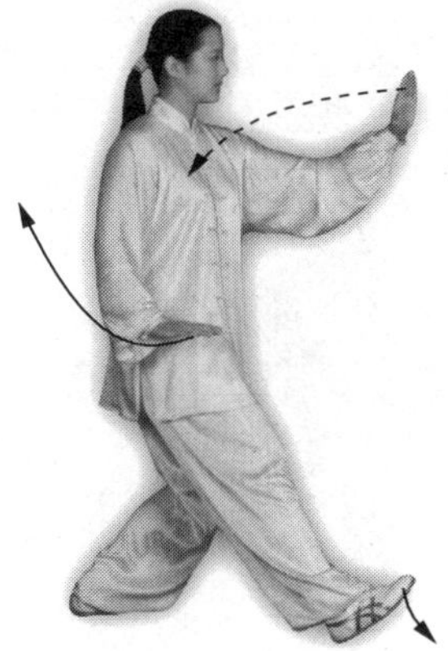

图 40

图 41

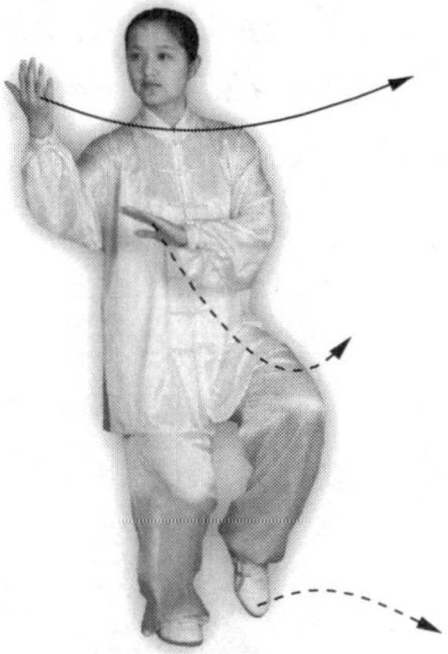

图 42

图 43

（一〇）手挥琵琶

动作和要点均与前同（图44、45）。

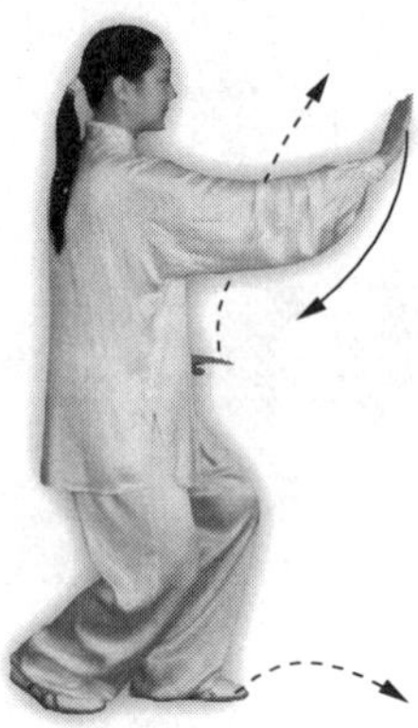

图 44

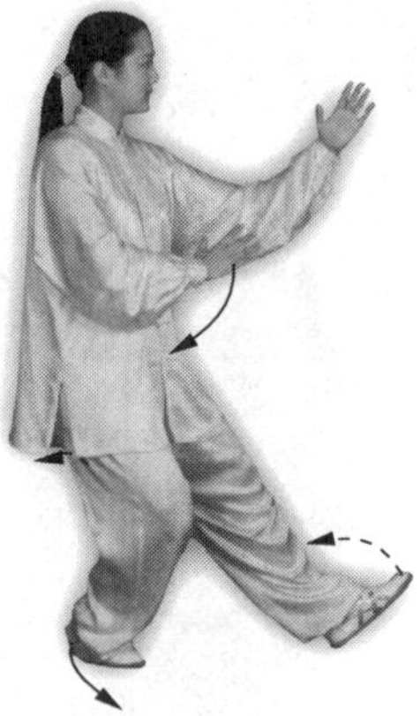

图 45

（一一）进步搬拦捶

①身体左转，左脚尖外撇踏实；同时，左掌翻转，左臂平屈胸前，手心向下，右掌变拳由体前向左下画弧，至左肋旁，拳心向下；此时身体重心前移，落于左腿，右腿微屈，脚跟提起向外扭转；眼看左手（图46）。

②上体右转；右拳经胸前向前翻转撇出，拳心向上，左手顺势落于左胯旁；同时右脚前进一步，脚尖外撇；眼看右拳（图47）。

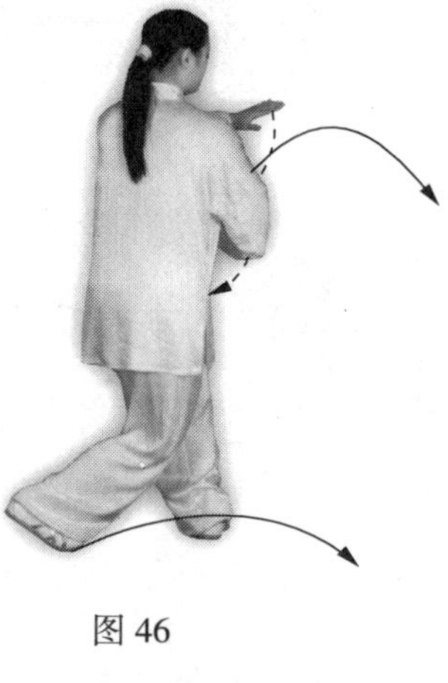

图 46

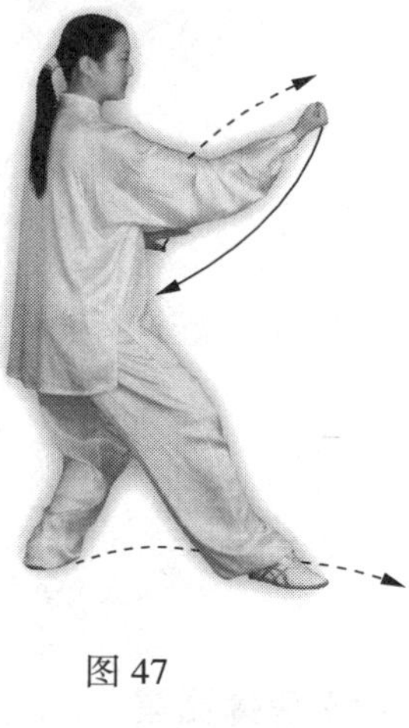

图 47

③身体重心前移于右腿；左手经身体左侧向上、向左再向前画弧拦出，掌心向前下方；同时左脚前进一步，脚跟着地；右拳向右画弧收到腰部右侧，拳

心向上；眼看左手（图48）。

④左腿前弓变左弓步；同时右拳向前打出，拳眼向上，高与胸平，左手附于右前臂里侧；眼看右拳（图49）。

要点：上体自然正直。右拳要松握。右拳回收时，前臂要慢慢内旋画弧，然后再外旋停于右腰旁，拳心向上。右拳向前打出时，右肩要随拳略向前引，沉肩垂肘，右臂要微屈。弓步两脚跟的横向距离同“揽雀尾”，即约10厘米。

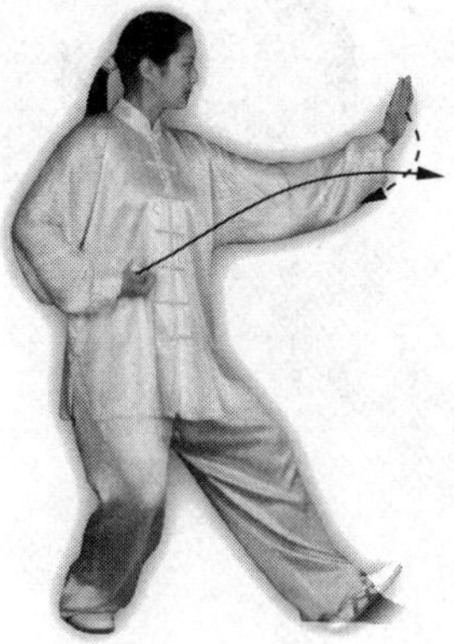
图 48

图 49

（一二）如封似闭

①左手由右腕下伸出，右拳变掌，两手手心逐渐翻转向上并慢慢分开回收至两肋旁；同时上体后坐，左脚尖翘起，身体重心移于右腿；眼看前方（图50、51）。

图 50

图 51

②两手在胸前翻掌，与肩同宽，向下经腹前再向上、向前推出，手心向前；同时左腿前弓成左弓步；眼看前方（图52、53）。

要点：身体后坐时须松腰、松胯，上体不可后仰，臀部不要外凸。两臂随身体回收时，肩、肘略向外松开，不要直着抽回。两手推出宽度不要超过两肩。

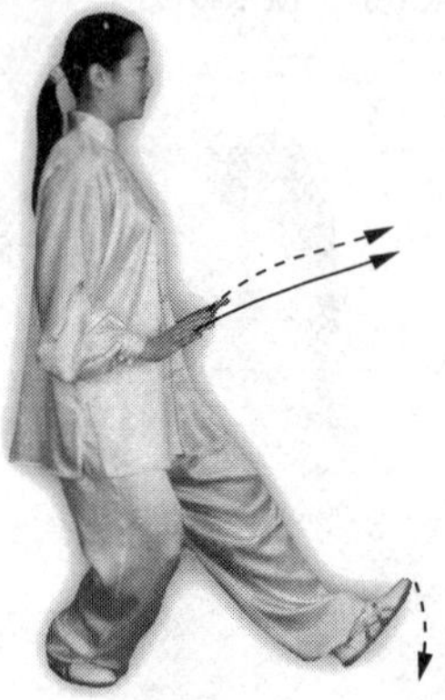

图 52

图 53

（一三）十字手

①身体重心移向右腿，左脚尖里扣，向右转体；右手随转体动作向右平摆画弧，与左手成两臂侧平举，掌心向前，肘部微屈；同时右脚尖随着转体稍向外撇，成右侧弓步；眼看右手（图54、55）。

图 54

图 55

②身体重心慢慢移于左腿上，右脚尖里扣，随即右脚向左收回，两脚距离与肩同宽，两腿逐渐蹬直，成开立步，脚尖向前；同时两手向下经腹前画弧交叉合抱于胸前，两臂撑圆，腕高与肩平，右手在外，成十字手，手心均向里；眼看前方（图56、57）。

要点： 两手分开和合抱时，上体不要前俯。右脚收回时，脚尖先向里扣。站起后，身体自然正直，头要微向上顶，下颏稍向后收。两臂环抱时须圆满舒适，沉肩垂肘。

图 56

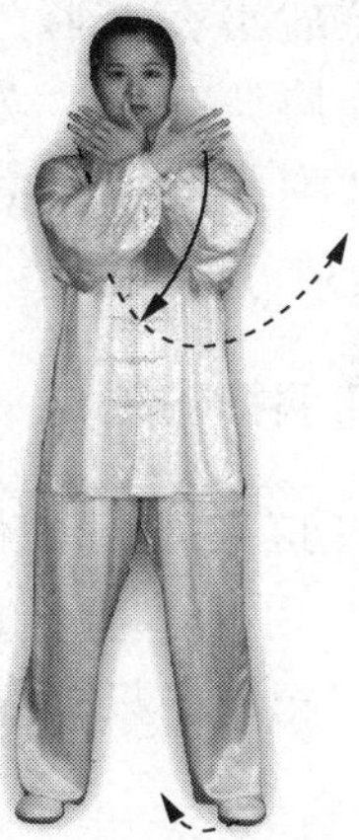

图 57

（一四）抱虎归山

①身体重心微向右移，左脚尖向里扣，然后两腿屈膝，身体重心落于左腿，随即身体左转；左手由胸前向下、向左画弧至与左肩齐平，手心斜向上，右臂屈肘，右手回收至左肩前，手心斜向下；眼看左手（图58）。

②上体微向右转，右脚

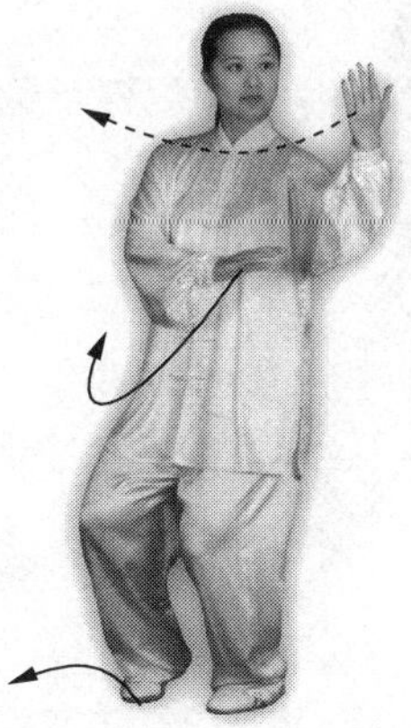

图 58

向右后侧迈一步，屈膝成右弓步；同时右手随转体动作向下、向右搂按放在右膝外侧，左臂屈肘，左手经左耳旁向前推出，高与鼻尖齐平；眼看左手（图59）。

要点：由站立姿势，身体重心先移至右腿，再扣左脚并下蹲。右手搂按时，比“搂膝拗步”略高一些，然后落在右膝外侧。转身和推掌要协调一致。如起势方向朝南，“抱虎归山”式应面向西偏北（约30°）。

图 59

（一五）斜揽雀尾

上体微向右转；随转体右手从右下侧上举，约与肩同高，手心斜向下，同时左手翻转，手心向上，落至右前臂下方，然后做捋、挤、按动作，方法均与“揽雀尾”式相同，只是方向同“抱虎归山”式（图60~65）。

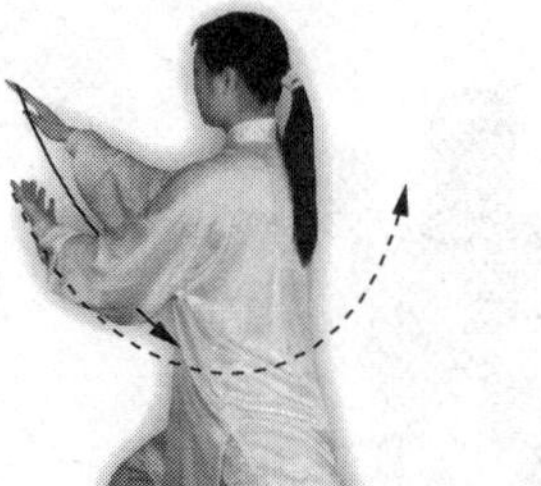
图 60

图 61

图 62

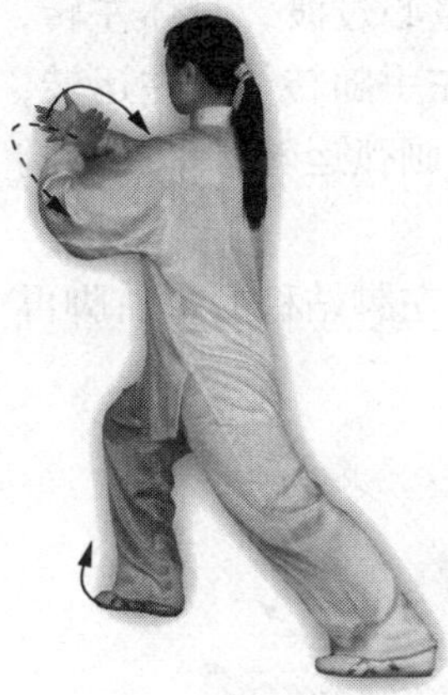

图 63

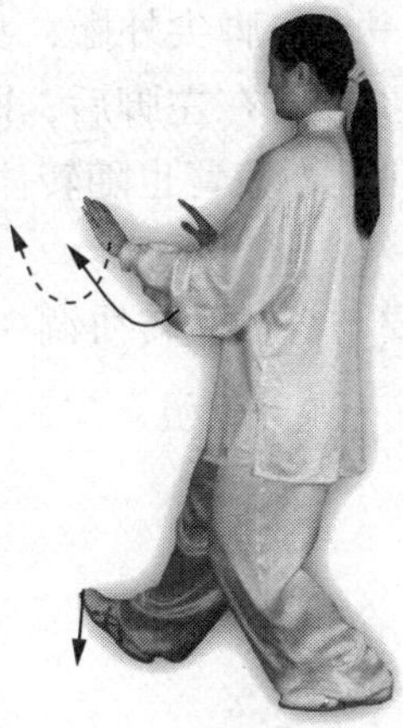

图 64

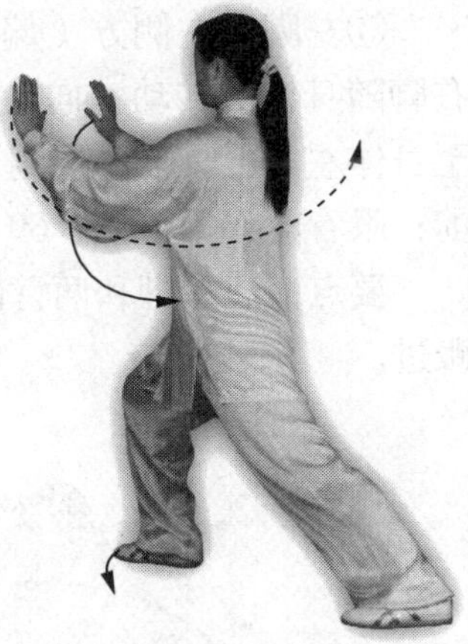

图 65

（一六）肘底看捶

①上体后坐，身体重心慢慢移至左腿，右脚尖里扣，同时上体左转；两手（左高右低）向左弧形运转，直至左臂平举于左侧，手心向左，右手经腹前运至左肋前，手心向后上方；眼看左手（图66）。

②身体重心再渐渐移于右腿，上体右转；左脚向右脚靠拢，脚尖点地；同时右手向右上方画弧运转至右侧平举，与肩同高，手心向外，左手也同时向下经腹前向右上画弧至右肩前，手心向里；眼看右手（图67）。

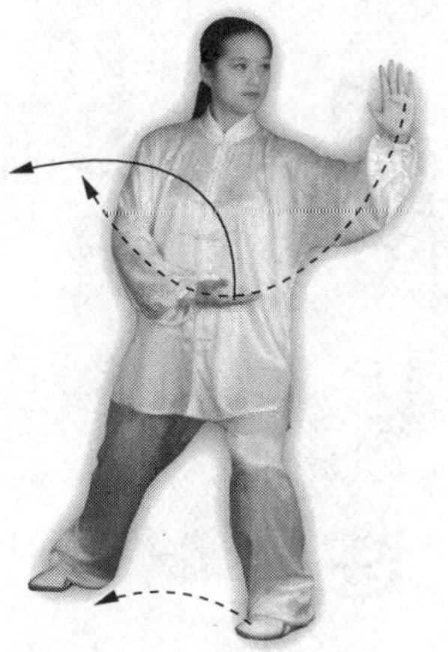

图 66

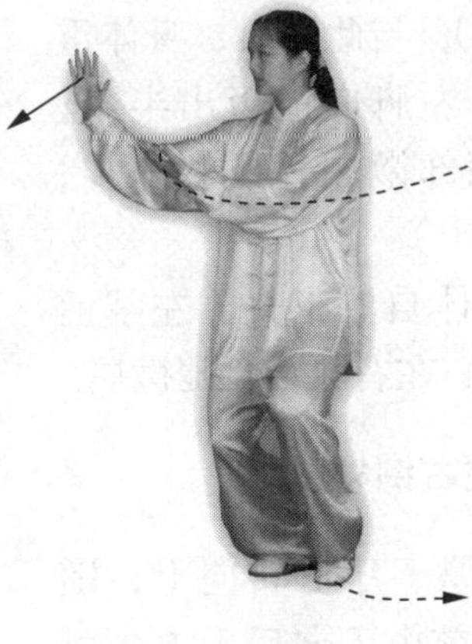

图 67

③左脚向左侧方（偏前）迈一步，脚尖外撇，身体重心过渡，身体左转，右脚随身体的转动，向左跟进半步，落在左脚后；同时左手随转体向左运转，至身体左方再收至左腰侧，掌心向上，右臂也随转体向左画弧运转，平屈于胸前；眼看前方（图68、69）。

要点：迈左脚和两臂的运转要与身体左转协调一致。左脚站稳后，右脚再跟进。

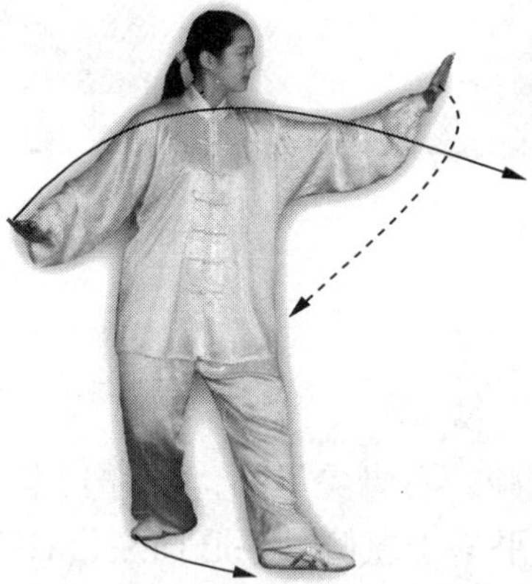

图 68

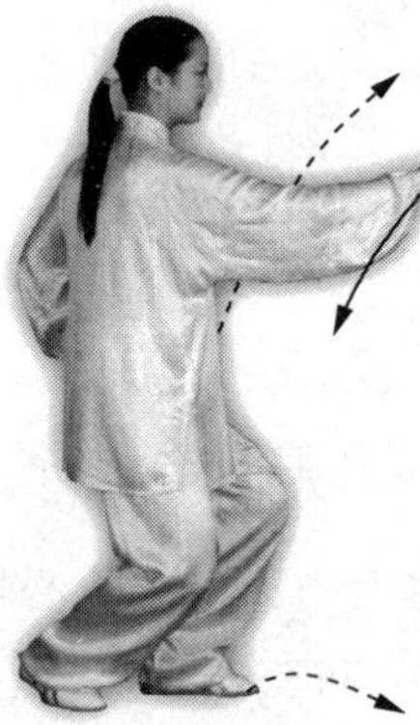

图 69

④左手由腰间经右手腕上面向前穿出，成侧立掌，掌心向右，高与鼻尖齐平，右掌则变拳置于左肘下（拳眼向上）；与此同时，身体重心移于右腿，左脚向前迈出半步，脚跟点地，膝部微屈，成左虚步；眼看左掌（图70）。

要点：身体自然正直。左掌前伸时，身体重心在右腿，左腿微屈。

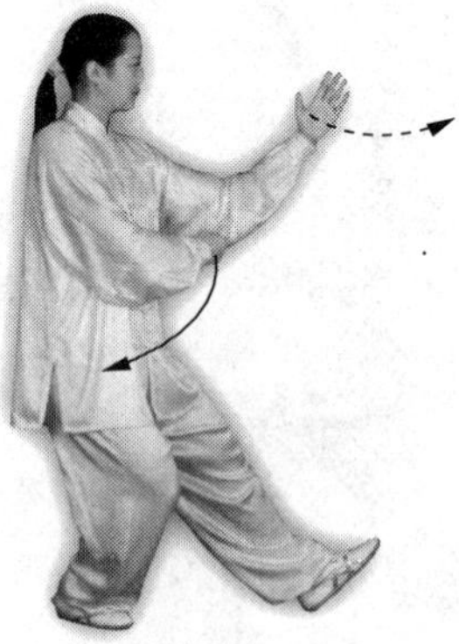

图 70

（一七）左右倒卷肱

①右拳变掌，手心转向上，随上体右转经腹前由下向后上方画弧平举，臂微屈，左手随即翻掌向上；

图 71

图 72

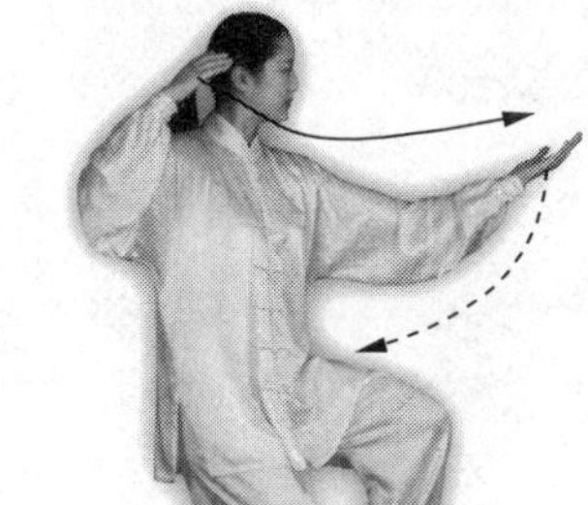

图 73

图 74

图 75

左腿膝部放松；眼随着转体先向右看，再转向前方看左手（图71、72）。

②右臂屈肘，右手由右耳侧向前推出，手心向前，左臂屈肘后撤，手心向上，撤至左肋外侧；同时左腿轻轻提起，向后（偏左）侧退一步，脚掌先着地，然后慢慢踏实，身体重心移到左腿上成右虚步，右脚随转体以脚掌为轴扭正；眼看右手（图73、74）。

③上体微向左转；同时左手随转体向后上方画弧平举，手心仍向上，右手随即翻掌，手心向上；眼随转体先向左看，再转向前方看右手（图75）。

④与②解同，只是左右相反（图76、77）。

⑤与③解同，只是左右相反（图78）。

⑥与②解同（图79、80）。

要点：前推的手不要伸直，后手也不可直向回抽，仍走弧线。前推时，要转腰、松胯。两手的速度要一致，避免僵硬。退步时，前脚掌先着地，再慢慢踏实，同时把前脚扭正。退左脚略向左后斜，退右脚略向右后斜。后退时避免忽高忽低，须平衡稳定。虚步的前膝不要挺直。两眼随转体动作先向左右看（约转90°），然后再转看前手。

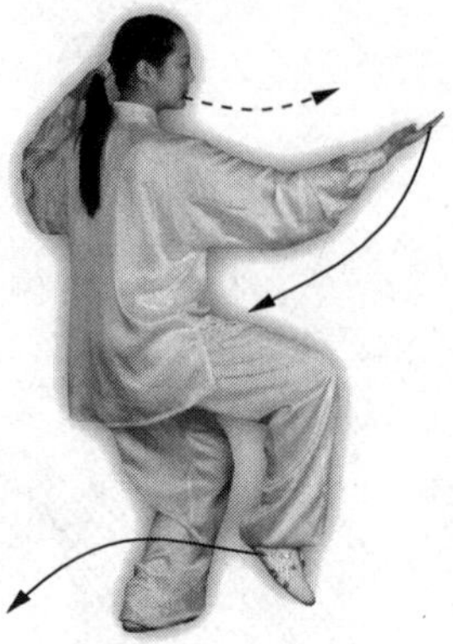

图 76

图 77

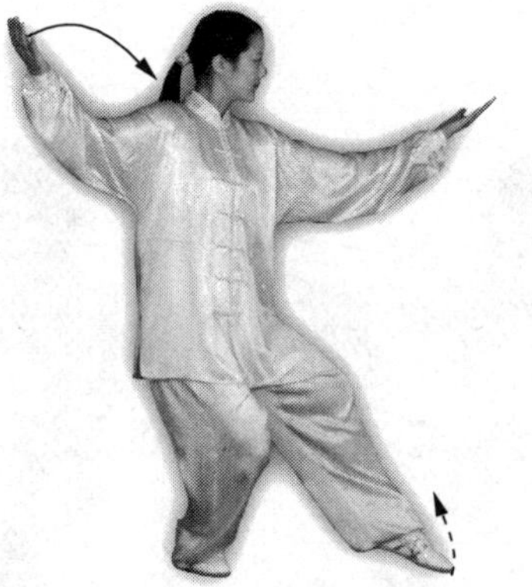

图 78

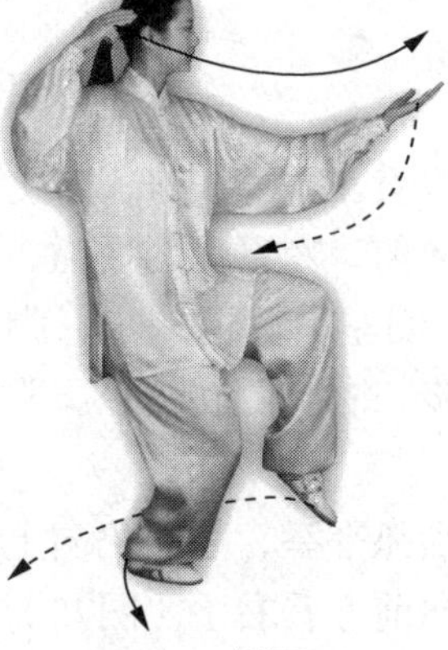

图 79

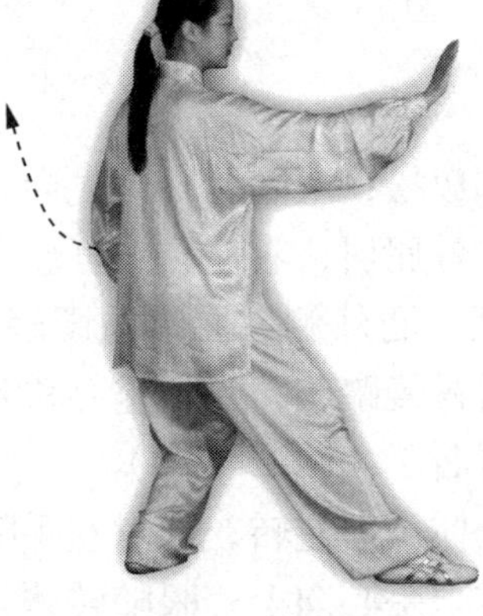

图 80

(一八)斜飞势

①上体微向左转；同时左手向后上方画弧平举，手心斜向上，右手松腕，掌心斜向下；眼随转体先向左看，再转向前方看右手(图81)。

②左手画弧,左臂平举胸前,左手手心向下,右手经体前下方画弧与左手上下相对;右脚收至左脚跟旁,脚尖着地(图82)。

③以左脚脚掌为轴，身体右转(右脚随之扭转)，右脚向右前方迈出，成右弓步，面向右前方；同时两手向右上、左下分开，右手高与眼齐，手心斜向上，左手停于左胯旁，手心向下，指尖向前；眼看右手(图83、84)。

要点：向右转体时，不可太快，整个动作要稳定、自然。如面向南起势，“斜飞势”应面向南偏西(约30°)。

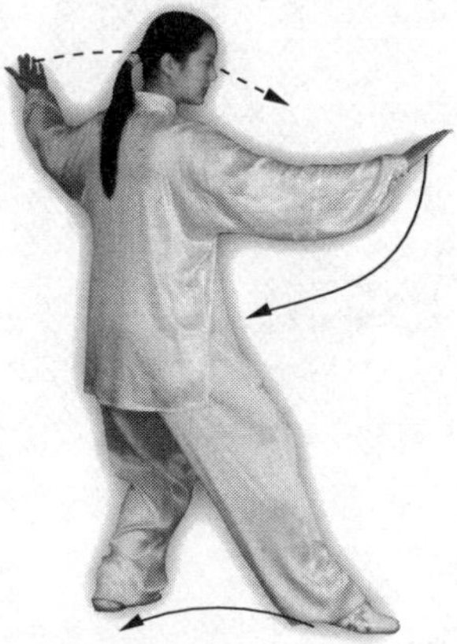

图 81

图 82

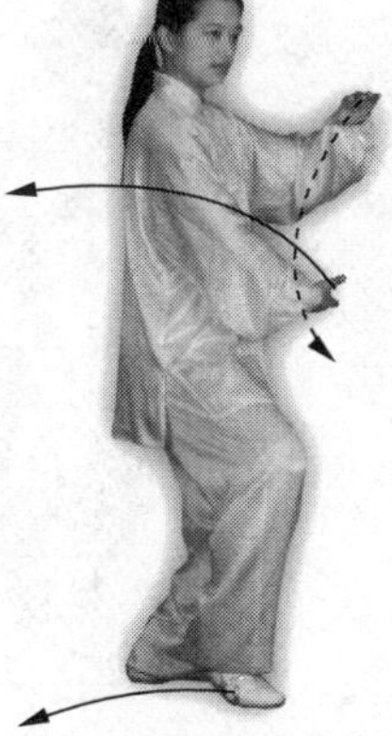

图 83

图 84

（一九）提手

左脚前跟半步，身体重心移于左腿，然后右脚提起落下，脚跟着地，膝部微屈，成右虚步；同时，右掌略向右侧方斜带，再向前方下落成侧立掌，高与眉齐，左手上起举于右肘内侧，高与胸齐，两手手心相对；眼看右手（图85、86）。

要点：与前“提手”相同。

图 85

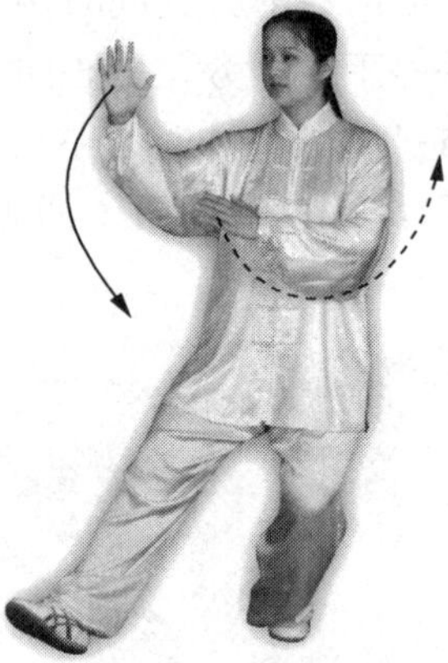

图 86

（二〇）白鹤亮翅

动作和要点均与前“白鹤亮翅”式相同（图87~89）。

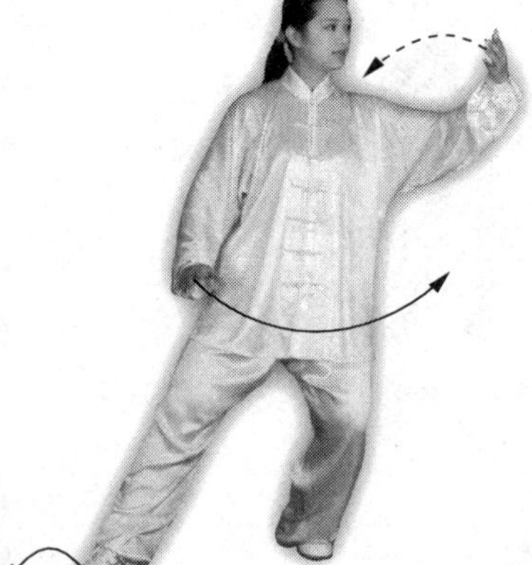

图 87

图 88

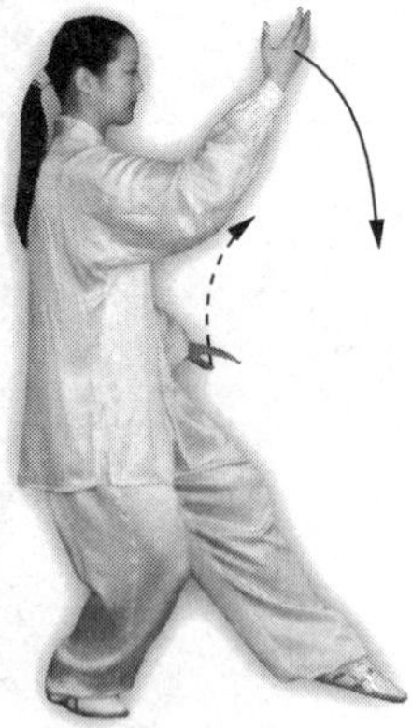

图 89

（二一）左搂膝拗步

动作和要点均与前“左搂膝拗步”式相同（图90~93）。

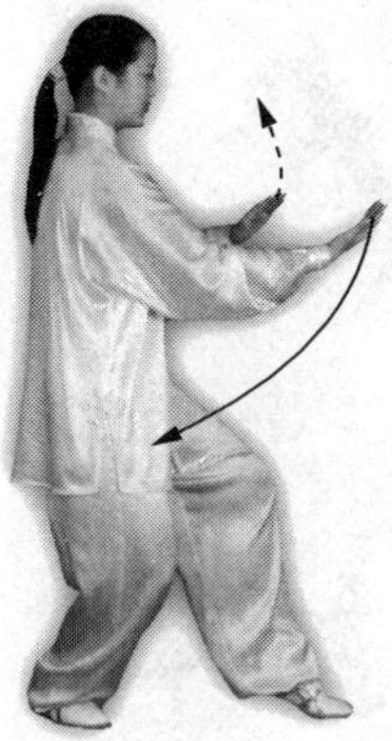

图 90

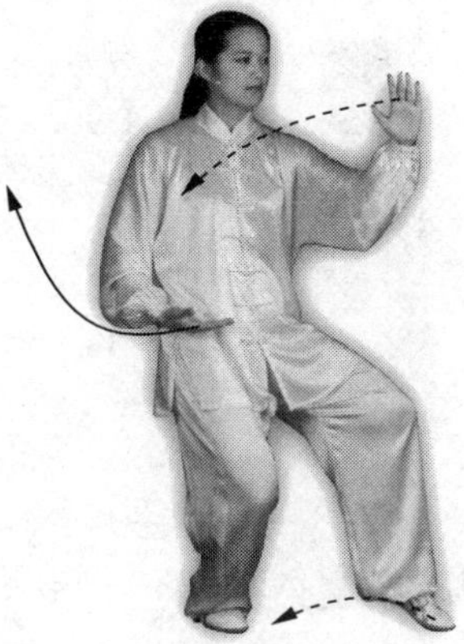

图 91

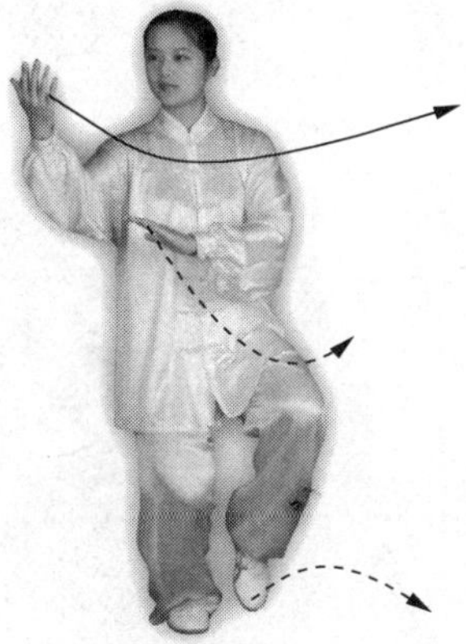

图 92

图 93

（二二）海底针

右脚向前跟进半步，身体重心移至右腿，左脚稍向前移，脚尖点地，成左虚步；同时身体稍向右转，右手下落经体前右方向后、向上提抽至肩上耳旁，再随身体左转由右耳旁斜向前下方插出，掌心向左，指尖斜向下，与此同时，左手向前、向下画弧落于左胯旁，手心向下，指尖向前；眼看前下方（图 94、95）。

要点：身体要先向右转，再向左转。完成姿势上体不可太前倾，避免低头和臀部外凸，左膝要微屈。

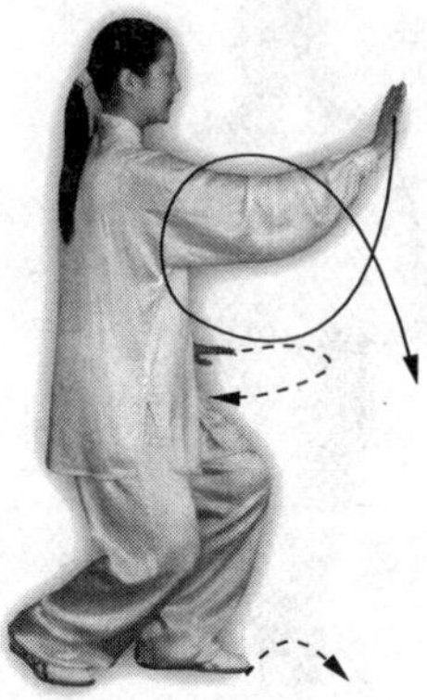
图 94

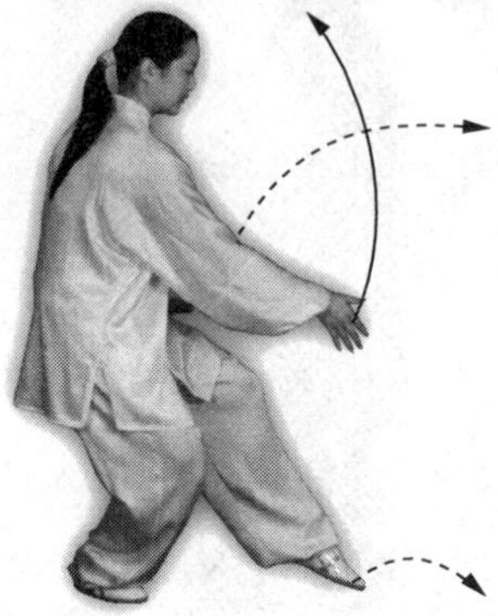
图 95

（二三）闪通背

上体稍向右转，左脚向前迈出，屈膝弓腿，成左弓步；同时右手由体前上提，屈臂上举，停于额前上方，掌心翻转斜向上，拇指朝下，左手上起经胸前向前推出，高与鼻尖平，手心向前；眼看左手（图96）。

要点：完成姿势上体自然正直，松腰、松胯；左臂不要完全伸直，背部肌肉要伸展开。推掌、举掌和弓腿动作要协调一致。弓步时两脚跟的横向距离同“揽雀尾”，即约10厘米。

图 96

（二四）转身撇身捶

①右腿慢慢弯曲，身体重心移于右

腿，左脚尖里扣，身体向右转，然后身体重心再移至左腿；与此同时，右手随转体向右、向下（变拳）经腹前绕行至左肋旁，拳心向下，左手上举于头前上方，臂成半圆形，手心斜向上；眼看前方（图97）。

②身体继续右转，右脚提起向右前迈出（脚尖稍斜向右），成右弓步；同时，右拳翻转（拳心向上）向前撇出，左手由上而下，落于右肘内侧；眼看右拳（图98）。

要点：右脚应先收回（不点地）再迈出。弓腿和撇拳动作要一致。“撇身捶”弓步方向应为正西稍偏北（约15°）。

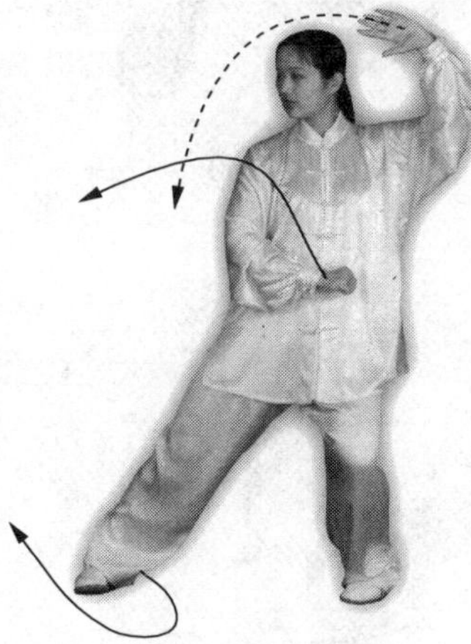

图 97

图 98

（二五）进步搬拦捶

①左腿弯曲，身体重心移于左腿，身体微左转，右脚收回停于左脚内侧，脚尖点地；同时，右拳翻转，拳心向下，由前向下、经腹前向左画弧至左肋旁，左臂下落由前下向后上方画弧平屈胸前，手心向下；眼看前方（图99）。

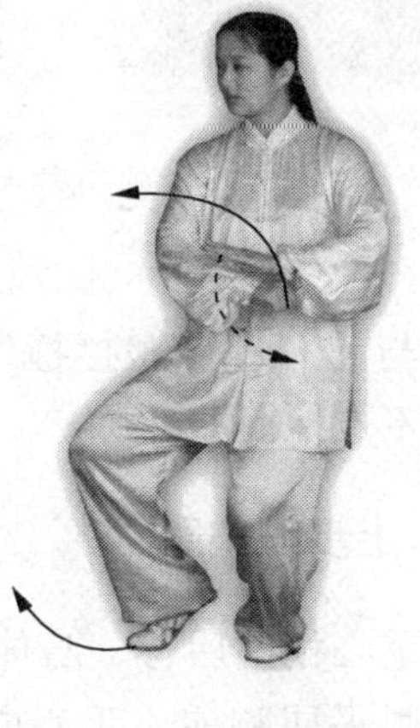

图 99

②向右转体，右腿向前垫步迈出，脚尖外撇；同时右拳经胸前向

前翻转撇出，拳心向上，左手由右臂外侧落于左胯旁，掌心向下，指尖向前；眼看右拳（图100）。

③身体重心移于右腿，身体右转，左脚向前迈一步；左手上起经左侧向前上画弧拦出，手心向前下方，同时右拳向右画弧收到右腰旁，拳心向上；眼看左手（图101）。

④左腿前弓成左弓步；右拳向前打出，拳眼向上，高与胸平，左手附于右前臂里侧；眼向前平视（图102）。

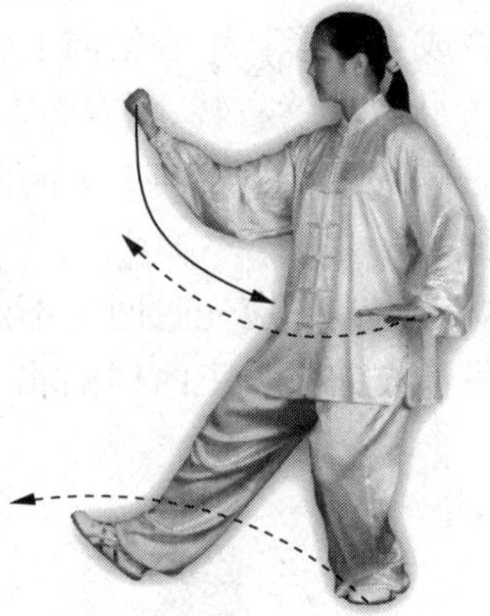

图 100

图 101

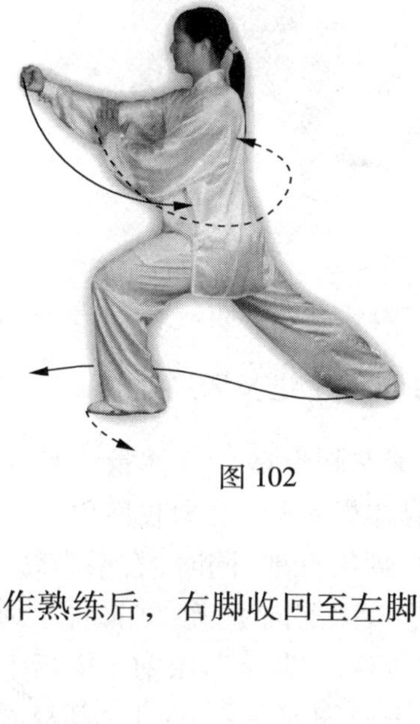

图 102

要点：与前“进步搬拦捶”式相同。动作熟练后，右脚收回至左脚内侧时，脚尖可不点地。

（二六）上步揽雀尾

①身体重心稍向后移，身体半面左转，左脚尖外撇；同时，左手向下、向左后上方画弧平屈胸前，手心向下，右拳也同时变掌由前向下画弧停于腹前，

手心向上，与左手成抱球状；右脚前进停于左脚内侧，脚尖点地；眼看左手（图103）。

②下面掤、捋、挤、按各法均与图8~17的动作说明相同（图104~113）。

要点：与前“揽雀尾”式相同。动作熟练后，右脚经左脚内侧时，脚尖可以不点地。

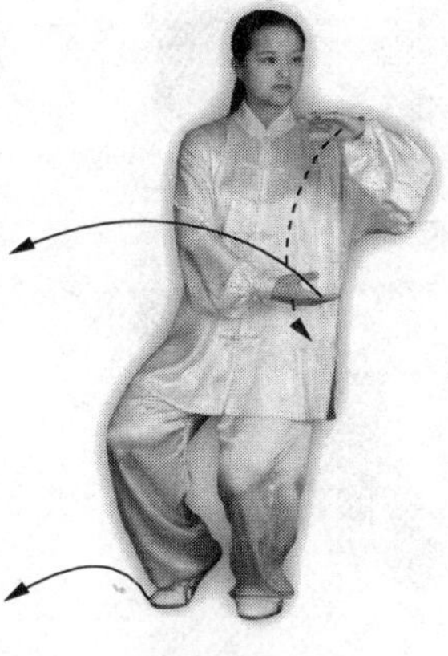

图 103

图 104

图 105

图 106

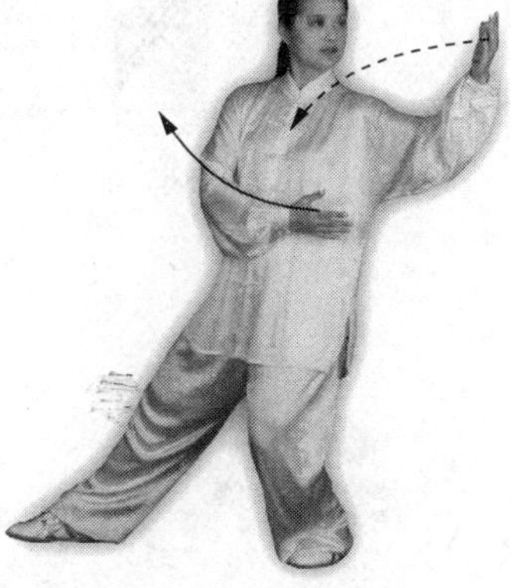

图 107

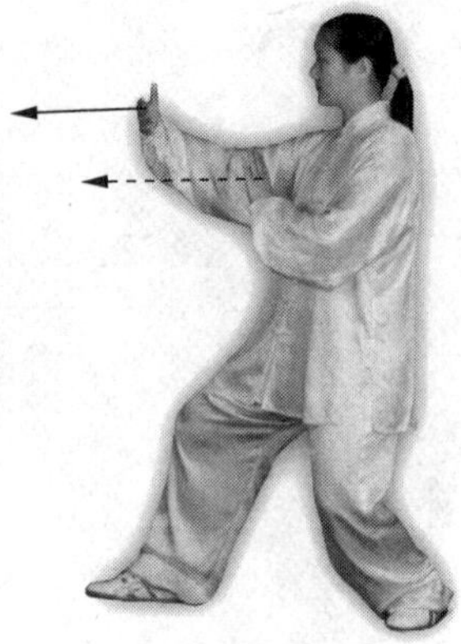
图 108

图 109

图 110

图 111

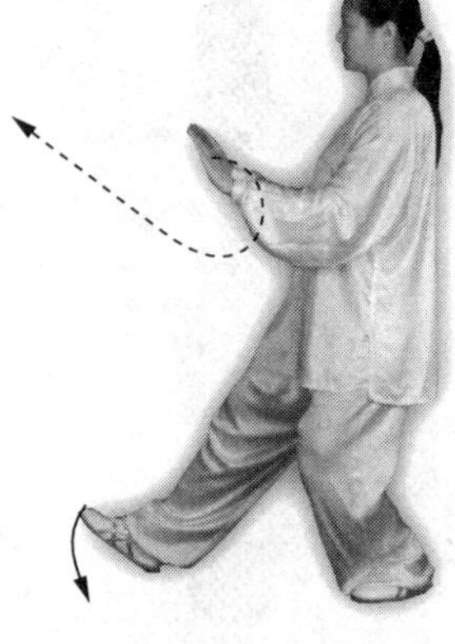
图 112

图 113

（二七）单鞭

动作和要点均与前“单鞭”式相同（图114~118）。

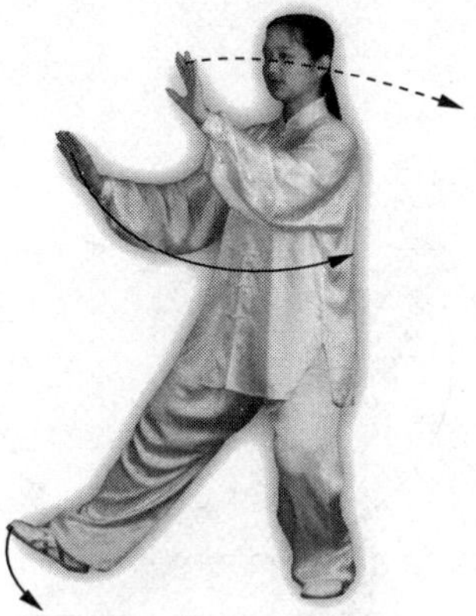

图 114

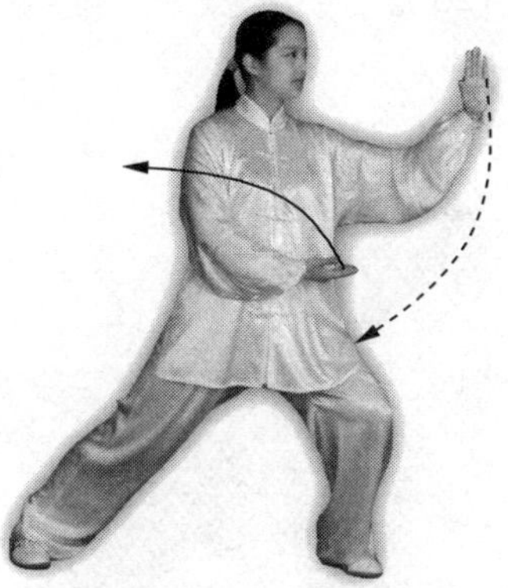

图 115

图 116

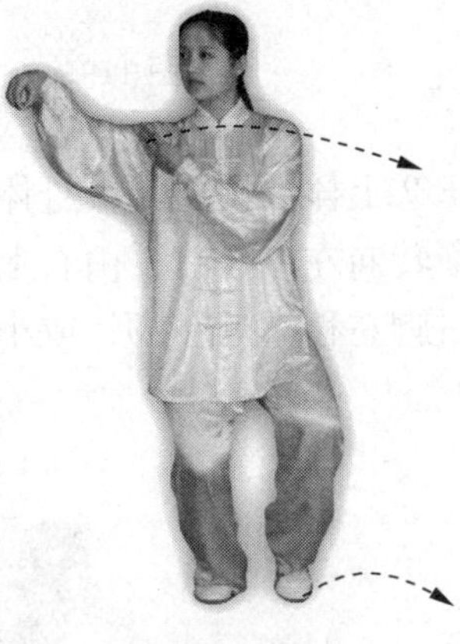

图 117

图 118

（二八）云手

①身体重心移于右腿，身体渐渐右转，左脚尖里扣；左手经腹前向右上画弧至右肩前，手心斜向后，同时右手变掌，手心向右前；眼看左手（图119、120）。

图 119

图 120

②上体慢慢左转，身体重心随之逐渐左移；左手由脸前向左侧运转，手心渐渐转向左方，右手由右上向下经腹前向左上画弧至左肩前，手心斜向后；同时右脚左移靠近左脚，成小开立步（两脚距离10~20厘米）；眼看右手（图121、122）。

图 121

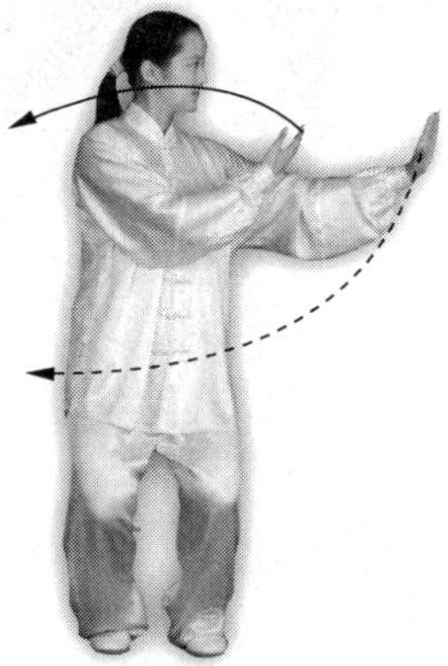
图 122

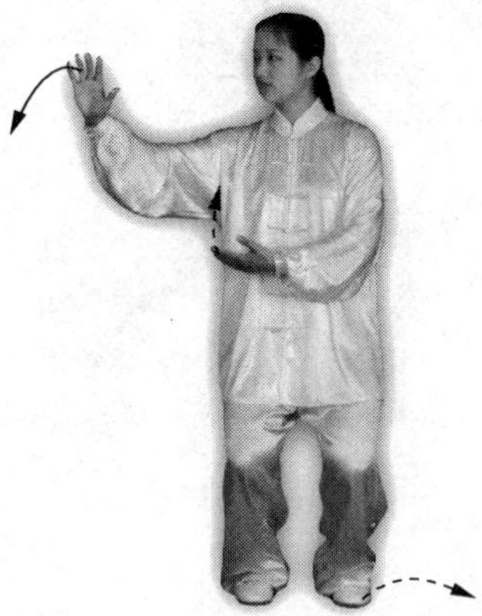

图 123

图 124

图 125

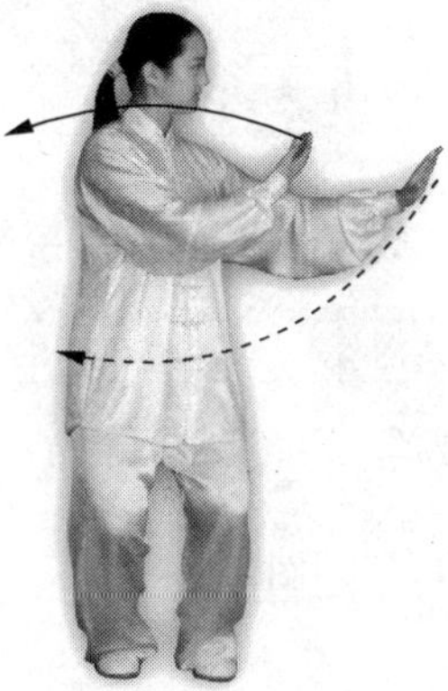

图 126

③上体再向右转；同时左手经腹前向右上画弧至右肩前，手心斜向后，右手继续向右侧运转，手心翻转向右；随之左脚向左横跨一步；眼看左手（图123、124）。

④同②解（图125、126）。

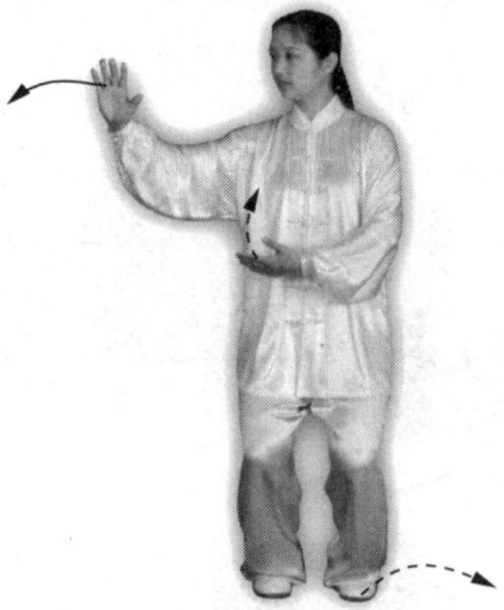

图 127

图 128

图 129

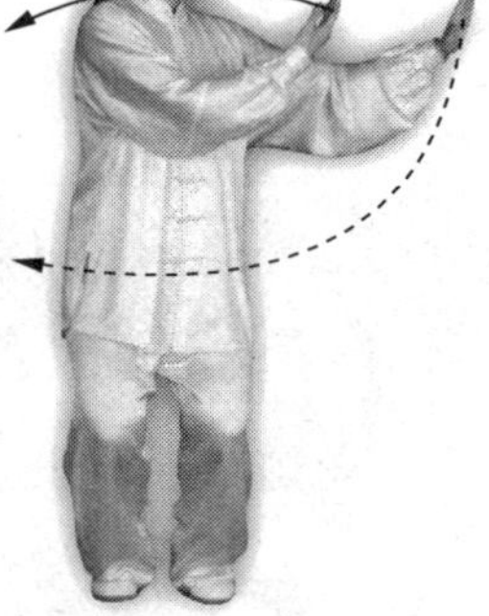

图 130

⑤同③解（图127、128）。

⑥同②解（图129、130）。

要点：身体转动要以腰脊为主，松腰、松胯，不可忽高忽低。两臂随腰的转动而运转，要自然圆活，速度要缓慢均匀。下肢移动时，身体重心要稳定，要前脚掌先着地再全脚踏实，脚尖向前。眼的视线随左右手而移动。为使收势回到起势位置，此处“云手”应做5个。第五个“云手”右脚最后跟步时，脚尖微向里扣，便于接“单鞭”动作。

（二九）单鞭

云手做5个之后，右手运转至右上方时变勾手；同时左脚迈出变为“单鞭”式。动作过程及要点均与前“单鞭”式相同（图131~133）。

图 131

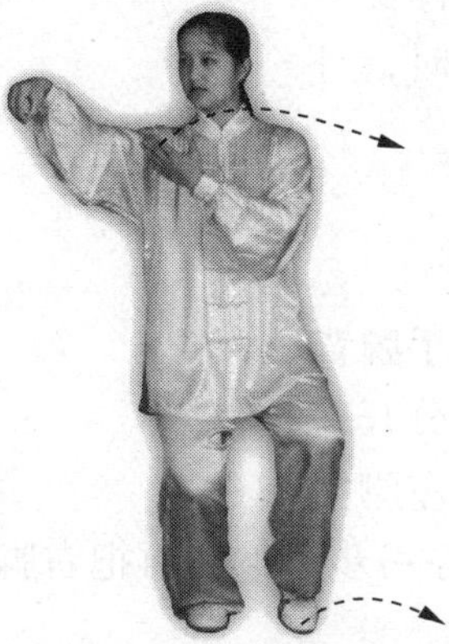

图 132

图 133

（三〇）高探马

①右脚跟进半步，身体微向右转，身体重心逐渐后移至右腿上；右勾手变成掌，两手心翻转向上，肘部微屈；左脚跟渐渐离地；眼看左前方（图134）。

图 134

②身体稍微左转，面向前方；右掌经右耳旁向前推出，手心向前，手指与眼同高，左手收至左侧腰前，手心向上；同时左脚稍向前移，脚尖点地，成左虚步；眼看右手（图135）。

图 135

要点：上身自然正直，双肩要下沉，右肘微下垂。跟步移换重心时，身体不要有起伏。

（三一）右分脚

①左手手心向上，前伸至右手腕背面，两手相互交叉，随即向两侧分开并向下画弧，再抱成十字手；同时左脚向左前方迈出（脚尖略外撇），成左弓步，然后再把右脚收到左脚内侧，脚尖点地；眼平看右前方（图136~138）。

②两臂向左右画弧分开，平举于身体两侧（肘部微屈，手心向外）；同时右腿屈膝提起，然后使小腿向前方慢慢踢出（脚面绷直）；眼看右手（图139）。

要点：身体要稳定，不可前俯后仰。两手分开时，腕部与肩齐平，沉肩垂肘。分脚时，左腿微屈，右臂和右腿须上下相对。分脚方向应为东偏南（约30°）。分手与分脚动作须协调一致。

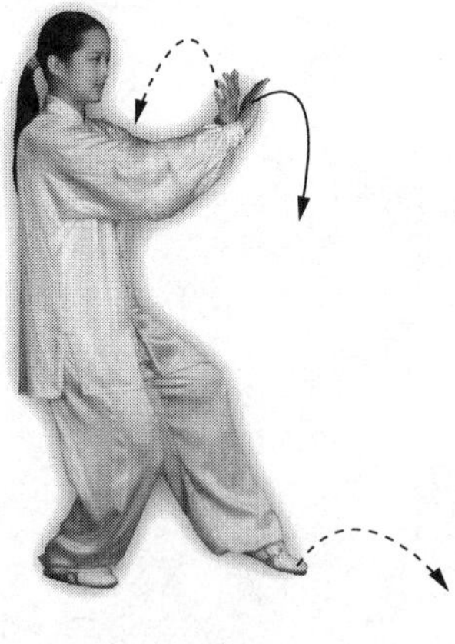

图 136

图 137

图 138

图 139

（三二）左分脚

①右腿收回后再向右前方迈出一步，成右弓步，身体半面右转；左手由左向下经胸前向前伸出（手心转向上）与右手交叉（左上右下），然后两臂左右分开，自两侧向下画弧，再抱成十字手，左手在外（手心均向里）；同时左脚收到右脚内侧，脚尖点地；眼平看左前方（图140、141）。

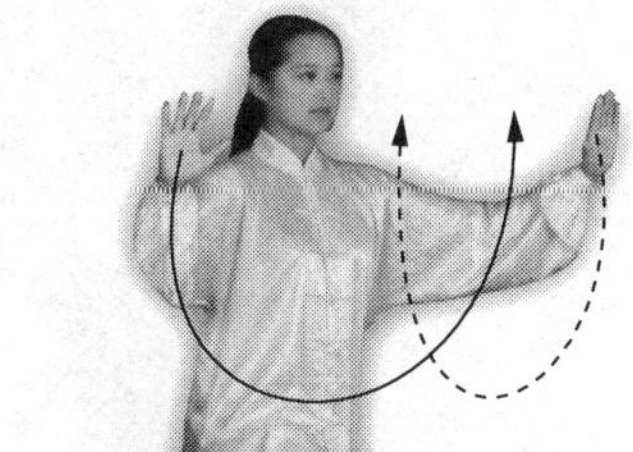

图 140

图 141

②两臂向左右画弧分开，平举于身体两侧（肘部微屈，手心向外）；同时左腿屈膝提起，然后使小腿向左前方慢慢踢出（脚面绷直）；眼看左手（图142）。

要点：与前“右分脚”相同，只是左右相反。分脚方向应为东偏北（约30°）。

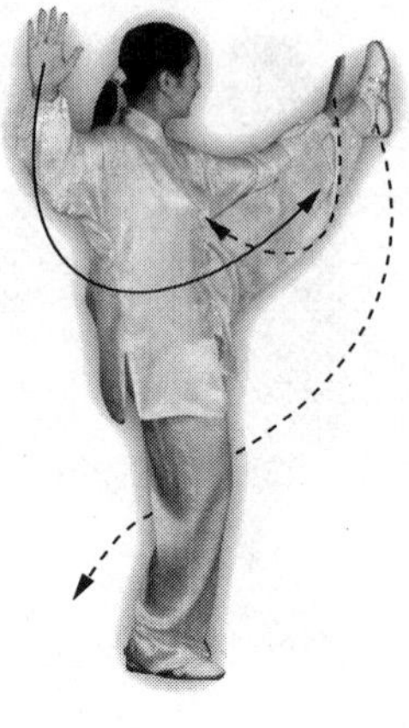

图 142

（三三）转身左蹬脚

①左脚落于右脚后，脚尖点地；同时两手由左右下落收至腹前合抱，左手在外（手心均向里）；眼看左方（图143）。

②以右脚掌为轴，身体向左后转（左脚随之扭转）；两臂慢慢上举成十字手再向左右画弧分开平举于身体两侧（肘部微屈，手心向外）；同时左腿屈膝提起，左脚慢慢向左前方蹬出；眼看左手（图144、145）。

图 143

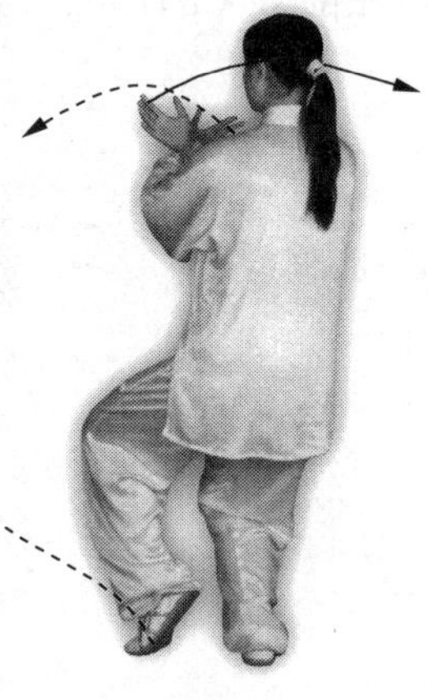

图 144

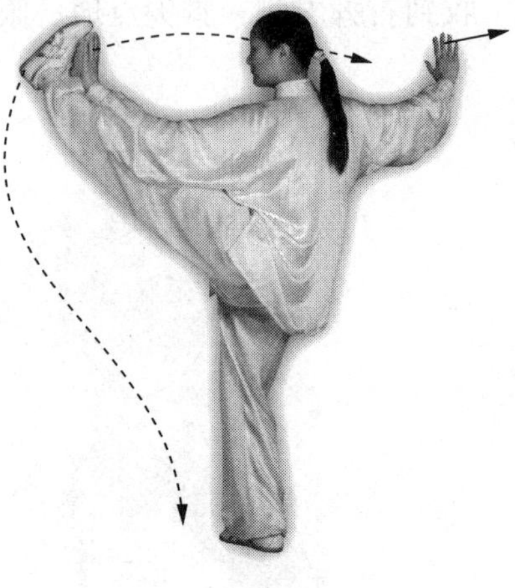

图 145

要点：身体要稳定，不俯不仰。两手分开时，两手腕与肩平。蹬脚时，站立腿微屈，左脚脚尖回勾，用力点在脚跟，左腿和左臂上下相对。如面向南起势，“转身左蹬脚”应向正西蹬脚。分手和蹬脚须上下协调一致。

（三四）左右搂膝拗步

①左脚落下，再向左前方迈出成左弓步；同时左臂屈肘，左手由上方画弧落于右肩前，右手心翻转向上，然后左手搂左膝至左胯旁，右手则从右耳旁向前推出；眼看右手（图146、147）。

②右搂膝拗步动作与图36~39的说明相同（图148~151）。

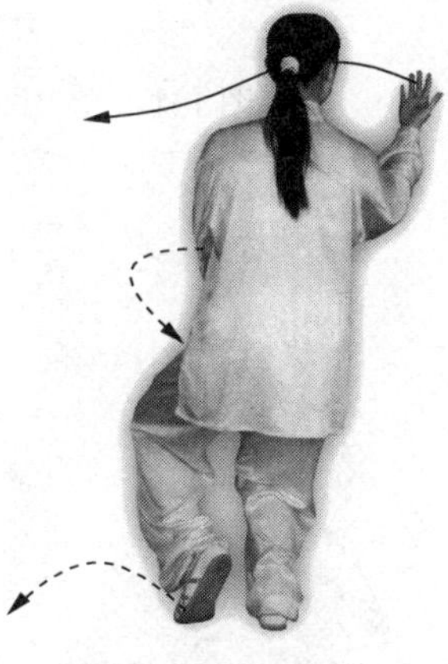

图 146

图 147

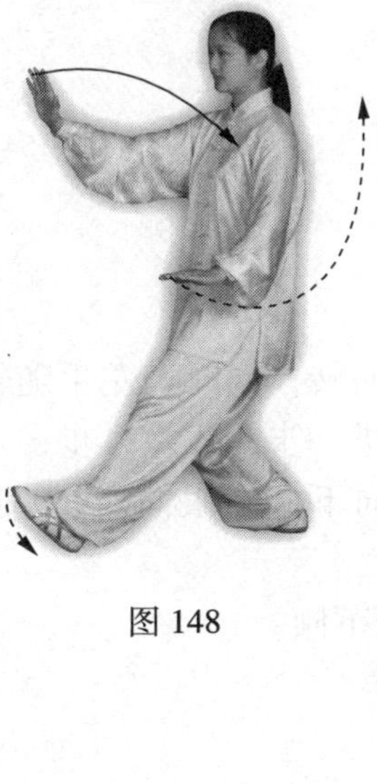

图 148

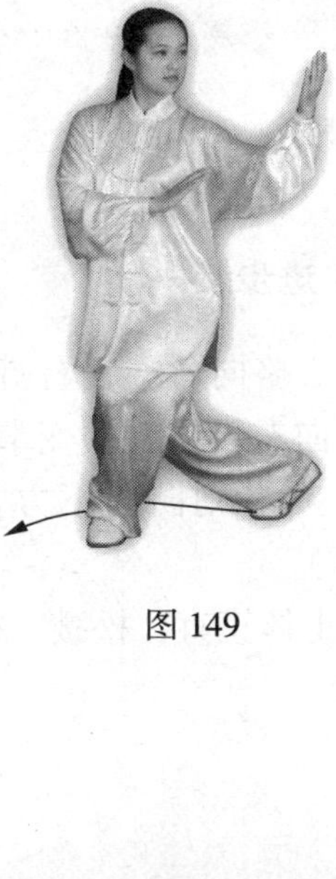

图 149

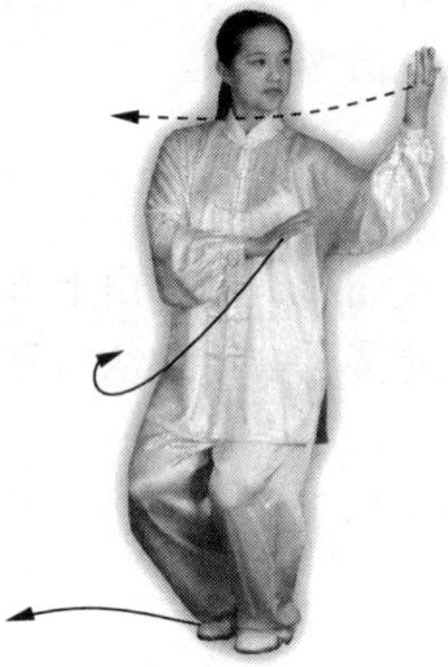

图 150

图 151

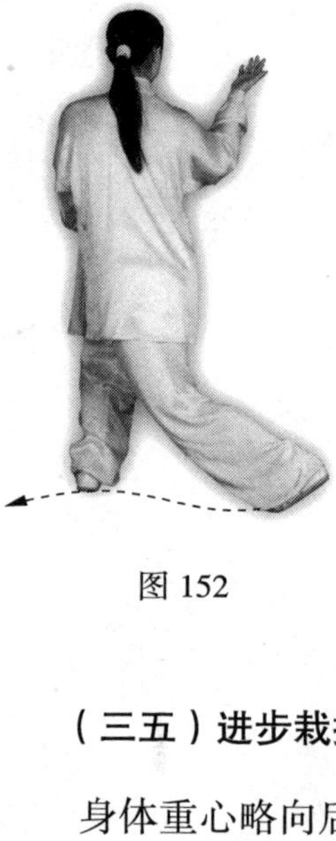

图 152

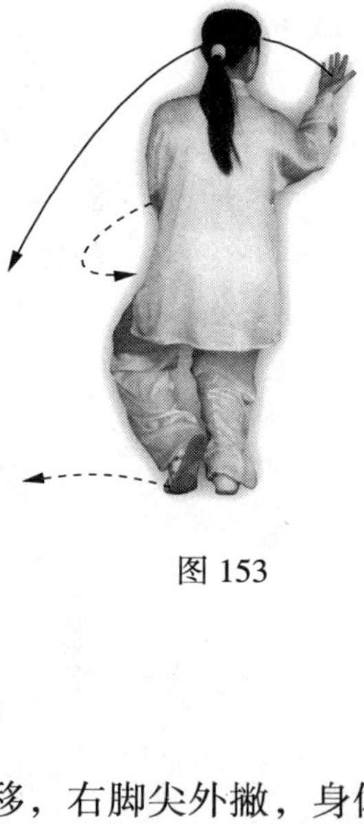

图 153

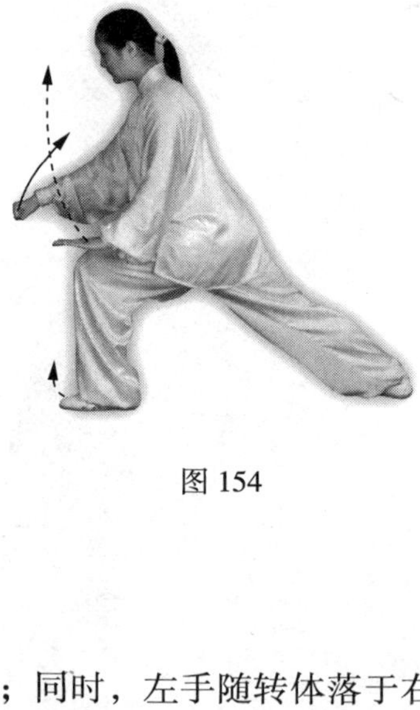

图 154

（三五）进步栽捶

身体重心略向后移，右脚尖外撇，身体右转；同时，左手随转体落于右肩前，右手向右后方上举变拳；然后左脚前进一步，成左弓步；左手搂左膝至左胯旁，右拳则向前下方打出（拳心斜向下、拳眼向左）；眼看前下方（图152~154）。

要点：上体正直，松腰、松胯，右肩不可下倾。

图 155

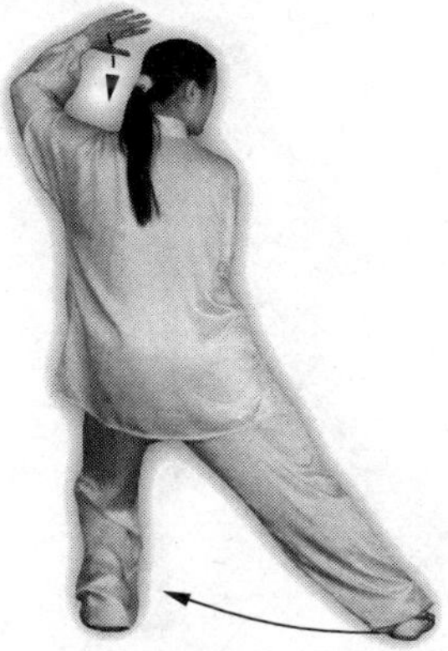

图 156

图 157

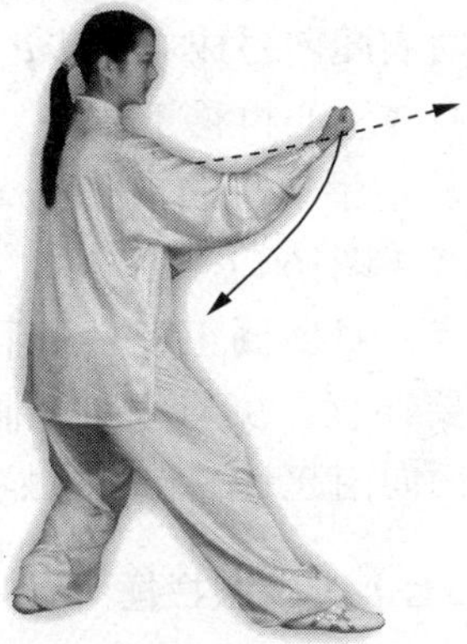

图 158

（三六）翻身白蛇吐芯

①身体重心后移，右拳上提右前臂横置于胸前，拳心向下，左手自左向前画弧上举，至头部的前上方；同时左脚尖里扣，身体右转，重心再移于左腿，右脚收回即向右后方迈出（步子略小些，脚尖稍斜向右），身体重心大部仍在左腿，右膝微屈；同时右拳与右腿同时向同一方向撇出，拳心向上，肘部下垂，左手在右拳撇出时下落于右前臂内侧，掌心向下；眼看右拳（图155~158）。

图 159

图 160

②左手经右拳上方向前推出，掌心向前，右拳变掌收至右腰旁，掌心向上；同时右腿前弓成右弓步；眼看左手（图159）。

③身体重心再移于左腿，右脚略向后撤，前脚掌着地，成右虚步；同时右手变拳从左手下方向前打出（拳眼向上），高与胸齐，左掌附于右前臂内侧；眼看右拳（图160）。

要点：身体要正直。左手前推时，要向右、向前略带弧线。右拳打出时，右臂不要伸直，沉肩垂肘。撤步时，先翘脚尖，再撤右脚，注意动作自然稳定。如面向南起势，转身白蛇吐芯式应面向东稍偏南（约15°）。

（三七）进步搬拦捶

身体左转，右拳经腹前向下、向左上绕行停于左腰旁（拳心向下）；右脚收回至左脚内侧，脚尖点地；左掌（翻掌，掌心向上）经腹前向左后再向前上绕行，左前臂平屈胸前，掌心变为向下；这几个动作姿势与前“进步搬拦捶”动作（即图47~49）的说明相同（图161~164）。

要点：与前“进步搬拦捶”相同。动作熟练后，右脚收回时，脚尖可以不点地。

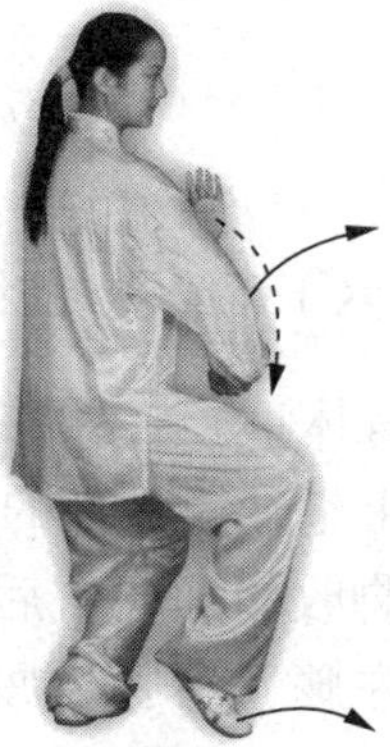

图 161

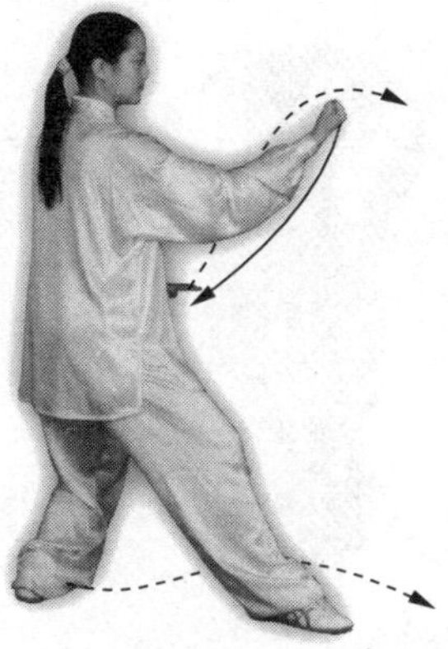

图 162

图 163

图 164

图 165

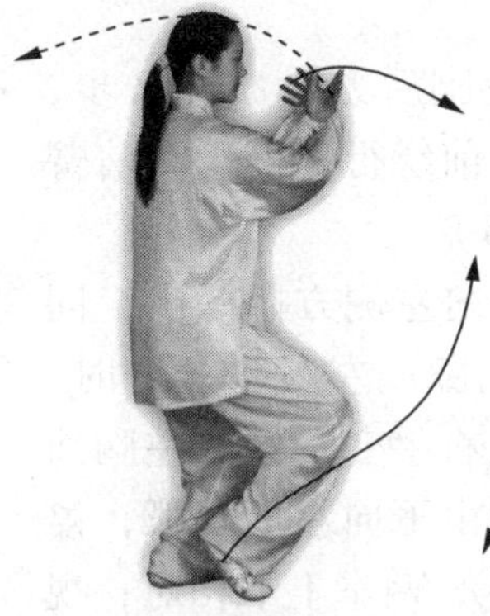

图 166

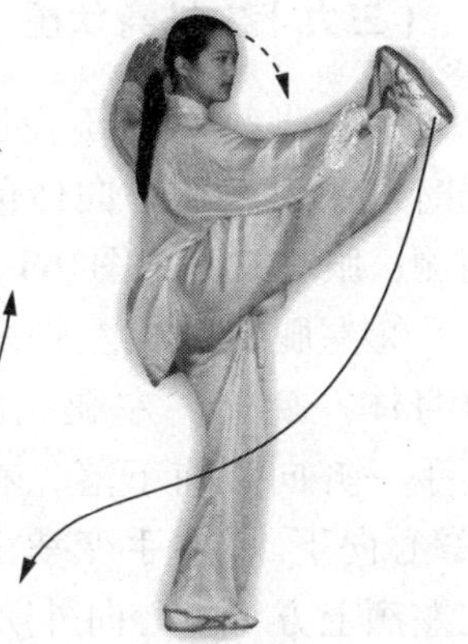

图 167

（三八）右蹬脚

①两手上举向左右分开，并向下画弧，在胸前交叉成十字手（右手在外，手心均向里）；同时，身体重心略后移，左脚尖微向外撇，身体重心再移至左腿，右脚跟进至左脚内侧，脚尖着地；眼看右前方（图165、166）。

②右腿屈膝提起，右脚慢慢向右前方蹬出（脚尖回勾）；同时两手向左右分开，肘部微屈，两臂平举；眼看右手（图167）。

要点：与前“右分脚”相同，只是用力点在脚跟。

图 168

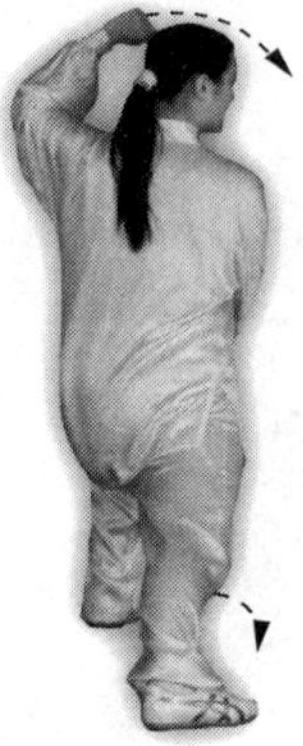

图 169

（三九）左披身伏虎

①右脚收回落于左脚后方，成交叉步；同时左手由左上方向体前绕行，停于右前臂内侧；眼看右手（图168）。

②左腿提膝，左脚向左侧方撤一步，同时身体左后转，左腿屈膝成左弓步；同时，两手一齐向腹前下落，右手变拳停于左胸前（拳心向下），左手变拳由下向左上画弧，停在左额上方（拳心向外），两拳上下相对；视线随转体而移动，然后平视右前方（图169）。

图 170

要点：交叉步落脚距离位置要合适。完成姿势左弓步方位与中轴线垂直。如面向南起势，此时弓步方向正北，面向东偏北。两臂保持半圆形，胸肌要放松。弓步要松腰、松胯。

（四〇）右披身伏虎

身体重心后移，左脚尖里扣，上体右转，重心再移至左腿上；随即右膝提起，右脚向右侧方迈出一步，弓腿成右弓步；同时，两拳变掌下落经腹前向右画弧，左掌变拳停于右胸前（拳心向下），右掌变拳经身体右侧上举于右额上方（拳心向外），两拳上下相对；眼看左前方（图170~172）。

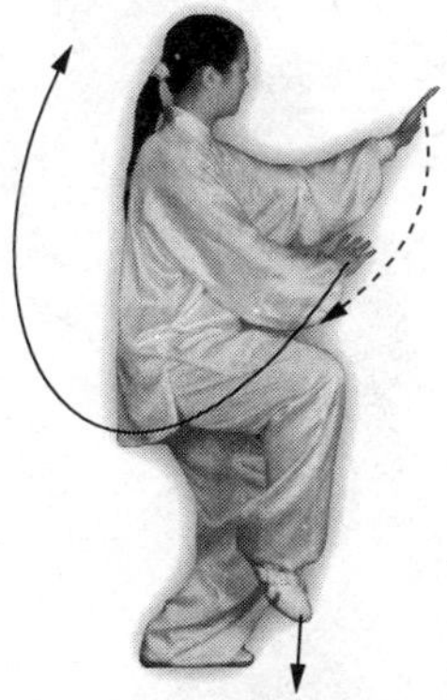

图 171

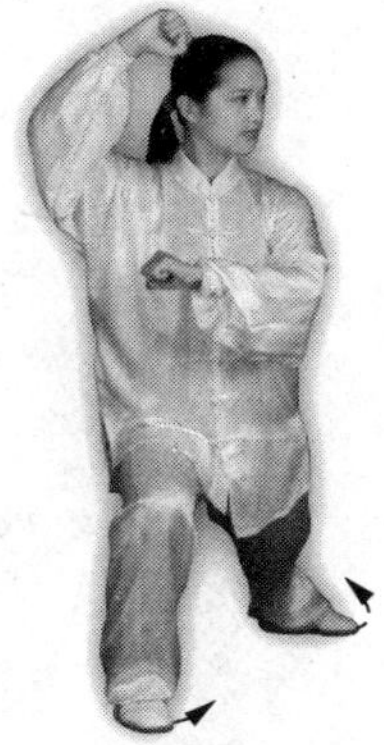

图 172

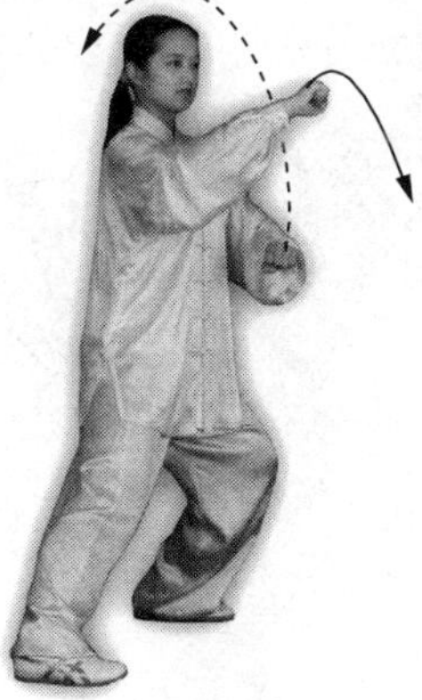

图 173

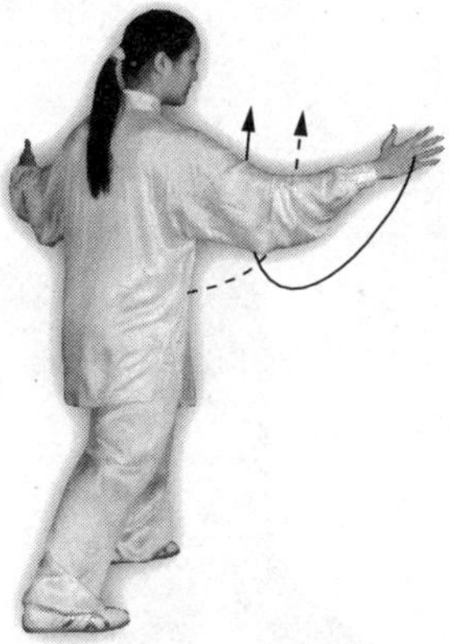

图 174

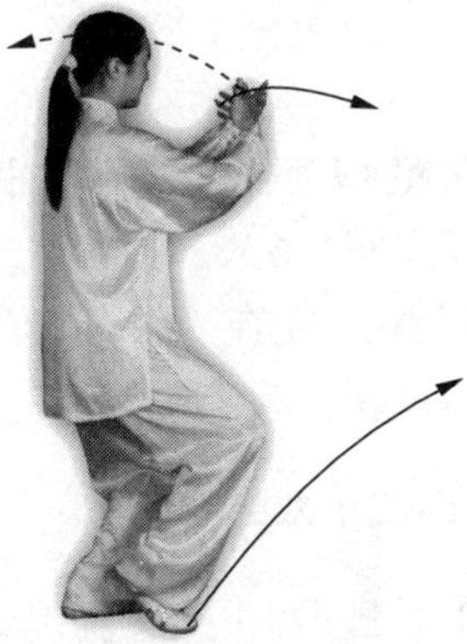

图 175

要点：除无交叉步外，其他都和前“左披身伏虎”相同，只是左右相反。完成姿势的弓步方向正南，面向东偏南。

（四一）回身右蹬脚

①左膝弯曲，右脚尖里扣，身体左转，左脚随之使脚尖外撇，身体重心移于左腿；左拳随转体上举，两臂在脸前分开变掌，再合抱于胸前，成十字手（右手在外，手心均向里）；同时，右脚收至左脚内侧，脚尖着地；眼看右前方（图173~175）。

要点：身体左转，当重心在两腿中间时，左脚随之使脚尖外撇，动作要自然。

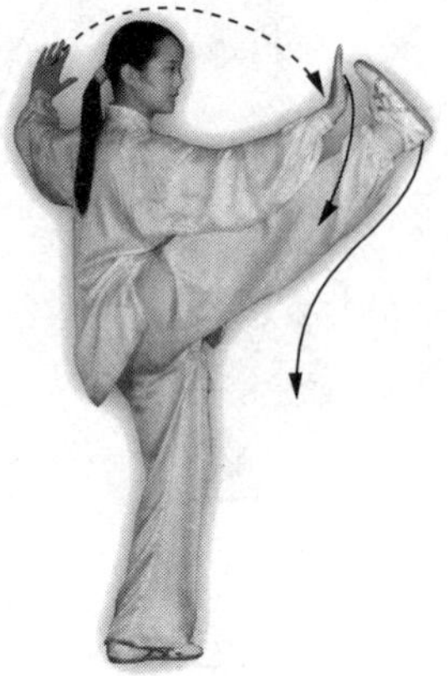
图 176

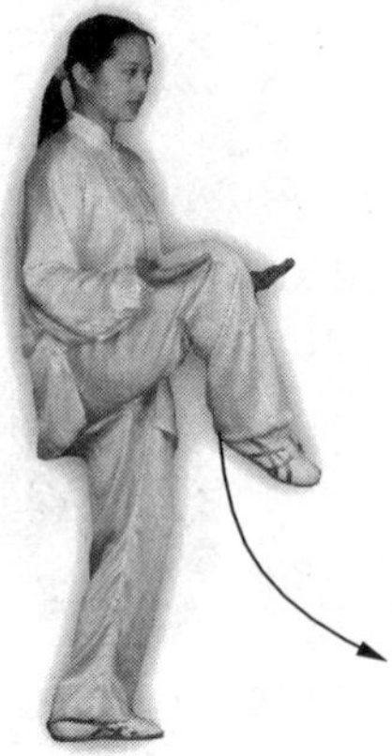
图 177

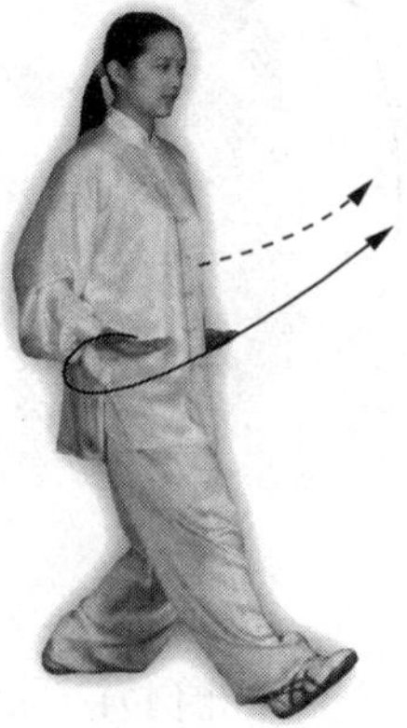
图 178

②蹬脚动作与前“右蹬脚”的说明相同（图176）。

要点：与前“右分脚”相同，只是用力点在脚跟。

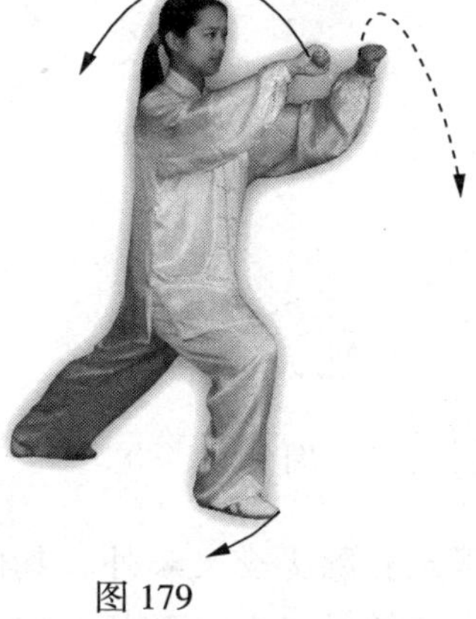
图 179

（四二）双峰贯耳

①右腿收回，膝盖提起；左手由后向上、向前下落至体前，两手心均翻转向上，两手同时向下画弧分落于右膝两侧；眼看前方（图177）。

②右脚向右前方落下，重心渐渐前移，成右弓步，面向右前方；同时两手下落，慢慢变拳，分别从两侧向上、向前画弧至面部前方成钳形状，两拳相对，与耳同高，两拳拳眼都斜向内下（两拳中间距离10~20厘米）；眼看右拳（图178、179）。

要点：完成姿势头颈正直，松腰、松胯，两拳松握，沉肩垂肘，两臂均保持弧形。如面向南起势，“双峰贯耳”与“回身右蹬脚”“右分脚”式方向相同，皆为面向东偏南。

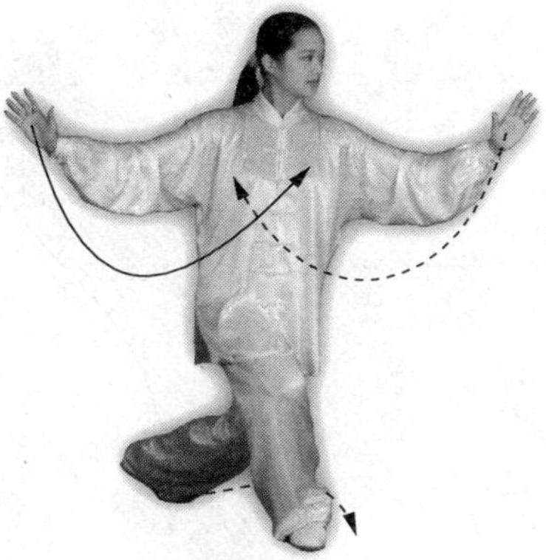

图 180

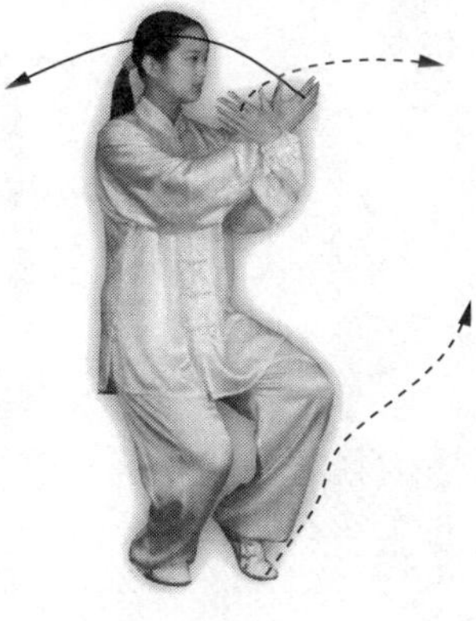

图 181

（四三）左蹬脚

①身体重心后移，右脚尖外撇；两拳变掌向左右分开，向下画弧后合抱于胸前成十字手（左手在外，手心均向里）；同时身体重心再移至右腿上，左脚收至右脚内侧，脚尖着地；眼看左前方（图180、181）。

②两臂慢慢分开画弧成左右平举（肘部微屈，手心向外）；同时左腿慢慢提起向左前方蹬出（脚尖回勾）；眼看左手（图182）。

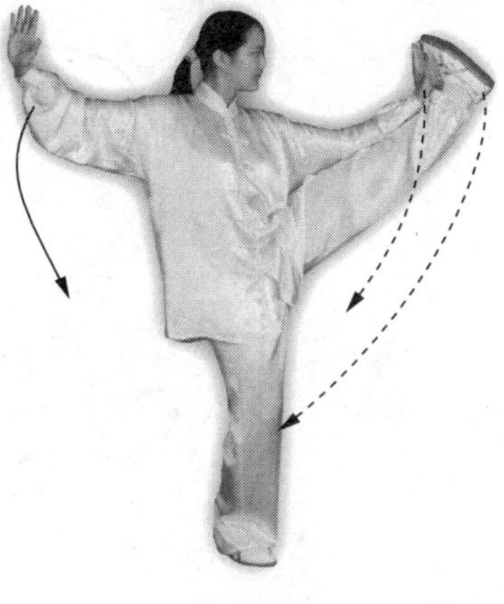

图 182

要点：与前“转身左蹬脚”相同，只是方向不同。如面向南起势，此式蹬脚方向为正东。

（四四）转身右蹬脚

①左腿屈膝收回向右脚外侧落下，趁左腿落势，以右前脚掌为轴，向右后转体约270°，左脚落地后，身体重心立即移至左腿，右前脚掌着地；同时两手向左右下落，向下画弧，再向上合抱于胸前成十字手（右手在外）；眼看右前方（图

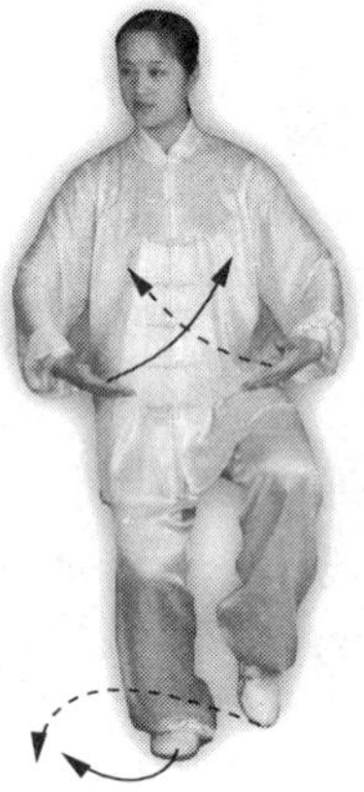

图 183

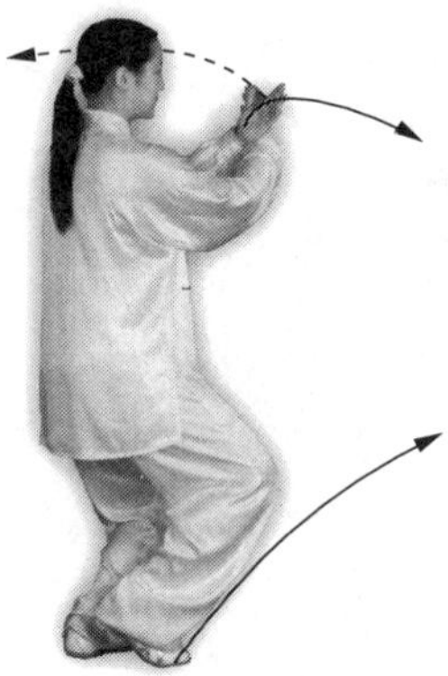

图 184

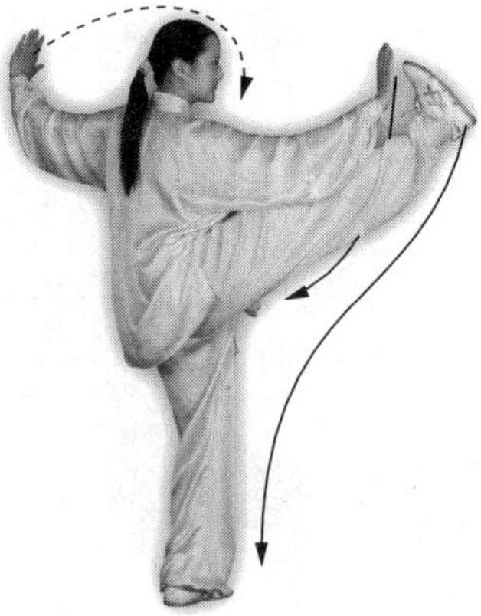

图 185

图 186

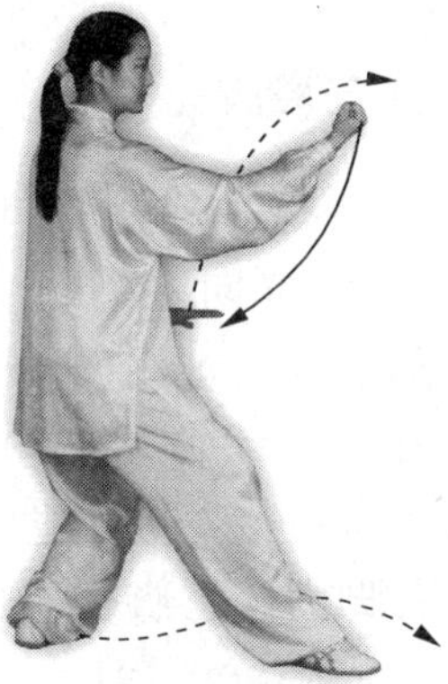

图 187

183、184）。

②两臂分开向左右平举（肘部微屈，手心向外）；同时右腿屈膝提起，右脚慢慢向右前方蹬出（脚尖回勾）；眼看右手（图185）。

要点：与前“转身左蹬脚”相同，只是左右脚不同。蹬脚方向为正东。

（四五）进步搬拦捶

①右腿屈膝下落，脚尖点地，再向前迈出，脚尖外撇（如果能掌握好重心，右脚也可在收回时不落地而直接迈出）；同时，右掌下落变拳，经腹前向上、向前撇出（拳心向上），左掌屈肘收至身体左侧（掌心向下）；眼看右拳（图186、187）。

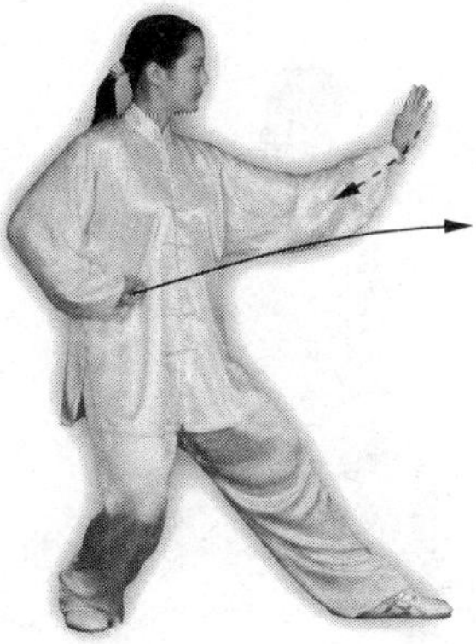

图 188

图 189

图 190

图 191

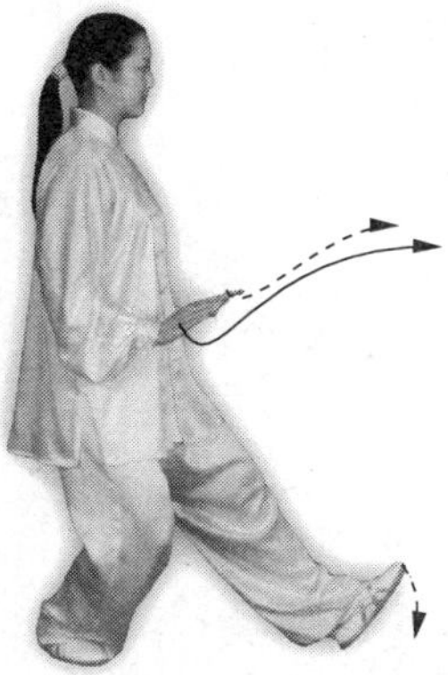

图 192

②其余动作与前“进步搬拦捶”图48、49的说明相同（图188、189）。

要点：与前“进步搬拦捶”相同。

（四六）如封似闭

动作及要点均与前“如封似闭”式相同（图190~193）。

图 193

图 194

图 195

图 196

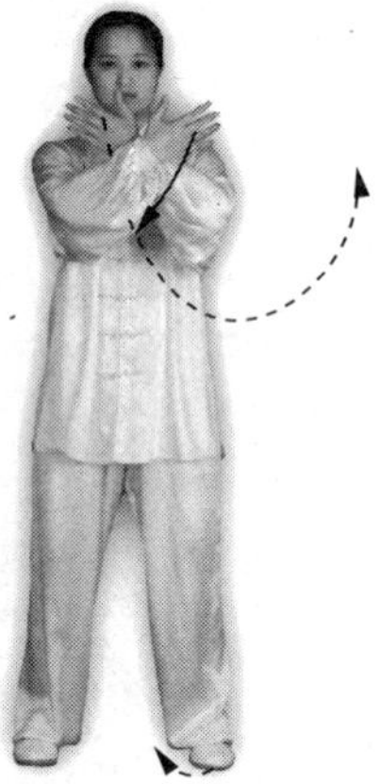

图 197

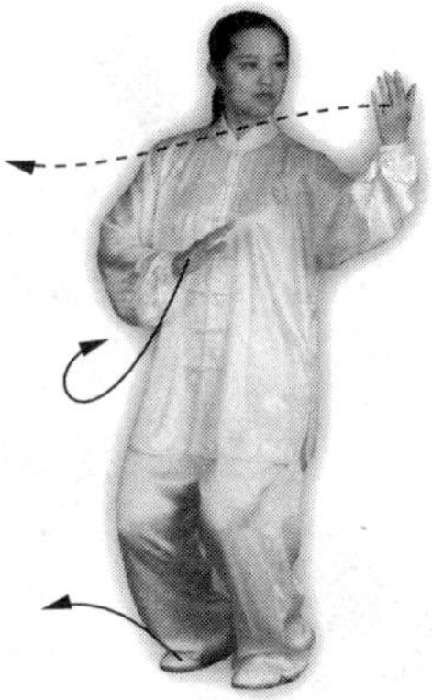

图 198

（四七）十字手

动作及要点均与前“十字手”式相同（图194~197）。

（四八）抱虎归山

动作及要点均与前“抱虎归山”式相同（图198、199）。

图 199

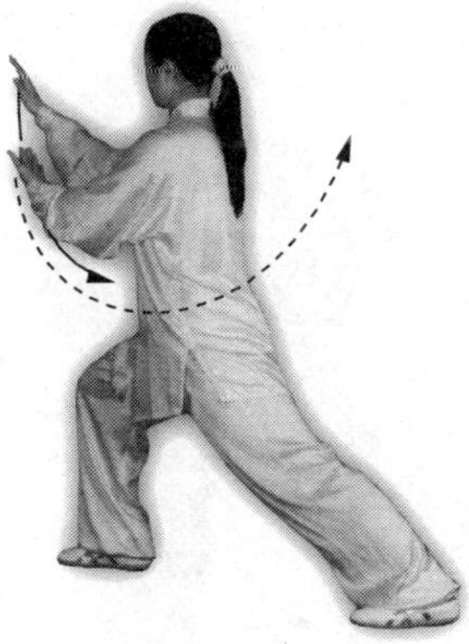

图 200

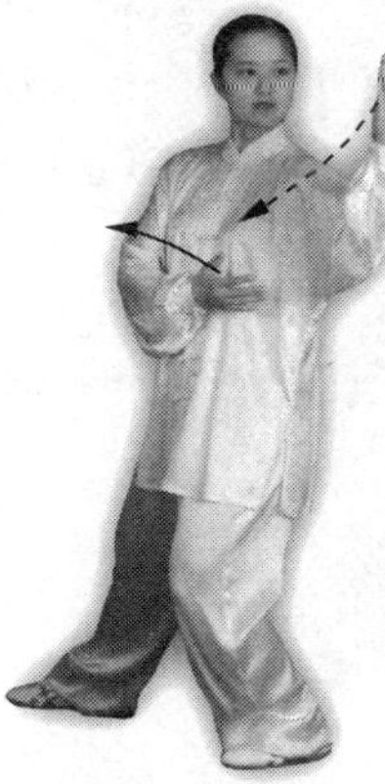

图 201

图 202

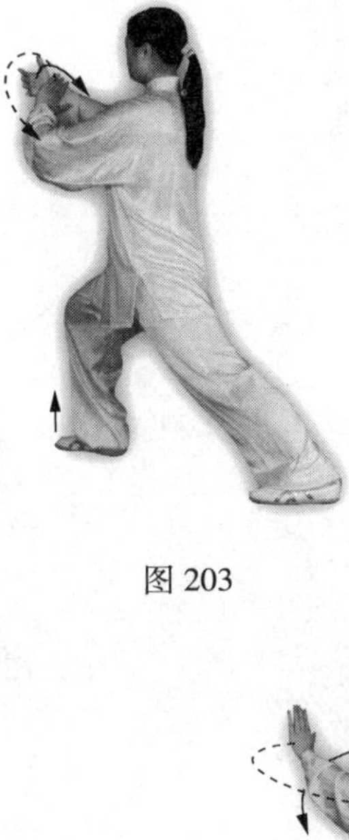

图 203

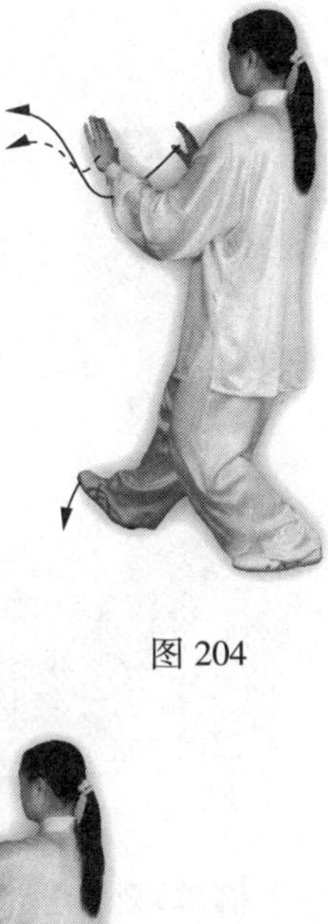

图 204

（四九）斜揽雀尾

动作及要点均与前“斜揽雀尾”式相同（图200~205）。

图 205

图 206

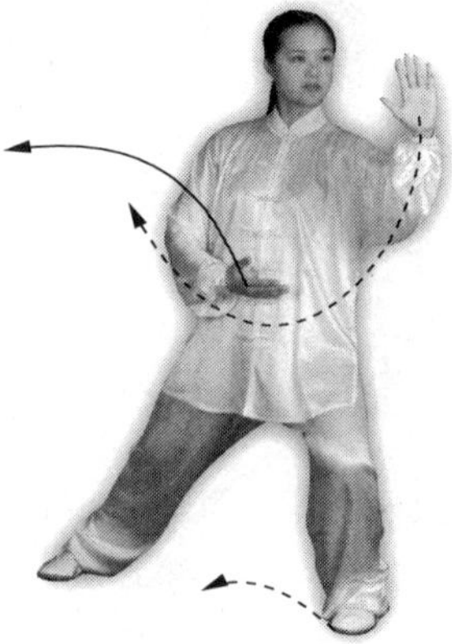

图 207

图 208

图 209

（五〇）横单鞭

动作及要点与前“单鞭”式相同，惟左脚应向起势方向跨出，并落地成左弓步，方位与中轴线垂直，面向正南（图206~209）。

（五一）左右野马分鬃

①身体重心微微移至左腿，同时身体微向左方转动；左臂平屈于胸前，右勾手变成掌经体前向左前下方画弧至与左手相对成抱球状（左手心向下，高与

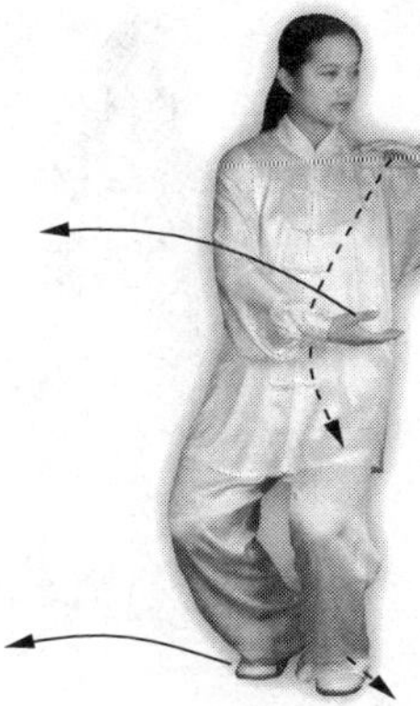

图 210

图 211

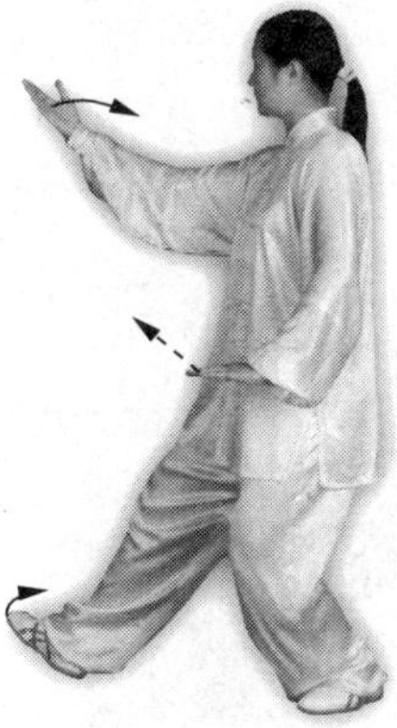

图 212

图 213

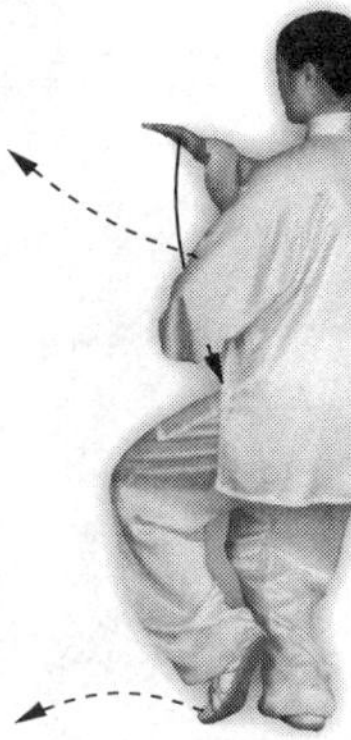

图 214

胸平，右手心向上，高与腰平）；同时右脚跟进至左脚内侧，脚尖着地；眼看左手（图210）。

②上体微向右转；右脚向右前方迈出，左脚跟后蹬，左腿自然伸直，成右弓步；同时上体继续向右转，两手随转体慢慢分开（右手向上，左手向下），右手高与眼平，手心斜向上，肘微屈，左手落在左胯旁，肘亦微屈，手心向下，指尖向前；眼看右手（图211）。

③上体慢慢后坐，身体重心移于左腿；右脚尖翘起微向外撇（45°~60°），随后脚掌慢慢踏实，右腿慢慢前弓；身体右转，身体重心再移于右腿；同时，右手翻掌向下，右臂收在胸前平屈，左手经体前向右上画弧放在右手下，两手心相对成抱球状；左脚随即收至右脚内侧，脚尖着地；眼看右手（图212~214）。

图 215

图 216

图 217

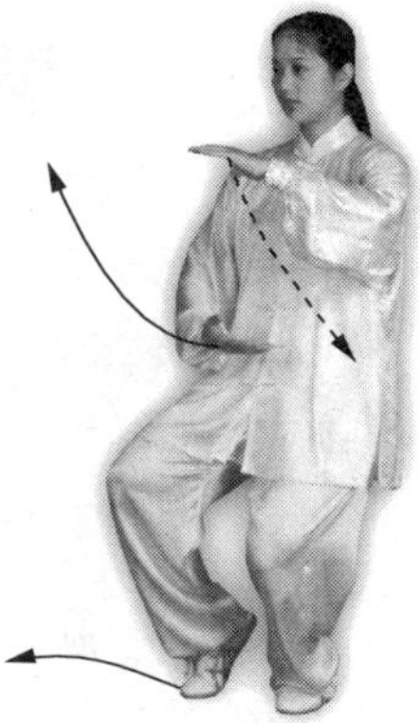

图 218

图 219

④左腿向左前方迈出，右腿自然伸直，成左弓步；同时上体左转，两手随转体分别慢慢向左上右下分开，左手高与眼平（手心斜向上），肘微屈，右手落在右胯旁，手心向下，肘亦微屈；眼看左手（图215）。

⑤与③解同，只是左右相反（图216~218）。

⑥与④解同，只是左右相反（图219）。

要点：上体不可前俯后仰，胸部必须宽松舒展。两臂分开时保持弧形。身体转动时要以腰为轴。弓步时，两脚横向距离应保持30厘米左右。弓步动作与分手的速度要均匀一致。分手时，向上的臂要有向外靠的意念。迈步时，如果变换重心能掌握得好，前进的脚可不点地，但须经过支撑脚的内侧再向前上步，以保持身体平衡稳定。

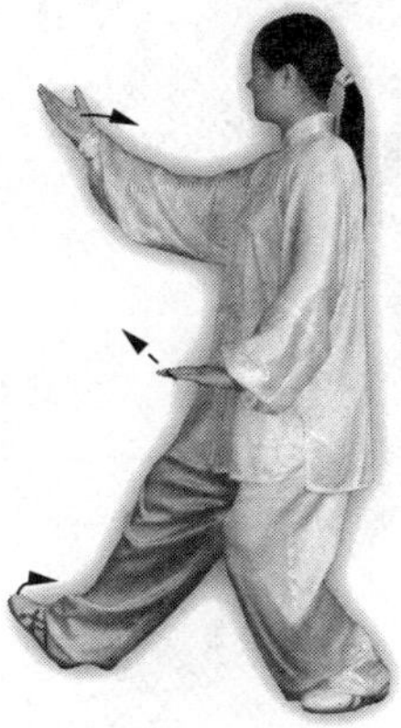

图 220

图 221

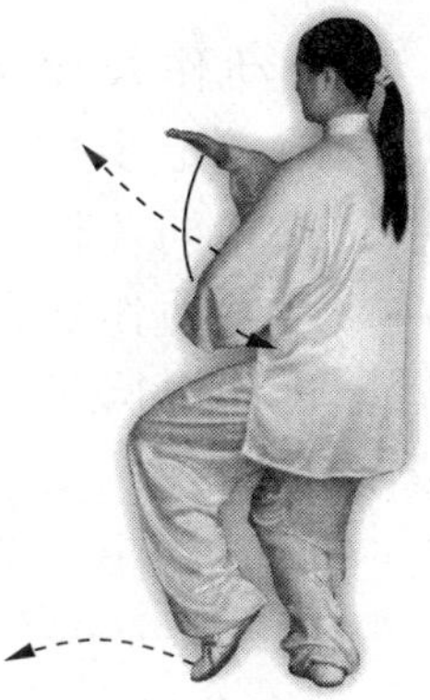

图 222

图 223

图 224

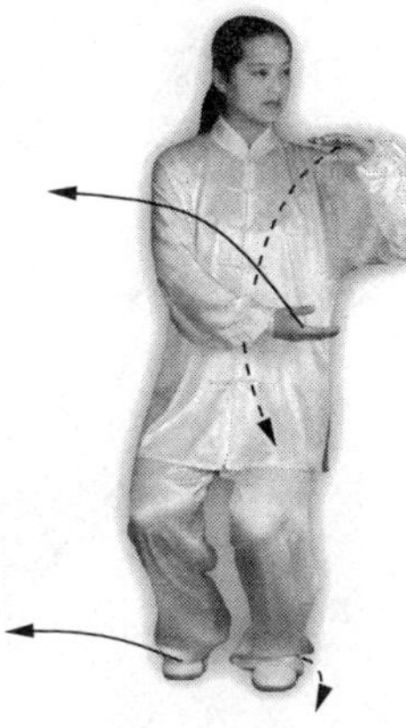

图 225

（五二）进步揽雀尾

①上体后坐，身体重心移于左腿，右脚尖翘起微向外撇，随即右腿前弓，身体右转，重心移于右腿；同时，右手翻掌向下收在胸前，右臂平屈，左手经腹前向右上画弧放在右手下，两手心相对成抱球状；左脚跟步至右脚内侧，脚尖着地；眼看右手（图220~222）。

②左脚向左前方迈出，成左弓步；同时左臂向左前方掤出，左手高与肩平，右手向右、向下落于右胯旁，手心向下；眼看左前臂（图223）。

③上体后坐，左脚尖外撇，身体左转；同时，左手翻掌向下，臂平屈胸前，右手经腹前画弧与左手成抱球状；右脚跟步至左脚内侧，脚尖着地；眼看左手（图224、225）。

其余动作及要点均与前“上步揽雀尾”式相同（图226~234）。动作熟练后，进步时脚尖可以不点地。

图 226

图 227

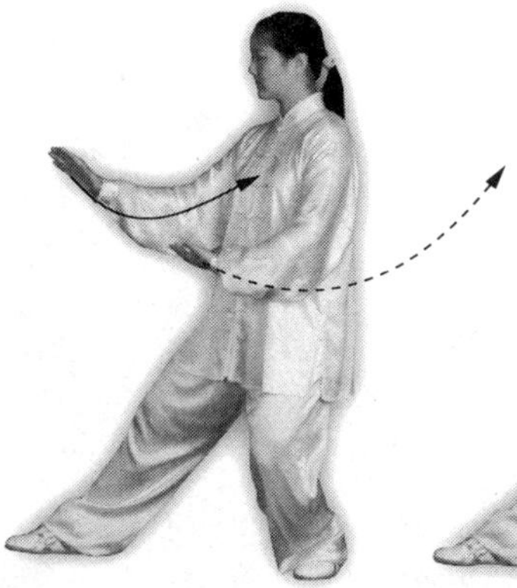

图 228

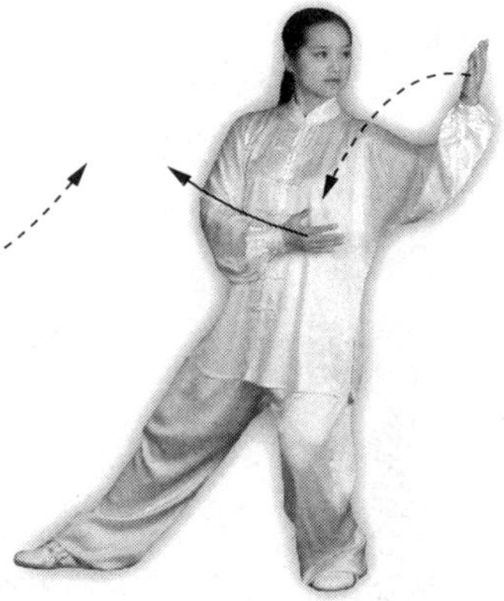

图 229

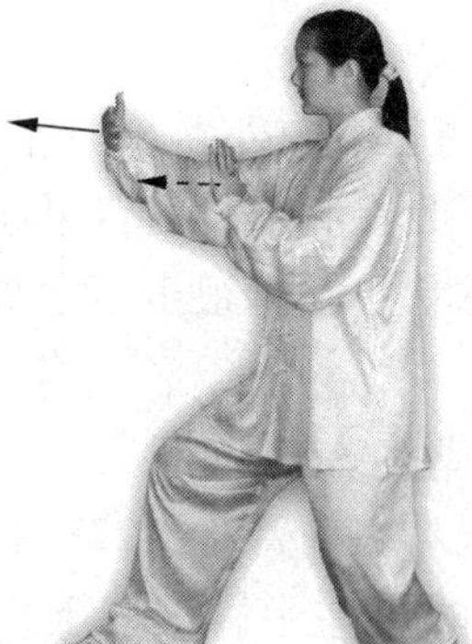

图 230

图 231

（五三）单　鞭

动作及要点均与前“单鞭”式相同（图235~239）。

图 232

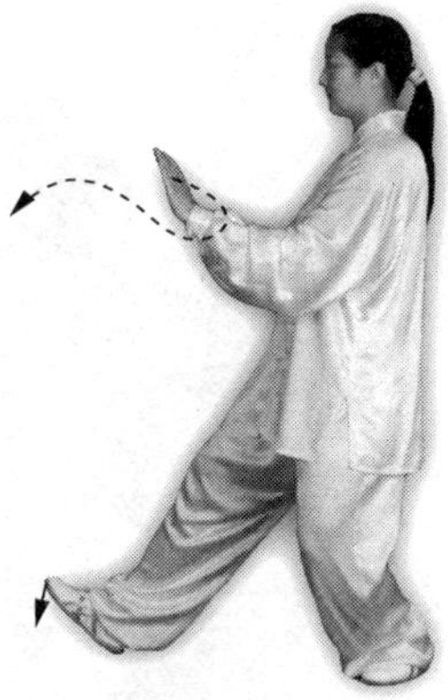

图 233

图 234

图 235

图 236

图 237

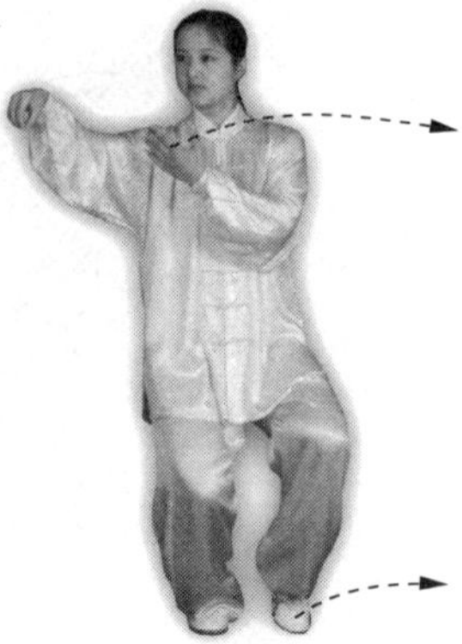

图 238

图 239

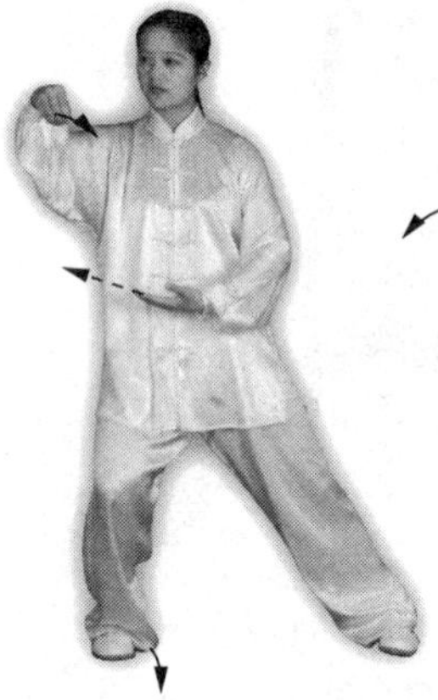

图 240

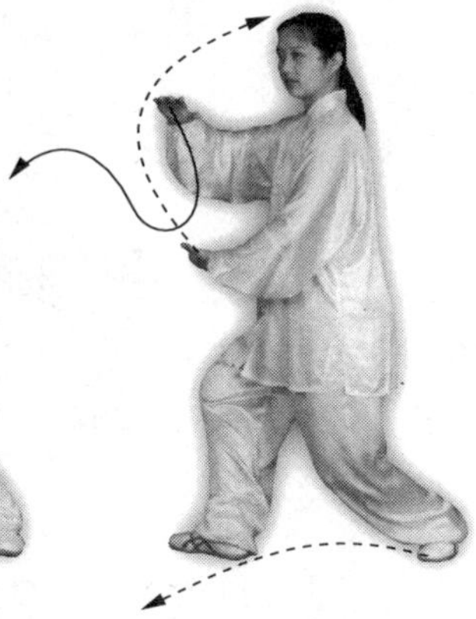

图 241

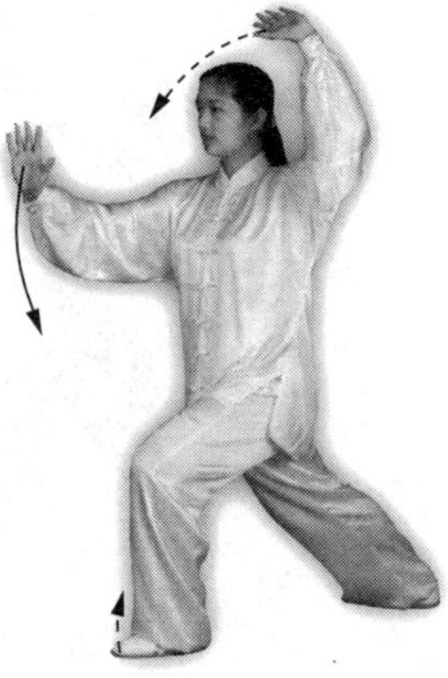

图 242

（五四）左右穿梭（四斜角）

①身体重心略向后移，左脚尖里扣，身体重心又移于左腿，右脚掌为轴，脚跟内转，身体随之向右后转，两腿扭转成半坐盘势；同时，右手变掌，右臂收至胸前平屈，手心向下，左手由左向下画弧停在腹前，手心向上，两手心相对成抱球状；然后左脚向左前方迈出一步，成左弓步；左手由脸前翻掌向上举起，置于左额前，手心斜向上，右手则向前方推出，高与鼻尖平；眼看右手（图240~242）。

图 243

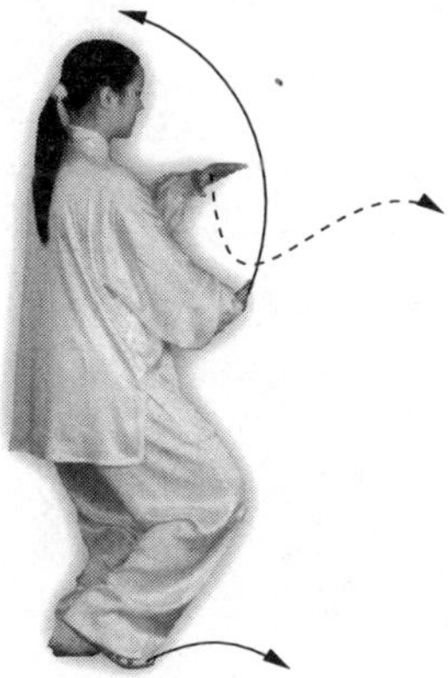
图 244

图 245

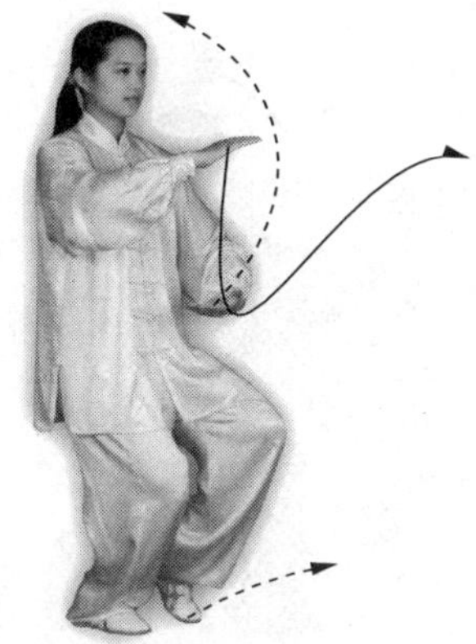
图 246

图 247

②身体重心移于右腿，左脚尖里扣，身体向右后转，身体重心再移至左腿，右脚收至左脚里侧，前脚掌着地；同时左手下落平屈于胸前，右手下落在腹前，手心向上，与左手相对成抱球状；然后以左脚掌为轴，身体再向右后转，右脚向右前方迈出一步，弓腿成右弓步；右手上举置于右额前，手心斜向上，左手则向前推出；眼看左手（图243~245）。

③身体重心稍向后移，右脚尖微外撇，随之身体重心又移至右腿，左脚跟进至右脚内侧，脚尖点地；左手画弧收至腹前，手心向上，右手经胸前落下，手心向下，两手相对成抱球状；然后左脚向左前方迈出一步，成左弓步；左手上举置于左额前，手心斜向上，右手则向前推出；眼看右手（图246、247）。

图 248

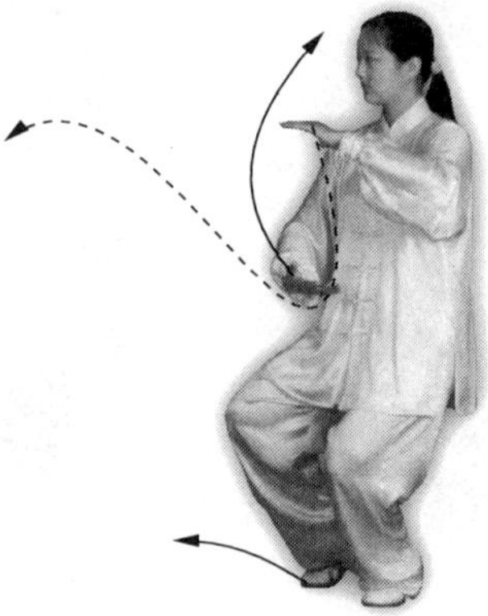

图 249

图 250

④身体重心移于右腿，左脚尖里扣，身体向右后转，右脚收至左脚内侧，脚尖点地；同时左手下落，手心向下，前臂平屈，右手画弧收至腹前，与左手成抱球状；然后以左脚掌为轴，身体再向右后转，右脚向右前方迈出一步，成右弓步；同时右手上举置于右额前，手心斜向上，左手则向前推出；眼看左手（图248~250）。

要点：上体保持正直。手向上举时，不要引肩上耸；前推动作要与松腰弓腿动作上下协调一致（左右要领相同）。弓步两脚横向距离保持约30厘米。左右穿梭动作要面向四个斜角，如面向南起势，穿梭方向分别为西南、东南、东北、西北。

（五五）进步揽雀尾

①身体重心稍向右移，右脚尖微向外撇，随之身体重心又移至右腿；左手心翻转向上，右手心翻转向下，两手相对在体前成抱球状；同时左脚跟进至右脚内侧，脚尖点地（如果能稳妥地变换身体重心，左脚前进时也可不点

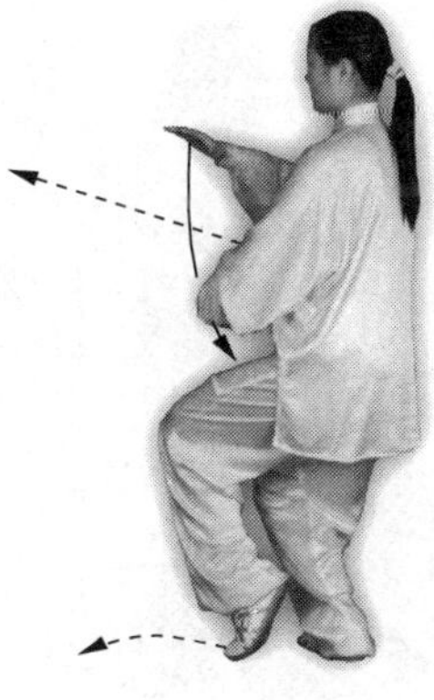

图 251

图 252

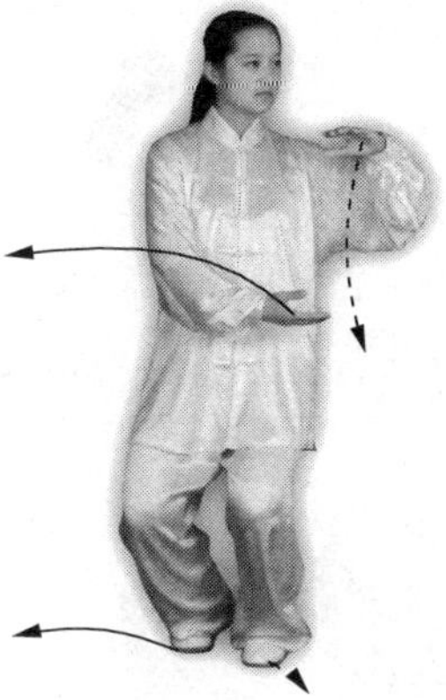

图 253

图 254

图 255

地），然后左脚向左前方迈出，成左弓步；同时两手左上右下分开，左前臂向前方掤出，高与肩平，手心向右，右手向右下落放于右胯旁，肘微屈，手心向下，指尖向前；眼看左前臂（图251、252）。

②身体重心略向后移，左脚尖外撇，身体左转；右脚收至左脚内侧，脚尖点地（熟练后，可以不点地）；同时，左臂平屈胸前，右手经体前向左上画弧，与左手上下相对成抱球状；眼看左手（图253）。

其余动作及要点均与前“上步揽雀尾”式相同（图254~262）。

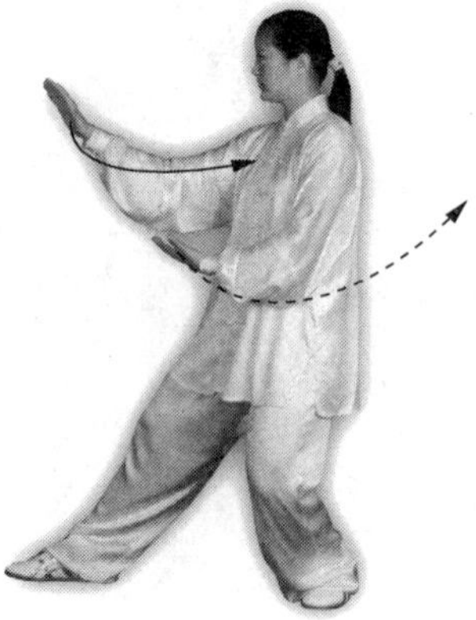

图 256

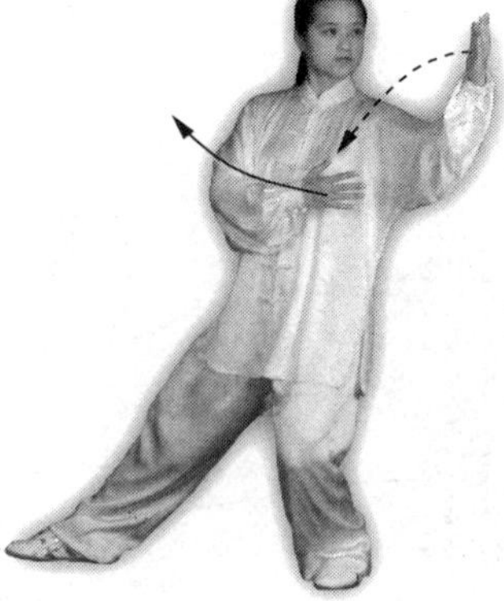

图 257

图 258

图 259

图 260

图 261

图 262

（五六）单　鞭

动作及要点均与前“单鞭”式相同（图263~267）。

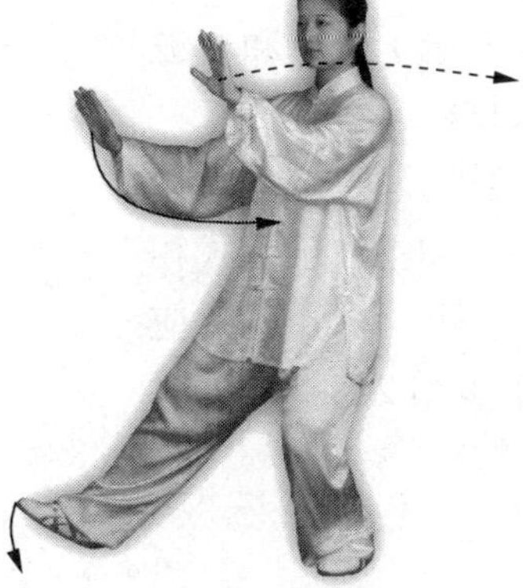

图 263

图 264

图 265

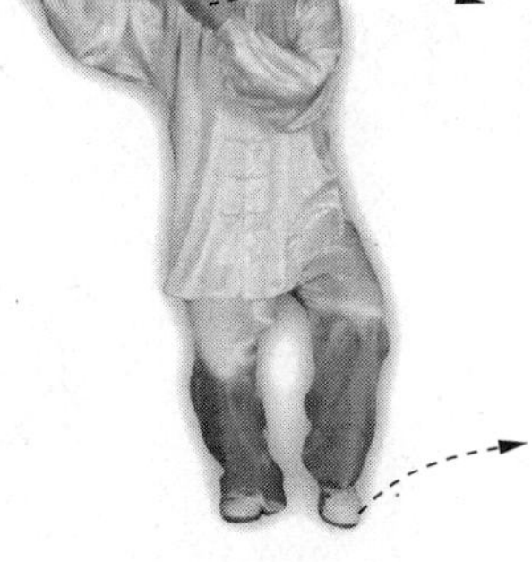

图 266

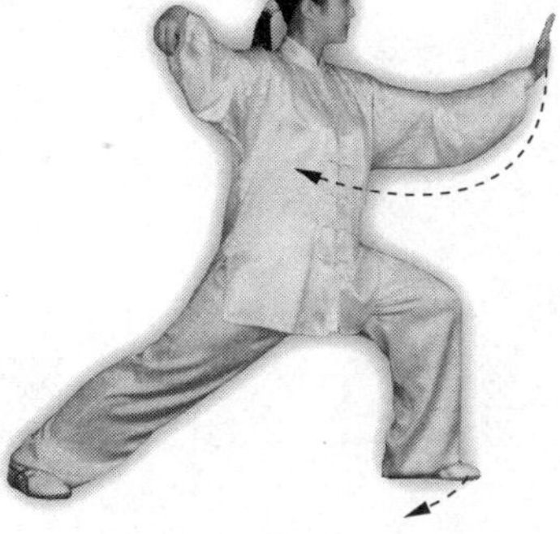

图 267

（五七）云手和（五八）单鞭

动作及要点均与前“云手”和“单鞭”式相同。这里，“云手”应做5个（图 268~282）。

图 268

图 269

图 270

图 271

图 272

图 273

图 274

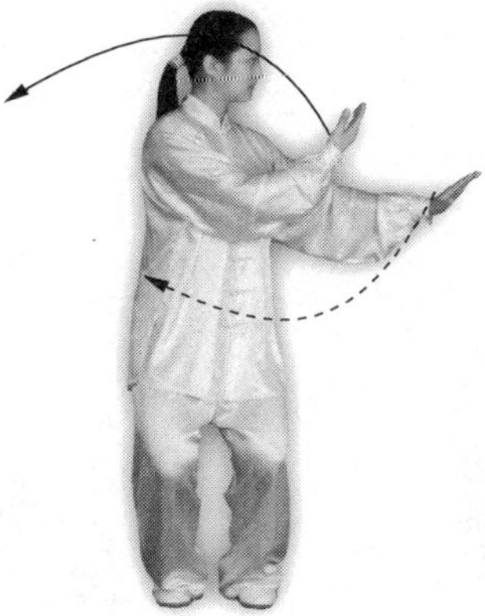
图 275

图 276

图 277

图 278

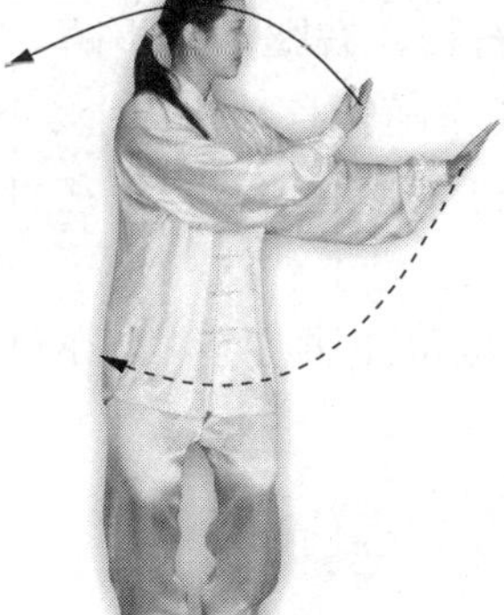
图 279

图 280

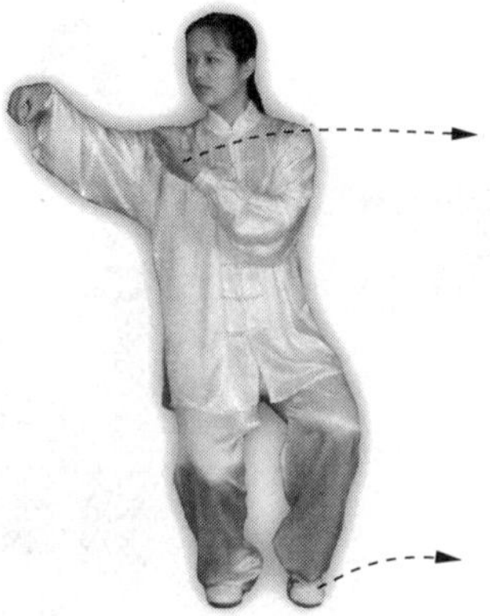

图 281

图 282

图 283

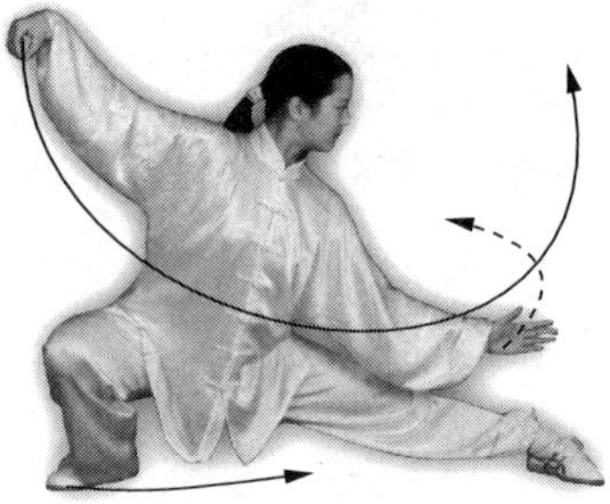

图 284

（五九）下　势

身体右转；右脚尖稍外撇，重心移至右腿，右腿弯曲下蹲，左脚掌为轴，脚跟外蹬，左腿伸直，成左仆步；同时，左手随转身动作向上、向右下收至右肩前，然后下沉（掌心向外）顺左腿内侧向前穿出，右勾手在身体右侧平举，勾尖向下；眼看左手（图283、284）。

要点：下蹲仆步时，根据自己条件，也可左脚尖里扣。两脚要全脚掌着地。上体不可过于前俯。

（六〇）左右金鸡独立

①左脚尖微外撇，右腿渐渐蹬直，上体向前直起，右脚尖里扣，左腿继续

图 285

图 286

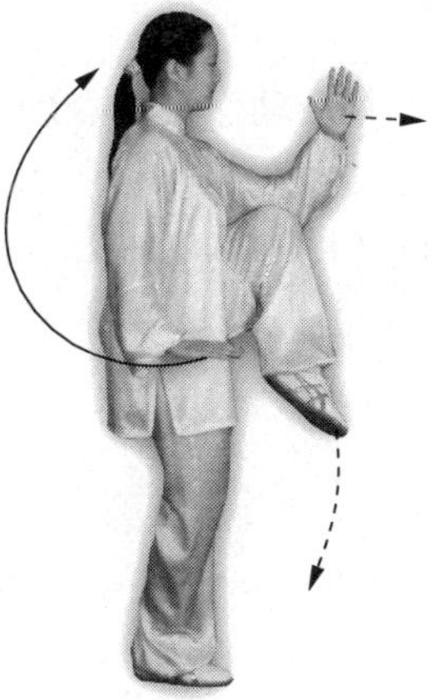
图 287

前弓，身体重心逐渐前移至左腿，然后右腿提起成左独立式；同时右勾手变掌，沿身体右侧向前、向上举起，停于右腿上方，高与鼻平，肘与膝相对，手心向左，左手则下落停于左胯旁，手心向下；眼看右手（图285、286）。

②右脚下落于左脚后，脚尖稍外撇，左腿提起成右独立式；同时左掌由下向前举起，高与鼻平，肘与膝相对，手心向右，右手落于右胯侧，手心向下；眼看左手（图287）。

要点：独立腿要稍微弯曲。上体要正直，力求平衡稳定。

（六一）左右倒卷肱

上体微向右转；右手回撤，翻掌手心向上，随即屈肘，上体微向左转，手掌经右耳旁向前推出，左手后撤至左肋外侧，手心朝上；同时左脚向左后侧方退一步，身体重心后移，前脚以脚掌为轴扭直，成右虚步；眼看前方（288、289）。

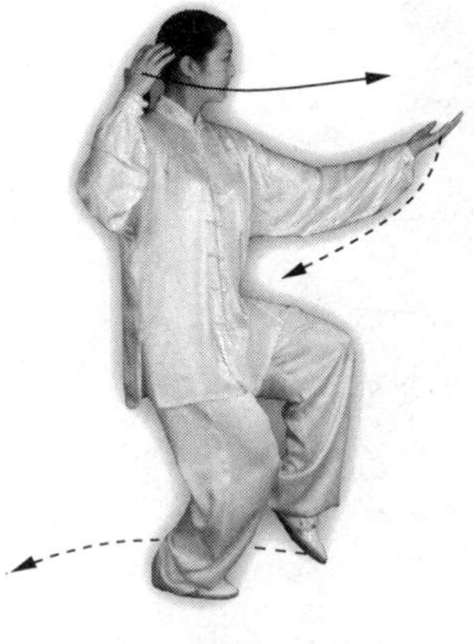
图 288

图 289

其余动作及要点均与前“左右倒卷肱”式相同（图 290~295）。

图 290

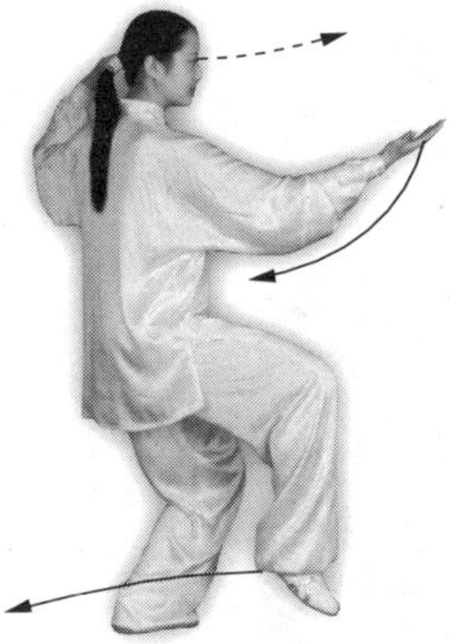

图 291

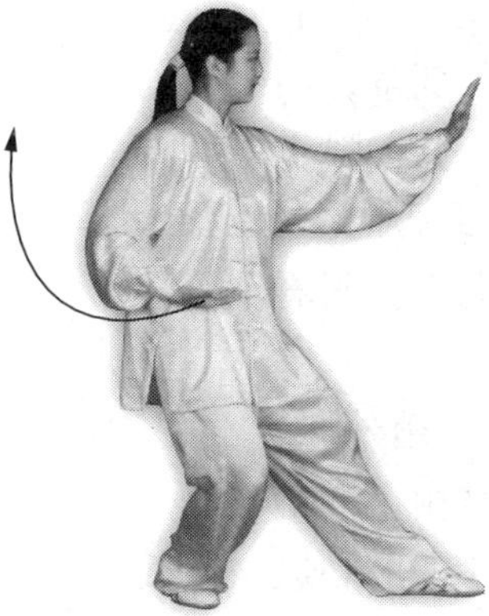

图 292

图 293

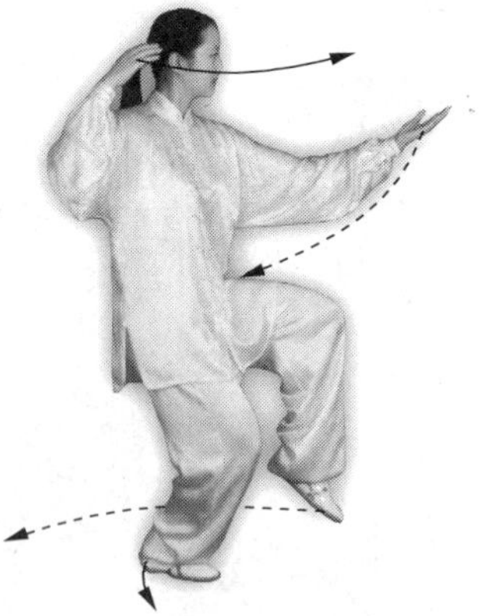

图 294

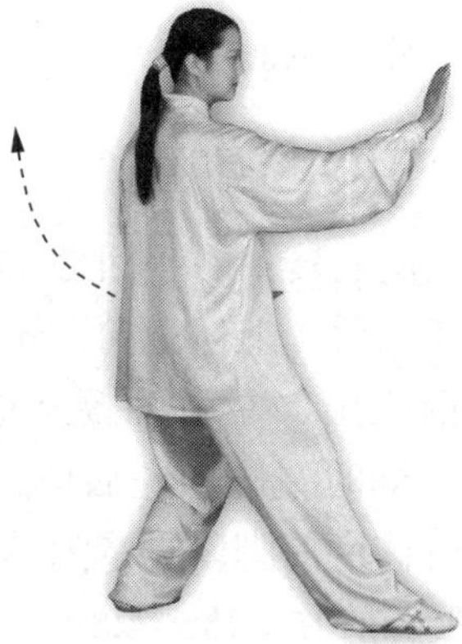

图 295

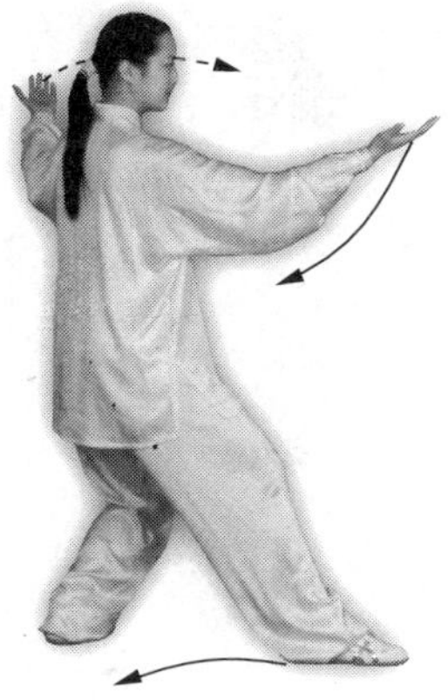

图 296

图 297

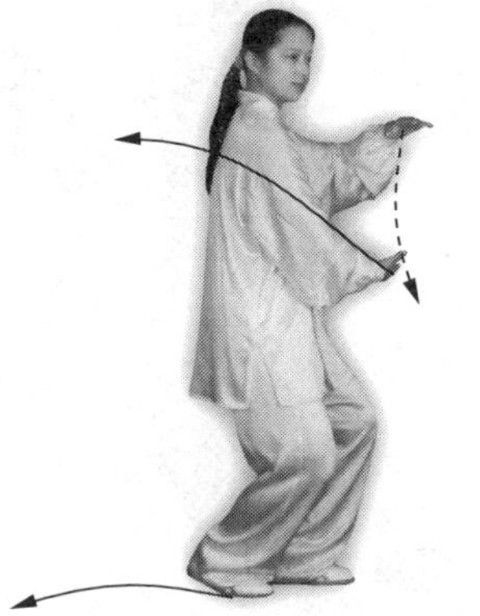

图 298

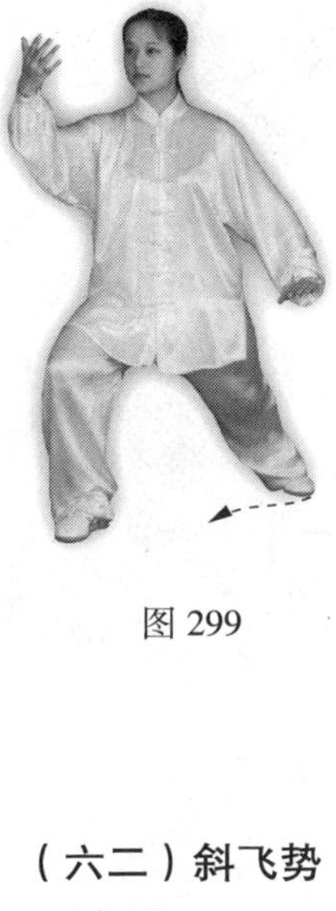

图 299

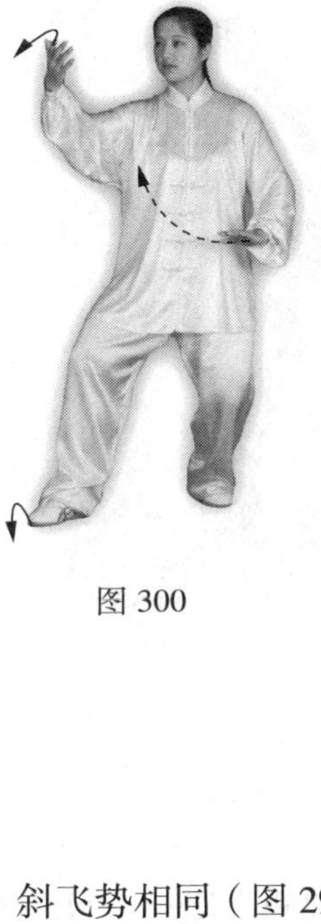

图 300

图 301

（六二）斜飞势

动作及要点与前（一八）斜飞势相同（图 296~299）。

（六三）提　手

动作与要点与前（一九）提手式相同（图 300、301）。

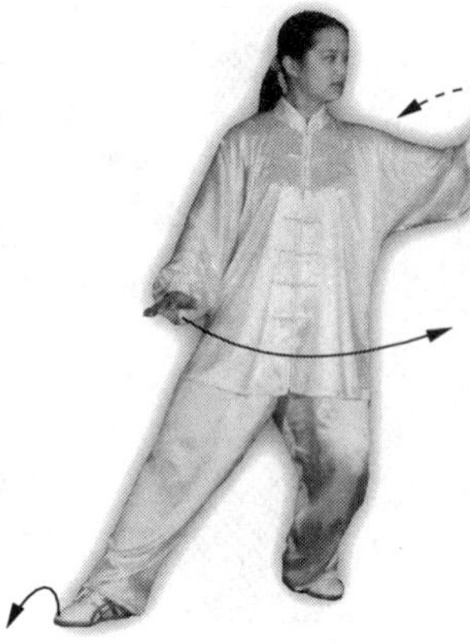
图 302

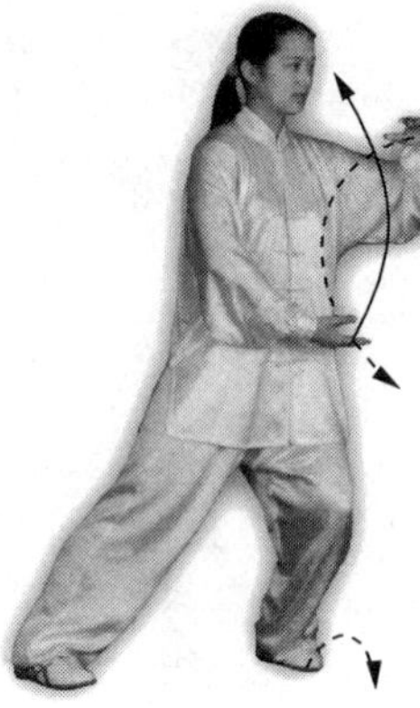
图 303

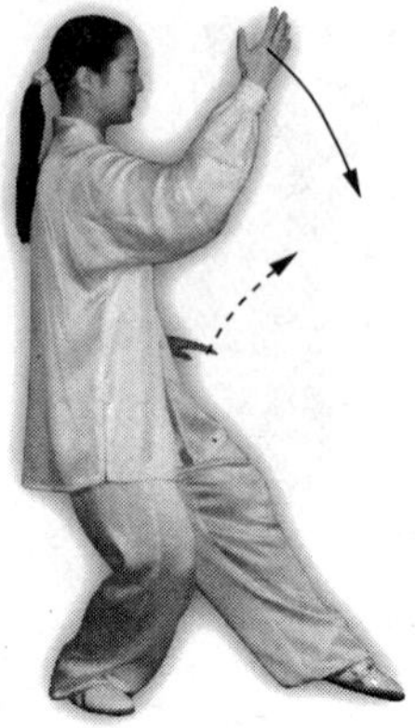
图 304

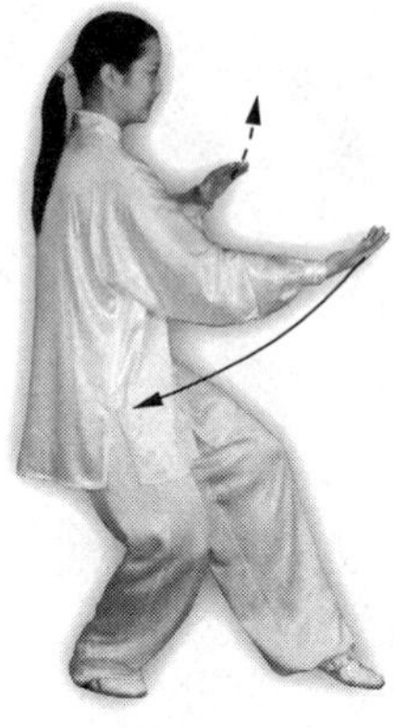
图 305

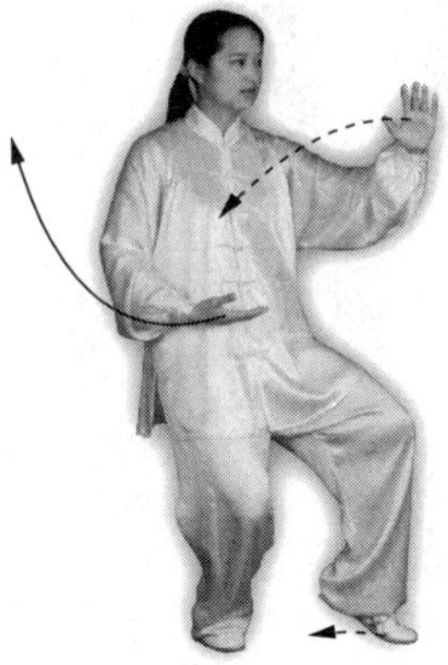
图 306

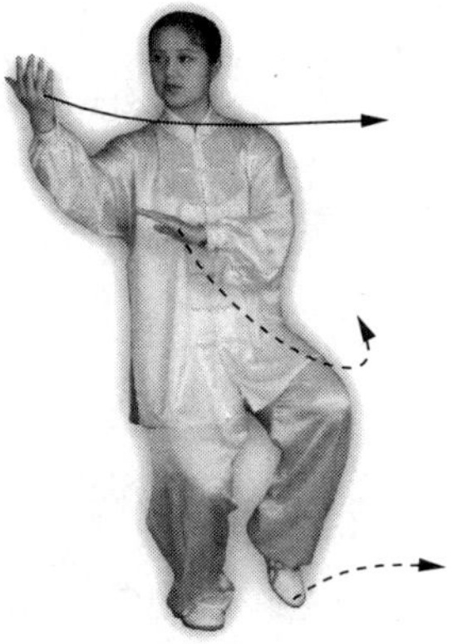
图 307

（六四）白鹤亮翅

动作与要点与前（二〇）白鹤亮翅式相同（302~304）。

（六五）左搂膝拗步

动作及要点与前（二一）左搂膝拗步式相同（图 305~308）。

图 308

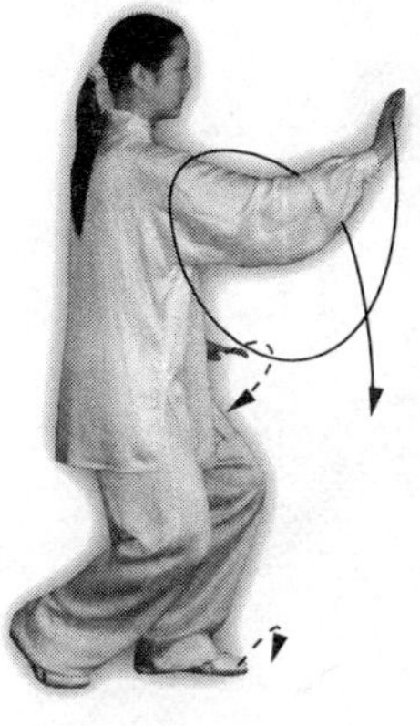

图 309

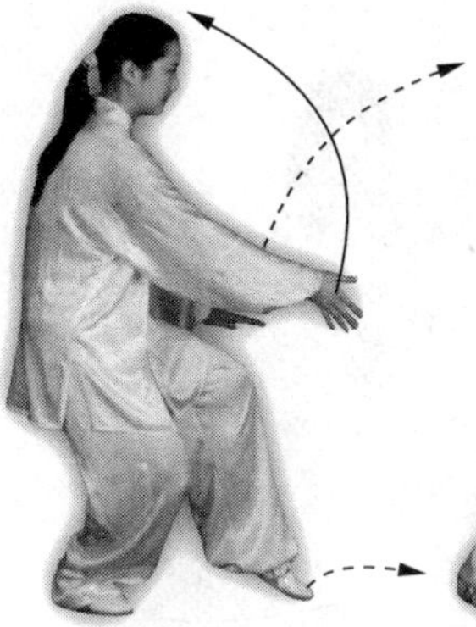

图 310

图 311

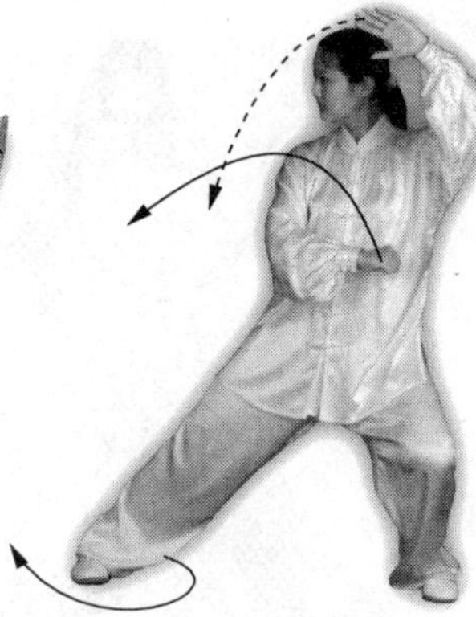

图 312

（六六）海底针

动作及要点与前（二二）海底针式相同（图 309、310）。

（六七）闪通背

动作及要点与前（二三）闪通背式相同（图 311）。

图 313

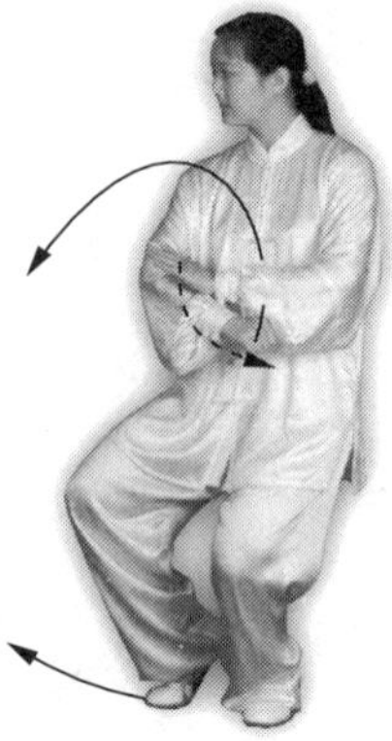

图 314

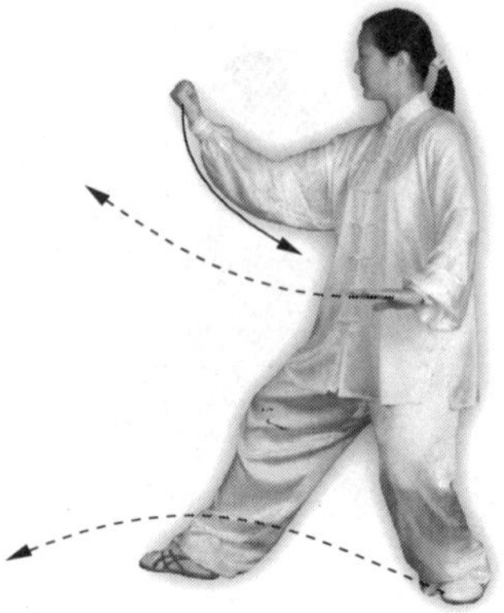

图 315

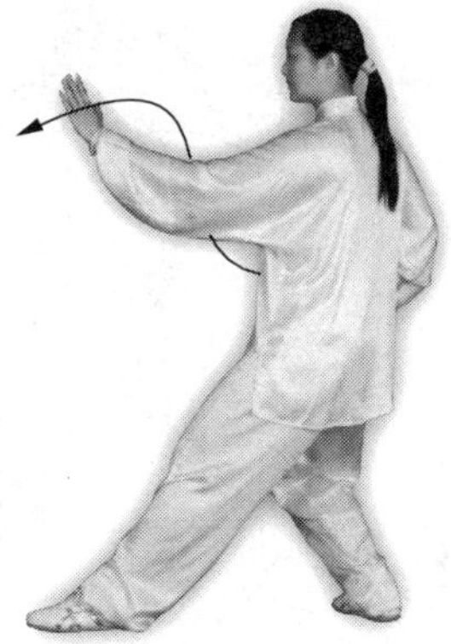

图 316

图 317

（六八）转身撇身捶

动作及要点与前（二四）转身撇身捶式相同（图 312、313）。

（六九）进步搬拦捶

动作及要点与前（二五）进步搬拦捶式相同（图 314~317）。

（七〇）上步揽雀尾

动作及要点与前（二六）上步揽雀尾式相同（图318~327）。

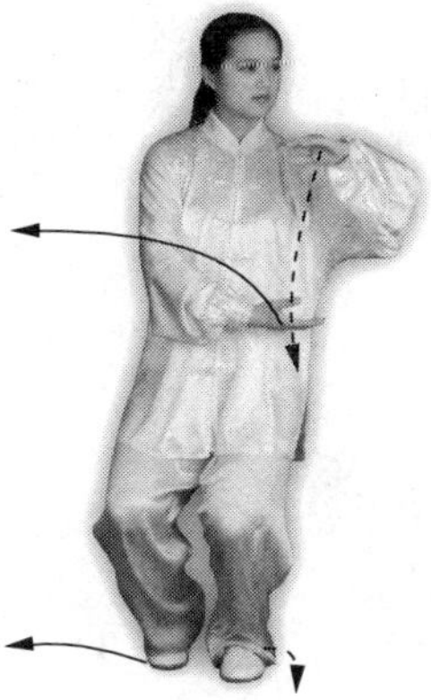

图 318

图 319

图 320

图 321

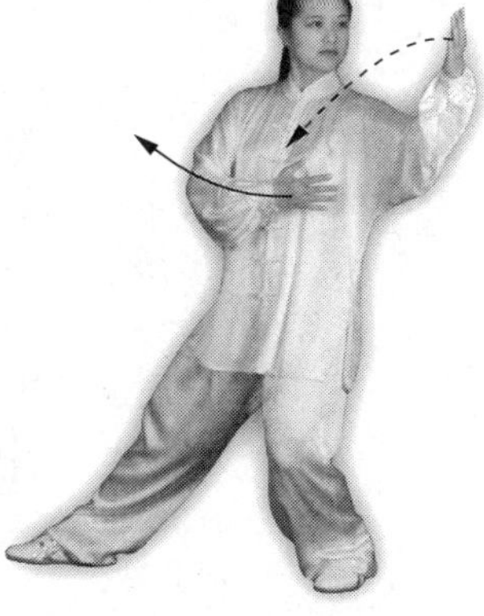

图 322

图 323

图 324

图 325

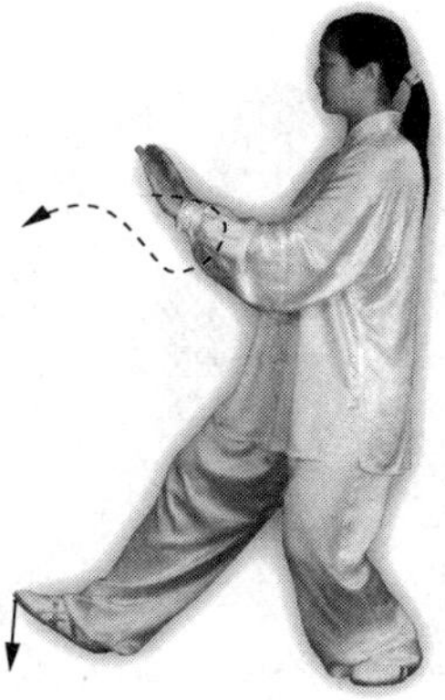

图 326

图 327

（七一）单　鞭

动作及要点与前（二七）单鞭式相同（图 328~332）。

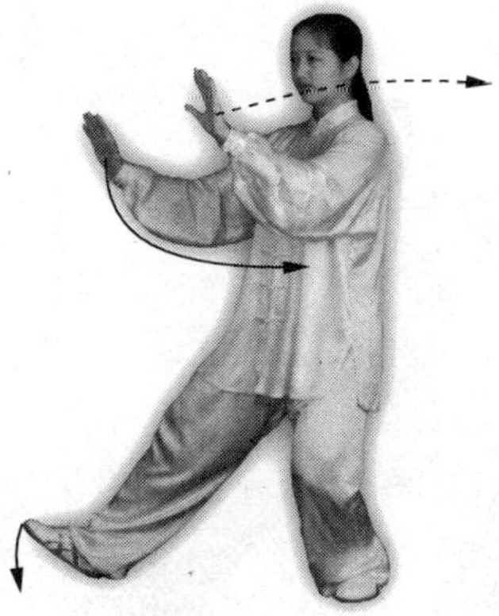
图 328

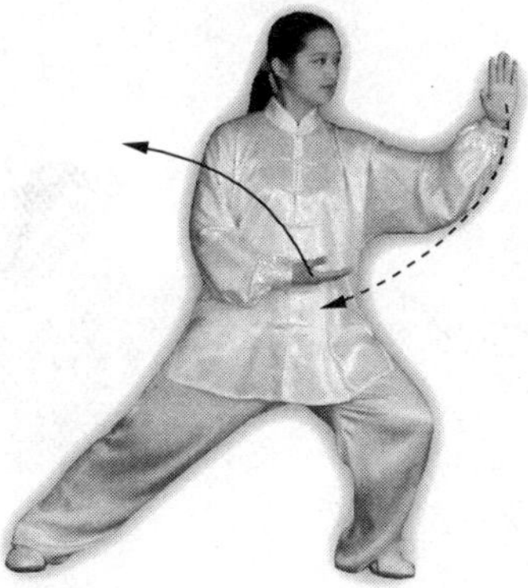
图 329

图 330

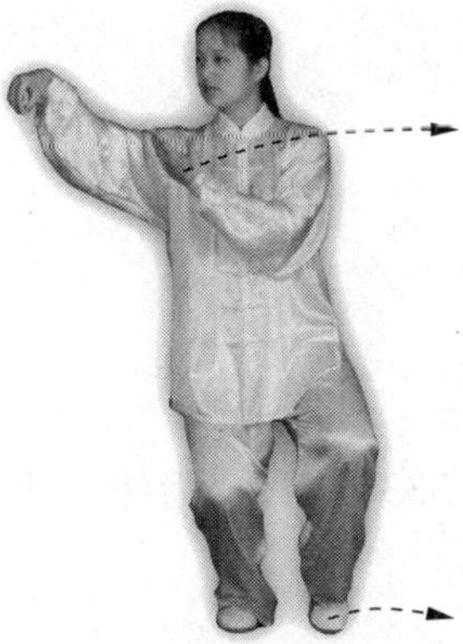
图 331

图 332

图 333

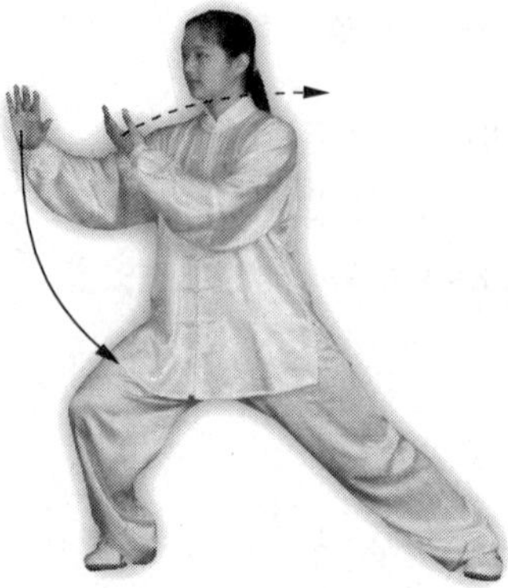

图 334

图 335

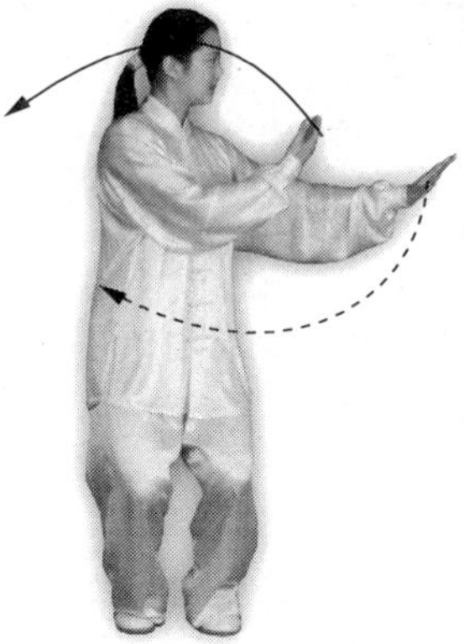

图 336

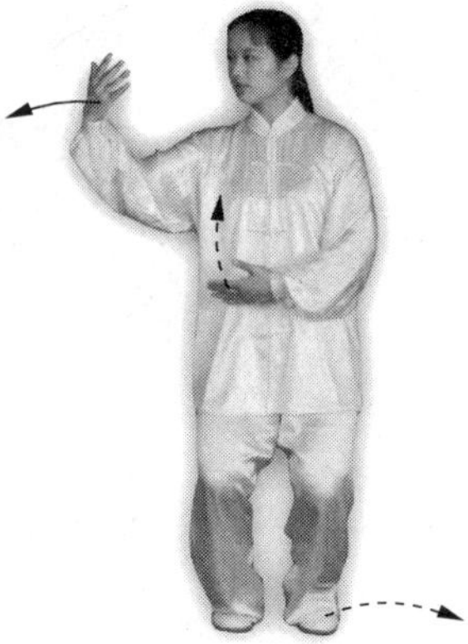

图 337

（七二）云　手

动作及要点与前（二八）云手式相同（图 333~344）。为使“收势”回到“起势”位置，（七二）云手应做 3 个。

图 338

图 339

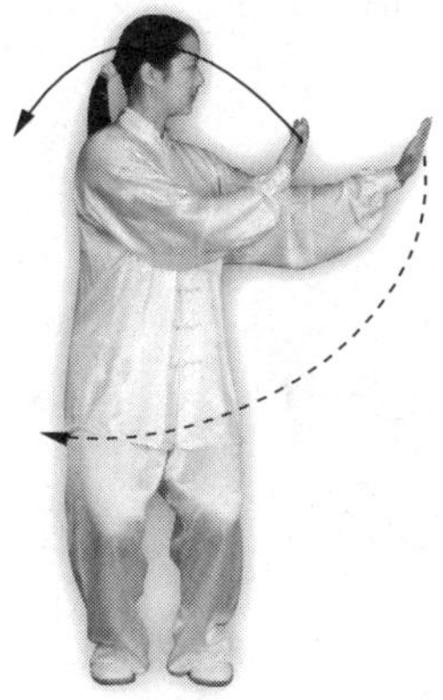

图 340

图 341

图 342

图 343

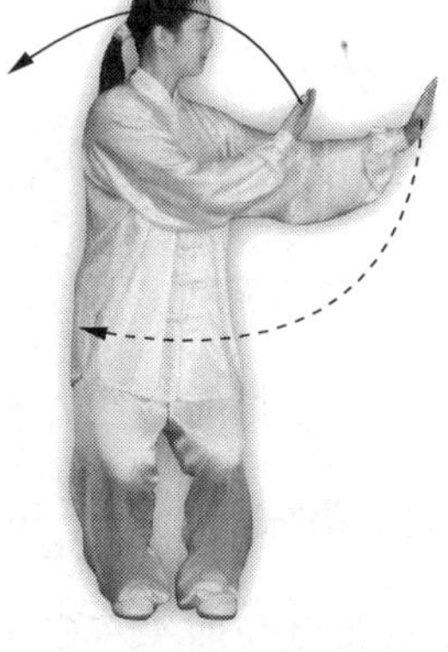

图 344

图 345

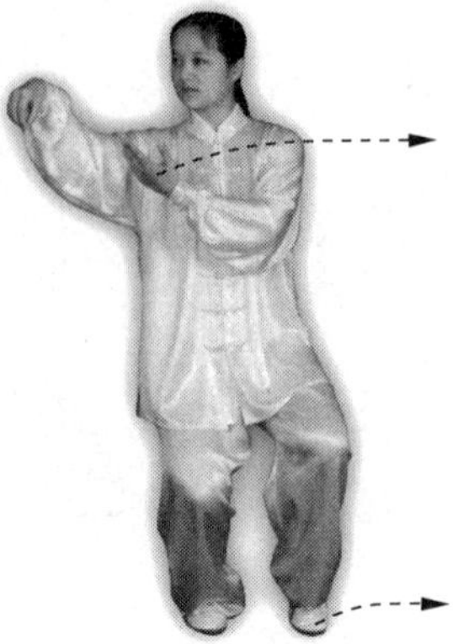

图 346

图 347

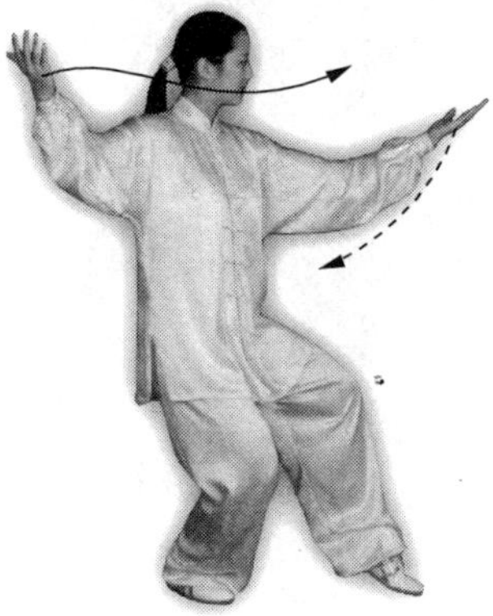

图 348

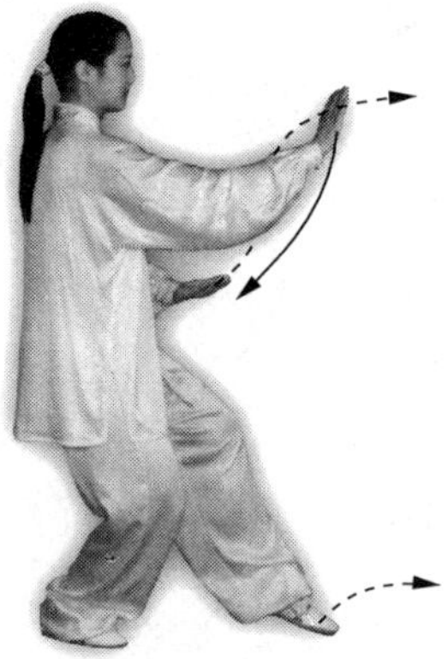

图 349

（七三）单　鞭

动作及要点与前（二九）单鞭式相同（图 345~347）。

（七四）高探马

动作及要点与前（三〇）高探马式相同（图 348、349）。

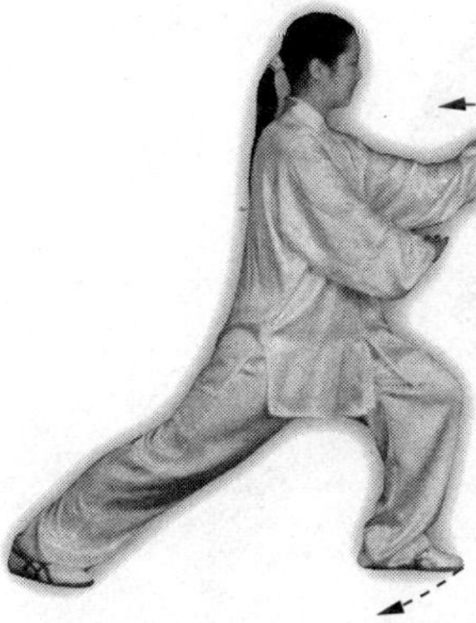

图 350

图 351

图 352

（七五）左穿掌

右手稍下落，左手经右手背上穿出，伸向前上方，手心斜向上，高与眼平，右手落于左肘下方，手心向下；同时左脚向前迈出半步，成左弓步；眼看左手（图350）。

要点：伸掌、弓腿和松腰要一致。

（七六）转身十字蹬脚

图 353

重心移于右腿，左脚尖里扣，身体右转，重心再移回左腿，右脚跟先离地，然后渐渐提膝；同时两手合抱胸前，右手在外，手心均向里，成十字手式，然后两臂向左右分开，手心转向外；右脚向前方蹬出；眼看前方（图351~353）。

要点：独立时，身体要稳定，右腿要平，蹬脚力在脚跟，脚向正前方。

（七七）搂膝打捶

右脚在身前落下踏地，脚尖外撇，身体右转；同时右手下落变拳，随转身收至右腰侧，拳心向上，左手上举画弧落于右胸前，掌心向下，指尖向后；然

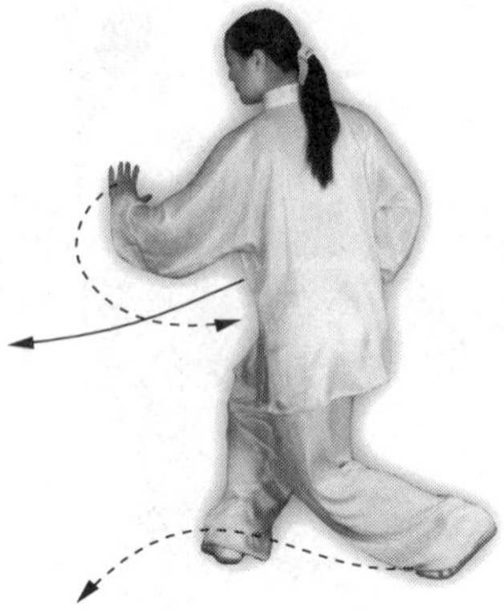

图 354

图 355

图 356

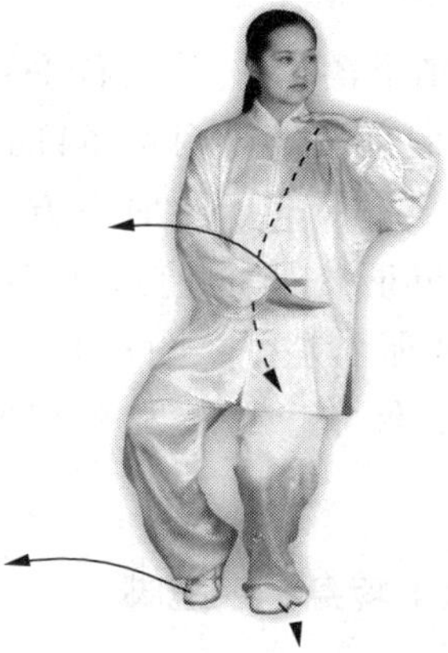

图 357

后上体左转，左脚向前迈一步，成左弓步；左手则从左膝前搂过，停于左胯旁，右拳向前打出，高与腹平，拳眼向上；眼看前方（图 354、355）。

要点：完成姿势上体保持正直，松腰、松胯，右臂不要伸直。

（七八）上步揽雀尾

身体重心略向后移，左脚尖外撇，上体左转；同时右拳变掌收在腹前，手心向上，左手向左后方再向上画弧，与右手相抱（左上右下）；同时右脚跟步至左脚内侧，脚尖着地（熟练后可不点地）；眼看左手（图 356、357）。

其余动作及要点均与前“上步揽雀尾”式相同（图 358~366）。

图 358

图 359

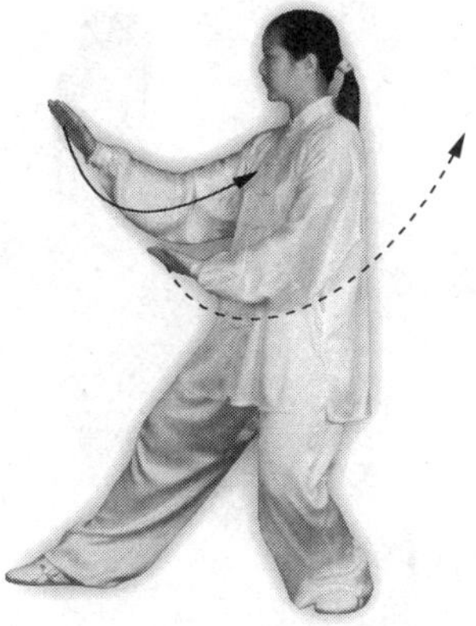

图 360

图 361

图 362

图 363

（七九）单　鞭

动作及要点均与前“单鞭”式相同（图 367~371）。

图 364

图 365

图 366

图 367

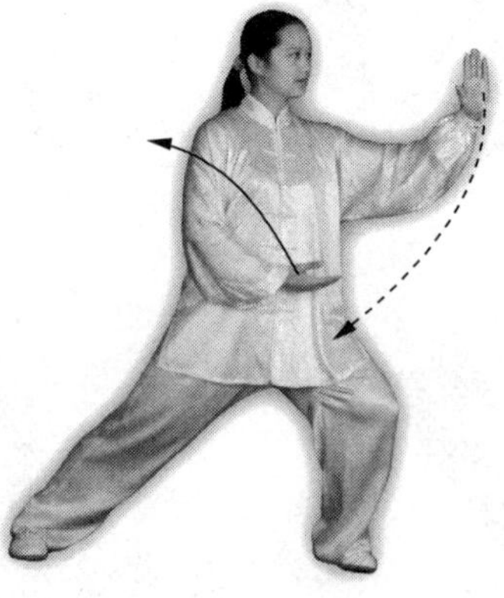

图 368

（八〇）下　势

动作及要点均与前“下势”式相同（图372、373）。

图 369

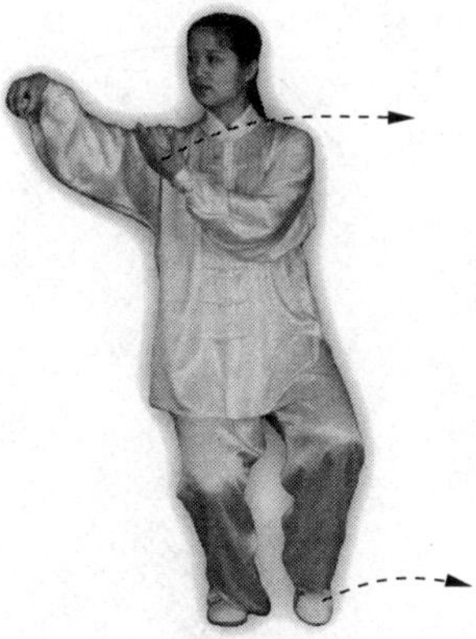

图 370

图 371

图 372

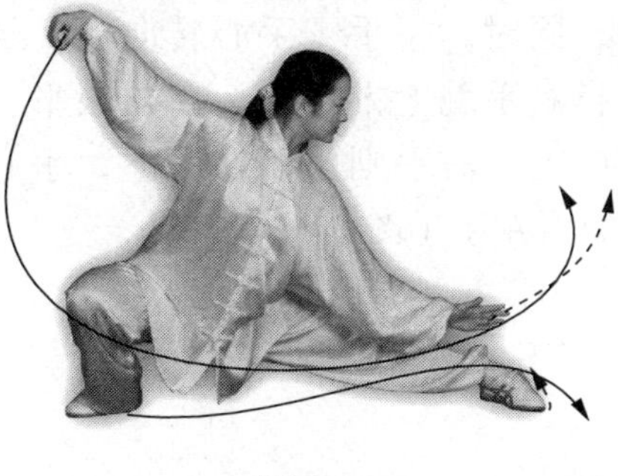

图 373

（八一）上步七星

左脚尖微向外撇，身体重心逐渐前移至左腿，身体起立，右脚向前迈出半步，脚尖点地，成右虚步；同时右手向下、向前画弧，两手变拳在胸前相互交叉成十字拳，右拳在外，拳心向前，左拳拳心向后；眼平看前方（图 374）。

要点：两拳相交时，腕部相贴，两臂要圆满，胸肌放松。

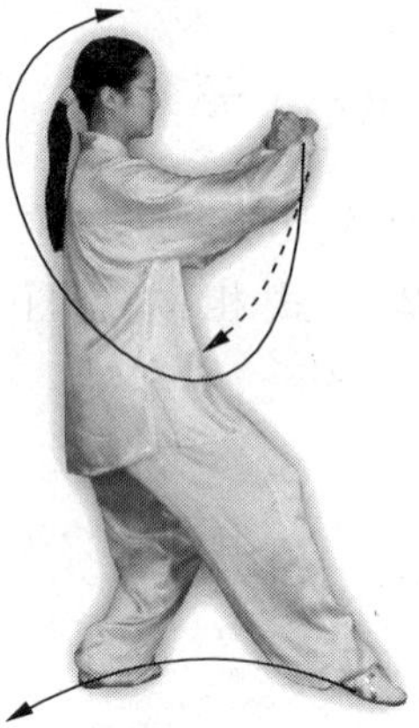

图 374

（八二）退步跨虎

右脚后退一步，同时两拳变掌向下、向左右分开，右手向上画弧停于右额前方（掌心斜向外），左手下落停于腰部左前侧，掌心斜向外；身体重心落于右腿，左脚脚尖点地，成左虚步；眼看前方（图375）。

要点：完成式两肩要平，胸部要松宽，左腿微屈，两掌向外撑劲。

图 375

（八三）转身摆莲脚

①左脚掌为轴，脚跟外转，右脚跟为轴脚尖外撇，身体向右后转，左脚随体转（略大于180°）向前迈出一步，成左弓步；同时，左手（手心转向上）经左腰侧自右手腕上方穿出，高与眼平，指尖斜向上，右手则落于左肘下，手心向下；眼看左手（图 376、377）。

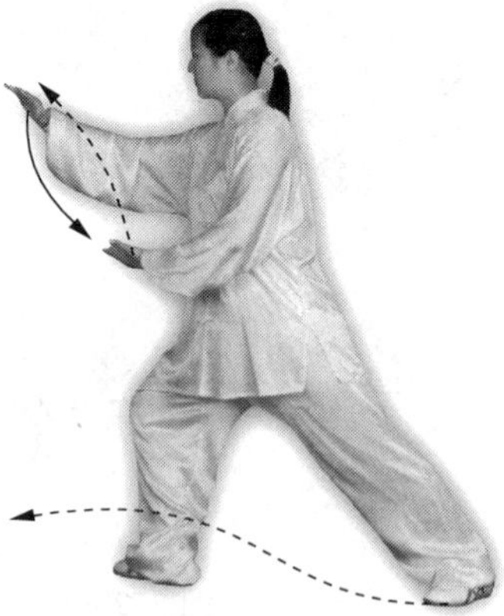

图 376

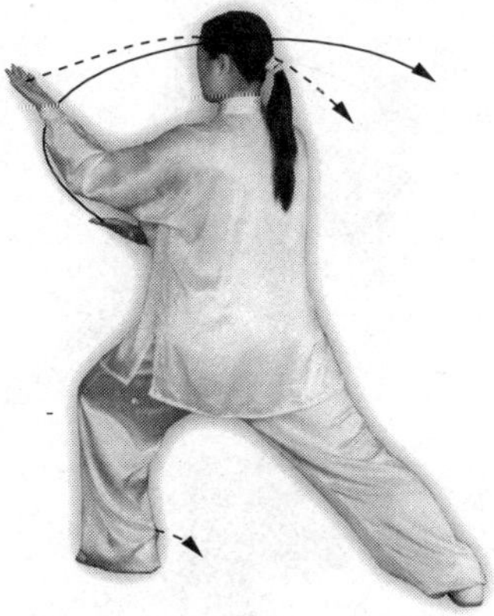

图 377

图 378

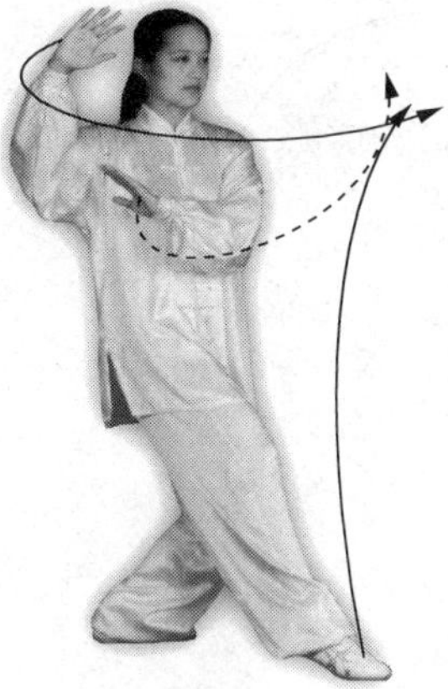

图 379

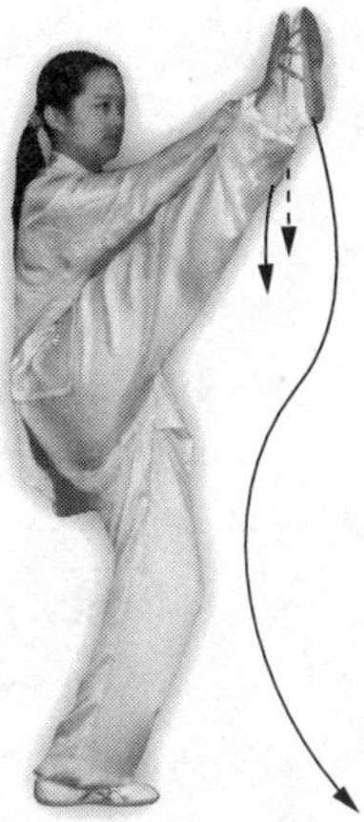

图 380

②重心后移，身体继续向右转，左脚尖里扣，重心再移回左腿，然后右腿提起，右脚由左向右上方摆出（腿自然伸直）；与此同时，右手顺左臂外侧上举，两手经头上方先向右然后向左侧摆过，双手拍击右脚面（左先右后）；眼看两手（图 378~380）。

要点：左穿掌方向应为西北。摆脚时，右腿上举，上体微向前迎，但不可紧张。根据技术和身体条件，拍脚时手不触脚也可以。

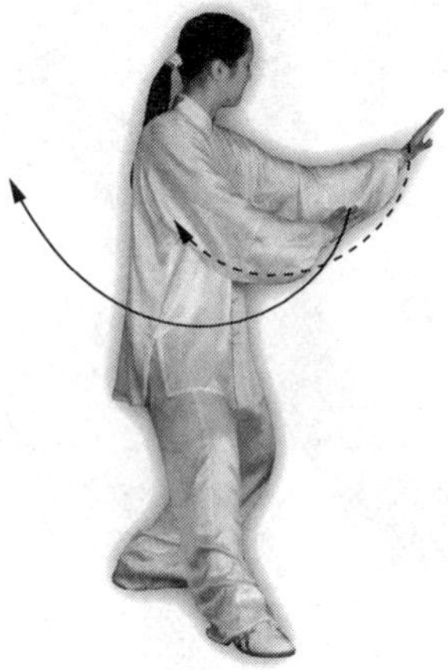
图 381

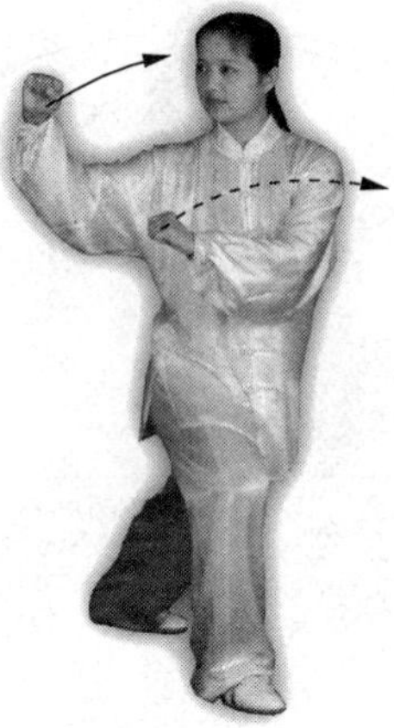
图 382

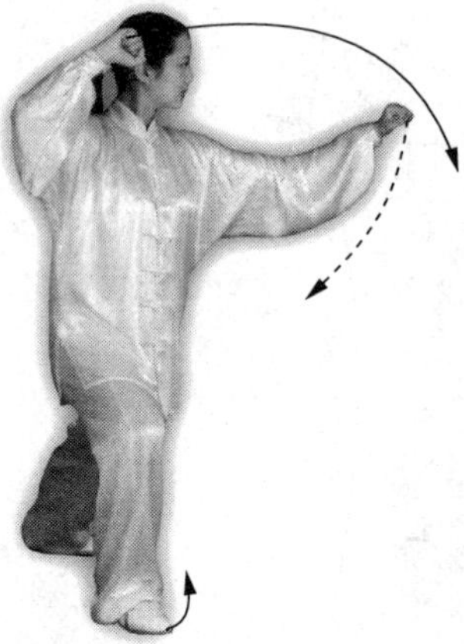
图 383

（八四）弯弓射虎

右脚向右前方落下；两手经身前向右后方弧形摆动变拳，右拳由后转至头部右侧，拳心向外，与额角同高，左拳经面前向左前方推出，拳心斜向前，与鼻同高；同时右腿弯曲，成右弓步；眼看左拳（图 381~383）。

要点：两手向后摆动时，上体和头部要随着转动。眼先向右看，再看左拳。完成姿势身体要正直，两臂要保持半圆形。如面向南起势，弓步方向为东南，左拳推出方向为东北。

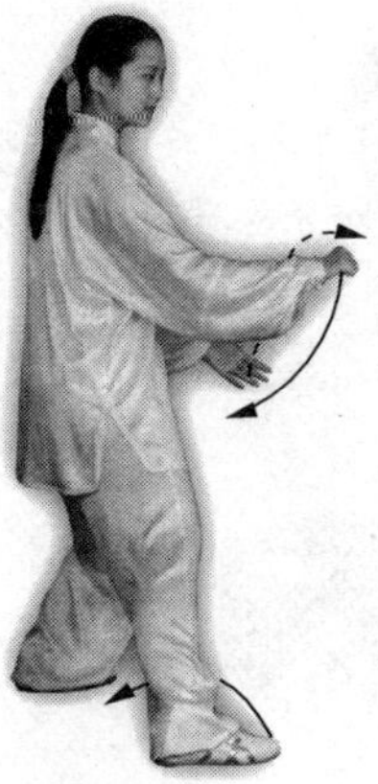

图 384

图 385

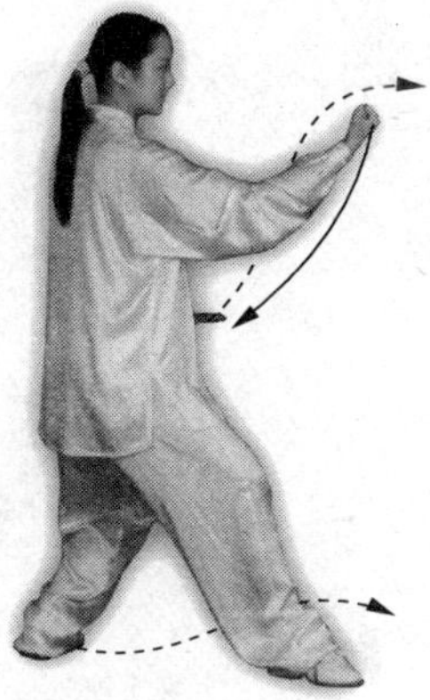

图 386

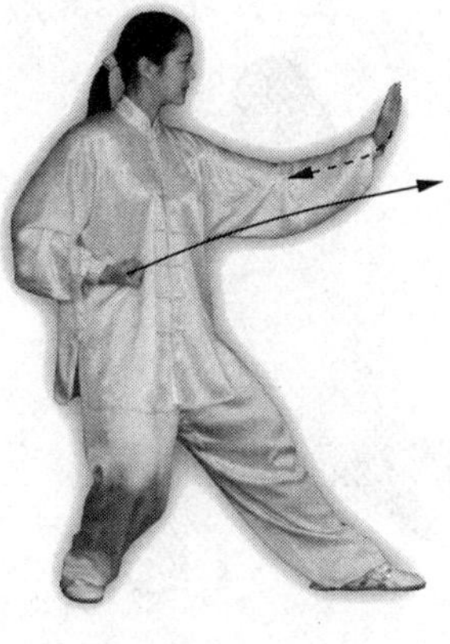

图 387

图 388

（八五）进步搬拦捶

①右脚尖里扣，身体左转，重心移向左腿，左脚随着转体动作使脚尖外撇，随即右脚收到左脚内侧；与此同时，右拳随转体动作向前、向左下方下落，转到左肋前，拳心向下，左拳变掌（掌心向上），下落回收，在身体左侧画弧，手心由上转向下，停于胸前（图 384、385）。

②其余动作及要点都和图 47、48、49 相同（图 386~388）。

图 389

图 390

图 391

图 392

（八六）如封似闭

动作及要点与前（一二）如封似闭式相同（图 389~392）。

图 393

图 394

图 395

图 396

（八七）十字手

动作及要点与前（一三）十字手式相同（图 393~396）。

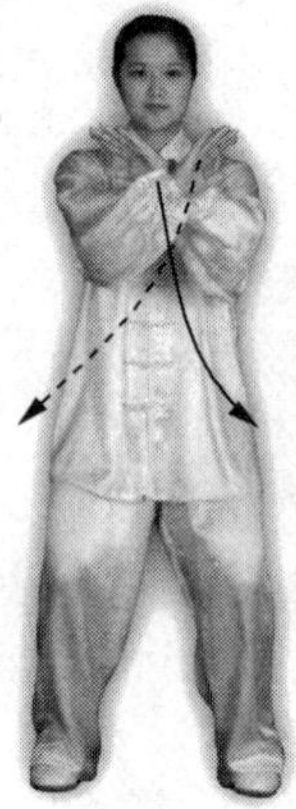

图 397

图 398

图 399

图 400

（八八）收势还原

两手向外翻掌，左右分开，手心向下，慢慢下落于两腿外侧；全身放松；眼向前平视；然后左脚向右脚靠拢，立正还原（图 397~400）。

要点： 两手下落时，气要徐徐向下沉（即呼气略延长），待呼吸平稳后再收左脚。还原后应缓慢走动休息，不宜立即做激烈的活动。

第四节　三十二式太极剑

太极剑是属于太极拳系统的一种剑术套路。它具有太极拳的运动特点及健身价值。本书介绍的这趟剑是根据传统的太极剑套路改编的，全部动作除“起势”和“收势”之外，共选定了 32 个主要姿势动作。整个套路分为四组，每组八个动作，从起势到收势往返共两个来回，练习时间大体需要 2~3 分钟。动作中包括抽、带、撩、刺、击、挂、点、劈、截、托、扫、拦、抹等主要剑法和各种身法、步法。它可以单人独练，也可以集体练习。通过这些主要姿势动作的练习，既可以更好地增强体质，又能增加练习者的锻炼兴趣，并为练习其他剑术套路打下基础。

一、几个基本动作

（一）左手持剑法（图甲）

左手自然舒展开，虎口部位对准剑的护手处，然后拇指由护手上方向下，中指、无名指和小指由护手下面向上，两者相对握住护手（由于护手的形式不同，拇指也可以从下向上握），食指伸直贴附于剑把之上，剑身平贴于左前臂后侧。

要点：手要紧握剑，不得使剑刃触及身体。

图甲

（二）右手持剑法（图乙）

右手自然舒展开，虎口对向剑的“上刃”（剑面竖直成立剑时，在上的一侧剑刃称为上刃），然后拇指和食指靠近护手将剑把握紧，其他三指可松握，以拇指的根节和小指外沿的掌根部位控制剑的活动。另一种持剑法是以中指、无名指和拇指握住剑把，食指和小指松握。当遇到某些需要增加剑锋弹力和灵活性的动作时，食指则附贴于护手上，以控制剑活动的准确性。后一种持剑法也称活把剑。

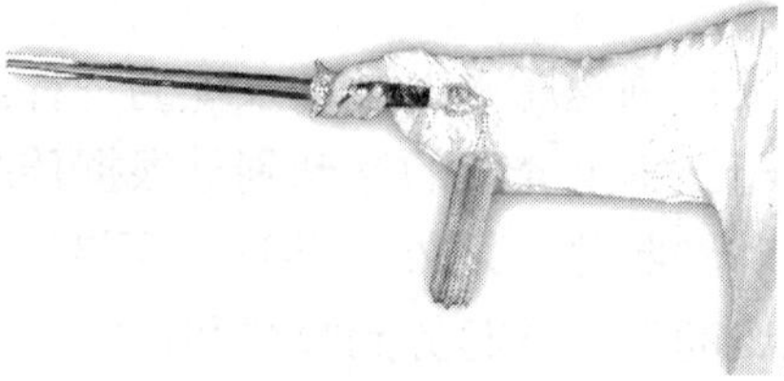

图乙

要点：握剑的松紧程度，以能将剑刺平、劈平为宜。

（三）剑指（图丙）

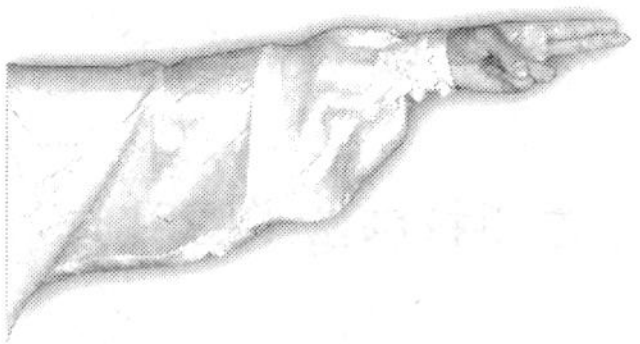

图丙

在练剑的时候，不持剑的手一般都保持成“剑指”姿势，即把食指和中指尽量伸直，无名指和小指屈握，然后用拇指压在无名指和小指指甲上。

二、动作名称

准备动作

（一）预备势　　（二）起势

第一组

（一）并步点剑　　（二）独立反刺

（三）仆步横扫　　（四）向右平带

（五）向左平带　　（六）独立抡劈

（七）退步回抽　　（八）独立上刺

第二组

（ 九 ）虚步下截
（一〇）左弓步刺
（一一）转身斜带
（一二）缩身斜带
（一三）提膝捧剑
（一四）跳步平刺
（一五）左虚步撩
（一六）右弓步撩

第三组

（一七）转身回抽
（一八）并步平刺
（一九）左弓步拦
（二〇）右弓步拦
（二一）左弓步拦
（二二）进步反刺
（二三）反身回劈
（二四）虚步点剑

第四组

（二五）独立平托
（二六）弓步挂劈
（二七）虚步抡劈
（二八）撤步反击
（二九）进步平刺
（三〇）丁步回抽
（三一）旋转平抹
（三二）弓步直刺
收势

三、太极剑的套路介绍

准备动作

（一）预备势

身体正直，两脚开立，与肩同宽，脚尖向前；两臂自然垂于身体两侧，左手持剑，剑尖向上，剑身竖直；眼平视前方（图1）。

要点：上体要自然，不要故意挺胸、收腹。剑身在左臂后不要触及身体。两肩自然松沉。

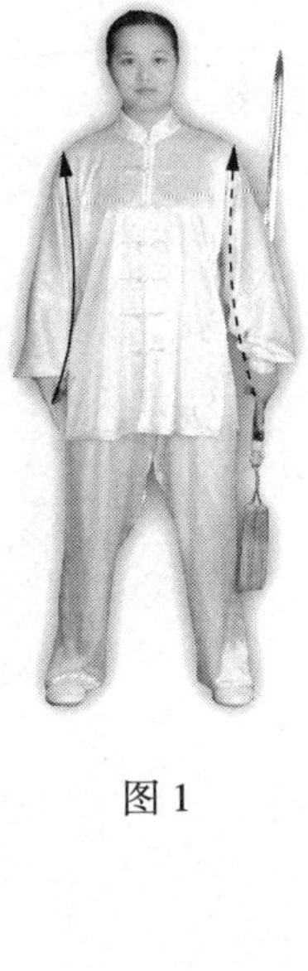
图1

（二）起　势

①右手握成剑指，两臂慢慢向前平举，高与肩平，手心向下；眼看前方（图2）。

要点：两臂上起时，不要用力，两手宽度不超过两肩。剑身在左臂下要平，剑尖不可下垂。

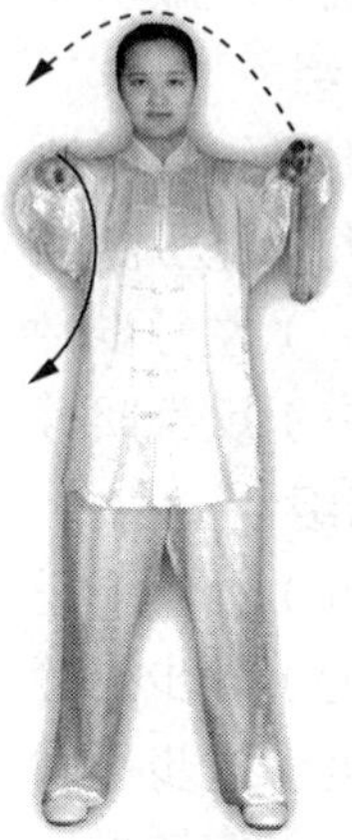

图 2

②上体略向右转，身体重心移于右腿，屈膝下蹲，然后再向左转体，左腿提起向左侧前方迈出，成左弓步；左手持剑随即经体前向左下方搂至左胯旁，剑立于左臂后，剑尖向上，同时右手剑指下落转成掌心向上，由右后方屈肘上举经耳旁随转动方向向前指出，高与眼平；眼先向右看，然后向前看右剑指（图 3、4）。

要点：左臂向体前画弧时，身体要先微向右转，身体重心在右腿放稳之后再提左腿。转体、迈步和两臂动作要协调柔和。

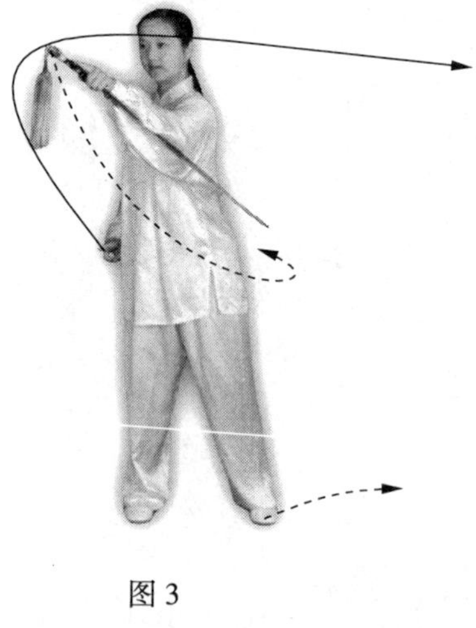

图 3

图 4

③左臂屈肘上提，左手持剑（手心向下）经胸前从右手上方穿出，右剑指翻转（手心向上），并慢慢下落撤至右后方（手心仍向上），两臂前后展平，身体右转；与此同时，右腿提起向前横落，脚尖外撇，两腿交叉，膝部弯曲，左脚跟离地，身体稍向下坐，成半坐盘势；眼向后看右手（图 5）。

要点：左右手必须在体前交错分开，右手后撤与身体右转动作要协调。

④右脚和左手持剑的位置不动，左脚前进一步，成左弓步；同时身体向左扭转，右手剑指随之经头部右上方向前落于剑把之上，准备接剑；眼平看前方（图 6）。

要点：动作时应先提脚和向左转头，然后再举右臂向前下落。两臂不要硬直，两肩要松。上体保持自然。

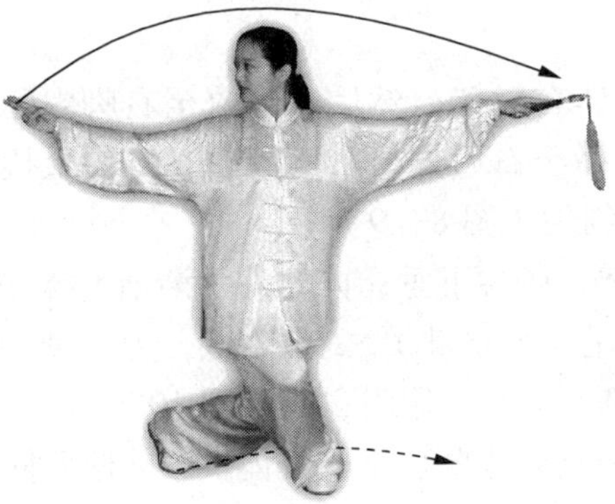

图 5

图 6

第 一 组

（一）并步点剑

左手食指向中指一侧靠拢，右手松开剑指，虎口对着护手，将剑接换过，并使剑在身体左侧画一立圆，然后剑尖向前下点，剑尖略向下垂，右臂要平直，左手变成剑指，附于右手腕部；同时右脚前进向左脚靠拢并齐，脚尖向前，身体略向下蹲；眼看剑尖（图 7）。

要点：剑身向前绕环时，两臂不可高举。右手握剑画圆只用手腕绕环。点剑时，力注剑尖。肩要下沉，上体正直。

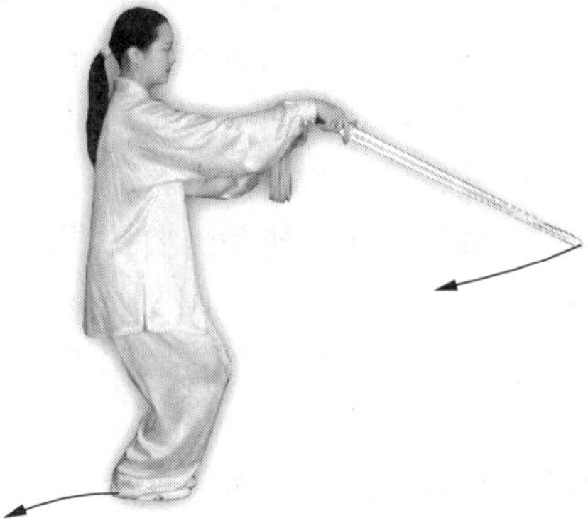

图 7

图 8

（二）独立反刺

①右脚向右后方撤一步，随即身体右后转，然后左脚收至右脚内侧，脚尖点地；同时，右手持剑经体前下方撤至右后方，右腕翻转，剑尖上挑，左手剑指随剑回撤，停于右肩旁；眼看剑尖（图 8、9）。

②上体左转，左膝提起，成独立势，脚尖下垂；同时右手渐渐上举，使剑经头部前上方向前刺出（拇指向下，做反手立剑），剑尖略低，力注剑尖，左手剑指则经下颏处随转体向前指出，高与眼平；眼看剑指（图 10）。

要点：分解动作中间不要间断。独立姿势要稳定，身体不可前俯后仰。

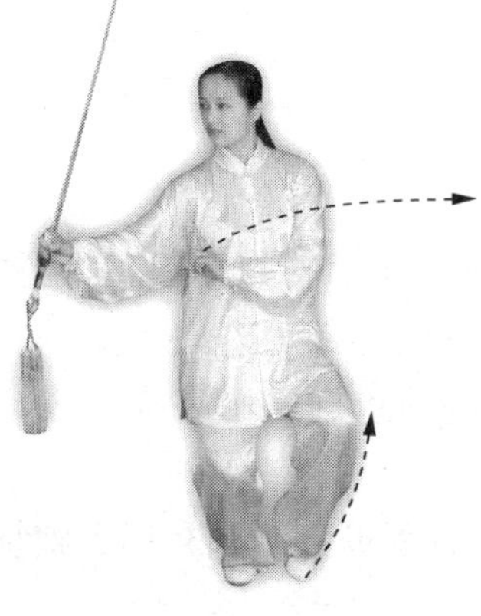

图 9

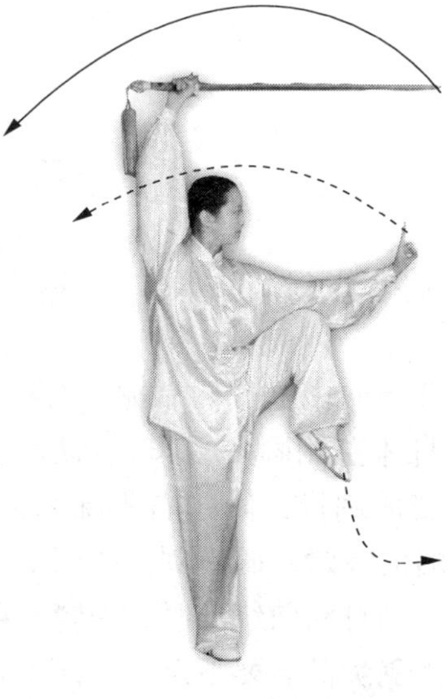

图 10

（三）仆步横扫

①上体右后转，剑随转体向右后方劈下，右臂与剑平直，左手剑指落于右手腕部；在转体的同时，右膝前弓，左腿向左横落撤步，膝部伸直；眼看剑尖（图11）。

图11

②身体向左转，左手剑指经体前顺左肋反插，向后、向左上方画弧举起至左额前上方，手心斜向上，右手持剑翻掌，手心向上，使剑由下向左上方平扫，力在剑刃中部，剑高与胸平；在转体的同时，右膝弯曲成半仆步，此势不停，接着身体重心逐渐前移，左脚尖外撇，左腿屈膝，右脚尖里扣，右腿自然伸直，变成左弓步；眼看剑尖（图12）。

图12

要点：以上两个分解动作要连贯进行。弓步时，身体保持正直。

（四）向右平带

右腿提起经左腿内侧向右前方跨出一步，成右弓步；同时，右手剑向前引伸，然后翻转手心向下，将剑向右斜方慢慢回带，屈肘握剑手带至右肋前方，力在右剑刃，剑尖略高于手，左手剑指下落附于右手腕部；眼看剑尖（图13）。

图13

要点：剑的回带和弓步屈膝动作要一致。

（五）向左平带

右手剑向前引伸，并慢慢翻掌将剑向左斜方回带，屈肘握剑手带至左肋前方，力在左剑刃，左手剑指经体前左肋向左上方画弧举起至左额上方，手心斜向上；与此同时，左脚经右腿内侧向左前方迈出一步，成左弓步；眼看剑尖（图 14）。

要点：与“向右平带”的要点相同。

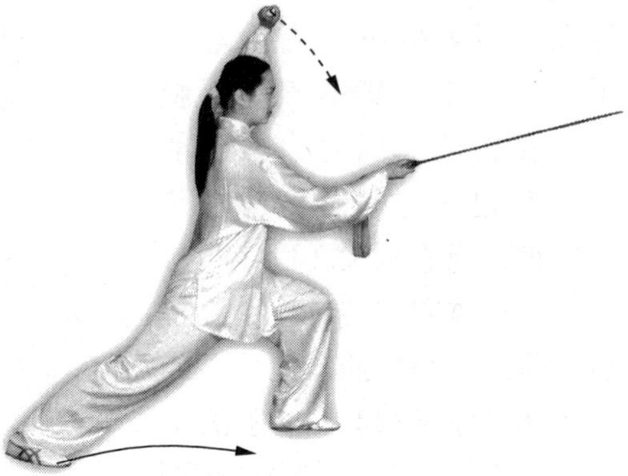

图 14

（六）独立抡劈

右脚前进到左脚内侧，脚尖着地；左手从头部左上方落至右腕部；然后身体左转，右手抽剑由前向下、向后画弧，经身体左下方旋臂翻腕上举，向前下方正手立剑劈下，力在剑下刃，左手剑指则由身体左侧向下、向后转至左额上方，掌心斜向上；在抡劈剑的同时，右脚前进一步，左腿屈膝提起，成独立步；眼看剑尖（图 15~17）。

图 15

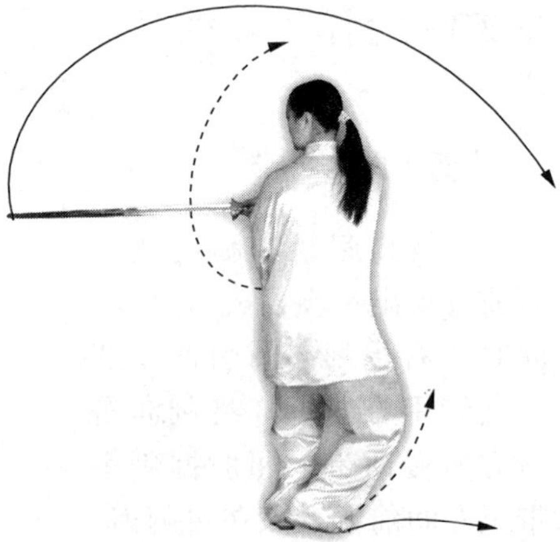

图 16

要点： 劈剑时，身体和头部先向左转，然后随剑的抡劈方向再转向前方。提膝和劈剑要协调一致。整个动作过程要连贯不停。

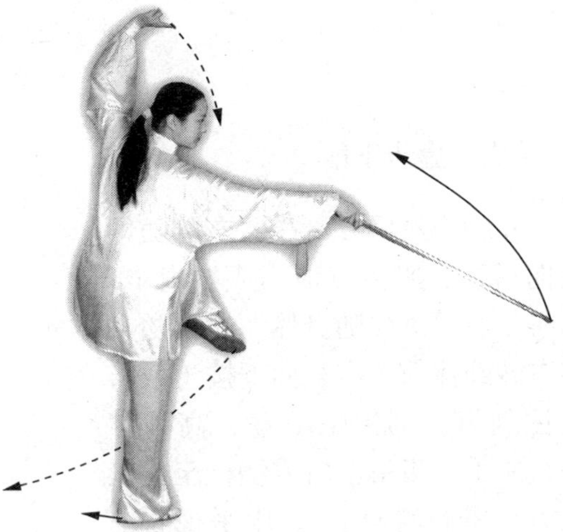

图 17

（七）退步回抽

左脚向后落下，屈膝，右脚随之撤回半步，脚尖点地，成右虚步；同时，右手剑抽回，剑把靠近左肋旁边，手心向里，剑面与身体平行，剑尖斜向上，左手剑指下落附于剑把上；眼看剑尖（图 18）。

要点： 右脚回撤与剑的回抽动作要一致。上体要正直。

（八）独立上刺

身体微向右转，面向前方；右脚前进半步，左腿屈膝提起，成独立步；同时，右手剑向前上方刺出（手心向上），力注剑尖，剑尖高与眼平，左手仍附在右手腕部；眼看剑尖（图 19）。

要点： 身体微向前倾，但不要故意挺胸。独立势要平衡稳定。

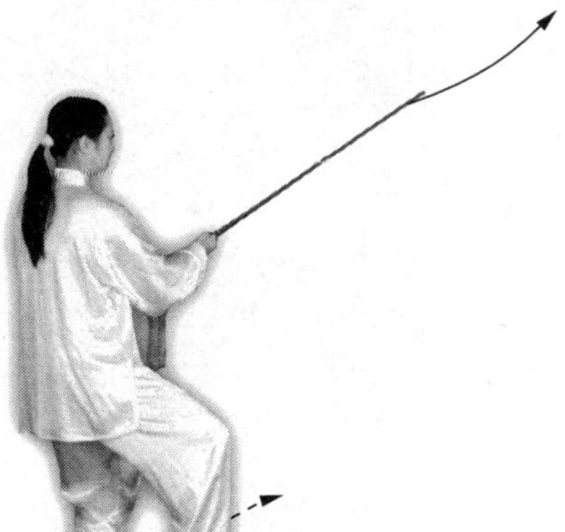

图 18

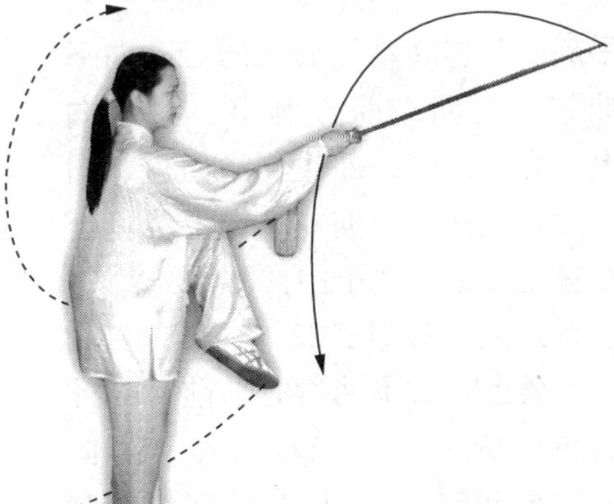

图 19

第 二 组

（九）虚步下截

左脚向左后方落步，右脚随即微向后撤，脚尖点地，成右虚步；同时，右手剑先随身体左转再随身体右转经体前向右、向下按（截），力注剑刃，剑尖略下垂，高与膝平，左手剑指由左后方绕行至左额上方（掌心斜向上）；眼平视右前方（图 20）。

图 20

要点：左脚变虚步与剑向下截要协调一致。如面向南起势，此式虚步方向正东偏北（约 30°），上体右转，面向东南。

（一〇）左弓步刺

右脚向右后方回撤一步，左脚收至右腿内侧后再向左前方迈出，成左弓步，面向左前方；同时，右手剑随身体转动经面前向后、向下抽卷，再向左前方刺出，手心向上，力注剑尖，左手剑指向右、向下落，经体前再向左、向上绕行至左额上方，手心向上，臂要撑圆；眼看剑尖（图 21、22）。

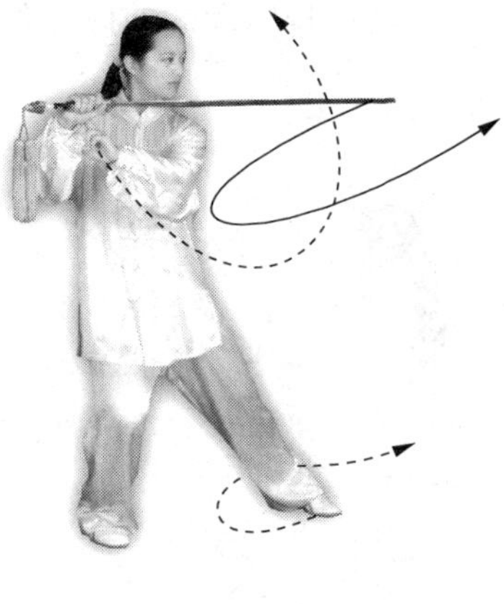

图 21

要点：右手回撤时，前臂先外旋再内旋（手心先转向外，再向下，再转向上），从右腰部将剑刺出。左手剑指绕行时要先落在右手腕部再分开转向头上方。弓步方向为东偏北（约 30°）

图 22

（一一）转身斜带

①身体重心后移，左脚尖里扣，上体右转，随后身体重心又移至左脚上，右脚提起，贴在左腿内侧；同时，右手剑收回横置胸前，掌心仍向上，左手剑指落在右手腕部；眼看左方（图 23）。

②上式不停，向右后方转体，右脚向右侧方迈出，成右弓步；同时右手剑随转体翻腕，掌心向下并向身体右侧外带（剑尖略高），力在剑刃外侧，左手剑指仍附于右手腕部；眼看剑尖（图 24）。

要点：身体重心移动、向右侧方迈出成右弓步，须与向右后转的动作一致，力求平稳、协调。转身斜带弓步方向应转为正西偏北（约 30°）。

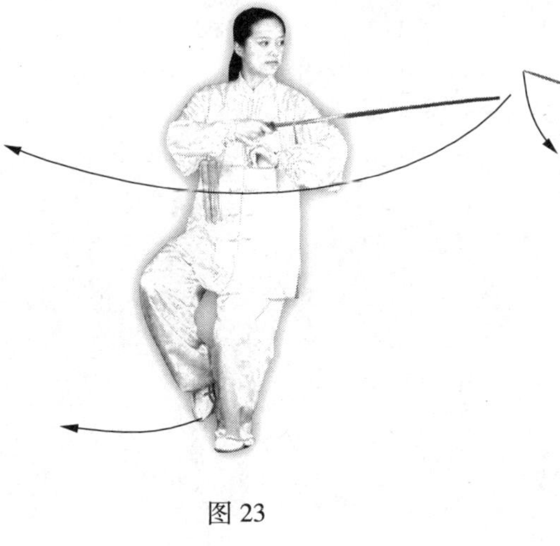

图 23

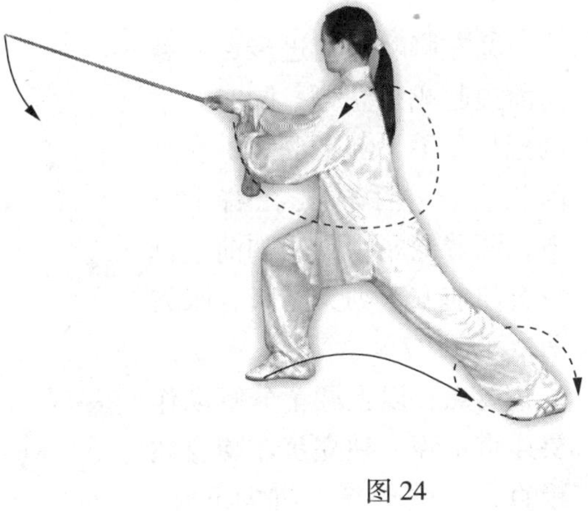

图 24

（一二）缩身斜带

左脚提起后再向原位置落下，身体重心移于左腿，右脚撤到左脚内侧，脚尖点地；同时，右手翻掌手心向上并使剑向左侧回带（剑尖略高），力在剑刃外侧，左手剑指随即由体前向下反插，再向后、向上绕行画弧重落于右手腕部；眼看剑尖（图 25）。

要点：剑回带时，身体也随着向左扭转。身体后坐时，臀部不要凸出。

图 25

（一三）提膝捧剑

①右脚后退一步，左脚也微向后撤，脚尖着地；同时两手平行分开，手心都向下，剑身斜置于身体右侧，剑尖位于体前，左手剑指置于身体左侧（图 26）。

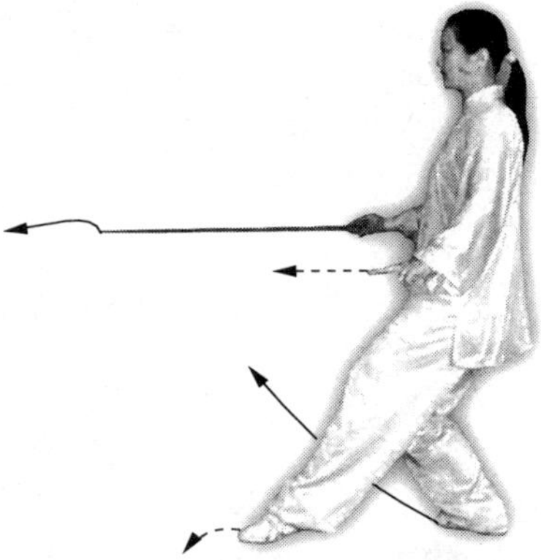

图 26

②左脚略向前进步，右膝向前提起成独立势；同时右手剑把与左手（剑指变掌）在胸前相合，左手捧托在右手背下，两臂微屈，剑在胸前，剑身直向前方，剑尖略高；眼看前方（图 27）。

要点：以上两个分解动作要连贯不停。独立步左腿自然蹬直，右腿提膝，脚尖下垂。上体保持自然。

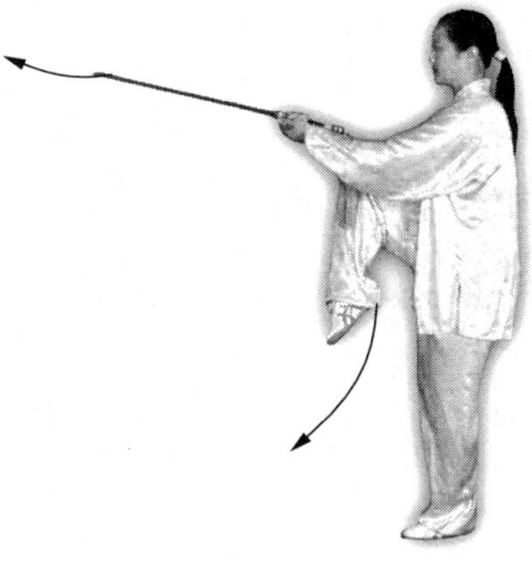

图 27

（一四）跳步平刺

①右脚向前落下，身体重心前移，然后右脚尖用力蹬地，左脚随即前进一步踏实，右脚在左脚将落未落地时，迅速向左腿内侧收拢（脚不落地）；同时，两手捧剑先微向回收，紧接着随右脚落地再直向前伸刺，然后随左脚落地，两手分开撤回身体两侧，两手手心都向下，左手再变剑指；眼看前方（图28、29）。

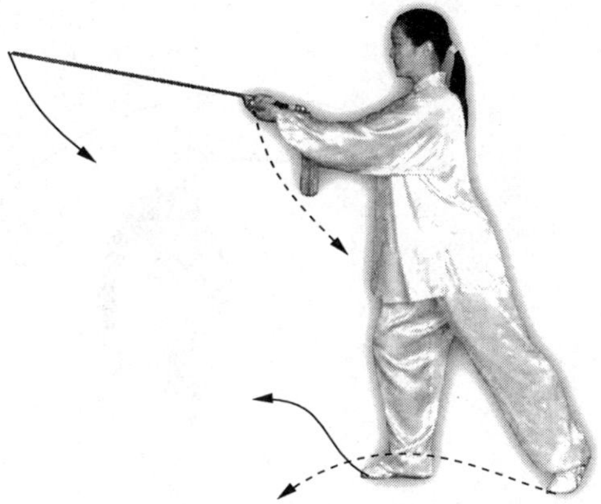

图28

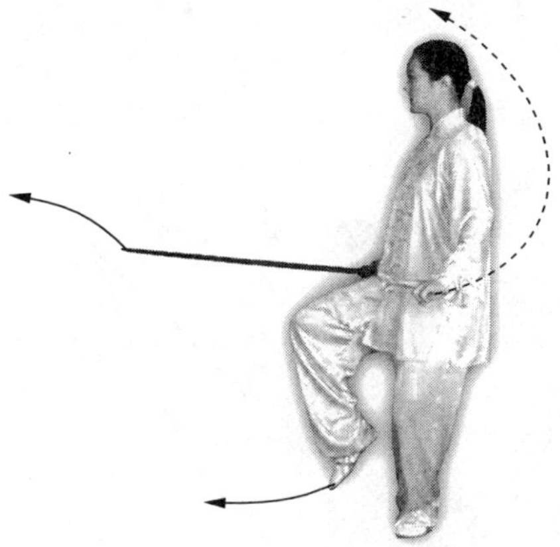

图29

②右脚再向前上一步，成右弓步；同时，右手剑向前平刺（手心向上），力注剑尖，左手剑指由左后方上举，绕至左额上方，手心斜向上；眼看剑尖（图30）。

要点：两手先略向回收，再于右脚落地的同时向前伸刺。左脚落地要与两手回撤动作一致。刺出后，剑要平稳。

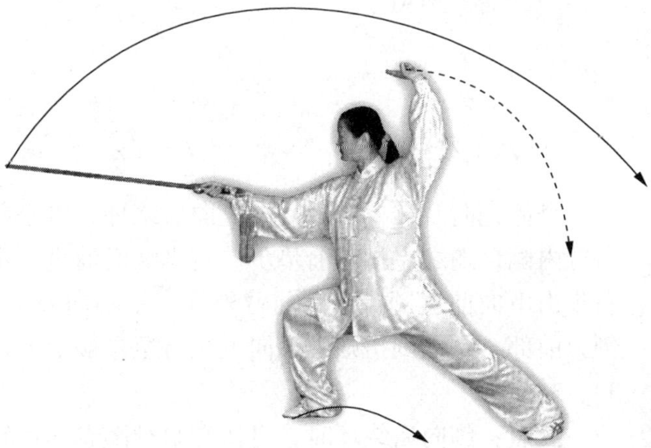

图30

（一五）左虚步撩

身体重心后移在左腿上，上体左转，右脚回收再向前垫步，脚尖外撇，再向右转体，身体重心前移至右腿，左脚随即前进一步，脚尖着地，成左虚步；同时，右手剑随身体转动经左上方向后、向下立剑向前撩出（前臂内旋，手心向外），力在剑刃前部，剑把停于头前，剑尖略低，左手剑指在上体左转时即下落附于右腕部，随右手绕转；眼看前方（图 31、32）。

要点：撩剑的路线必须画一个整圆。左手剑指须下落到左肋侧再与右手相合。

图 31

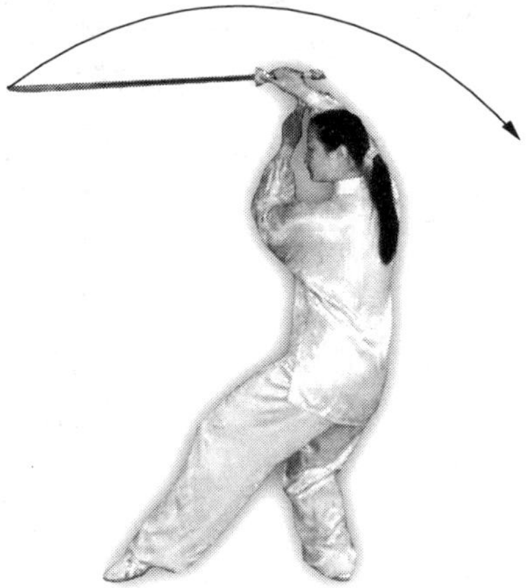

图 32

（一六）右弓步撩

身体先向右转，右手剑由上向后绕环，掌心向外，左手剑指随剑绕行附于右臂内侧；随之左脚向前垫步，右脚继而前进一步，成右弓步；右手剑随着上右步由下向前立剑撩出（前臂外旋，手心向外），剑与肩平，剑尖略低，力在剑刃前部，左手剑指则由下向上绕行至左额上方，手心斜向上；眼看前方（图 33、34）。

要点：剑向后绕环时，身体和眼神随着向后转。整个动作要连贯。

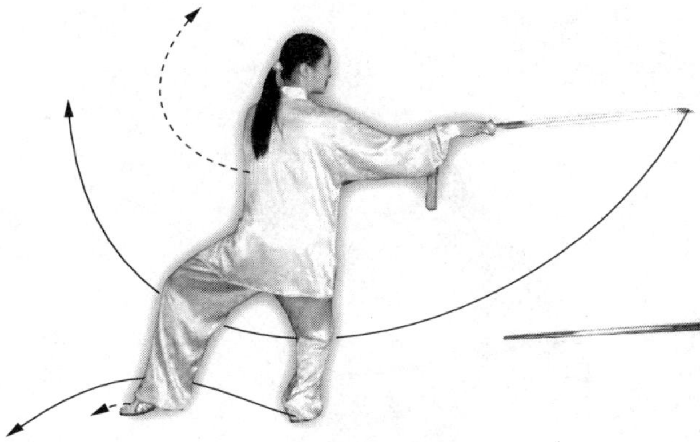

图 33

图 34

第 三 组

（一七）转身回抽

①身体左转，重心后移；右脚尖里扣，左脚尖稍外展，右腿蹬直，成侧弓步；同时，右手将剑柄收引到胸前，剑身平直，剑尖向右后，左手剑指仍附于右腕上；然后身体再向左转，随转体右手剑向左前方劈下，力在剑刃（剑身要平），左手剑指附于右腕部；眼看剑尖（图 35、36）。

图 35

图 36

②身体重心后移至右腿，右膝稍屈，左脚回撤，脚尖点地，成左虚步；同时，左手剑抽回至身体右侧（剑尖略低），左手剑指收回再经胸前、下颏前向前指出，高与眼齐；眼看剑指（图37）。

要点：第一动，向左转体时，要先扣右脚，再展左脚；右臂先屈回胸前再向左劈。第二动，左手剑指必须随右手收到腹前，再向上、向前指出。全部动作要协调。如果面向南起势，此式方向则为东偏南（约30°）。

图37

（一八）并步平刺

左脚略向左移，右脚靠拢左脚成并步，面向前方，身体直立；同时左手剑指向左转并向右下方画弧，反转变掌捧托在右手下，然后双手捧剑向前平刺，手心向上，力注剑尖，高与胸平；眼看前方（图38）。

要点：剑刺出后两臂要微屈，并步和刺剑要一致。身体直立要自然，不要故意挺胸。如果面向南起势，刺剑的方向为正东。

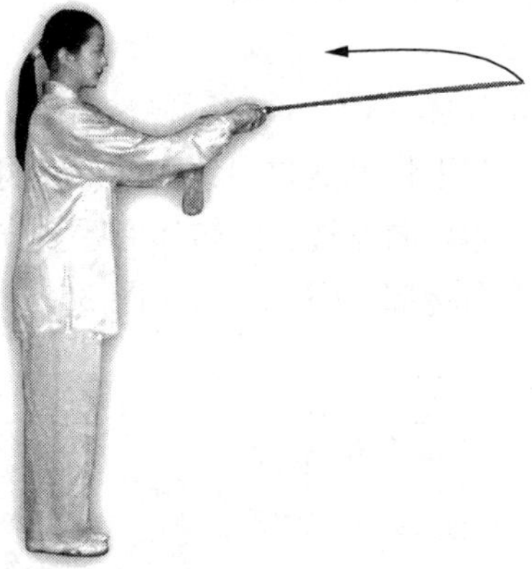

图38

（一九）左弓步拦

右手剑翻腕后抽，随身体右转由前向右转动，再随身体左转经右后方向下、向左前方托起拦出，力在剑刃，剑身与头平，前臂外旋，手心斜向里，左手剑指则向右、向下、向上绕行，停于左额上方，手心斜向上；在身体左转时左脚向左前方进一步，左腿屈膝，成左弓步；眼先随剑向右后看，最后平看前方（图 39、40）。

要点：身体应随剑先向右转再向左转。右腿先微屈，然后迈左脚。左手剑指随右手绕行，到右上方之后再分开。

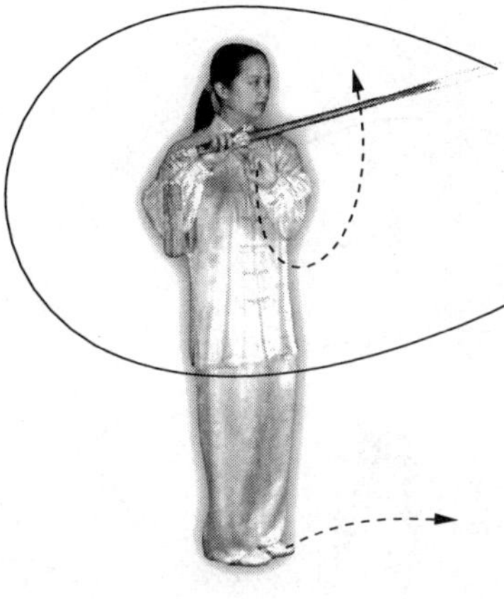

图 39

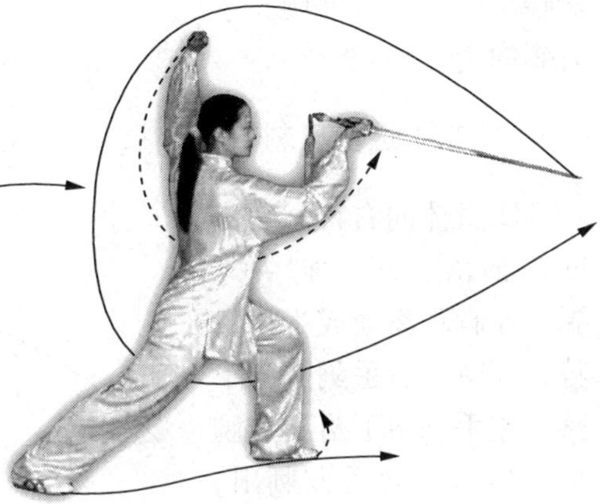

图 40

（二〇）右弓步拦

身体重心微向后移，左脚尖外撇，身体先向左转再向右转，在转体的同时，右脚经左脚内侧向右前方进一步，成右弓步；右手剑由左后方画一整圆向右前托起拦出（前臂内旋，手心向外），力在剑刃，剑身与头平，左手剑指附于右手腕部；眼看前方（图 41）。

要点：以上两动要连贯，剑须走一大圈，视线随剑移动。

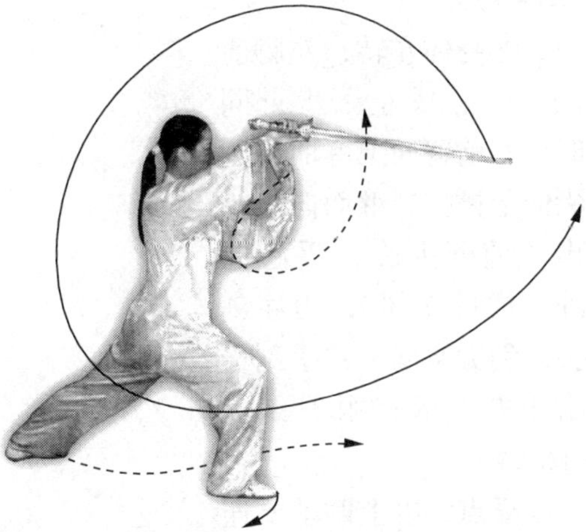

图 41

（二一）左弓步拦

身体重心微向后移，右脚尖外撇，其余动作及要点与前“右弓步拦”相同，只是方向相反。右手剑拦出时，右臂外旋，手心斜向内（图42）。

图42

（二二）进步反刺

①身体向右转；右脚向前横落盖步，脚尖外撇，左脚跟离地成半坐盘势；同时，右手剑剑尖下落，左手剑指下落到右腕部，然后剑向后方刺出，左手剑指向前方指出，手心向下，两臂伸平，右手手心向体前；眼看剑尖（图43）。

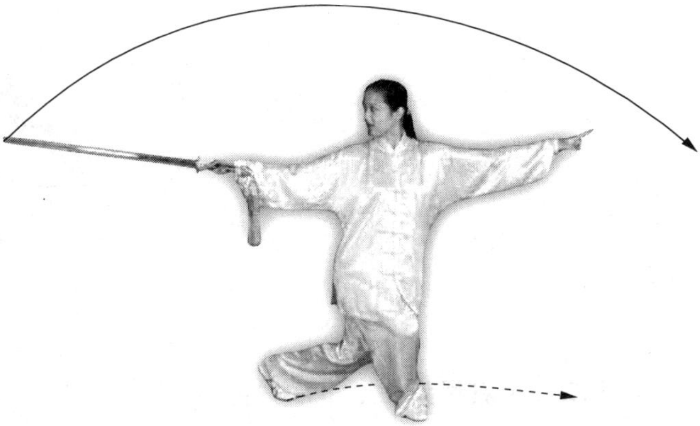

图43

②身体左转，左脚前进一步，成左弓步；同时，右前臂向上弯曲，剑尖向上挑挂，继而向前刺出（前臂内旋，手心向外，成反立剑），力注剑尖，剑尖略低，左手剑指附于右腕部；眼看剑尖（图44）。

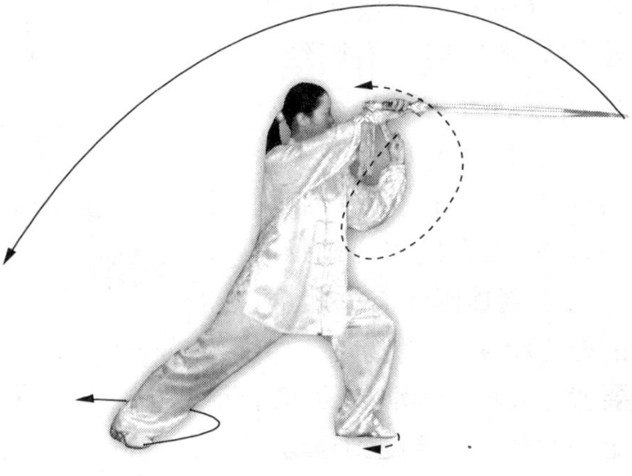

图44

要点：以上两动要连贯，弓步刺剑时身体不可太前俯。

（二三）反身回劈

身体重心先移至右腿，左脚尖里扣，然后再移到左腿上，右脚提起收回（不停），身体右后转，右脚随即向前迈出成右弓步，面向中线右前弓；同时，右手剑随转体由上向右后方劈下，力在剑刃，左手剑指由体前经左下方转至左额上方，手心斜向上；眼看剑尖（图 45）。

图 45

要点：劈剑、转体和迈右脚成弓步要协调一致。弓步和劈剑方向为正西偏北（约 30°）。

（二四）虚步点剑

左脚提起，上体左转，左脚向起势方向垫步，脚尖外撇，随即右脚提起落在左脚前，脚尖点地，成右虚步；同时，右手剑随转体画弧上举向前下方点出，右臂平直，剑尖下垂，力注剑尖，左手剑指下落经身体左侧向上绕行，在体前与右手相合，附于右腕部；眼看剑尖（图 46）。

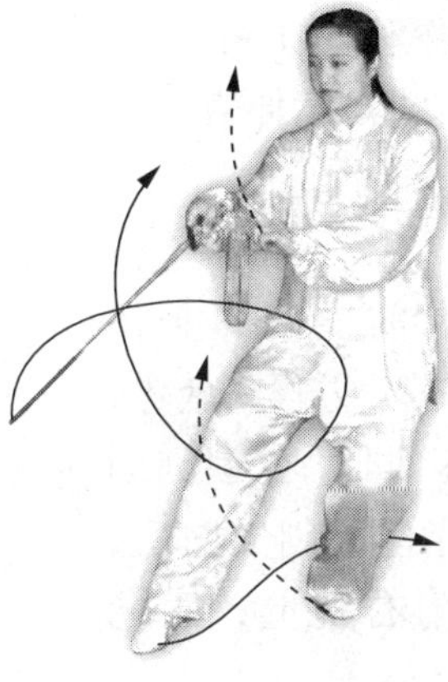

图 46

要点：点剑时，腕部用力，使力量达于剑尖。点剑与右脚落地要协调一致。身体保持正直。虚步和点剑方向、起势方向相同。

第 四 组

（二五）独立平托

右脚向左腿的左后方插步，两脚以脚掌为轴向右后转体（仍成面向前方），随即左膝提起成右独立步；在转体的同时，剑由体前先向左、向下绕环，然后随向右转体动作向右上方托起，剑身略平，稍高于头，力在剑刃上侧，左手剑指仍附于右腕部；眼看前方（图 47）。

图 47

要点：撤右腿时，右脚掌先落地，然后再以脚掌为轴向右后转体。身体不要前俯后仰。提膝和向上托剑动作要一致。右腿自然伸直。

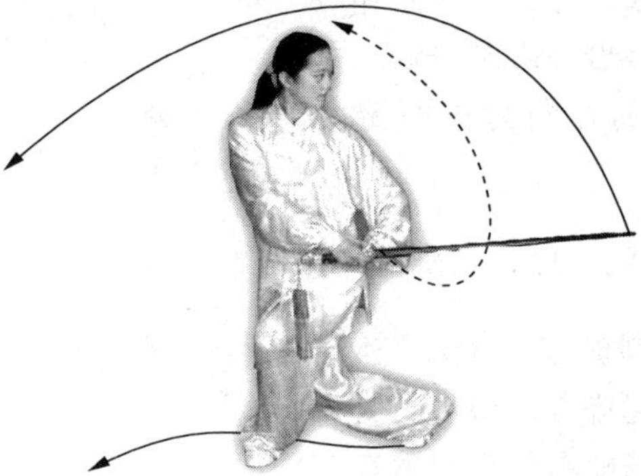

图 48

（二六）弓步挂劈

①左脚向前横落，身体左转，两腿交叉成半坐盘势，右脚跟离地；同时右手剑向身体左后方穿挂，剑尖向后，左手剑指仍附右腕上；眼向后看剑尖（图 48）。

②右手剑由左侧翻腕向上再向前劈下，剑身要平，力在剑刃，左手剑指则经左后方上绕至左额上方，手心向上；同时，右脚前进一步，成右弓步；眼看剑尖（图 49）。

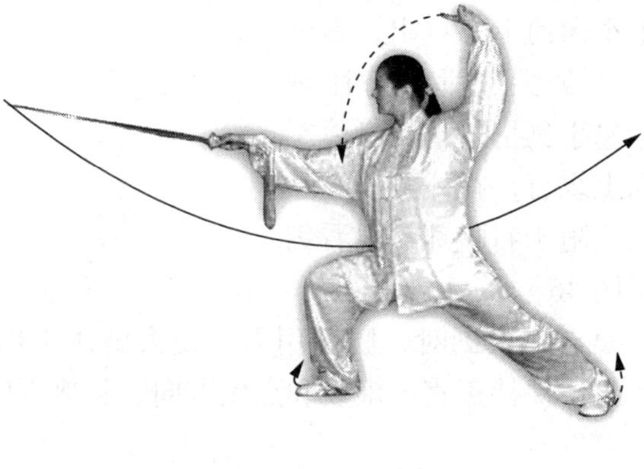

图 49

要点： 身体要先向左转再向右转。视线随剑移动。

（二七）虚步抡劈

①重心略后移，身体后转；右脚尖外撇，右脚跟离地成交叉步；同时，右手剑由右侧下方向后反手撩平，左手剑指落于右肩前；眼向后看剑尖（图 50）。

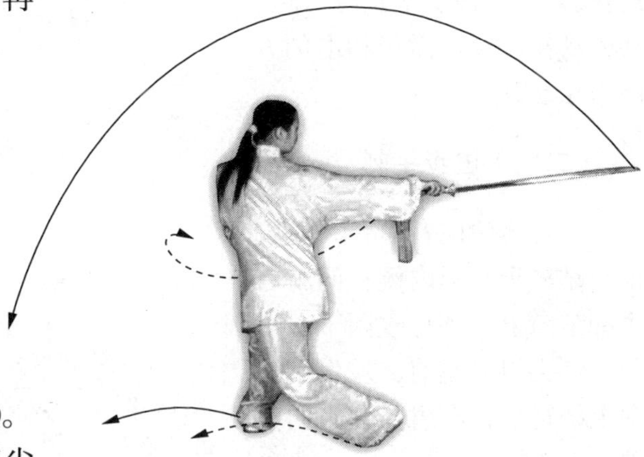

图 50

②左脚向前垫一步，脚尖外撇，身体左转，随即右脚前进一步，脚尖着地，成右虚步；与此同时，右手剑由右后翻臂上举再向前劈下，剑尖与膝同高，力在剑刃，左手剑指自右肩前下落经体前向左上画圆再落于右前臂内侧；眼看前下方（图 51）。

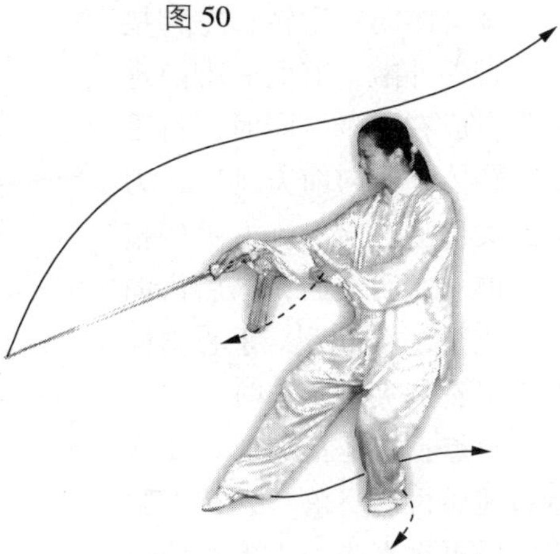

图 51

要点： 以上两个分解动作要连贯，中间不要停顿。

（二八）撤步反击

上体右转；右脚提起向右后方撤一大步，左脚跟外转，左腿蹬直，成右侧弓步；同时，右手剑向右后上方斜削击出，力在剑刃前端，手心斜向上，剑尖斜向上，高与头平，左手剑指向左下方分开平展，剑指略低于肩，手心向下；眼看剑尖（图 52）。

图 52

要点： 右脚先向后撤，再

蹬左脚。两手分开要与弓腿、转体动作一致。撤步和击剑方向为东北。

（二九）进步平刺

①身体微向右后转，左脚提起贴靠于右腿内侧；同时右手翻掌向下，剑身收回于右肩前，剑尖斜向左前，左手剑指向上绕行落在右肩前；眼向前看（图 53）。

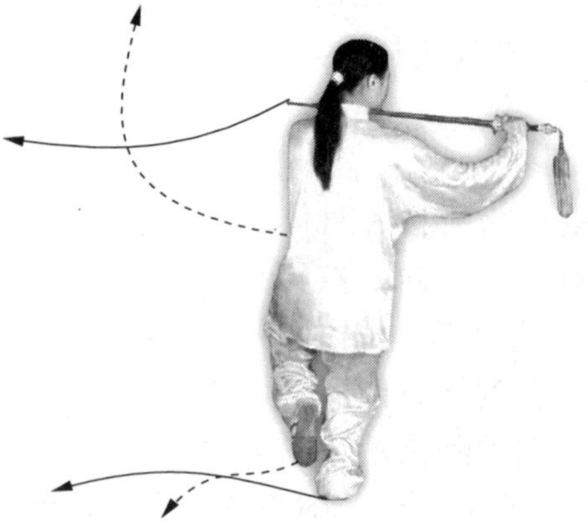

图 53

②身体向左后转；左脚垫步，脚尖外撇，继而右脚前进一步，成右弓步；同时，右手剑随转体动作向前方刺出，力贯剑尖，手心向上，左手剑指经体前顺左肋反插，向后再向左上绕至左额上方，手心斜向上；眼看剑尖（图 54）。

图 54

要点：左腿提起时，要靠近右腿后再转身落步，待左腿稳定后再进右步，上下须协调一致。

（三〇）丁步回抽

身体重心后移，右脚撤至左脚内侧，脚尖点地，成右丁步；同时，右手剑屈肘回抽（手心向里），剑把置于左肋部，剑身斜立，剑尖斜向上，剑面与身体平行，左手剑指落于剑把之上；眼看剑尖（图 55）。

图 55

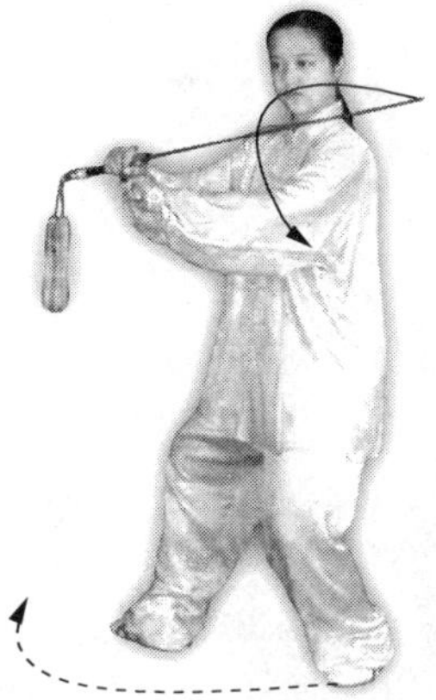

图 56

图 57

要点：右脚回收和剑回抽要一致。上体须正直。

（三一）旋转平抹

①右脚提起向前落步外摆（两脚成八字形），同时上体稍右转；右手翻掌向下，剑身横置胸前（图 56）。

图 58

②身体重心移于右腿，上体继续右转；左脚随即向右脚前扣步，两脚尖斜相对（成内八字形），然后以左脚掌为轴向右后转身，右脚随转体向中线方向后撤一步，左脚随之稍后收，脚尖点地，成左虚步；同时，右手剑随转体由左向右平抹，力在剑刃外侧，然后在变左虚步的同时，两手向左右分开，置于两胯旁，手心都向下，剑身斜置于身体右侧，剑尖位于体前；身体恢复起势方向，眼平看前方（图 57、58）。

要点：移步转身要平稳自然，不要低头弯腰，速度要均匀。由“丁步回抽”到“旋转平抹”完成，转体约 360°，身体仍回归起势方向。

（三二）弓步直刺

左脚向前进半步，成左弓步；同时，右手剑立剑直向前刺出，高与胸平，力注剑尖，左手剑指附在右手腕部；眼看前方（图 59）。

要点：弓步、刺剑要动作一致。

图 59

收 势

①身体重心后移，随即身体向右转；同时，右手剑向右后方回抽，手心仍向内，左手也随即屈肘回收（两手心内外相对），接握剑的护手；眼看剑身（图 60）。

②身体左转，身体重心再移到左腿，右脚向前跟进半步，与左脚成开立步（与肩同宽，脚尖向前）；同时，左手接剑（反握），经体前下落垂于身体左侧，右手变成剑指向下、向右后方画弧上举，再向前、向下落于身体右侧；全身放松；眼平看前方（图 61）。

图 60

图 61

三十二式太极剑动作路线示意图

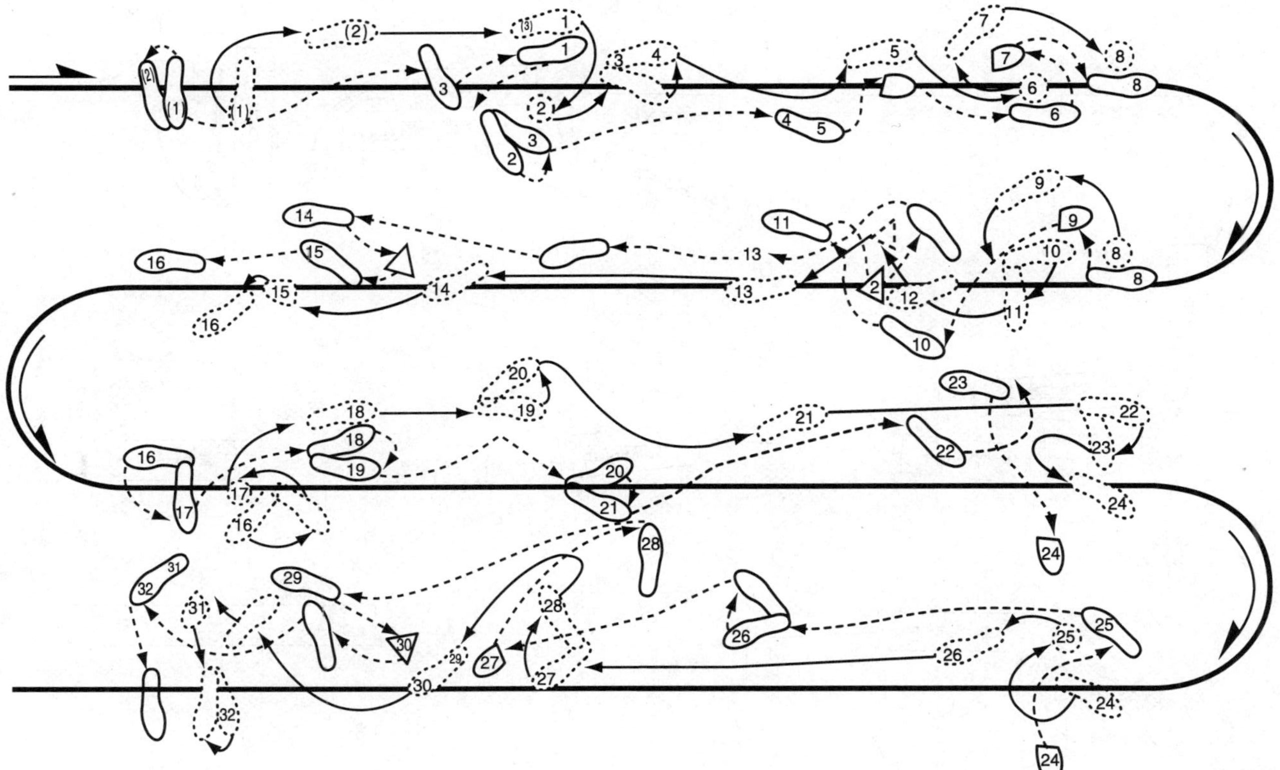

虚线脚为左脚，实线脚为右脚；脚印中不带括号的号码表示动作的顺序；脚印中带括号的号码表示预备动作；空白脚印表示过渡动作和“收势”。

表示前脚掌着地。

表示左右腿提膝悬空动作。

三角形中有号码的表示定势动作，无号码的表示过渡动作。

左脚路线

右脚路线

三十二式太极剑练习方向和进退路线详图

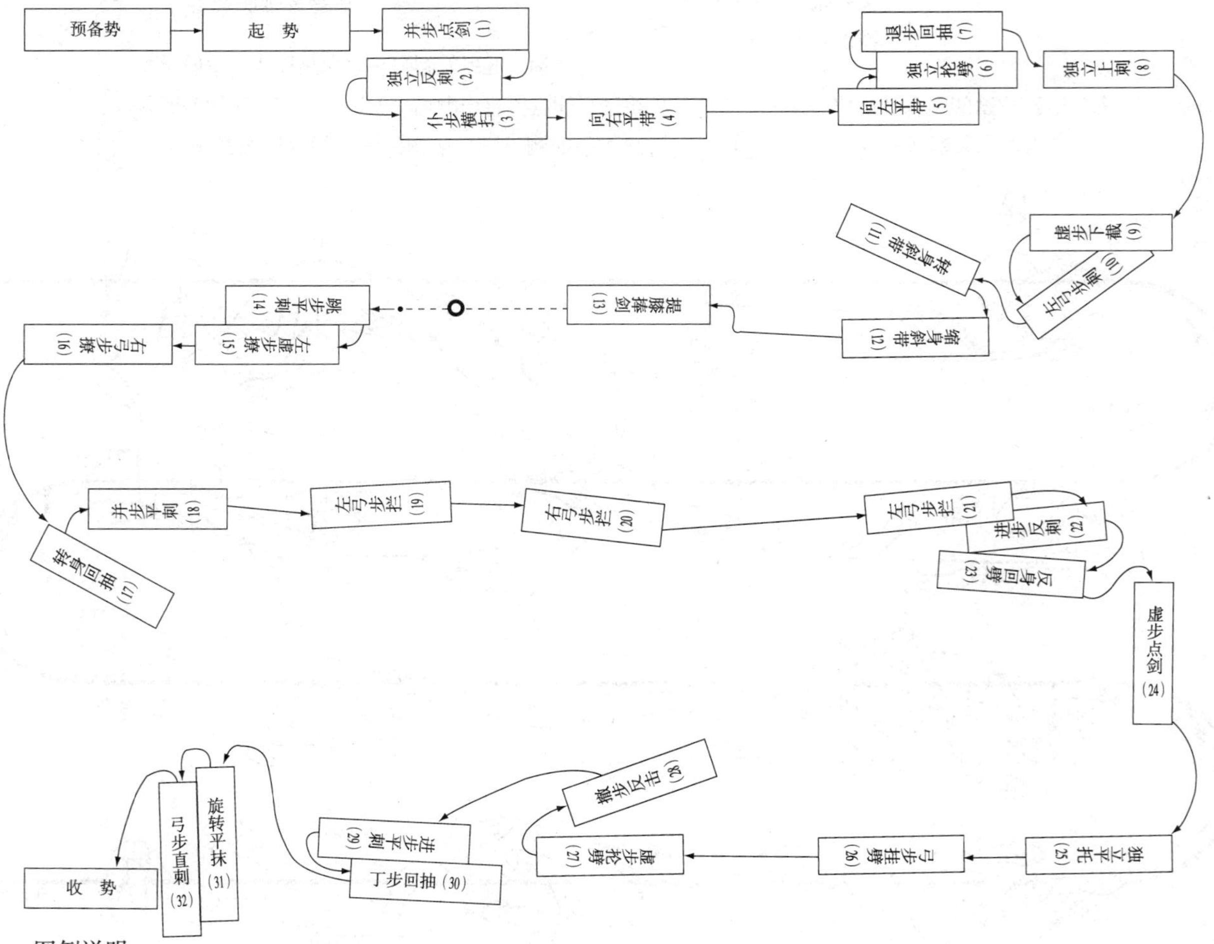

图例说明

1. 图上文字的正反表示：字的上端为练习者背向方向，下端表示面向方向。
2. 图上长方格略有错开的，如图ㄖ是表示在原地活动，略有进退。“…○·→”表示跳步动作。
3. 单人练习时，一般在宽 4 米、长 6 米的场地上即可进行。

第五节　四十二式太极拳

一、动作名称

第一段

（ 一 ）起势
（ 二 ）右揽雀尾
（ 三 ）左单鞭
（ 四 ）提手
（ 五 ）白鹤亮翅
（ 六 ）搂膝拗步（二）
（ 七 ）撇身捶
（ 八 ）捋挤势（二）
（ 九 ）进步搬拦捶
（一〇）如封似闭

第二段

（一一）开合手
（一二）右单鞭
（一三）肘底捶
（一四）转身推掌（二）
（一五）玉女穿梭（二）
（一六）右左蹬脚
（一七）掩手肱捶
（一八）野马分鬃（二）

第三段

（一九）云手（三）
（二〇）独立打虎
（二一）右分脚
（二二）双峰贯耳
（二三）左分脚
（二四）转身拍脚
（二五）进步栽捶
（二六）斜飞势
（二七）单鞭下势
（二八）金鸡独立（二）
（二九）退步穿掌

第四段

（三〇）虚步压掌
（三一）独立托掌
（三二）马步靠
（三三）转身大捋
（三四）歇步擒打
（三五）穿掌下势
（三六）上步七星
（三七）退步跨虎
（三八）转身摆莲
（三九）弯弓射虎
（四〇）左揽雀尾
（四一）十字手
（四二）收势

二、动作说明

第 一 段

（一）起势

①身体自然直立，两脚并拢，头颈端正，下颏内收，胸腹舒松，肩臂松垂，两手轻贴大腿侧；精神集中，呼吸自然，目平视前方（图 1）。

②左脚向左轻轻开步，相距与肩同宽，脚尖向前（图 2）。

③两手慢慢向前平举，与肩同高，手心向下，两臂相距同肩宽，肘微下垂（图 3）。

④上体保持正直，两腿缓缓屈膝半蹲；两掌轻轻下按，落于腹前，掌与膝相对（图 4）。

图 1

图 2

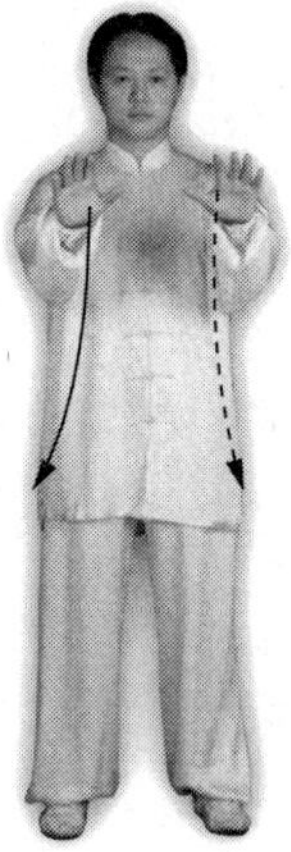

图 3

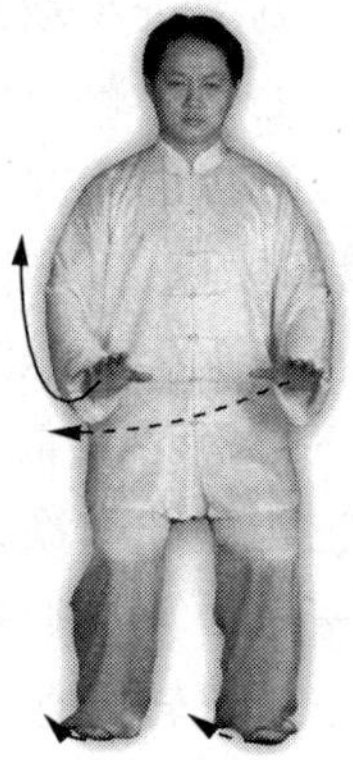

图 4

（二）右揽雀尾

①右脚尖稍外撇，同时身体微向右转；右臂上抬屈于胸前，手心向下，左手翻转向右画弧至右腹前，手心向上，与右手相对如抱球状，重心移至右腿，左脚收于右脚内侧；目视右手（图5）。

②上体微左转，左脚向左前方上一步，脚跟轻轻落地（图6）。

③上体继续左转，重心前移成左弓步；同时左臂向前掤出，左手高与肩平，手心向内，指尖向右，右手向下落于右胯旁，手心向下，指尖向前，两臂微屈；目视左前臂（图7）。

图5

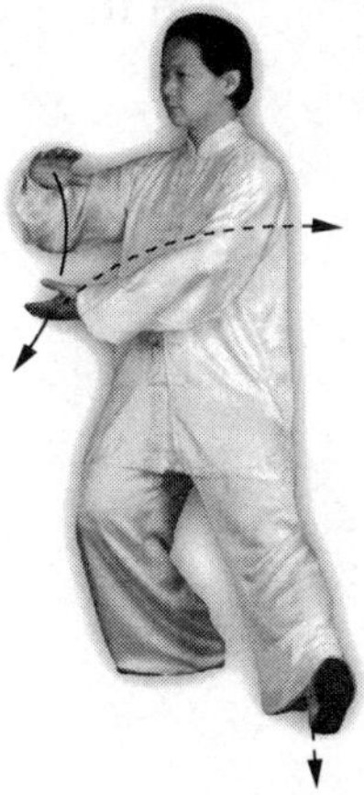

图6

图7

④上体微左转，右脚收至左脚内侧；左臂内旋屈于左胸前，左手翻转向下，与胸同高，指尖向右，右臂外旋，右掌向左画弧至左腹前，掌心向上，指尖向左，两掌相对如抱球状；目视左掌（图8）。

图8

图 9

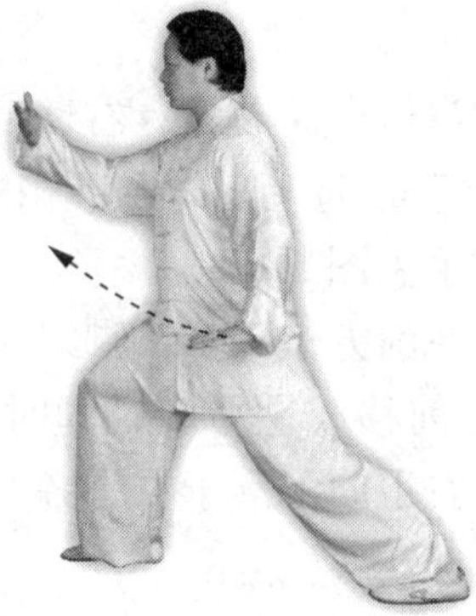

图 10

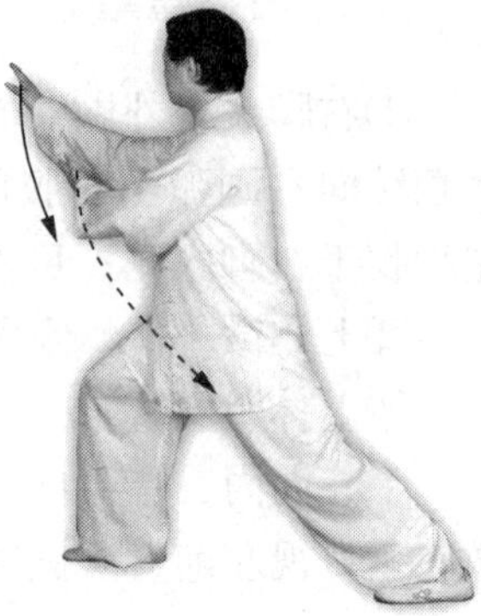

图 11

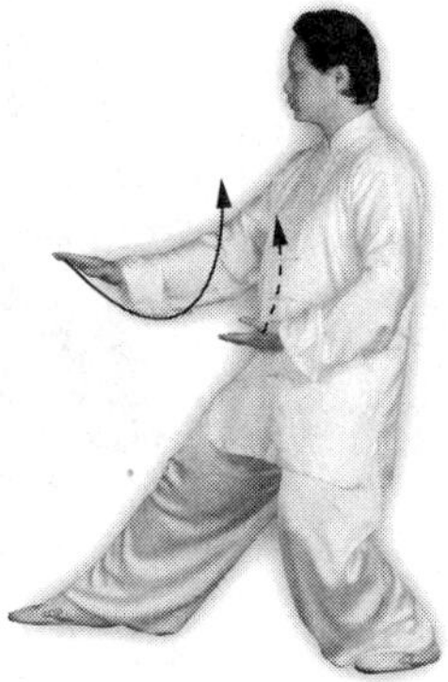

图 12

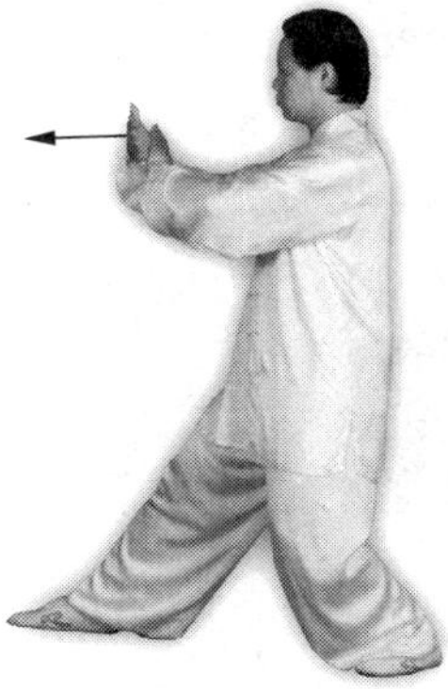

图 13

⑤上体微右转，右脚向右前方轻轻迈出一步，脚跟着地（图 9）。

⑥上体继续右转，重心前移成右弓步；同时右臂向前掤出，臂微屈，掌心向内，高与肩平，左掌向左、向下落于左胯旁，掌心向下；目视右前臂（图 10）。

⑦上体微右转；右掌前伸，掌心翻转向下，左掌同时翻转向上，伸至右腕下方；目视右掌（图 11）。

⑧重心后移，上体微左转；双掌向下后捋至腹前；目随右掌（图 12）。

⑨右臂外旋屈肘横于胸前，右掌心向内，指尖向左，左臂内旋，左掌心转向外，掌指附于右腕内侧（图 13）。

图 14

图 15

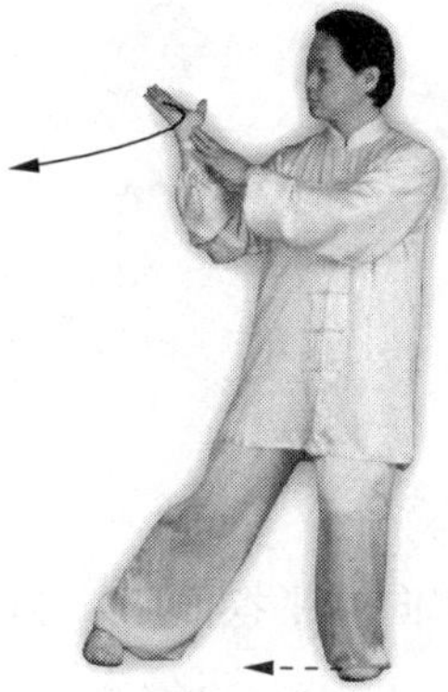

图 16

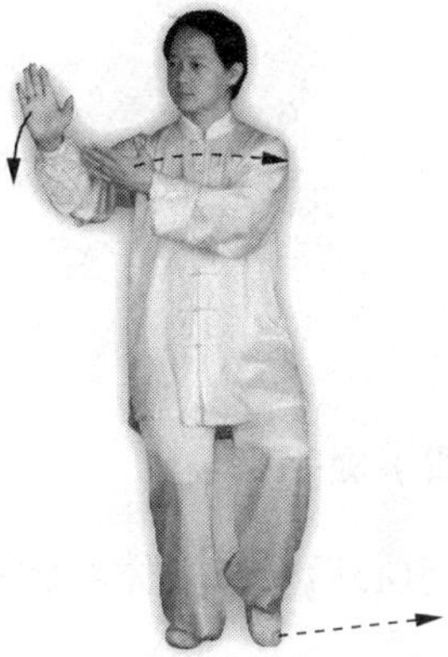

图 17

⑩重心前移成右弓步，两掌同时向前挤出，两臂撑圆；目视前方（图14）。

⑪重心后移，上体微右转，右脚尖上翘；右臂外旋，右掌心翻转向上，自前向右、向后屈肘画平弧至右肩前，左掌仍附于右腕内侧随之画弧；目随右掌（图15）。

⑫身体左转，右脚尖内扣落地；右掌平旋内收（图16）。

⑬上体微右转，重心右移；左脚收至右脚内侧，脚尖着地成丁步；右臂内旋，右掌翻转向右前方立掌按出，腕高与肩平，掌心向外，左掌随之翻转向内，指尖仍附于右腕侧；目视右掌（图17）。

（三）左单鞭

①上体微左转，左脚向左前方上一步，脚跟着地；右掌变勾手，左掌向左画弧至面前；目视左掌（图 18）。

②上体继续左转，重心前移成左弓步；左前臂内旋，左掌翻转向前推出，掌心向前，腕高与肩平；目视左掌（图 19）。

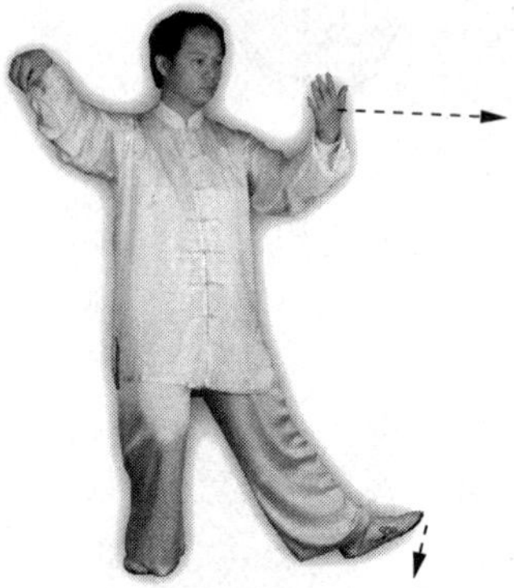

图 18

图 19

（四）提手

①重心后坐，上体右转；左脚尖内扣，左掌向右平摆画弧；目视左手（图 20）。

②重心左移；右勾手变掌，左掌稍向左平带（图 21）。

图 20

图 21

③上体微右转；右脚提转，脚跟落地，脚尖上翘，成右虚步；右掌成侧立掌举于体前，指尖高与眉齐，左臂屈收，左手也成侧立掌合于右肘内侧；目视右掌（图 22）。

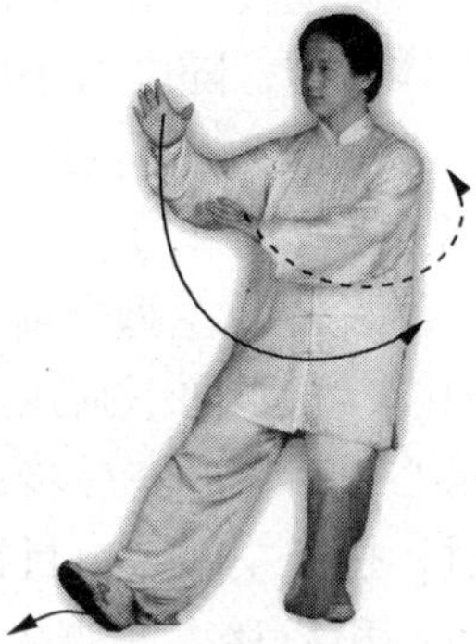

图 22

（五）白鹤亮翅

①上体左转，右脚稍后撤，脚尖内扣；两手向左下方画弧，再翻转抱于左胸前，左手在上，两臂微屈成弧形；目视左手（图 23）。

②重心右移，上体右转；两手边合边举至右肩前；目视右手（图 24）。

③上体微左转，左脚稍向内收，脚尖点地成左虚步；两手右上左下画弧分开，右掌提至右额前，掌心向内，左掌按于左胯旁，掌心向下，两臂保持弧形；目平视前方（图 25）。

图 23

图 24

图 25

（六）搂膝拗步（二）

①上体微左转，右手随之向左画弧自头前下落；目视右手（图 26）。

②上体右转；随之右手向下、向右、向上画弧至右前方，高与头平，手心斜向上，左手向上、向右、向下画弧至右肋旁，手心向下；左脚收至右脚内侧；目视右手（图 27）。

③上体左转，左脚向前上步，脚跟轻轻落地；右臂屈肘，右手收至耳旁，掌心斜向前，左手向下画弧至腹前；目视前方（图 28）。

④重心前移，成左弓步；右手成立掌向前推出，指尖高与鼻平，左手由左膝前搂过，按于左胯旁；目视右掌（图 29）。

⑤重心稍后移，左脚尖外撇，上体左转；右手随之向左画弧；目随右手（图 30）。

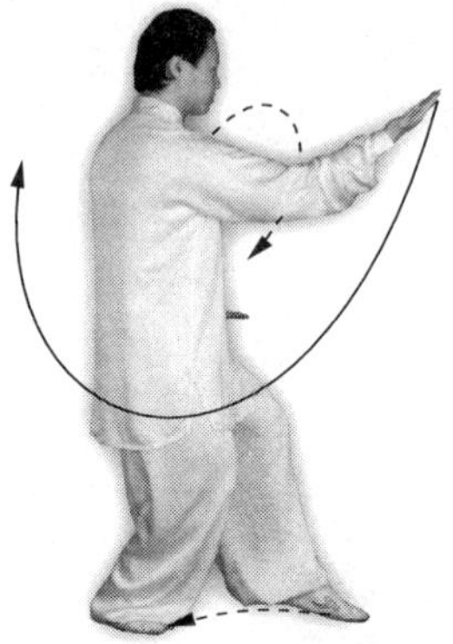

图 26

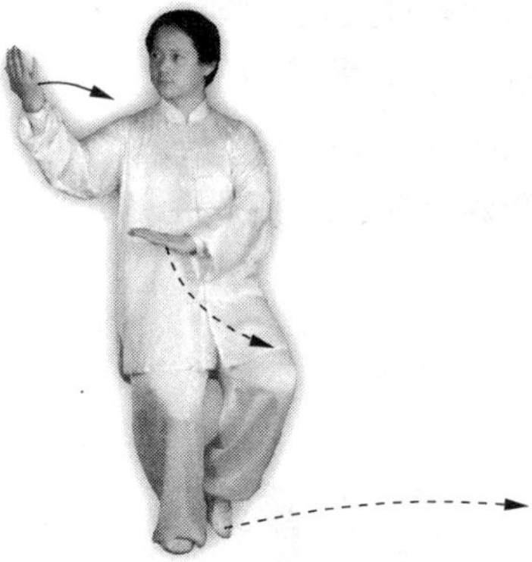

图 27

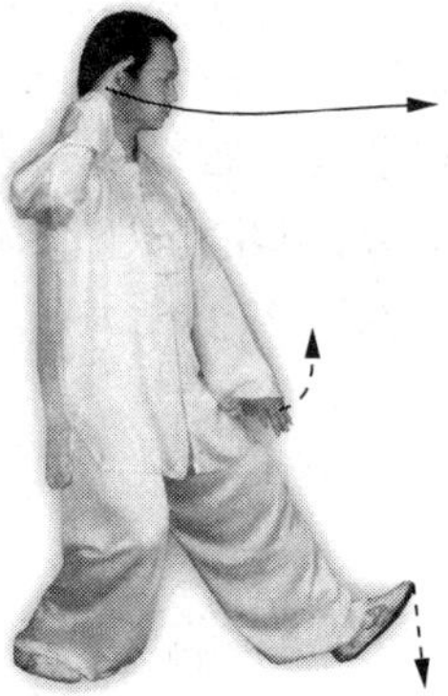

图 28

图 29

图 30

⑥左手向左、向上画弧，举至身体左前方，高与头平，手心斜向上，右手摆至左肋旁，手心向下；右脚收至左脚内侧；目视左手（图 31）。

⑦上体右转，右脚向前上步，脚跟轻轻落地；左臂屈肘，左手收至耳旁，手心斜向前，右手向右、向下画弧至腹前；目视前方（图 32）。

⑧重心前移，成右弓步；左手成立掌向前推出，指尖高与鼻平，右手由右膝前搂过，按于右胯旁；目视左掌（图 33）。

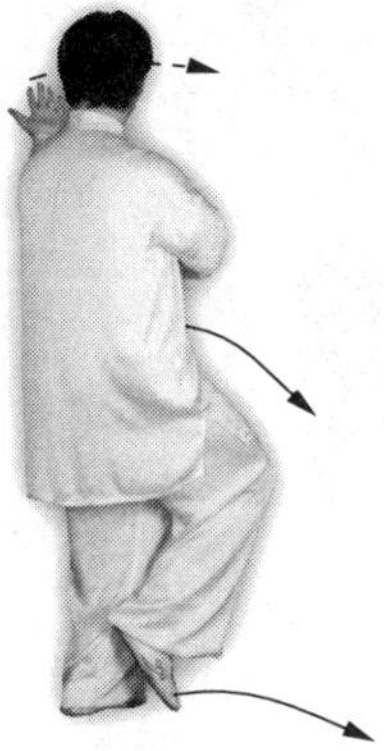
图 31

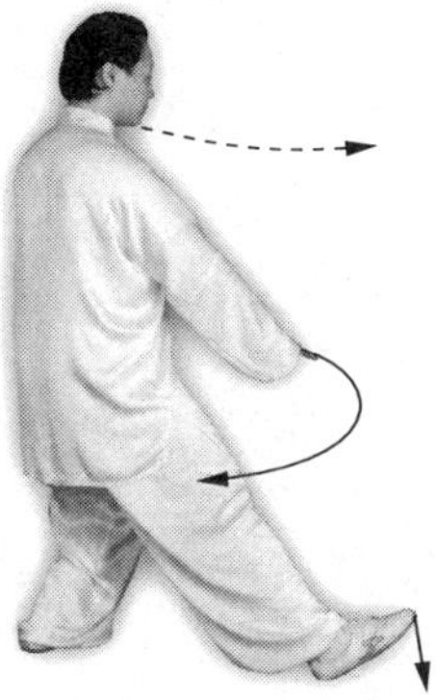
图 32

图 33

（七）撇身捶

①重心稍后移，右脚尖外撇，上体右转；左手向左前伸展，手心向下，右前臂外旋，右手向右后方画弧分开；目视左手（图 34）。

②左脚收于右脚内侧；左手握拳，下落于小腹前，拳心向内，拳眼向右，右手向上、向体前画弧，附于左前臂内侧，手心向下；目视左前方（图 35）。

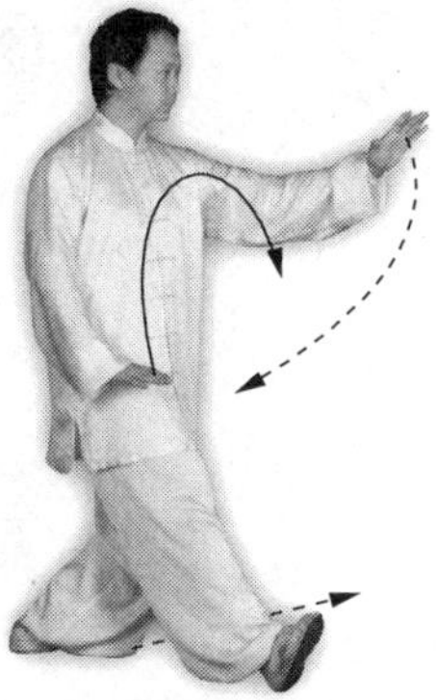
图 34

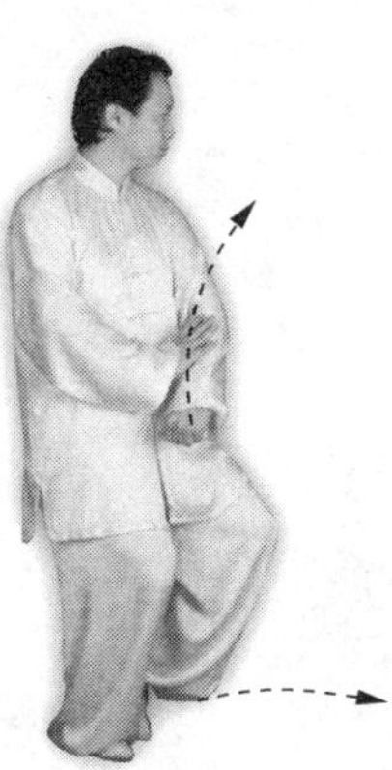
图 35

③上体微左转，左脚向左前方上一步，脚跟着地；左拳上举至面前（图 36）。

④重心前移，成左弓步；左拳翻转向前撇打，拳心斜向上，高与头平，右手仍附于左前臂内侧；目视左拳（图 37）。

图 36

图 37

（八）捋挤势（二）

①重心稍后移，左脚尖内扣，上体右转；左拳变掌，右掌向右画一平弧，随即收于左前臂内侧（图 38）。

②重心前移，上体继续右转；右掌由左向右前方画弧平抹，掌心斜向下，左掌落于右肘内侧下方，掌心斜向上；目视右掌（图 39）。

③两掌自前同时向下、向后捋，左掌捋至左胯旁，右掌捋至腹前；右脚收至左脚内侧；目视右前方（图 40）。

图 38

图 39

图 40

④右脚向右前方上步，脚跟着地；同时左前臂内旋，右前臂外旋，两手翻转屈臂上举，收于胸前，手心相对；目视前方（图 41）。

⑤重心前移，成右弓步；两臂同时向前挤出，两臂撑圆，左掌指贴于右腕内侧，掌心向外，指尖斜向上，右掌心向内，指尖向左，高与肩平；目视右掌（图 42）。

⑥重心后移，右脚尖内扣，上体左转；右掌翻转向上，左掌画一小弧从右前臂上穿出（图 43）。

⑦重心前移，上体继续左转；左掌自右向左前方画弧平抹，掌心斜向下，右掌收于左肘内侧下方，掌心斜向上；目视左掌（图 44）。

⑧两掌自前同时向下、向后捋，右掌捋至右胯旁，左掌捋至腹前；左脚收至右脚内侧；目视左前方（图 45）。

图 41

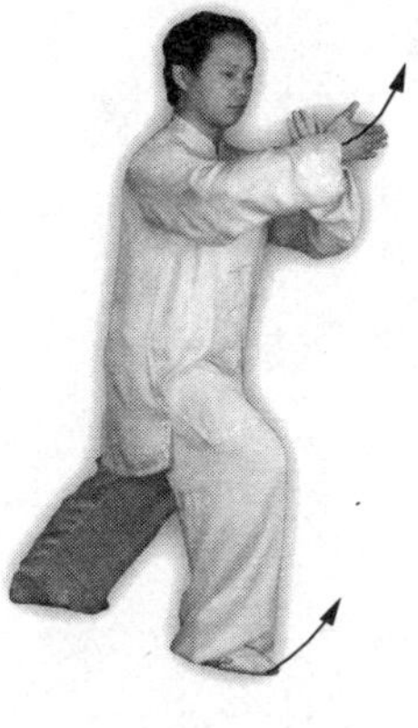
图 42

图 43

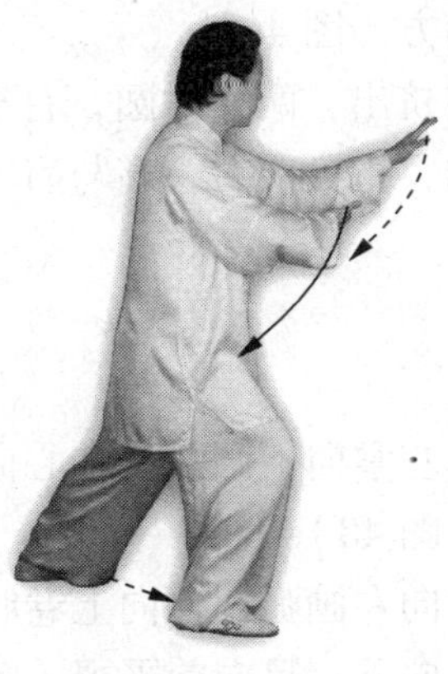
图 44

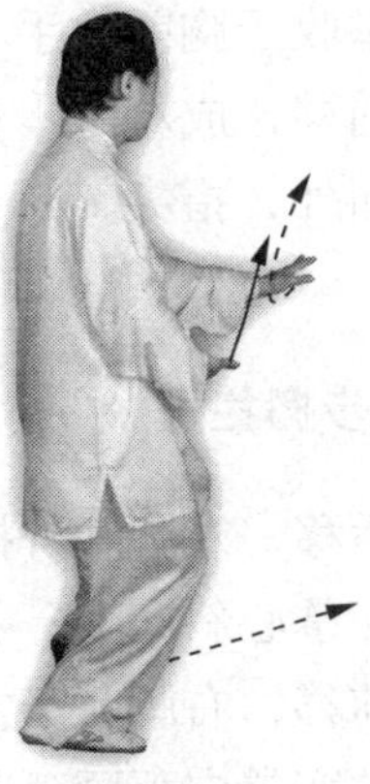
图 45

图 46

图 47

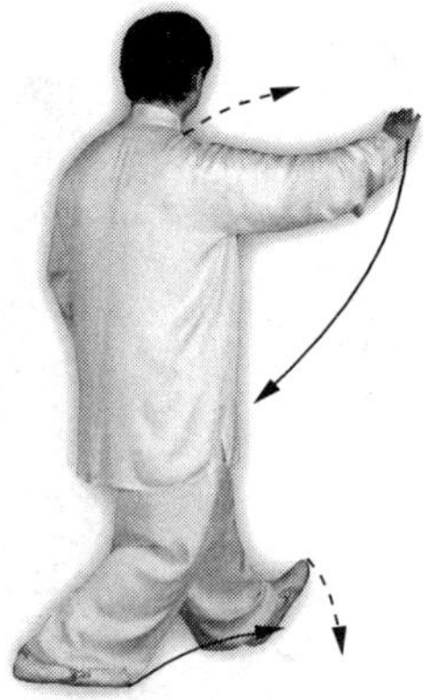

图 48

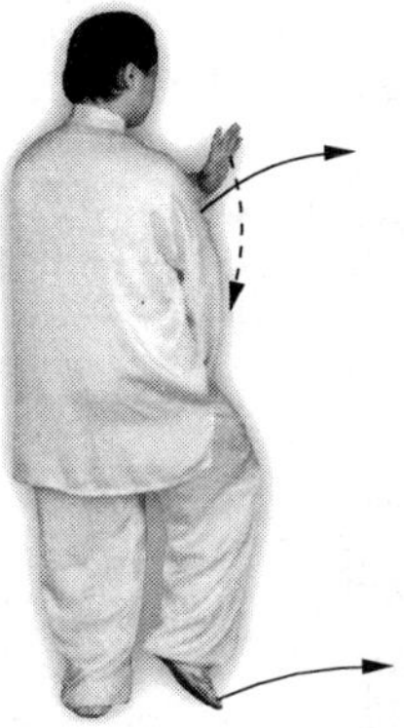

图 49

⑨左脚向左前方上一步，脚跟着地；同时右前臂内旋，左前臂外旋，两手翻转屈臂上举收于胸前，手心相对；目视前方（图 46）。

⑩重心前移，成左弓步；两臂同时向前挤出，两臂撑圆，右掌指贴于左腕内侧，掌心向外，指尖斜向上，左掌心向内，指尖向右，高与肩平；目视左掌（图 47）。

（九）进步搬拦捶

①重心后移，左脚尖外撇，上体左转；左掌向下画弧，掌心向上，右掌向右前方伸展，掌心斜向下；头随上体转动（图 48）。

②重心前移，右脚收于左脚内侧；左掌向左画弧，再向上卷收于体前，掌心向下，右掌变拳向下画弧收于腹前，拳心向下；目向前平视（图 49）。

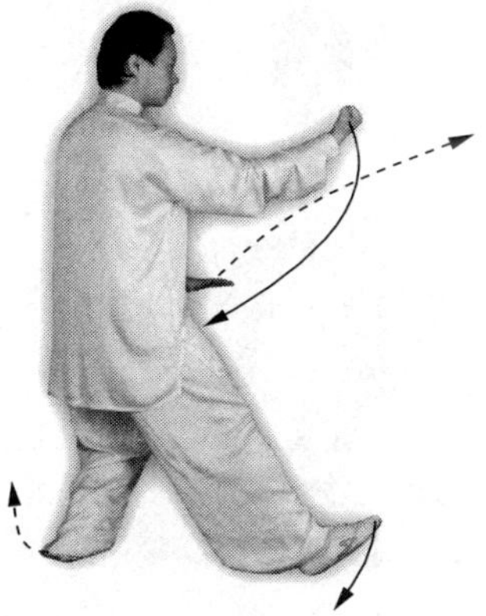

图 50

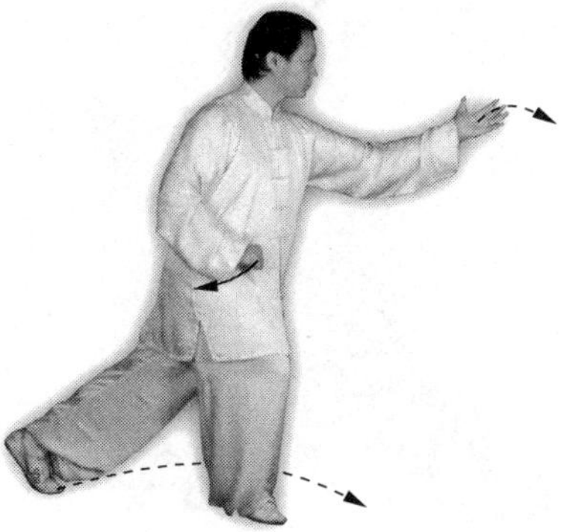

图 51

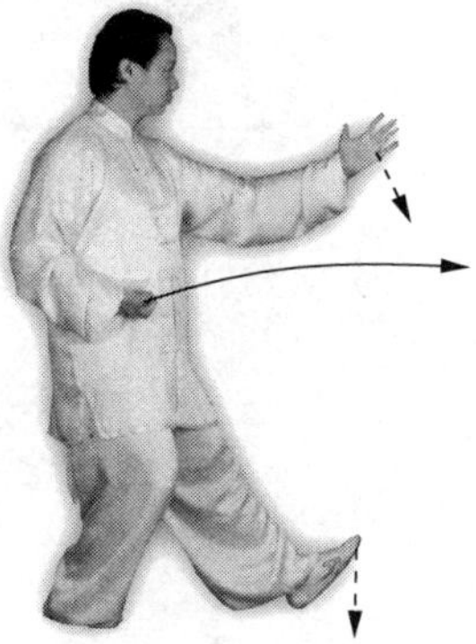

图 52

图 53

③身体微右转；右脚向前上步，脚跟着地，脚尖外撇；右拳随之经左臂内侧向前翻转搬出，拳心向上，高与胸平，左掌顺势按至左胯旁；目视右拳（图50）。

④重心前移，左脚跟抬起，上体右转；右前臂内旋，右拳向右画弧至体侧，左前臂外旋，左掌向左、向前画弧至体前；目视左掌（图51）。

⑤左脚经右脚内侧向前上一步，脚跟落地；右拳收于右腰间，拳心向上，左掌翻转向下，拦于体前（图52）。

⑥重心前移，成左弓步；右拳向前打出，拳眼转向上，高与胸齐，左掌收于右前臂内侧；目视右拳（图53）。

图 54

图 55

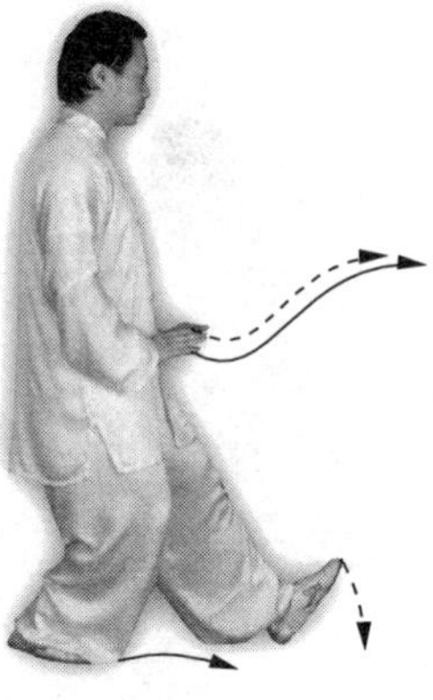

图 56

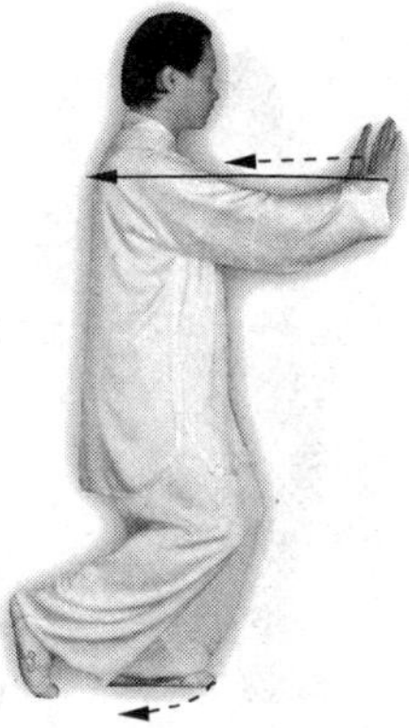

图 57

（一〇）如封似闭

①左掌从右前臂下穿出，掌心向上，右拳随之变掌，掌心也转向上（图 54）。

②上体后坐，重心后移，左脚尖上翘；两掌分开并屈臂内旋，收至胸前，与肩同宽，掌心斜相对（图 55）。

③两掌翻转向下，落至腹前；目视前方（图 56）。

④重心前移，右脚收至左脚侧后方，脚尖点地，与左脚相距约 10 厘米，成右丁步；两掌向前按出，与肩同宽，掌心向前，腕高与肩平；目视两掌（图 57）。

第 二 段

（一一）开合手

①以右脚掌、左脚跟为轴，依次向右碾转，两脚踏实；两掌翻转掌心相对，指尖向上，屈收至胸前，两掌左右分开，与肩同宽；目视前方（图 58）。

②重心移向左腿，右脚跟提起；同时，两掌相合，与头同宽，掌心相对；目视两掌中间（图 59）。

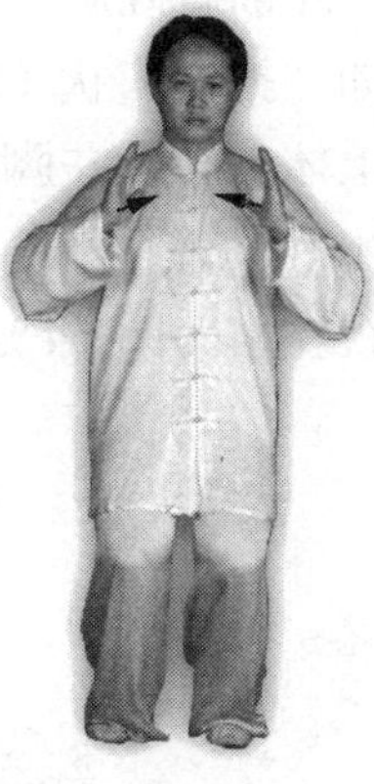

图 58

（一二）右单鞭

①身体稍右转，右脚向右横开一步，脚跟着地；两臂内旋，两掌虎口相对，掌心向外；目视左掌（图 60）。

②重心右移，成右侧弓步（横裆步）；两掌向左右分开，平举于身体两侧，掌心转向外，掌指向上；目视左掌（图 61）。

图 59

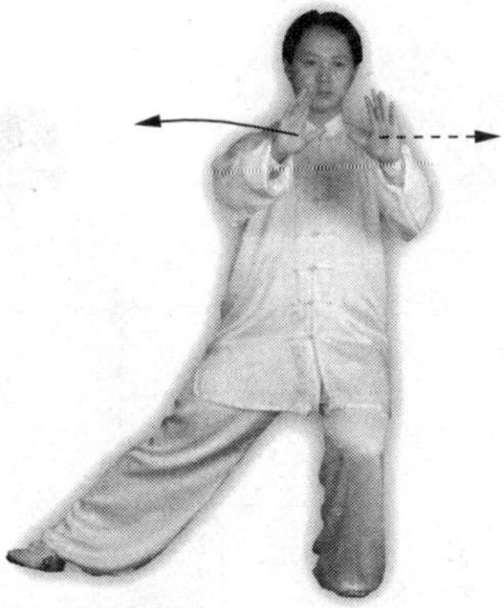

图 60

图 61

（一三）肘底捶

①重心左移，右脚尖内扣，上体稍左转；右前臂外旋，掌心转向上，右掌向内掩裹画弧至右肩前，左掌向左、向下画弧；目视右掌（图 62）。

②重心右移，上体右转，左脚收至右脚内侧；右掌翻转屈收至右胸前，掌心向下，左前臂外旋，左掌心转向上，经腹前向右画弧，与右掌上下相对，两臂相抱如“抱球”状（图 63）。

③上体左转，左脚向左前方摆脚上步，脚跟着地，脚尖外撇；左掌经右前臂下向上、向左画弧，掌心向内，高与头齐，右掌经左胸前画弧下落至右胯旁；目视左掌（图 64）。

图 62

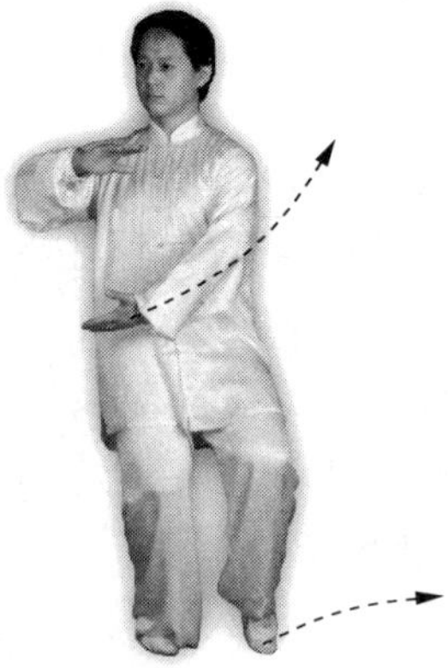

图 63

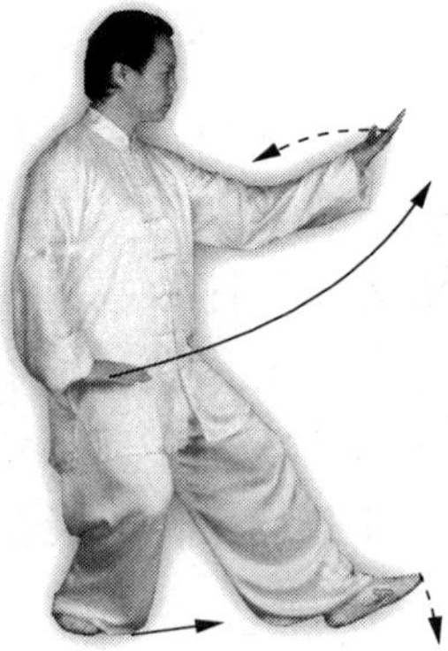

图 64

④上体继续左转，重心前移，右脚前跟半步，前脚掌落在左脚后面；左臂内旋，掌心转向外，左掌向左、向下画弧至体左侧，右臂外旋，右掌向右、向前画弧至体前，高与头齐，掌心斜向上；目视前方（图65）。

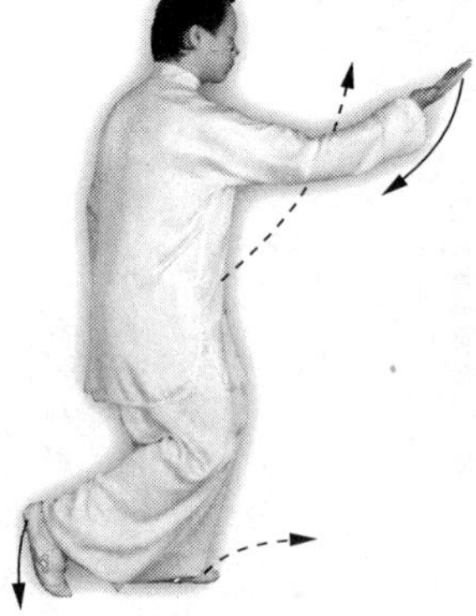

图 65

⑤重心移至右腿，右脚踏实，左脚向前进步，脚跟着地，脚尖上翘，成左虚步；左掌收经左腰际成侧立掌，再经右腕上向前劈出，指尖高与眉齐，右掌握拳，拳眼向上，收至左肘内侧下方；目视左掌（图 66）。

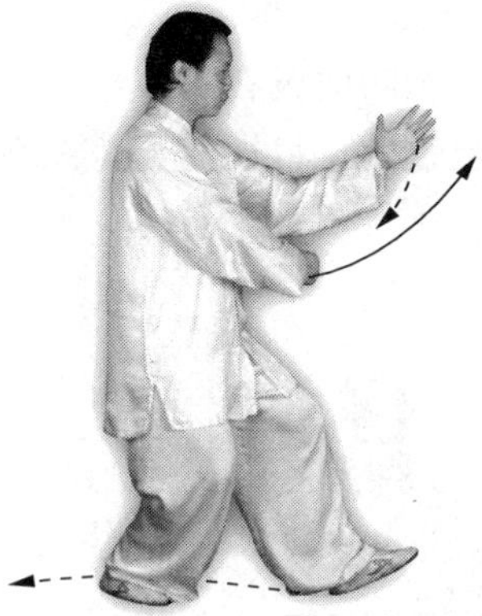

图 66

（一四）转身推掌（二）

①左脚撤至右脚后，前脚掌着地；右拳变掌上举，腕高与肩平，掌心向上，左掌翻转下落至右胸前，掌心向下；目视右掌（图 67）。

②以右脚跟、左脚掌为轴，向左转身约 90°，转身后重心仍在右腿；转动中，右掌稍卷收，左掌稍下落；目视前方（图 68）。

③左脚向前偏左上步，脚跟落地；右掌屈收至右耳侧，掌心斜向前下方，左掌向左画弧；目视前方（图69）。

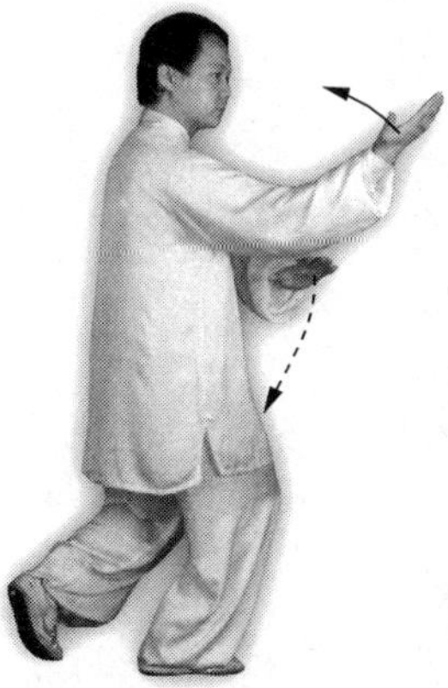

图 67

图 68

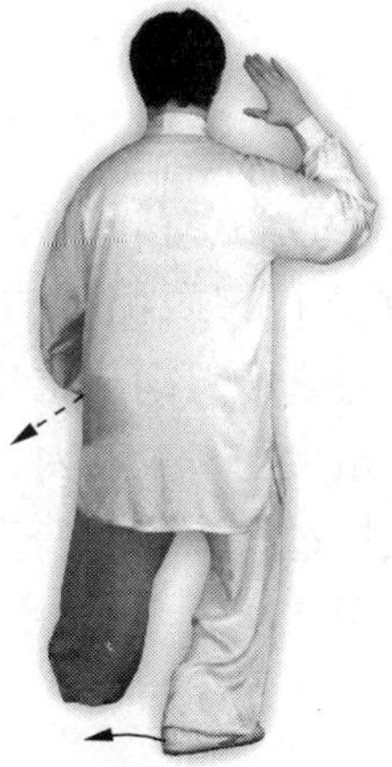

图 69

④重心前移，转腰顺肩；右脚收至左脚内侧后方，前脚掌着地，成右丁步；右掌顺势向前推出，掌心向前，指尖与鼻尖相对，左掌经左膝上搂过，按于左胯旁；目视右掌（图 70）。

⑤以左脚跟、右脚掌为轴，向右后转身，转身后重心仍在左腿；左臂外旋向左前方上举，掌心向上，高与头平，右掌下落至左胸前，掌心向下；目视左掌（图 71）。

⑥右脚向前偏右上步，脚跟落地；左掌卷收至左耳侧，掌心斜向前下，右掌下落至腹前；目视前方（图 72）。

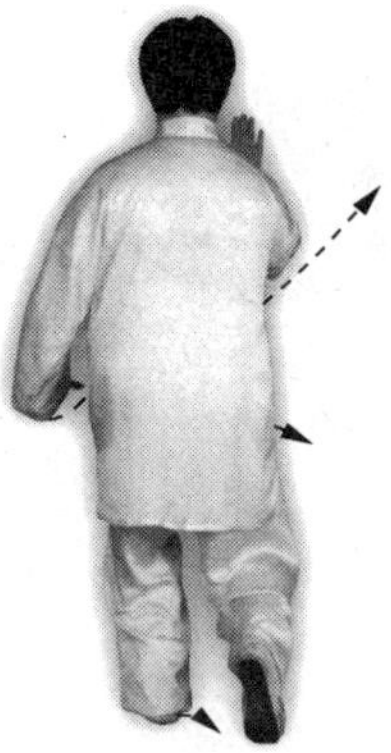

图 70

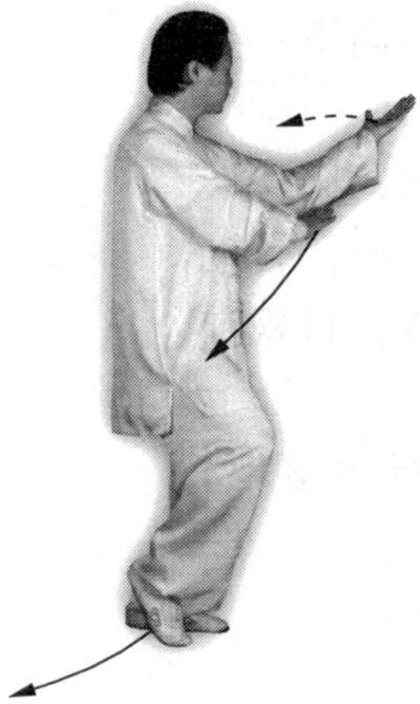

图 71

图 72

⑦重心前移，转腰顺肩；左脚收至右脚内侧后方，成左丁步；左掌顺势向前推出，掌心向前，指尖与鼻尖相对，右掌经右膝上搂过，按于右胯旁；目视左掌（图 73）。

图 73

图 74

图 75

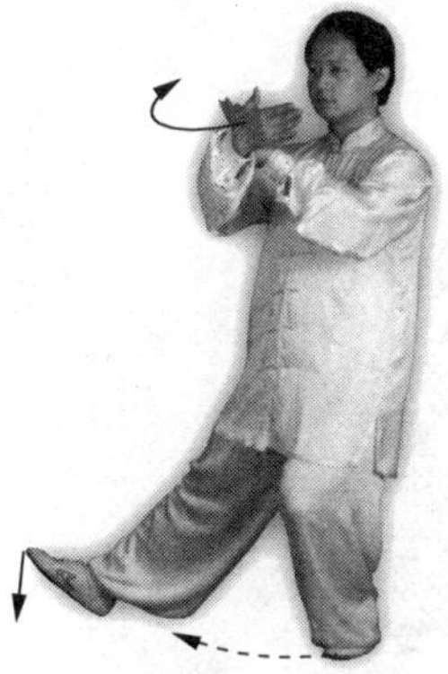

图 76

图 77

（一五）玉女穿梭（二）

①上体右转，左脚向左撤半步；左臂外旋，左掌向右画弧至右胸前，掌心转向上，右掌经左前臂上方向身体右前方伸探，掌心斜向下，腕高与肩平；目视右掌（图 74）。

②上体左转，重心移至左腿；右脚收至左脚内侧，脚尖点地；两掌同时自前向下、向后捋，左掌捋至左胯旁，右掌捋至腹前；目随两手（图 75）。

③右脚向右前方上步，脚跟着地；两前臂旋转，两掌上举合于胸前，右掌心向内，指尖向左，左掌心向外，掌指附于右腕内侧；目视右掌（图 76）。

④重心前移，上体右转；左脚随之跟至右脚内侧后方，前脚掌着地；右掌自左向前画平弧，掌心转向上，左掌仍附于右腕内侧随之转动；目随右掌（图 77）。

图 78

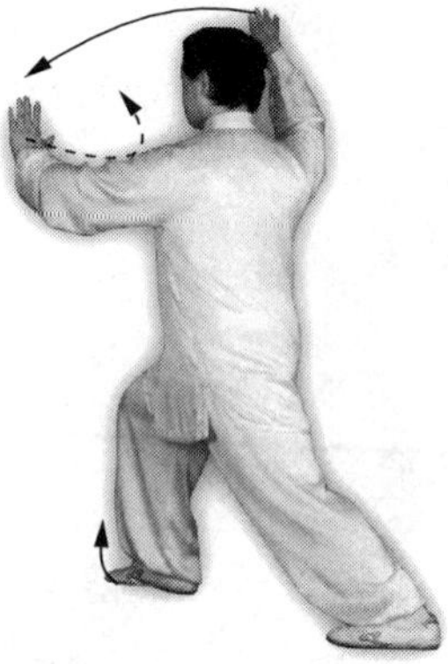

图 79

图 80

图 81

⑤重心后移，左脚落实，上体左转，右脚再向右前方上一步，脚跟着地；右掌屈肘内旋向右、向后画平弧，而后右掌翘腕至右肩前上方，掌心斜向上，左掌随之画弧后收于左腰际；目视前方（图 78）。

⑥重心前移，成右弓步，上体右转；右掌上架于右额前上方，掌心斜向上，左掌前按至体前，掌心向前，指尖与鼻尖相对；目视左掌（图 79）。

⑦重心后移，右脚尖抬起略内扣，上体左转；右前臂外旋，右掌翻转下落于体前，掌心向上，右腕高与肩平，左掌向右画弧后收至右肘内侧，掌心向下；目视右掌（图 80）。

⑧重心前移，右脚落实，上体继续左转；左掌从右前臂上穿出，并自右向左画弧抹掌，右掌收于左肘内侧下方，两掌心上下斜相对；目视左掌（图 81）。

图 82

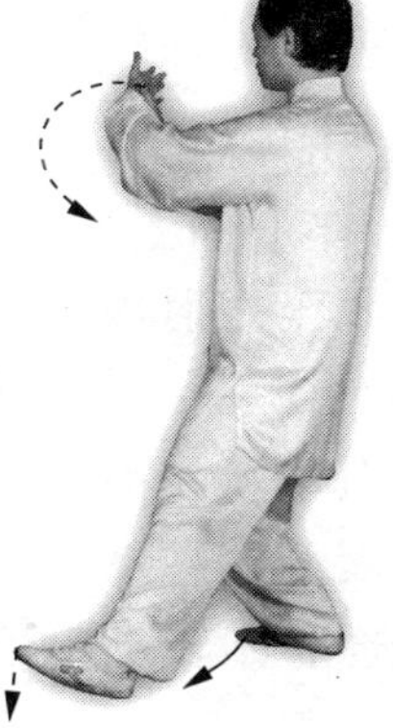

图 83

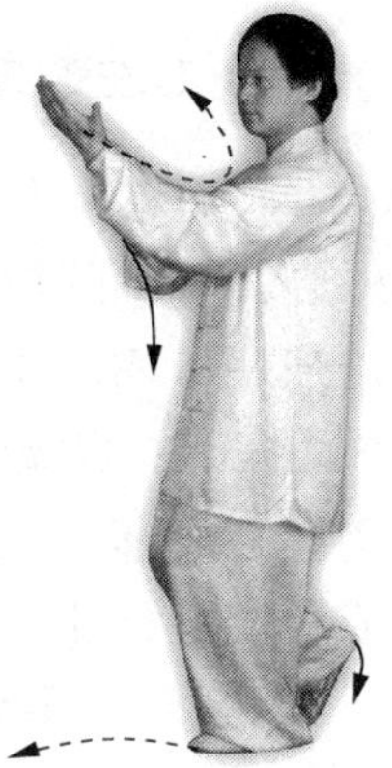

图 84

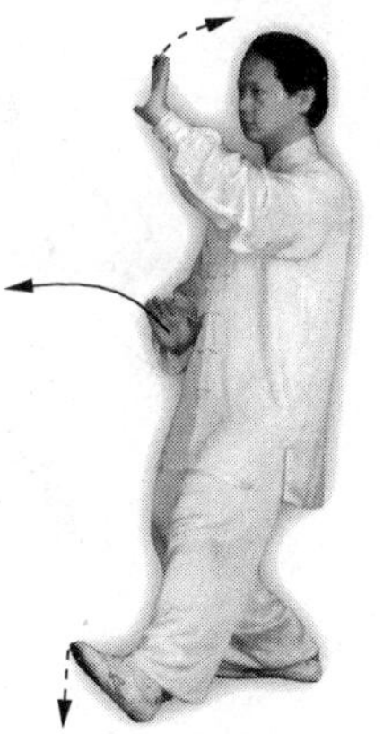

图 85

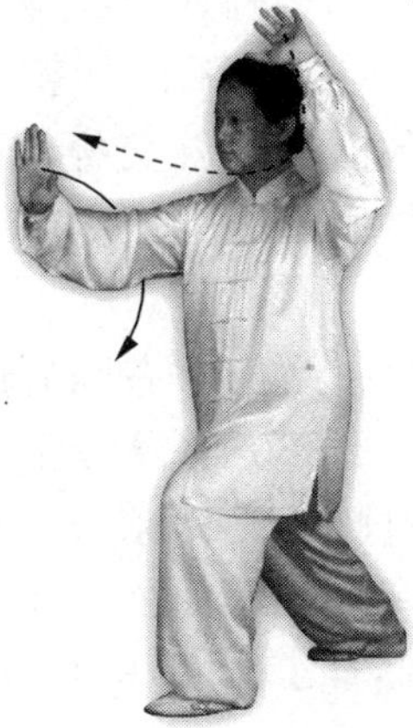

图 86

⑨上体右转，左脚收至右脚内侧；两掌自前同时向下、向后捋，右掌捋至右胯旁，左掌捋至腹前；目随两掌（图 82）。

⑩左脚向左前方上步，脚跟着地；两前臂旋转，两掌上举合于胸前，左掌心向内，掌指向右，右掌心向外，掌指附于左腕内侧；目视左掌（图 83）。

⑪重心前移，上体左转；右脚随之跟进至左脚内侧后方，前脚掌着地；左掌自右向前画平弧，掌心转向上，右掌随之转动；目视左掌（图84）。

⑫重心后移，上体右转，左脚再向左前方上一步；左掌屈肘内旋向左、向后画平弧，而后左掌翘腕至左肩前上方，掌心斜向上，右掌随之画弧后收于右腰际；目视前方（图85）。

⑬重心前移，成左弓步，上体左转；左掌上架于左额前上方，掌心斜向上，右掌前按至体前，掌心向前，指尖与鼻尖相对；目视右掌（图86）。

（一六）右左蹬脚

①重心后移，左脚尖内扣，上体右转；左臂外旋，左掌翻转落于体前，掌心向上，腕高与肩平，右掌向右画弧后收至左肘内侧，掌心向下；目视左掌（图 87）。

②重心前移，上体左转；右掌从左前臂上方穿出，向上、向右画弧展开，左掌向下、向左画弧至腰侧；头随上体转动（图 88）。

③上体右转，右脚收至左脚内侧；右掌向下、向左、向上画弧，左掌向左、向上、向右画弧至胸前，两腕交叠，两掌交叉合抱，右掌在外，掌心均向内；目视右前方（图 89）。

④左腿微屈站稳，右腿屈膝提起，右脚向右前方（约 30°）慢慢蹬出，脚尖上勾，脚跟高过腰部；两掌分别向右前方和左方画弧分开，掌心向外，腕与肩平，两臂伸展，肘微屈，右臂与右腿上下相对；目视右掌（图90）。

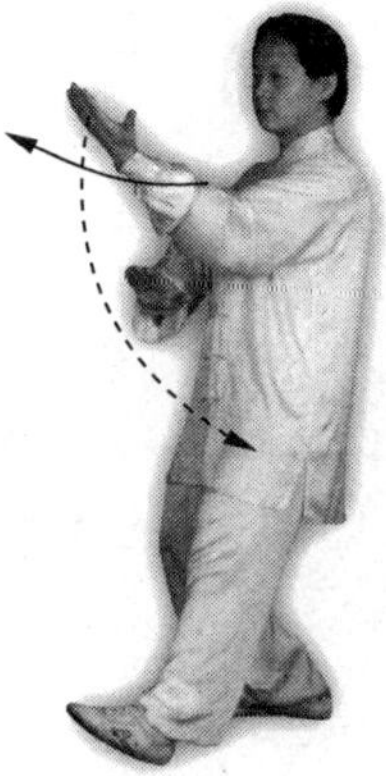

图 87

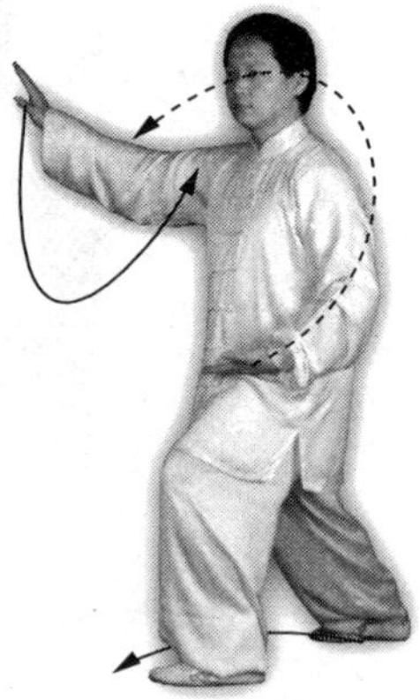

图 88

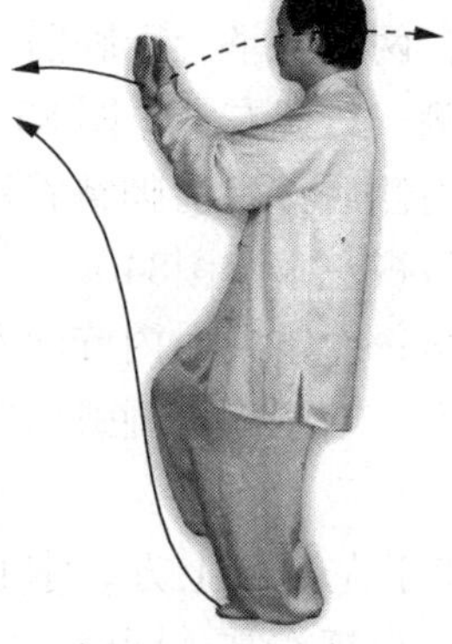

图 89

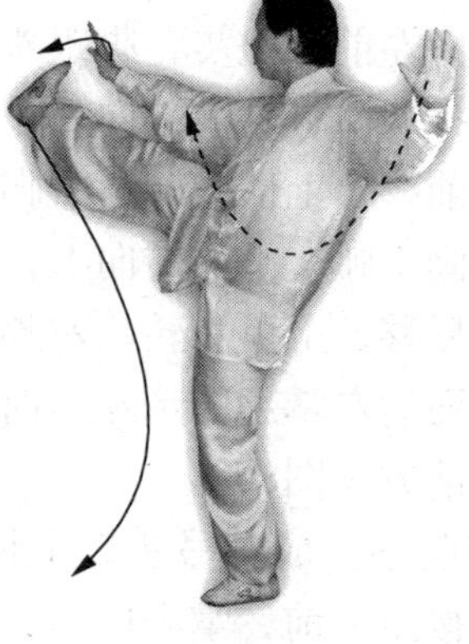

图 90

⑤右腿屈收，右脚向右前方落下，脚跟着地；右前臂外旋，右掌心转向上，稍向内收，左掌下落，经腰间向前、向上画弧伸至右肘内侧，掌心向下；目视右掌（图91）。

图 91

⑥重心前移，右脚落实，上体右转；左掌从右前臂上方穿出向上、向左画弧展开，右掌向下、向右画弧至腰侧；头随上体转动（图92）。

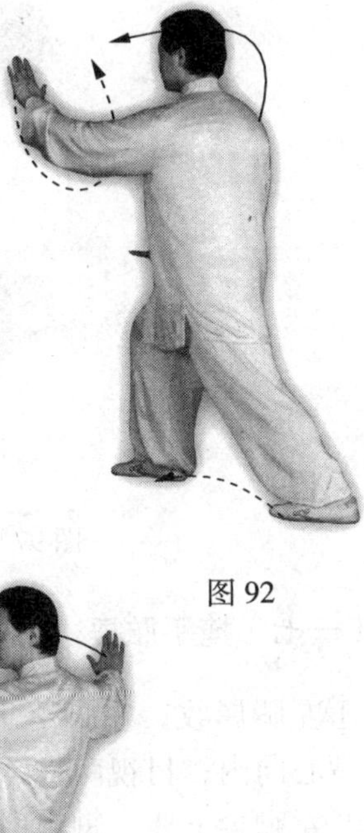

图 92

⑦上体左转，左脚收至右脚内侧；左掌向下、向右、向上画弧，右掌向右、向上、向左画弧至胸前，两腕交叠，两掌交叉合抱，左掌在外，掌心均向内；目视左前方（图93）。

⑧右腿微屈站稳，左腿屈膝提起，左脚向左前方（约30°）慢慢蹬出，脚尖上勾，脚跟高过腰部；两掌分别向左前方和右方画弧分开，掌心向外，腕高与肩平，两臂伸展，肘微屈，左臂与左腿上下相对；目视左掌（图94）。

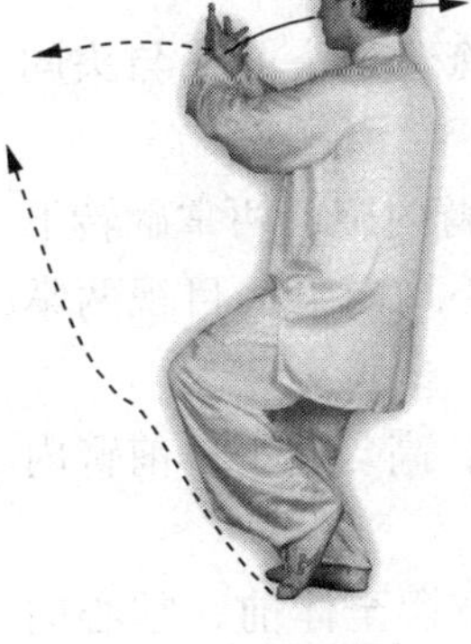

图 93

图 94

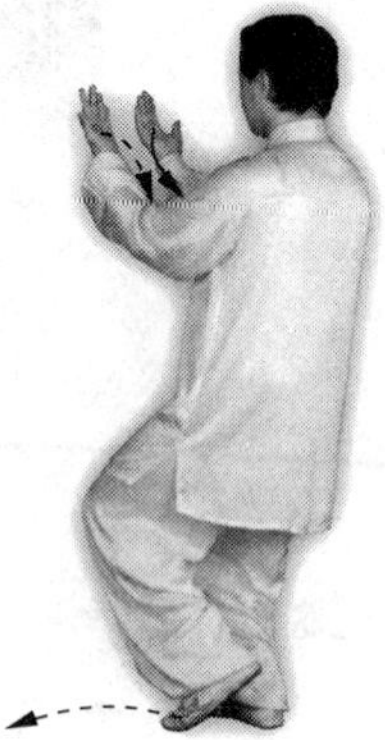

图 95

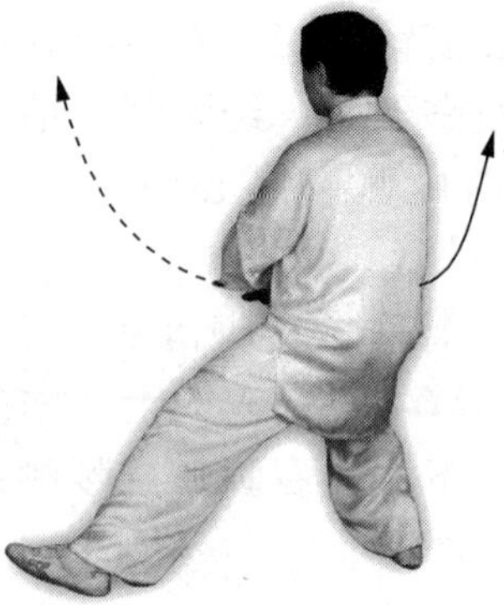

图 96

图 97

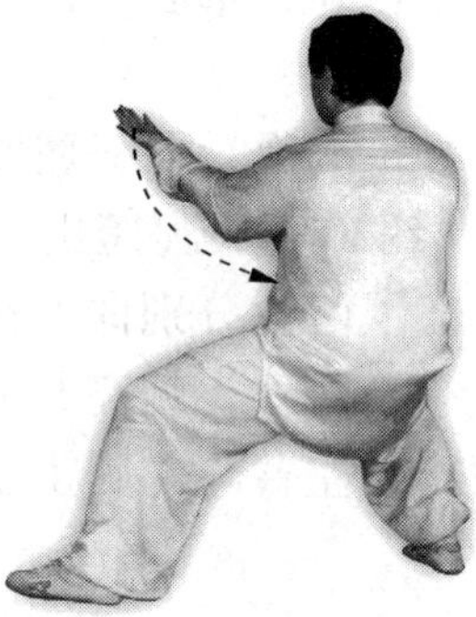

图 98

（一七）掩手肱捶

①左腿屈收，左脚落于右脚内侧；两臂外旋，两掌掩合于头前，与头同宽，掌心向内；目视两掌（图95）。

②左脚尖上翘，脚跟擦地向左开步，上体稍右转；两臂内旋，两掌翻转下落，上下交叉相叠于小腹右侧，左掌压于右掌背上，掌心均向下；目视两掌（图96）。

③上体转正，重心左移于两腿之间；两掌向两侧分开，高与肩平，前臂内旋，掌心转向外；目视前方（图97）。

④重心右移，上体微右转；两臂外旋，肘内合，左掌摆至体前，掌心向上，高与肩平，右掌变拳，屈臂合于胸前，拳心向上；目视左掌（图98）。

⑤重心左移，上体左转，转腰顺肩，成左弓步；右拳旋转向前方冲打，拳心转向下，左掌后收，掌心贴于左腹部，指尖向右；目视右拳（图99）。

图 99

（一八）野马分鬃（二）

①上体左转；右拳变掌向下、向左画弧至腹前，掌心向下，左掌以拇指为轴，四指顺时针向下转动（图100）。

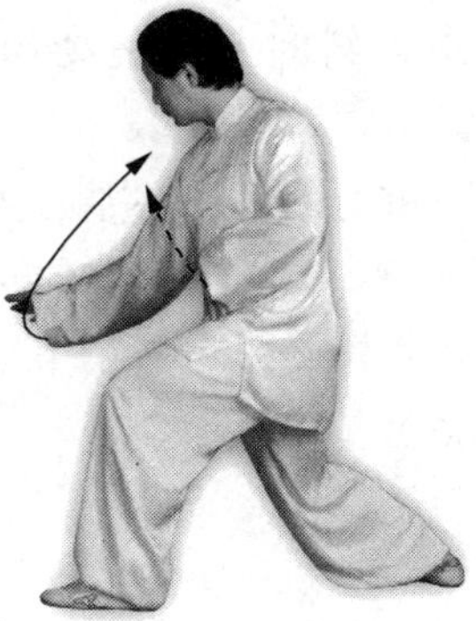
图 100

②重心右移，上体右转；右臂内旋，右掌翻转向外，并向上、向右画弧，屈臂置于右肩前，拇指向下，四指尖向左，左臂外旋，掌心转向内，掌指背贴于右前臂内侧，随之画弧，两臂撑圆；目视右掌（图101）。

③重心左移，上体左转；右臂外旋，左臂内旋，两掌成横掌，掌心向左前方，指尖向外，横挒于腹前，腰腹弹性发力；目视两掌（图102）。

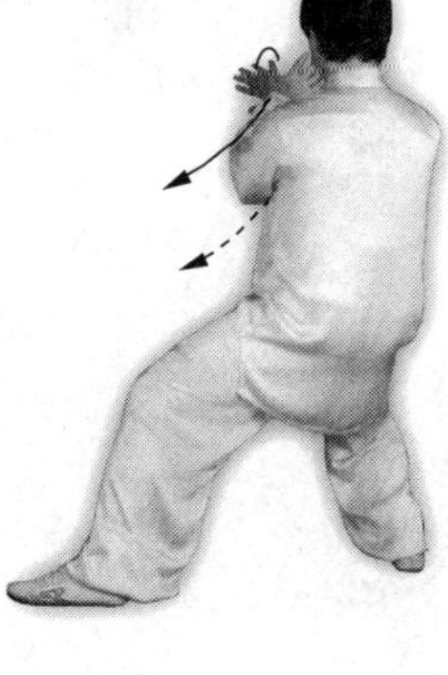
图 101

图 102

④重心右移再左移，腰向右回转；两掌自右向左画弧，成俯掌，左前右后，置于腹前，指尖皆向前；目视右掌（图103）。

⑤重心后移，左腿屈膝提起；左臂外旋，左掌向左、向下、向右、向前上画弧翻转，掌心向上托于左膝上方，右掌向下、向右上画弧横于体右侧，掌心向外；目视前方（图104）。

⑥左脚向前上步，重心前移，成左弓步；左掌向前穿靠，掌心向上，指尖向前，右腕高与肩平，右掌撑至身体右方，掌心向外，指尖斜向上，腕高与肩平；目视左掌（图105）。

⑦重心后移，左脚尖外撇，上体左转；左臂内旋，左掌心翻转向外，并稍屈臂外撑，右臂外旋，右掌稍下落内收；目视左掌（图106）。

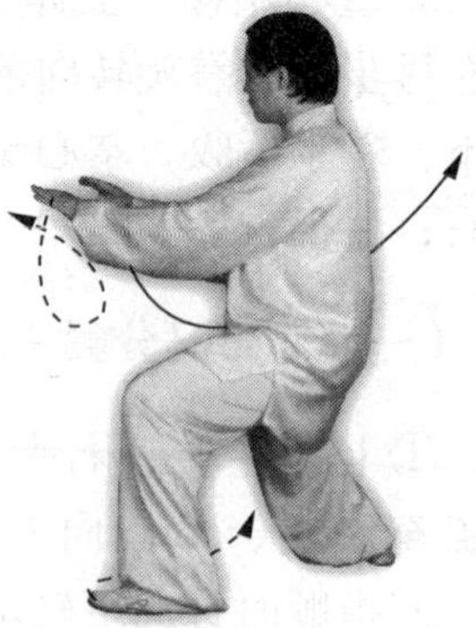

图 103

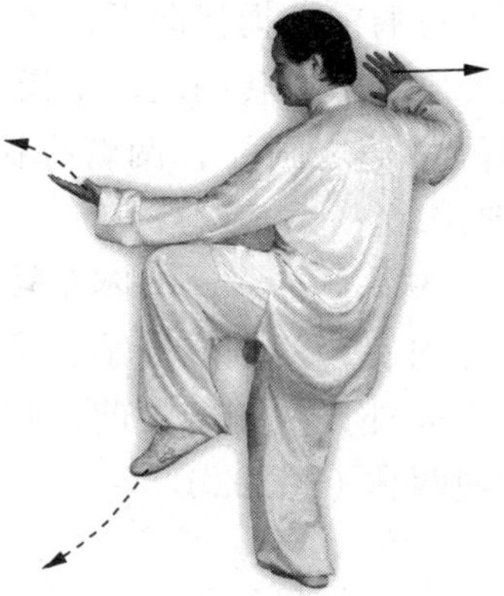

图 104

图 105

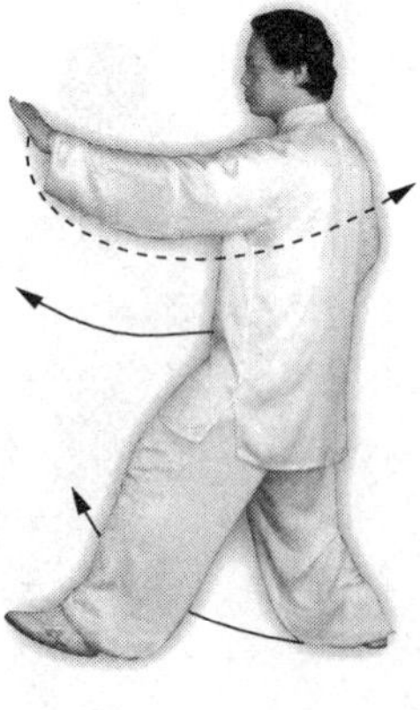

图 106

⑧重心前移，上体左转，右腿屈膝向前提收；右掌向下画弧，经体侧前举，托于右膝上方，掌心向上，左掌左摆横于体侧，掌心向外，指尖斜向上；目视右掌（图107）。

图 107

⑨右脚向前上步，重心前移，成右弓步；右掌向前穿靠，掌心向上，指尖向前，腕高与头平，左掌撑至身体左方，掌心向外，指尖斜向上，腕高与肩平；目视右掌（图108）。

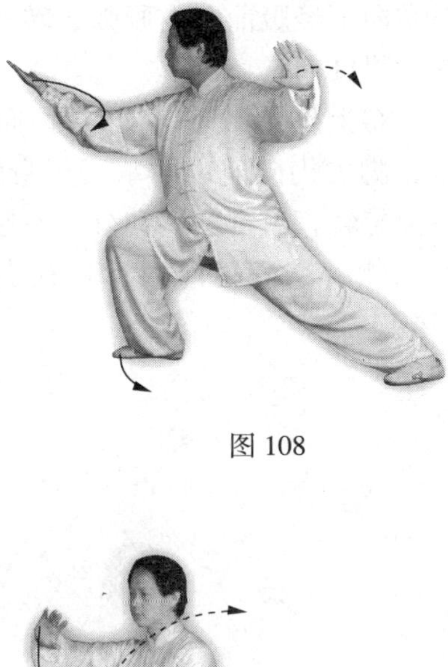

图 108

第 三 段

（一九）云手（三）

①重心左移，右脚尖内扣，上体左转；右前臂内旋，右掌翘腕右旋，向左摆至右肩前，左掌微向左撑，掌心向左；目视右掌（图109）

②重心右移，上体右转，左脚跟随之碾动；右掌翻转向外，横掌右摆至身体右侧，左掌自左向下经腹前向右画弧，掌心随之翻转向上；目随右掌（图110）。

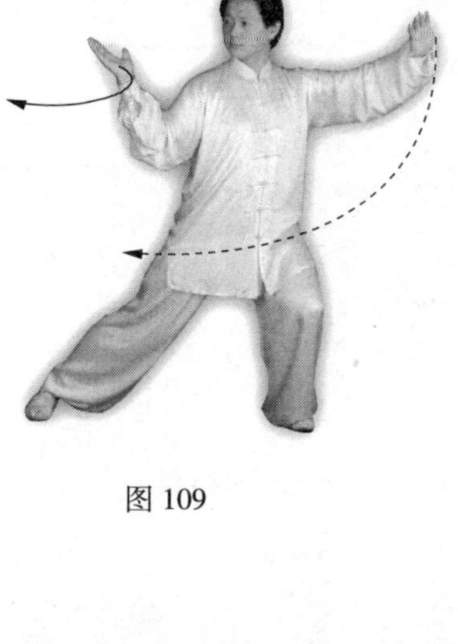

图 109

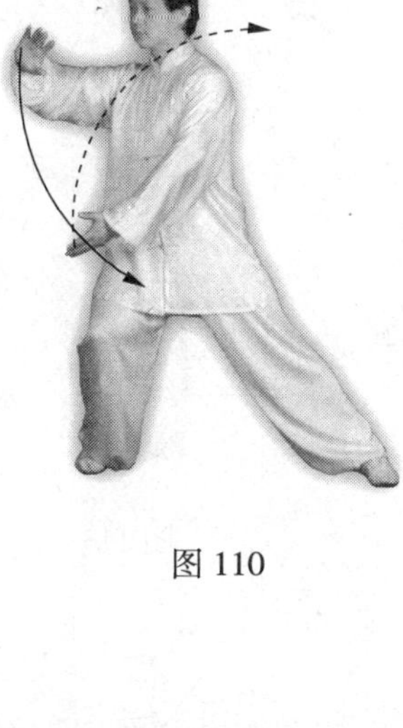

图 110

③重心左移，上体左转；左掌掌心向内，自右向上经面前向左画弧云转，指尖与眉同高，右掌向下经腹前向左画弧云转，掌心由外转向内；目随左掌（图111）。

④上体继续左转，右脚收于左脚内侧落地，两脚平行向前，相距10~20厘米；两掌云至身体左侧逐渐翻转，左掌心转向外，右掌云至左肘内侧，掌心转向内；目视左掌（图112）。

⑤重心右移，上体右转；右掌自左经面前向右画弧云转，指尖高与眉齐，左掌向下经腹前向右画弧云转；目视右掌（图113）。

⑥上体继续右转，左脚向左侧开步，脚尖仍向前；两掌云至身体右侧，逐渐翻转，右掌心转向外，左掌云至右肘内侧，掌心转向内；目视右掌（图114）。

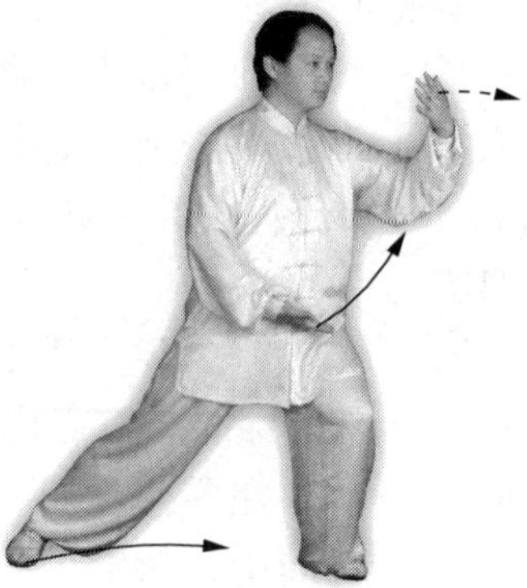

图 111

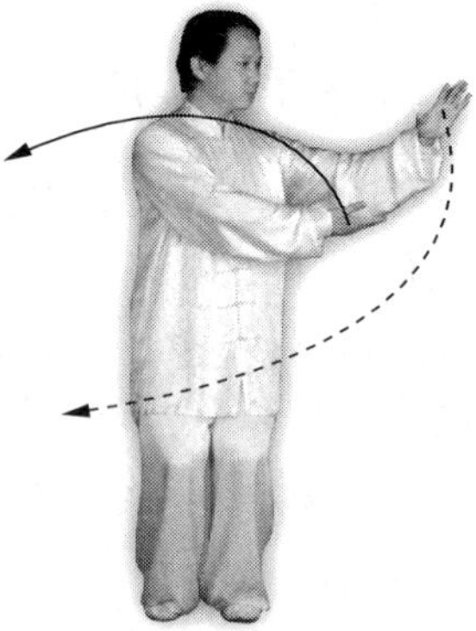

图 112

图 113

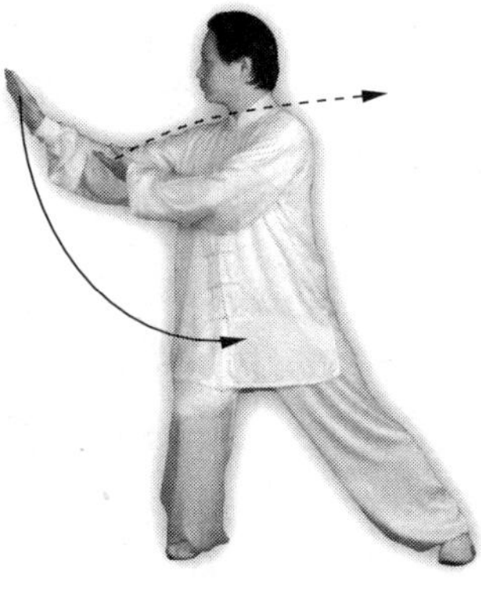

图 114

图 115

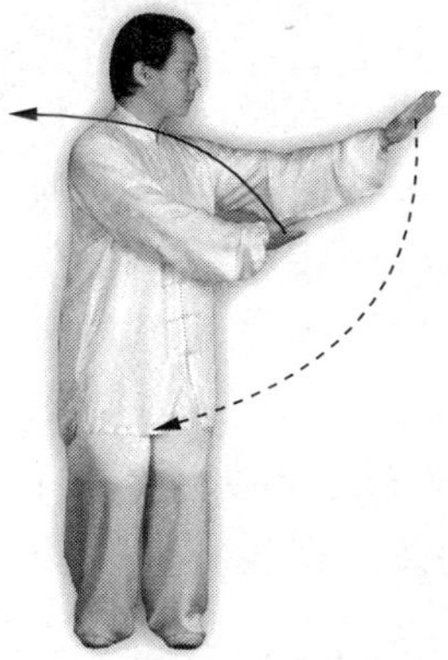

图 116

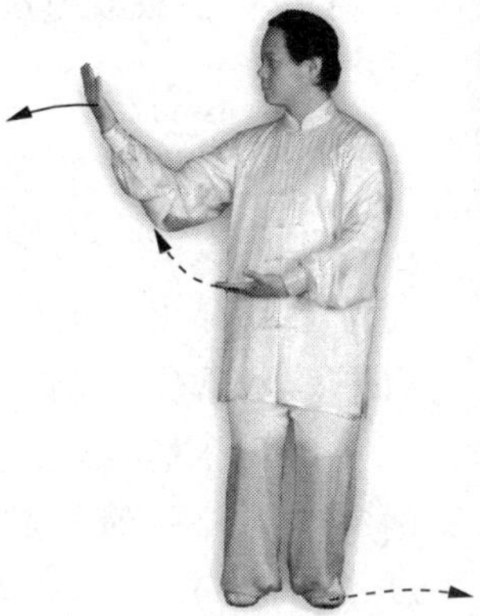

图 117

图 118

图 119

图 120

⑦重心左移，上体左转；左掌经面前向左画弧云转，右掌向下经腹前画弧向左云转；目随左掌（图115）。

⑧上体继续左转，右脚收于左脚内侧落地，两脚平行向前，相距10~20厘米；两掌云至身体左侧逐渐翻转，左掌心转向外，右掌云至左肘内侧，掌心转向内；目视左掌（图116）。

⑨上述动作再重复一次，惟最后收并右脚时，脚尖内扣约45°落地（图117~120）。

（二〇）独立打虎

①重心右移，左脚向身后撤一步，右腿屈膝前弓；左掌掌心翻转向上、向下画弧，收于腹前，右掌掌心翻转向下，经左前臂上方穿出，向前伸探至体前，腕高与肩平；目视右掌（图121）。

图 121

②重心左移，上体左转，右脚尖内扣；两掌向下经腹前向左画弧；视线随上体转动（图122）。

③两掌逐渐握拳，左拳经体侧屈臂上举至左额前上方，拳心向外，拳眼斜向下，右拳屈臂收于左胸前，拳心向内，拳眼向上；左腿微屈站稳，右腿屈膝提起，右脚收至裆前，脚尖上翘并内扣；头转向右前方，目平视前方（图123）。

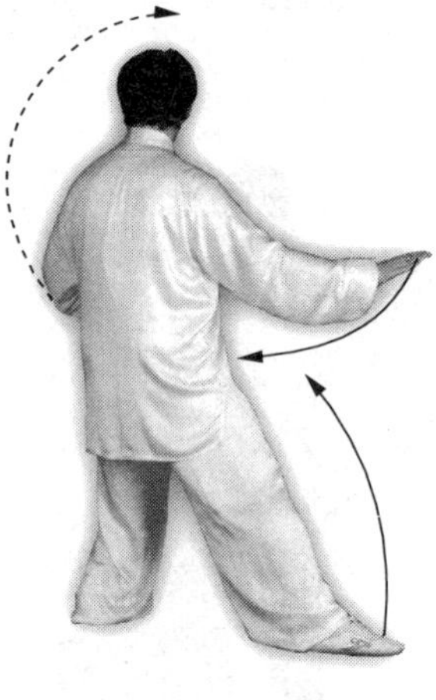

图 122

（二一）右分脚

①上体微右转，右脚内收，脚尖下垂；两拳变掌叠抱于胸前，右掌在外，掌心皆向内；目视右前方（图124）。

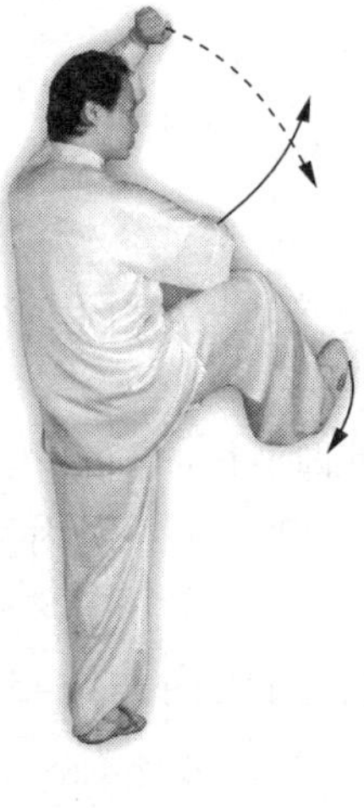

图 123

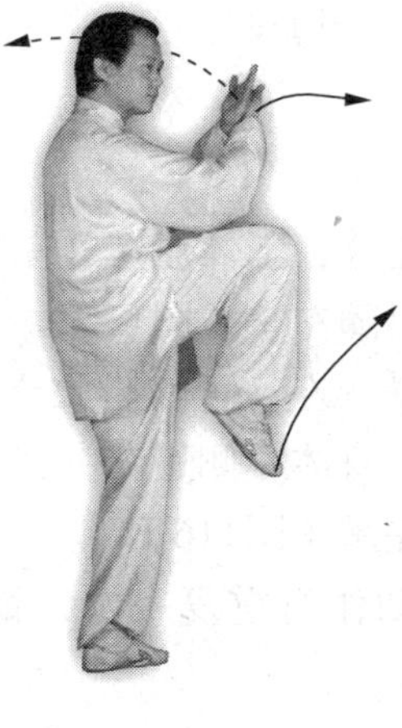

图 124

②右脚脚面展平，脚尖向右前上方慢慢踢出，高过腰部；两掌同时向右前方和左方画弧分开，掌心皆向外，指尖向上，腕高与肩平，两臂撑举，肘关节微屈，右臂与右腿上下相对；目视右掌（图125）。

图 125

（二二）双峰贯耳

①右腿屈膝，小腿回收，脚尖下垂；两臂屈肘外旋，在胸前相合，两掌经面前画弧平行下落于右膝上方，掌心翻向上；目视前方（图126）。

②右脚向前落步，脚跟着地；两掌分落于腰侧，逐渐握拳，拳心向上；目视前方（图127）。

③重心前移，成右弓步；两掌同时经两侧向前上方画弧贯打，高与耳齐，相距同头宽，拳眼斜向下，两臂半屈成钳形；目视前方（图128）。

图 126

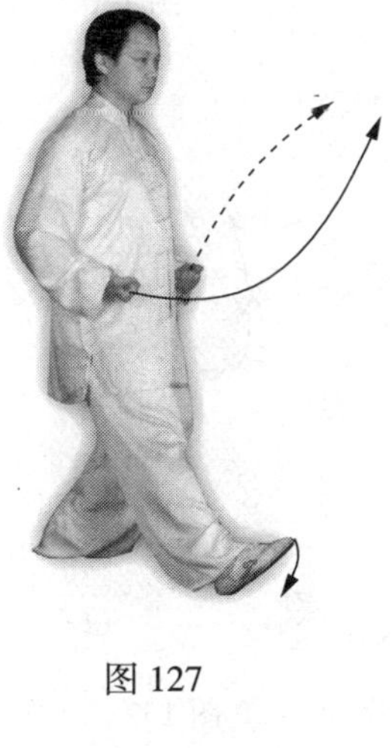

图 127

图 128

（二三）左分脚

①重心后移，右脚尖外撇，上体右转；两拳变掌左右分开，掌心皆向外；目视左掌（图129）。

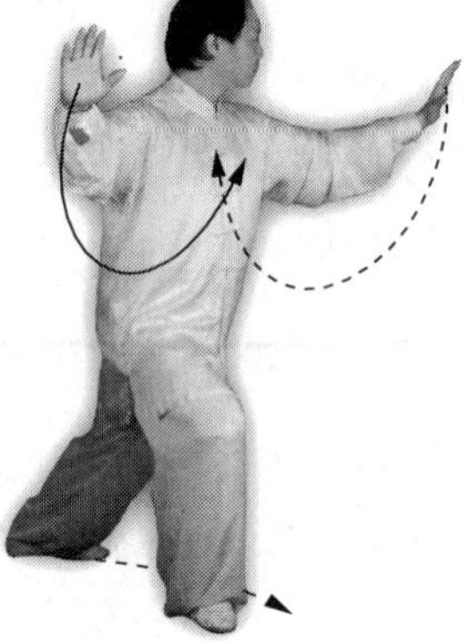

图 129

②重心前移，左脚收于右脚内侧，上体微左转；两掌从左右两侧向下、向内画弧至腹前相交、举抱于胸前，左掌在外，掌心皆向内；目视左前方（图130）。

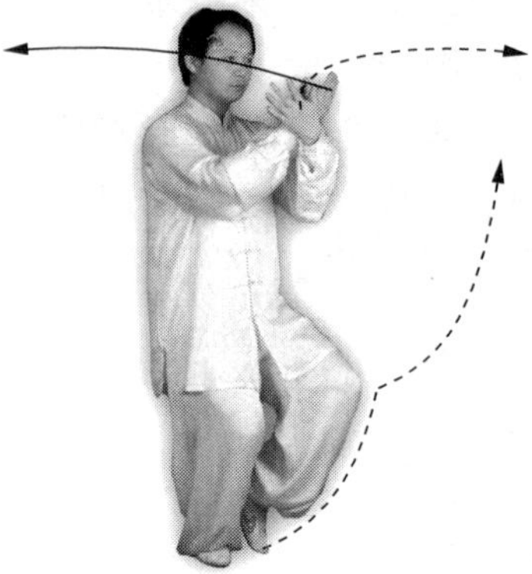

图 130

③右腿微屈站稳，左腿屈膝提起，左脚尖向左前上方（与起势方向成90°）慢慢踢出，脚面展平，高过腰部；两掌向左前和右方画弧分开，掌心向外，腕与肩平，两臂撑举，肘关节微屈，左臂与左腿上下相对；目视左掌（图131）。

（二四）转身拍脚

①左腿屈收下落，身体以右脚掌为轴，顺势向右后转身，左脚尖随转体内扣落地；两掌从两侧向腹前画弧下落，前臂外旋，掌心斜相对；头随身体转动（图132）。

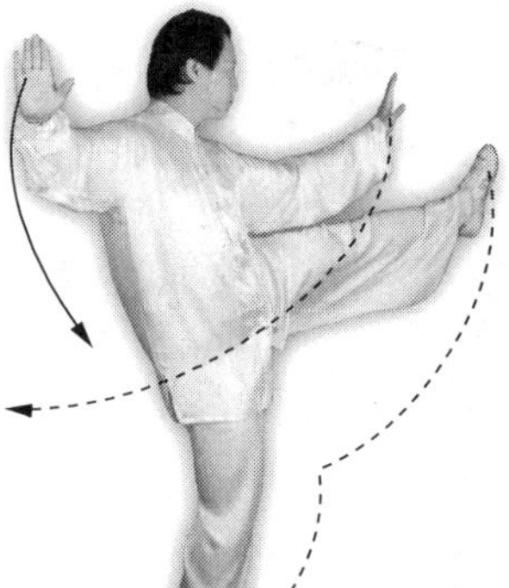

图 131

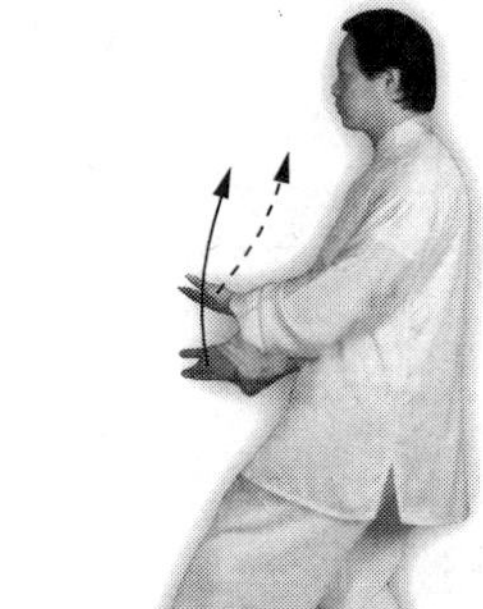

图 132

②重心左移，身体继续右后转（侧对上势左分脚方向），右脚随之转正，脚尖点地；两掌交叉，右掌在外举抱于胸前；目视右前方（图133）。

③左腿支撑，右脚向上踢摆，脚面展平；两前臂内旋，掌心转向外，右掌向前击拍右脚面，高与头齐，左掌向后画弧分开，平举于身体左方，腕高与肩平；目视右掌（图134）。

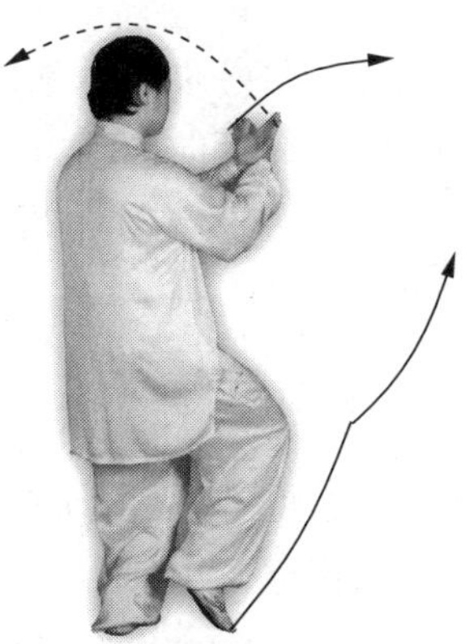

图 133

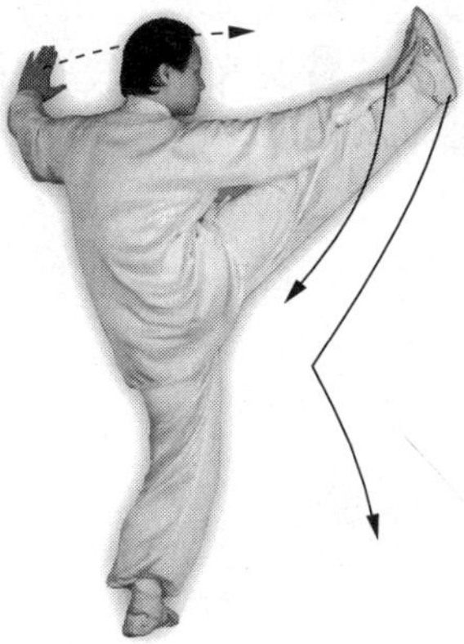

图 134

（二五）进步栽捶

①左腿屈膝，右腿屈收，右脚前落，脚尖外撇，上体右转，重心前移；两前臂外旋，左掌向上、向右画弧，掌心转向右，右掌翻转下落至腰间，掌心向上；头随上体转动（图135）。

②左脚向前上一步，脚跟着地，上体微左转；右掌向右、向上画弧，屈肘握拳收于右耳侧，拳心向下，左掌向下画弧落于腹前；目视前下方（图136）。

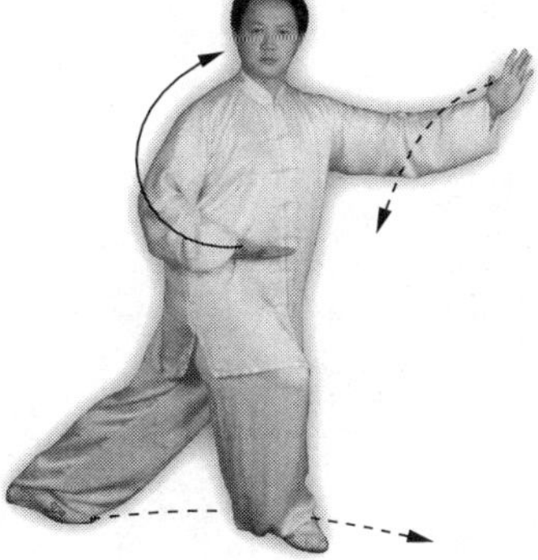

图 135

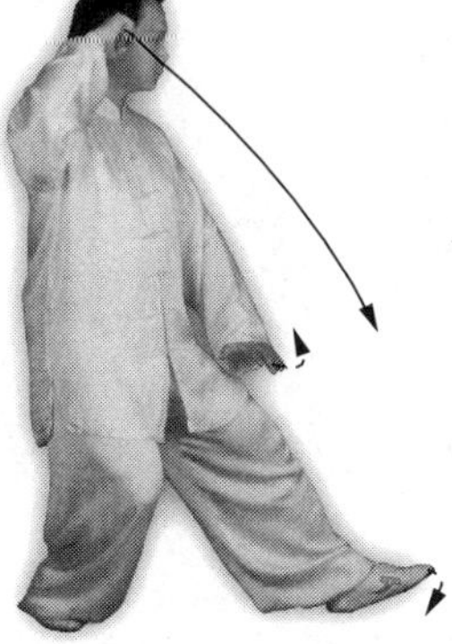

图 136

③上体左转，稍向前俯身，重心前移，成左弓步；右拳向前下方打出，高与腹平，拳面向前下方，拳眼向左，左掌自左膝上方搂过，按于左胯旁；目视右拳（图137）。

图 137

（二六）斜飞势

①重心后移，左脚尖外撇，上体左转；右拳变掌向上、向右画弧，左掌向左画弧，两掌分开（图138）。

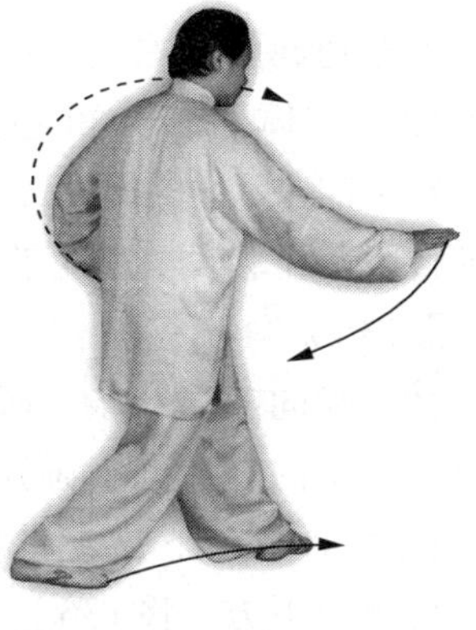

图 138

②右脚收于左脚内侧；左掌向上、向右画弧，屈臂于胸前，掌心斜向下，右掌向下、向左画弧，屈臂于腹前，掌心斜向上，两臂交叉相抱，左前臂在上；目视左掌（图139）。

③上体微右转，右脚向右侧开步，脚跟落地；目视左掌（图140）。

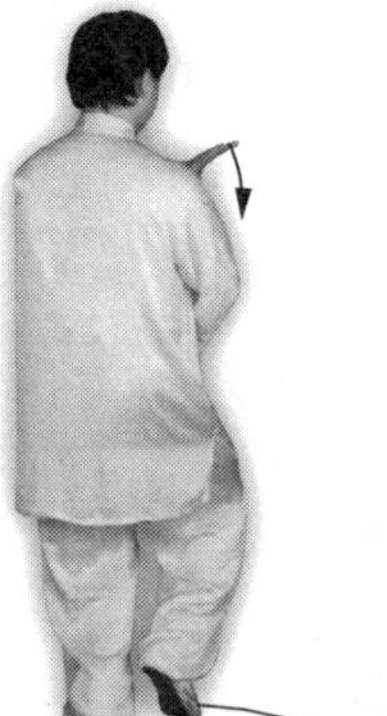

图 139

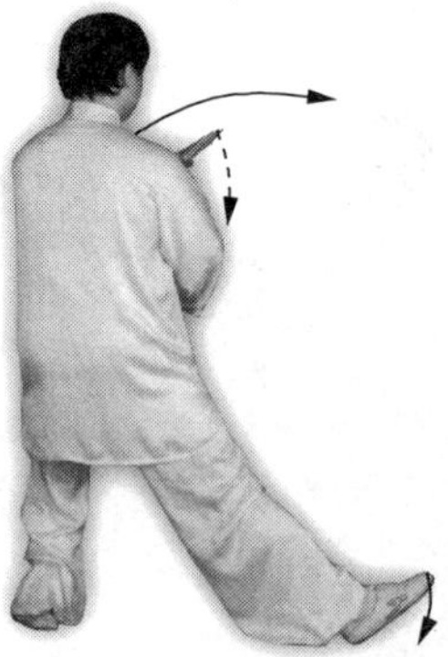

图 140

④重心右移，上体左转，成右侧弓步（横裆步），右肩向右倾靠；两掌分别向右前上方和左前下方撑开，右掌略高于头，掌心斜向上，左掌与胯同高，掌心斜向下；目随左掌（图141）。

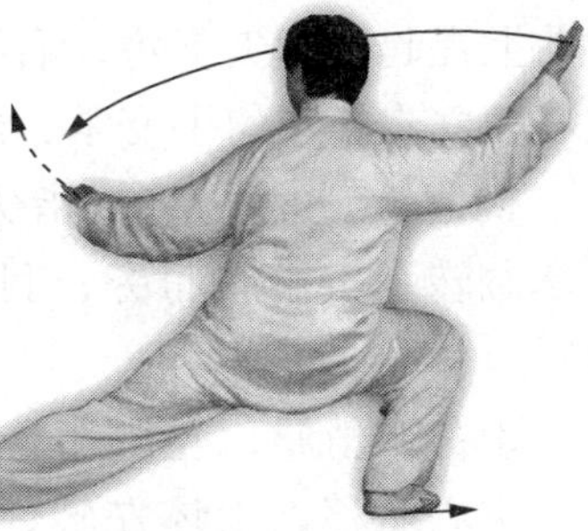

图 141

（二七）单鞭下势

①重心左移，上体左转，右脚跟稍外展；左掌变勾手，提至身体左侧，腕与肩同高，右掌向左画弧，经头前摆至左肘内侧；目随右掌（图142）。

②左腿全蹲，右腿铺直，上体右转，成右仆步；右掌下落经腹前顺右腿内侧向右穿出，掌心由内转向外，指尖向右；目视右掌（图143）。

图 142

（二八）金鸡独立（二）

①重心右移，上体右转，右脚尖外展，左脚尖内扣，右腿屈弓，左腿自然蹬直；右掌向上挑至体前，成侧立掌，腕高与肩平，左臂内旋下落至身后，勾尖向上；目视右掌（图144）。

图 143

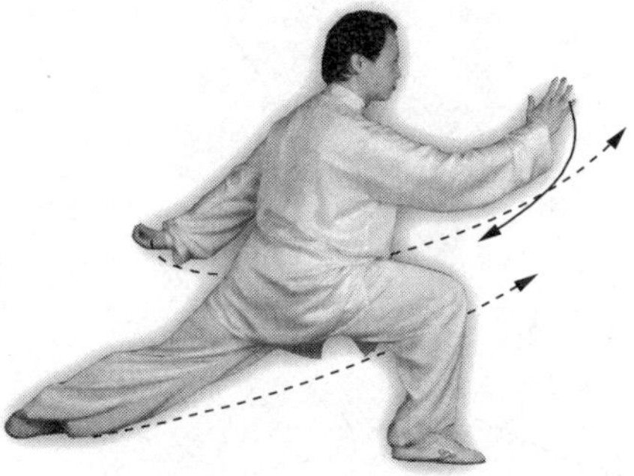

图 144

②重心前移，上体右转；左腿屈膝向前上提起，脚尖下垂，右腿微屈站稳，成右独立步；左勾手变掌，经体侧向前、向上挑起，成侧立掌，指尖高与眉齐，右掌翻转下按于右胯旁；目视左掌（图145）。

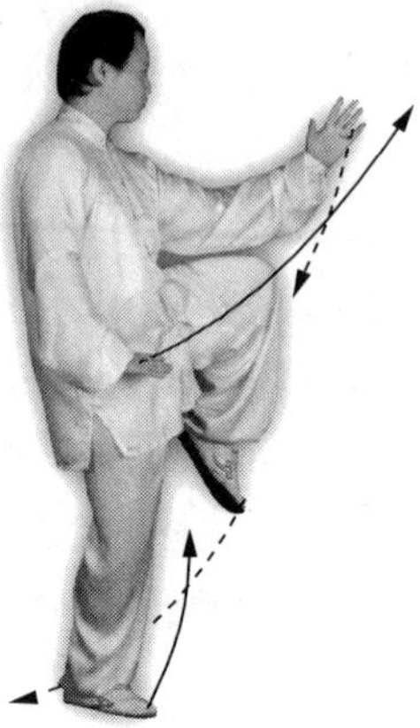

图 145

③右腿稍屈，左脚落于右脚内侧后方，重心后移，上体左转，右腿屈膝提起，脚尖下垂，左腿微屈站稳，成左独立步；左掌翻转按于左胯旁，右掌成侧立掌挑至体前，指尖高与眉齐；目视右掌（图146）。

（二九）退步穿掌

左腿稍屈，右脚后撤一步，右腿自然蹬直，左腿屈弓，左脚以前脚掌为轴顺势扭正，成左弓步；左臂外旋，左掌掌心翻转向上，收经腰间，从右前臂上穿出，腕高与肩平，右臂内旋，横掌下按，落于左肘下方；目视左掌（图147）。

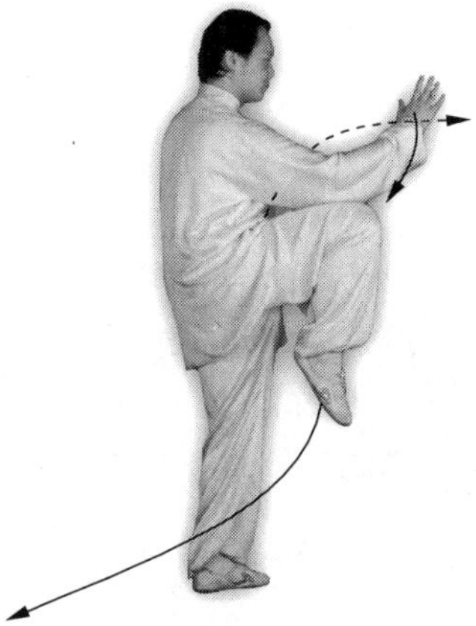

图 146

图 147

第 四 段

（三〇）虚步压掌

图 148

①重心后移，左脚尖内扣，上体右后转；右掌收至腹前，左掌举于左额侧上方；目随转体平视（图148）。

②重心移至左腿，右脚提起，脚尖转向前方，前脚掌落地，成右虚步；上体向下松沉，微向前俯；左掌自上而下横按于右膝前上方，指尖向右，右掌按于右胯旁，指尖向前；目视前下方（图149）。

（三一）独立托掌

左脚蹬地，左腿微屈站稳，右腿屈膝提起，脚尖下垂，成左独立步；右掌翻转上托，举于体前，掌心向上，腕高与胸平，左掌向左、向上画弧，撑于体侧，腕高与肩平，掌心向外，指尖斜向上；目视右掌（图150）。

（三二）马步靠

①右脚前落，脚尖外撇，重心前移，上体右转；右臂内旋，右掌翻转下捋，左臂外旋，左掌向上、向右画弧；目视前方（图151）。

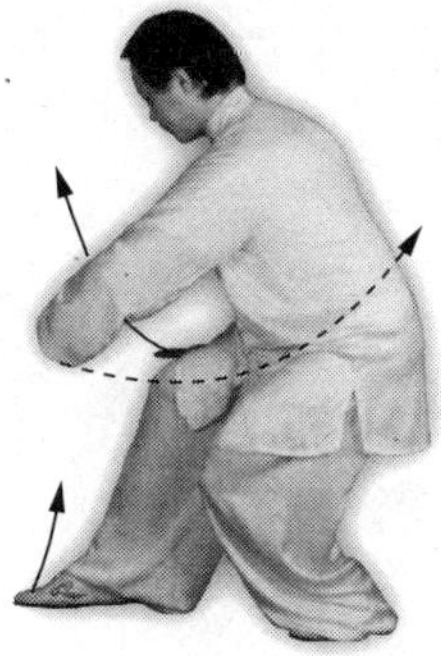

图 149

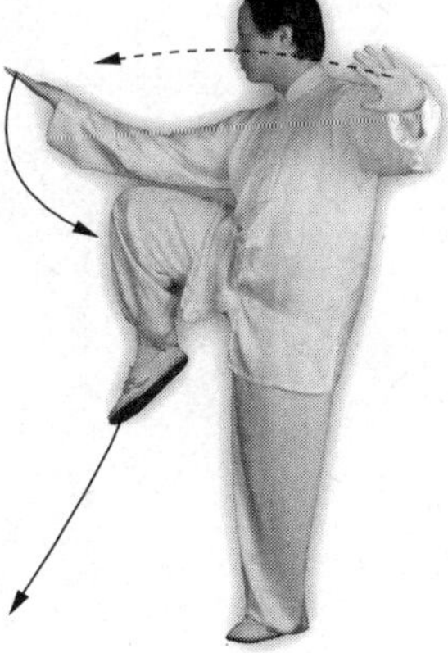

图 150

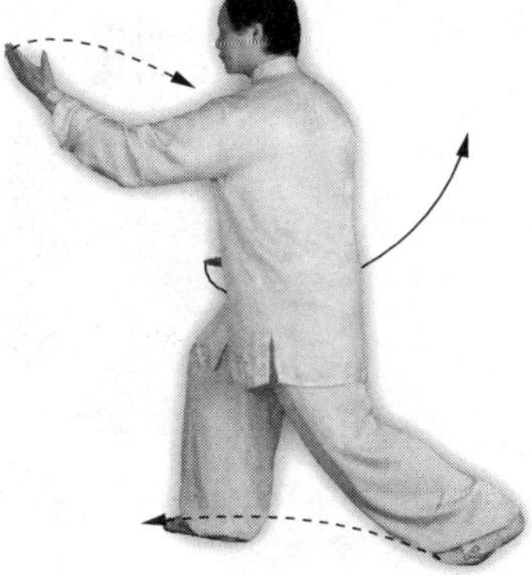

图 151

②左脚收于右脚内侧，上体继续右转；右掌翻转向上，并向右画弧举于体侧，高与头平，左掌握拳，落于右腹前，拳心向下，拳眼向内；目视右掌（图152）。

③上体左转，左脚向左前方上步，重心略向前移，成半马步；左臂内旋，摆至身体左侧，向前靠出，左拳拳眼向内，拳面向下，置于左膝前，右掌屈收，经耳侧推助左臂向前挤靠，掌心向左，掌指附于左上臂内侧；目视左前方（图153）。

图 152

（三三）转身大捋

①重心后移，左脚尖外撇抬起；左拳变掌，左臂外旋，右臂内旋，两掌心同时转向外，并微向后收带；目视两掌（图154）。

②上体左转，重心前移；右脚收于左脚内侧，两脚平行向前，重心仍偏于左腿，并稍向上升高；左臂内旋，左掌屈肘提至胸前，横掌掌心向外，右臂外旋，举于身体右侧，高与肩平，掌心向上；目视右掌（图155）。

图 153

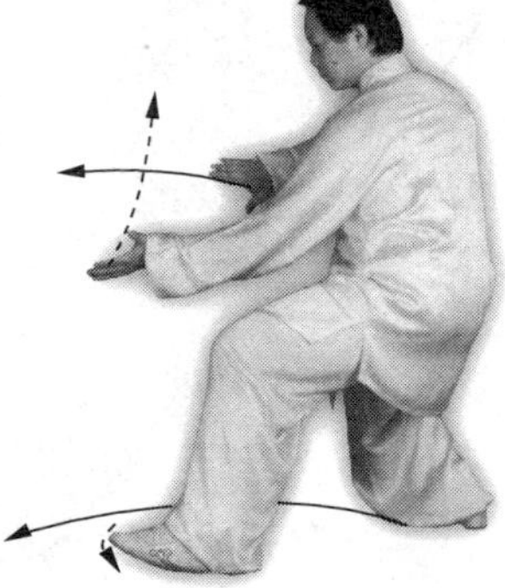

图 154

图 155

③右前脚掌为轴，脚跟外展，身体左转，右腿屈弓，左脚后撤一步，脚尖外展落地；两掌随转身向左平捋至体前，右掌高与头平，左掌置于右肘内侧，两掌心斜相对；目视右掌（图156）。

④上体继续左转，重心左移；右脚跟外展，右腿自然蹬直，成左侧弓步（横裆步）；两掌向左平捋，逐渐握拳，左臂外旋，左拳向左画弧，卷收于腰间，拳心向上，右臂屈肘外旋滚压置于体前，右拳高与胸齐，拳心斜向上；目视右拳（图157）。

图 156

（三四）歇步擒打

①上体右转，重心右移；右臂内旋屈肘上撑，右拳置于右额前，拳心向外，左臂内旋，左拳向身体左后方穿出，拳心向后；目视前方（图158）。

②上体左转，左脚尖外展，重心前移；右拳经体侧下落卷收于腰间，拳心向上，左拳变掌，向前画弧，掌心翻转向右；头随体转，目视前方（图159）。

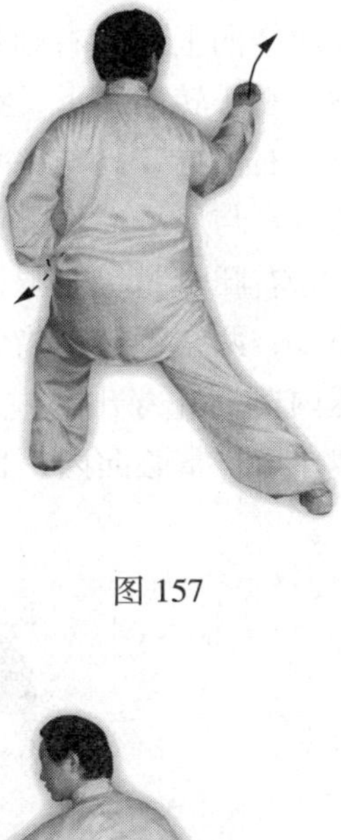
图 157

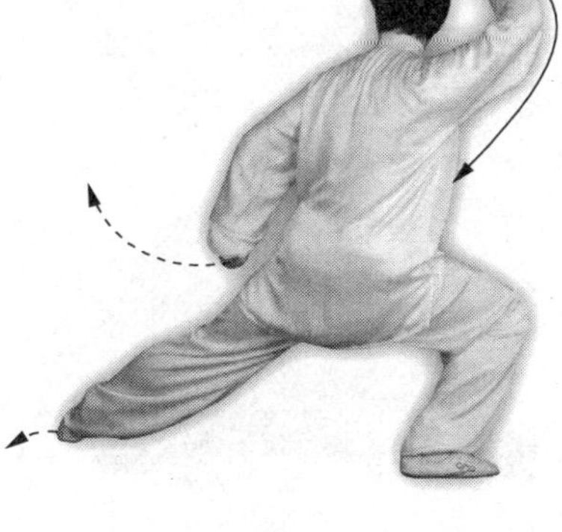
图 158

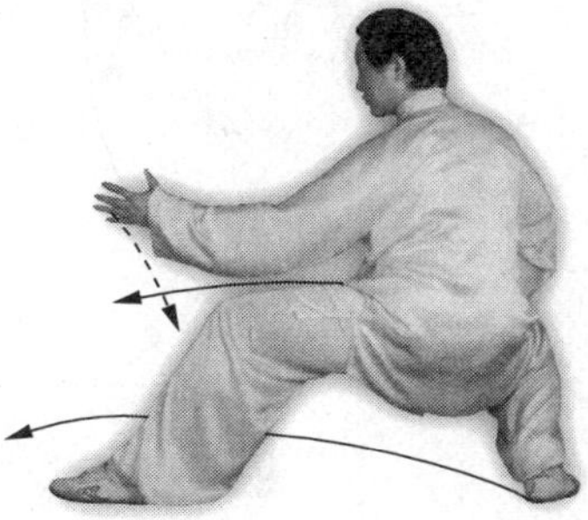
图 159

③右脚经左脚前向左前方盖步横落，两腿交叉屈蹲，成歇步；左掌握拳，收于腹前，拳心向下，虎口向内，右拳经左前臂上向前、向下方打出，高与腹平，拳心向上；目视右拳（图160）。

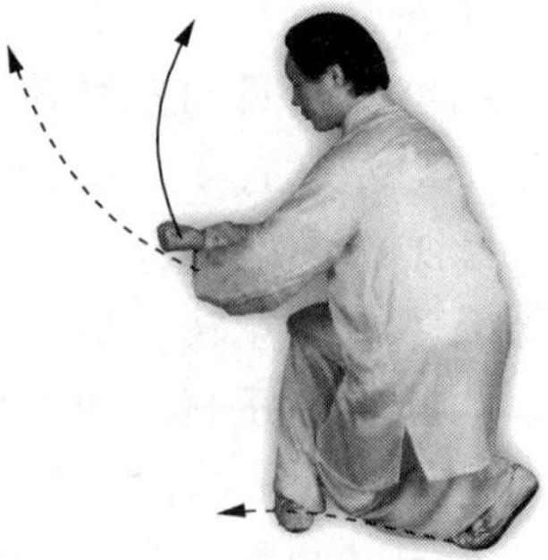

图 160

（三五）穿掌下势

①上体右转，左脚收至右脚内侧；两拳变掌，右臂内旋，掌心翻转向外，掌指向左，提至胸前，左臂外旋，掌心翻转向外，掌指向左，举于身体左侧，目视左掌（图161）。

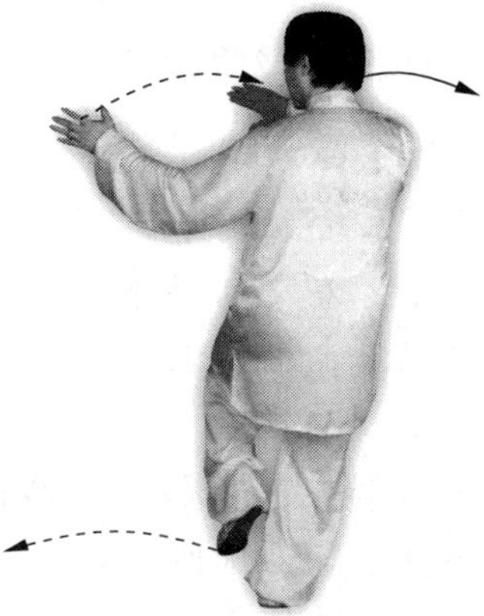

图 161

②上体右转，右腿屈蹲，左腿向左侧伸出；两掌向上、向右画弧，经面前摆至身体右侧，掌心转向斜下，指尖斜向右上，右掌伸举于右前方，高与头平，左掌屈臂摆至右肩前，高与肩平；目视右掌（图162）。

③右腿全蹲，左腿铺直，上体左转，成左仆步；两掌绕转，指尖转向左，经腹前顺左腿内侧向左穿出，左掌在前，掌心向外，右掌在后，掌心向内；目视左掌（图163）。

图 162

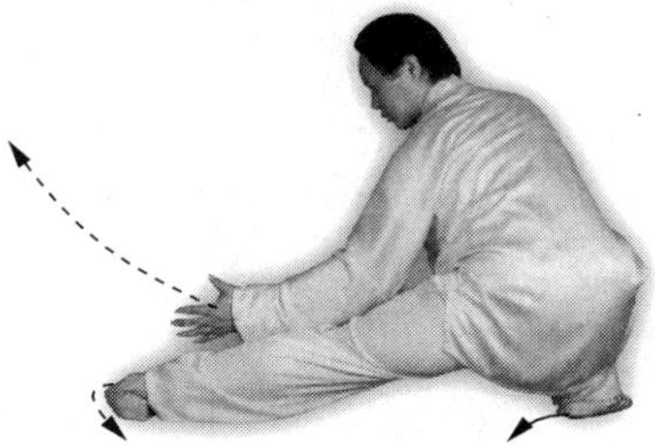

图 163

（三六）上步七星

①重心前移，上体左转；左脚尖外撇，右脚尖内扣，右腿蹬直，左腿屈弓；左掌向前、向上挑起，腕高与肩平，掌心向右，指尖斜向上，右掌微向后拉，侧置于右胯旁；目视左掌（图164）。

图 164

②右脚向前上一步，前脚掌落地，成右虚步；左掌握拳，微向内收，拳心向内，右掌变拳向前、向上架起，拳心向外，两腕交叠，两拳交叉于身前，高与肩平，右拳在外，两臂撑圆；目视左拳（图165）。

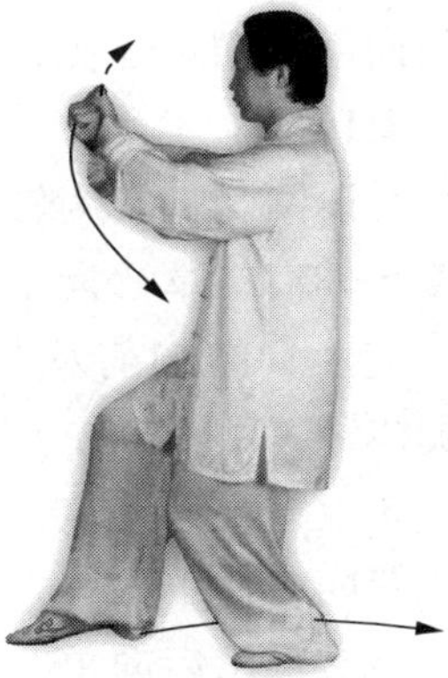

图 165

（三七）退步跨虎

①右脚向右后方撤一步，重心后移，上体右转；右拳变掌向右下方画弧至右胯旁，掌心向下，左拳同时变掌，随身体右转稍向右画弧，掌心向右；头稍右转，目视右前方（图166）。

②左脚稍向后收，前脚掌着地，落于右脚前，上体左转，身体略向下屈蹲；右掌向上画弧经头前再向左、向下画弧，落于左腿外侧，掌心向外，左掌向下经腹前向外按于左胯侧；视线随身体转动，左顾右手（图167）。

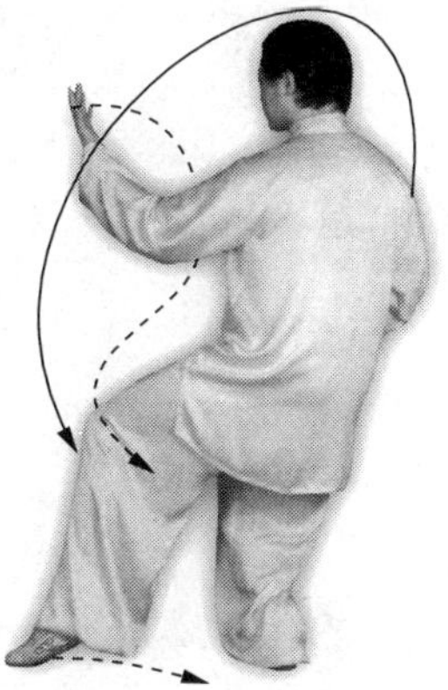

图 166

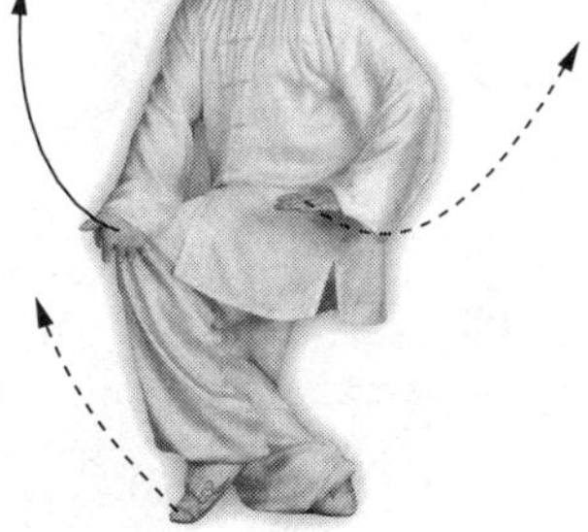

图 167

③右脚蹬地，独立站稳，左腿前举，膝微屈，脚面展平，脚尖稍内扣；右掌向前、向上挑起，成侧立掌，腕高与肩平，左掌变勾手同时上提，举于左方，高与肩平，勾尖屈腕向下，上体左转；目视左前方（图168）。

图 168

（三八）转身摆莲

①左脚前落，脚跟先着地，脚尖内扣，上体右转；右臂内旋，右掌翻转向下，屈肘向右平带，左勾手变掌，掌心转向上，自后向前平摆至体侧；头随体转，目视前方（图169）。

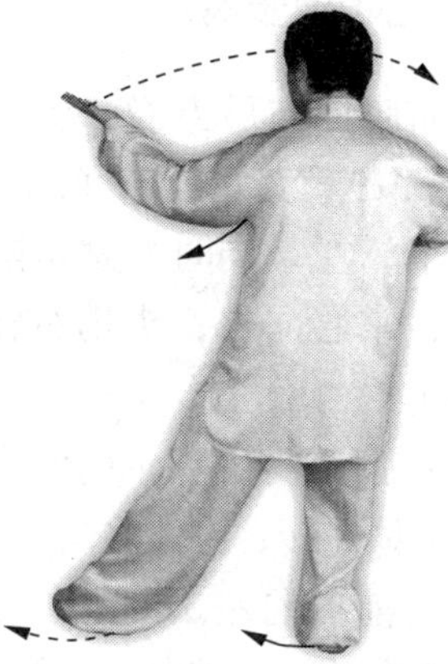

图 169

②以两前脚掌为轴，向右后转体；左掌摆至体前，掌心向上，高与头平，右掌翻转向上，经胸前及左肘下方向左穿出；头随体转，目视前方（图170）。

③上体继续右转，至与“上步七星”势成背向，体重坐于左腿，右脚尖虚点地面；右掌穿出后向上、向右画弧，同时前臂内旋，掌心转向右，指尖向上，置于身体右侧，腕高与肩平，左掌自右臂内侧翻转下落，收至右肩前下方，掌心亦向右；目视右掌（图171）。

图 170

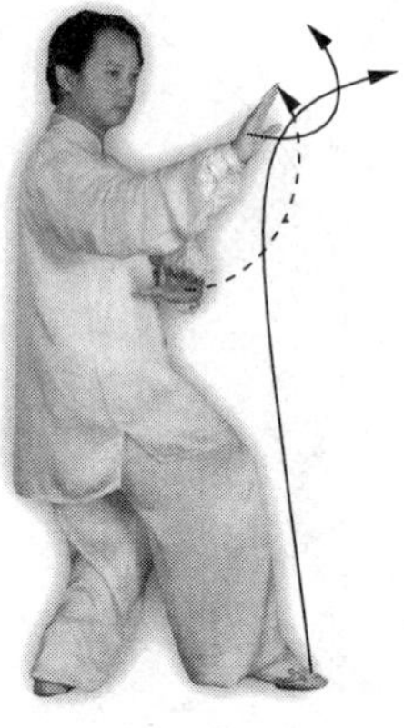

图 171

④右脚提起向左、向上、向右做扇形外摆，脚面展平，上体左转；两掌自右向左平摆，在头前左先右后依次击拍右脚面；目视两掌（图172）。

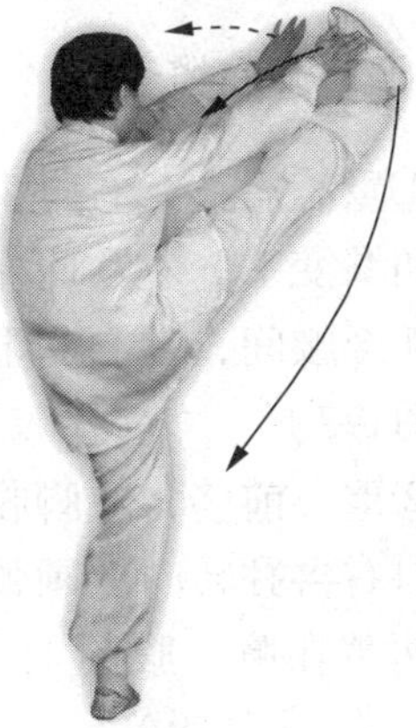
图 172

（三九）弯弓射虎

①右腿屈收，屈膝提于体前侧，脚尖下垂，左腿独立站稳，上体左转；两掌继续左摆，左掌摆至身体左侧，右掌摆至左肩前下方，掌心均向下，高与肩平；目视左掌（图173）。

图 173

②右脚向右前方落步，上体右转；两掌同时下落画弧；目视两掌（图174）。

③重心前移，上体右转；两掌向下、向右画弧至身体右侧时两掌握拳，拳心向下；目视右拳（图175）。

④上体左转；右腿屈弓，左腿自然蹬直，成右弓步；左拳经面前向左前方打出，高与鼻平，拳心斜向前，拳眼斜向下，右拳同时屈肘向左前方打出，至右额前，拳心向外，拳眼斜向下；目视左拳（图176）。

图 174

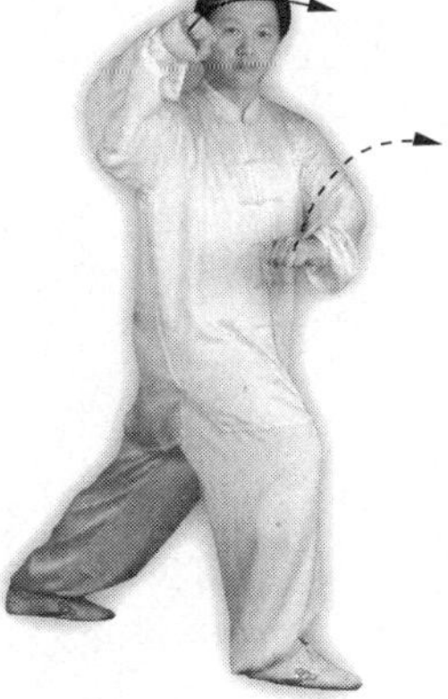
图 175

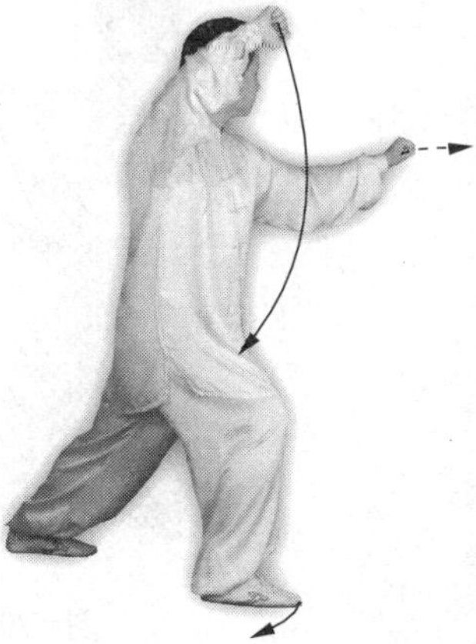
图 176

（四〇）左揽雀尾

①重心后移，右脚尖外撇抬起，上体右转；两拳变掌，左掌向左伸展，右掌翻转向下画弧至腰间，掌心向上；头随身体自然转动（图177）。

②重心前移，左脚收至右脚内侧；右掌自下向右再翻转向上画弧，左掌由左向下画弧，两掌在胸、腹前上下合抱，掌心相对；目视右掌（图178）。

③上体微左转，左脚向前上步，脚跟着地；两掌微分；目视前方（图179）。

④重心前移，左脚落实，成左弓步；左前臂向前掤出，左掌掌心向内，高与肩平，右掌按落于右胯旁；掌心向下；目视左掌（图180）。

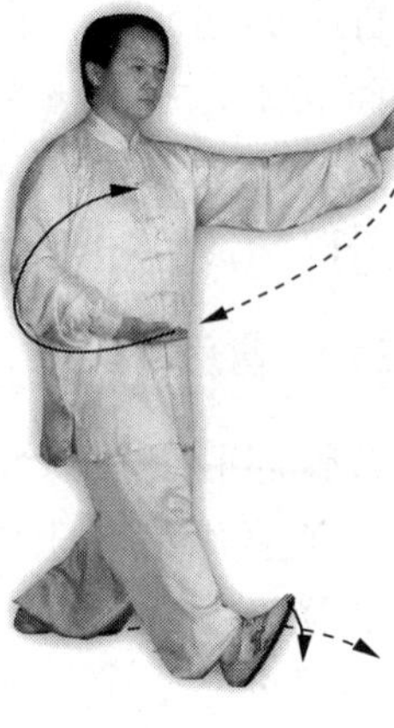

图 177

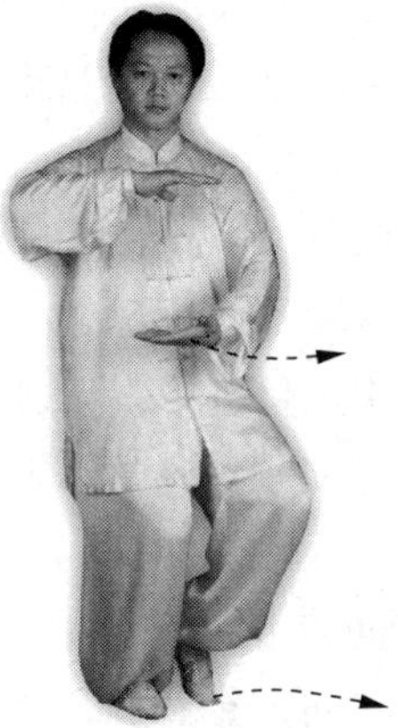

图 178

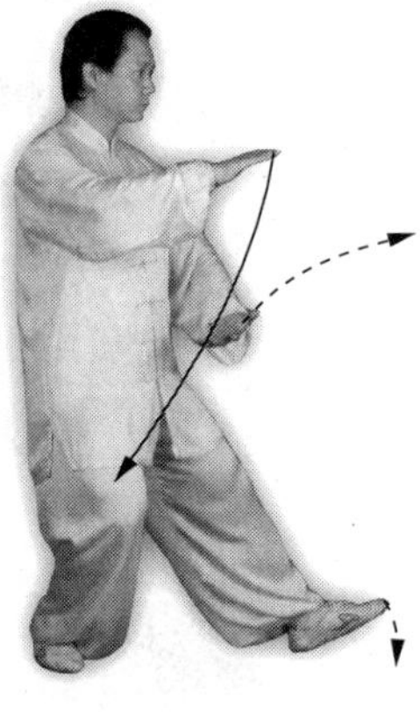

图 179

图 180

⑤上体微左转；左掌翻转向下，稍向前伸，右掌翻转向上，经腹前向上、向前画弧，伸至右前臂内侧下方；目视左掌（图181）。

⑥上体右转，重心后移；两掌下捋，经腹前再向右后上方画弧，至右掌高与肩平，掌心斜向前，左掌屈臂摆至右胸前，掌心向内；目视右掌（图182）。

⑦上体左转，面向前方；右掌屈臂卷收，掌指贴近左腕内侧，左臂平屈胸前，掌心向内，指尖向右；目视前方（图183）。

⑧重心前移，成左弓步；双臂向前挤出，两臂撑圆，右掌指附于左腕内侧，高与肩平；目视左前臂（图184）。

⑨右掌经左掌上伸出，两掌分开，与肩同宽，掌心均转向下；目视前方（图185）。

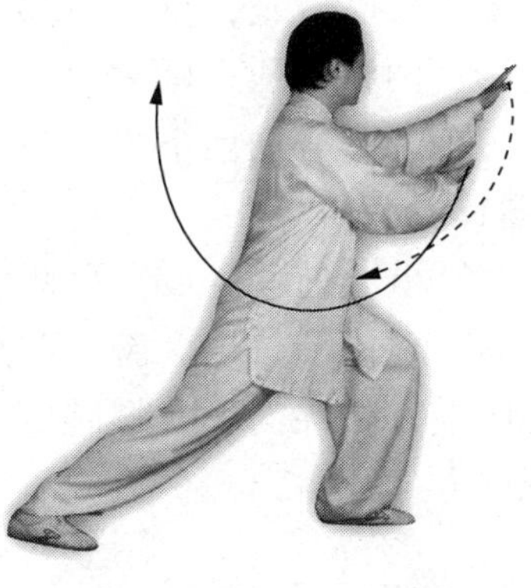

图 181

图 182

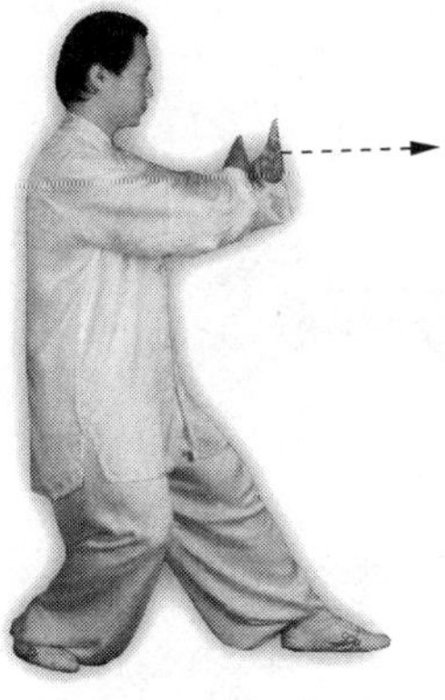

图 183

图 184

图 185

⑩身体后坐，重心后移，左脚尖上翘；两臂屈肘，两掌收经胸前下落至腹前，掌心向前下方；目向前平视（图186）。

⑪重心前移，成左弓步；两掌平行向上、向前按出，腕高与肩平，掌心向前，指尖向上，塌腕舒掌；目平视前方（图187）。

（四一）十字手

①重心右移，上体右转；左脚尖内扣，右脚尖外展；右掌随身体右摆至面前，掌心向外，左掌分于身体左侧，掌心亦向外；目随右掌（图188）。

②右脚尖继续外展，重心右移，上体继续右转，左腿自然蹬直；右掌摆至身体右侧，两掌左右平举于身体两侧，两肘略屈，掌心向前；目随右掌（图189）。

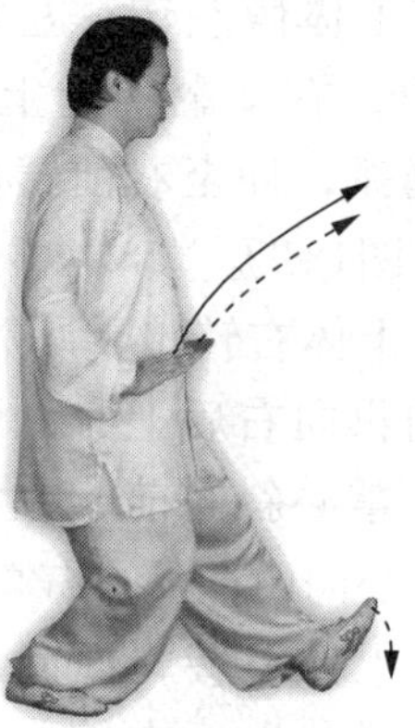

图 186

图 187

图 188

图 189

③重心左移，右脚尖内扣，上体左转；两掌向下、向内画弧，于腹前两腕相交，两掌合抱，举至胸前，右掌在外，掌心均向内；目视两掌（图190）。

④右脚内收，两脚与肩同宽，脚尖向前，成开立步，随即上体转正，两腿慢慢直立；两掌交叉成斜十字形抱于体前，掌心向内，高与肩平；目视两掌（图191）。

图 190

图 191

（四二）收势

①两前臂内旋，两掌边翻转边平行分开，与肩同宽，掌心向前下方；目视前方（图192）。

②两掌慢慢下落至两腿外侧，松肩垂臂，上体自然正直；目视前方（图193）。

③左脚收至右脚旁，两脚并拢，脚尖向前，身体自然直立，呼吸平稳均匀；目视前方（图194）。

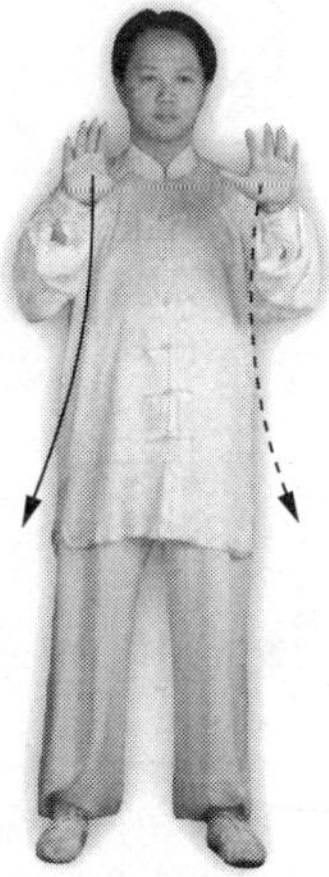
图 192

图 193

图 194

四十二式太极拳动作路线示意图

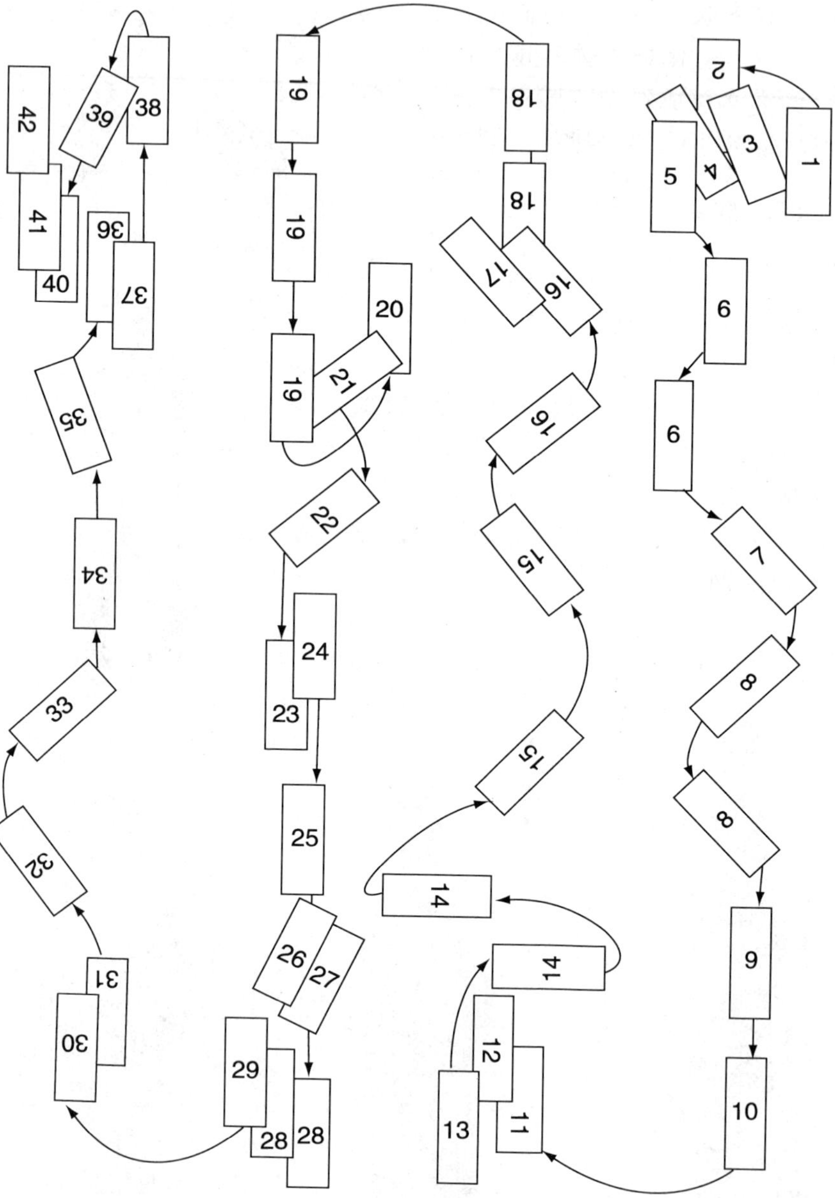

第六节　四十二式太极剑

第一部分　基本动作规格要求

一、手　型

太极剑的手型主要是剑指：中指与食指伸直并拢，其余三指屈于手心，拇指压在无名指和小指的第一指节上。

二、步　型

（一）弓　步

前腿全脚着地，脚尖朝前，屈膝前弓，膝部不得超过脚尖；后腿自然伸直，脚尖斜向前方，全脚着地；两脚横向距离 10~20 厘米。

（二）马　步

两脚左右开立，约为脚长的 3 倍；脚尖正对前方，屈膝半蹲。

（三）虚　步

一腿屈膝下蹲，全脚着地，脚尖斜向前 45°；另一腿微屈，以前脚掌或脚跟点于身前。

（四）仆　步

一腿屈膝全蹲，膝与脚尖稍外展；另一腿自然伸直，平铺接近地面，脚尖内扣，两脚全脚着地。

（五）丁　步

一腿屈膝半蹲，全脚着地；另一腿屈膝，以前脚掌或脚尖点于支撑腿脚内侧。

（六）歇　步

两腿交叉屈膝半蹲；前脚尖外展，全脚着地；后脚尖朝前，膝部附于前腿外侧，脚跟离地，臀部接近脚跟。

（七）独立步

一腿自然直立，支撑站稳；另一腿在体前或体侧屈膝提起，高于腰部，小腿自然下垂。

（八）平行步

两脚分开，脚尖朝前，屈膝下蹲，两脚外缘同肩宽。

三、步　法

（一）上　步

后脚向前一步或前脚向前半步。

（二）退　步

前腿后退一步。

（三）撤　步

前脚或后脚退半步。

（四）盖　步

一脚经支撑脚前横落。

（五）插　步

一脚经支撑脚后横落。

（六）跳　步

前脚蹬地跳起；后脚前摆落地。

（七）行　步

腿微屈，两脚连续上步，步幅均匀，重心平稳。

（八）摆　步

上步落地时脚尖外摆，与后脚成八字。

（九）扣　步

上步落地时脚尖内扣，与后脚成八字。

（十）跟　步

后脚向前跟进半步。

（十一）碾　步

以脚跟为轴，脚尖外展或内扣，或以前脚掌为轴，脚跟外展。

太极剑对步法的要求与太极拳基本相同。各种步法要求做到转换进退虚实分明、轻灵稳健。前进时，脚跟先着地；后退时，前脚掌先着地，不可重滞突然。重心移动平稳、均匀、清楚。两脚距离和跨度要适当，脚掌和脚跟碾转要合度。膝部要松活自然。直腿时，膝部不可僵挺。

四、腿　法

（一）蹬　脚

支撑腿微屈站稳；另一腿屈膝提起，勾脚，以脚跟为力点慢慢蹬出，腿自然伸直，脚高过腰部。

（二）分　脚

支撑腿微屈站稳；另一腿屈膝提起，然后小腿上摆，腿自然伸直，脚面展平，高过腰部。

（三）摆　腿

支撑腿微屈站稳；另一腿从异侧摆起，经胸前向外摆动，脚面展平，不得低于肩。

（四）震 脚

支撑腿微屈；另一腿提起，以全脚掌向地面踏震，劲须松沉。

（五）后举腿

支撑腿微屈站稳；另一腿在身后向异侧方屈举，脚面自然展平，脚掌朝上；上体稍侧倾，并向举腿方向拧腰。

以上各种腿法均要支撑稳定，膝关节不可僵挺；上体维持中正，不可前俯后仰或左右歪斜。

五、身 型

（一）头

向上虚虚领起，下颌微内收，不可偏歪或摇摆。

（二）颈

自然竖直，肌肉不可紧张。

（三）肩

保持松沉，不可耸起，也不可后张或前扣。

（四）肘

自然下坠，不可僵直、外翻或扬起。

（五）胸

舒松自然，不要外挺，也不要故意内缩。

（六）背

自然放松，舒展拔伸，不可弓背。

（七）腰

自然放松，不可后弓或前挺；运转要灵活，以腰为轴带动手足。

（八）脊

保持正直，不可左歪右斜、前挺后弓。

（九）臀、胯

臀要注意敛收，不可向后凸出或摇摆；胯要松、缩、正，不可向左右凸出、歪扭。

（十）膝

伸屈要柔和自然。

六、身　法

总的要求是：端正自然，不偏不倚，舒展大方，旋转松活；不可僵滞浮软、忽起忽落；动作要以腰为轴，带动上下，完整贯串。

七、眼　法

定势时，眼看前方或看剑指或剑；换势运转时，要做到精神贯注，势动神随，神态自然。

八、剑　法

剑，由剑身、剑格、剑柄、剑首等部分构成。剑身又分剑尖、剑刃和剑脊（图示）。剑的长度，以直臂垂肘反手持剑的姿势为准，剑尖不得低于本人的耳上端。剑可带剑穗。剑的重量、穗的长短不限。

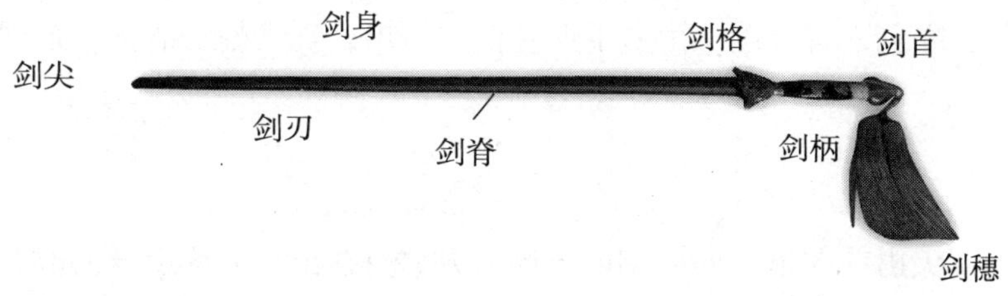

握剑的方法分为持剑和握剑两种：

持剑：掌心贴近剑格，食指伸直按于剑柄，拇指为一侧，其余三指为另一侧，直腕，手指扣握剑柄，剑脊贴近前臂。

握剑：拇指为一侧，其余四指为另一侧，握拢剑柄，虎口靠近剑格，须与剑刃相对。运动时，五指松握剑柄，手心要松空，使剑在手中灵活运转。

下面结合本套路介绍其主要剑法：

（一）点　剑

立剑，提腕，使剑尖由上向前下，臂自然伸直，力达剑锋。

（二）崩　剑

立剑，沉腕，使剑尖向上，发力于腕，力达剑锋。

（三）撩　剑

立剑，由下向前上方为撩，力达剑身前部为正撩剑，前臂外旋，手心朝上，贴身弧形撩出；反撩剑时前臂内旋，余同正撩。

（四）劈　剑

立剑，自上向下为劈，力达剑身。抡劈剑则须将剑抡一立圆，然后向前下劈。

（五）刺　剑

立剑或平剑，向前直出为刺，力达剑尖，臂与剑成一直线。平刺剑，高与肩平；上刺剑，剑尖高与头平；下刺剑，剑尖高与膝平；探刺剑，臂内旋使手心朝外，经肩上侧向前上方或下方立剑刺出。

（六）拦　剑

左拦剑：立剑，臂内旋，由左下向右前方斜出，腕与头平，剑尖朝左前下，力达剑刃。

右拦剑：立剑，臂外旋，由右下向左前方斜出，剑尖朝右前下，余同左拦剑。

（七）挂　剑

立剑，剑尖由前向下、向同侧或异侧后方贴身挂出，力达剑身前部。

（八）托　剑

立剑，剑身平置，由下向上为托。手心朝里，腕与头平，力达剑身中部。

（九）绞　剑

平剑，自胸前逆时针向前画弧一周，再收于胸前，手心朝上，剑尖朝前，力达剑身前部。

（十）削　剑

平剑，自异侧下方经胸前向同侧前上方斜出为削，手心斜向上，剑尖略高于头。

（十一）压　剑

平剑，手心朝下，向下为压，剑尖朝前。

（十二）云　剑

平剑，在头前方平圆绕环为云。

（十三）抹　剑

平剑，从一侧经前弧形向另一侧回抽为抹，腕与胸平，剑尖朝异侧前方，力达剑身。

（十四）截　剑

剑身斜向上或斜向下为截，力达剑身前部。上截剑斜向上，下截剑斜向下；后截斜向右后下方。

（十五）带　剑

平剑，由前向左或右屈臂回抽为带，腕高不过胸，剑尖斜朝前，力达剑身。

（十六）斩　剑

平剑，向右横出，高度在头与肩之间为斩，力达剑身。

（十七）架　剑

立剑，横向上为架，剑高过头，力达剑身，手心朝外。

以上各种剑法均要做到：剑法清楚，劲力顺达，力点准确，身剑协调，方法正确。

第二部分　套路动作

一、动作名称

预备势

（ 一 ）起势	（ 二 ）并步点剑
（ 三 ）弓步削剑	（ 四 ）提膝劈剑
（ 五 ）左弓步拦	（ 六 ）左虚步撩
（ 七 ）右弓步撩	（ 八 ）提膝捧剑
（ 九 ）蹬脚前刺	（一〇）跳步平刺
（一一）转身下刺	（一二）弓步平斩
（一三）弓步崩剑	（一四）歇步压剑
（一五）进步绞剑	（一六）提膝上刺
（一七）虚步下截	（一八）右左平带
（一九）弓步劈剑	（二〇）丁步托剑
（二一）分脚后点	（二二）仆步穿剑（右）
（二三）蹬脚架剑（左）	（二四）提膝点剑
（二五）仆步横扫（左）	（二六）弓步下截（右、左）
（二七）弓步下刺	（二八）右左云抹
（二九）右弓步劈	（三〇）后举腿架剑
（三一）丁步点剑	（三二）马步推剑
（三三）独立上托	（三四）挂剑前点
（三五）歇步崩剑	（三六）弓步反刺
（三七）转身下刺	（三八）提膝提剑
（三九）行步穿剑	（四〇）摆腿架剑
（四一）弓步直刺	（四二）收势

二、动作说明

预备势

两脚并拢，脚尖朝前；畅胸舒背，身体直立；两臂自然垂于身体两侧，右手成剑指，手心朝里，左手持剑，手心朝后，剑身竖直贴靠在左前臂后面，剑尖朝上；目视前方（图1）。

要点：头颈自然竖直，下颌微收，上体保持自然，不可挺胸收腹。两肩臂要自然松沉。剑刃不可触及身体。精神要集中。

图 1

（一）起　势

①左脚提起向左迈半步，与肩同宽，身体重心在两腿中间；同时两臂微屈略内旋，两手距身体约10厘米；目视前方（图2）

②两臂自然伸直向左前方摆举至与肩平，手心朝下；上体略左转再微右转，随转体右手剑指右摆，至右前方后屈肘向下画弧至腹前，手心朝上，左手持剑，右摆后屈肘置于体前，腕同肩高，手心朝下，两手心相对；同时重心左移，左腿屈膝半蹲，右脚收提至左脚内侧（脚不触地）；目视右前方（图3、4）。

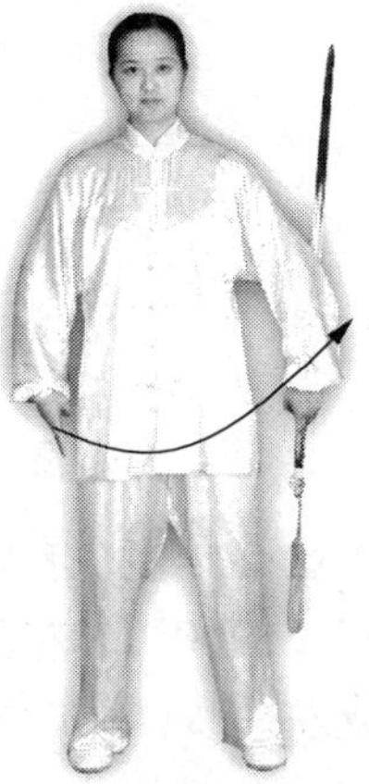

图 2

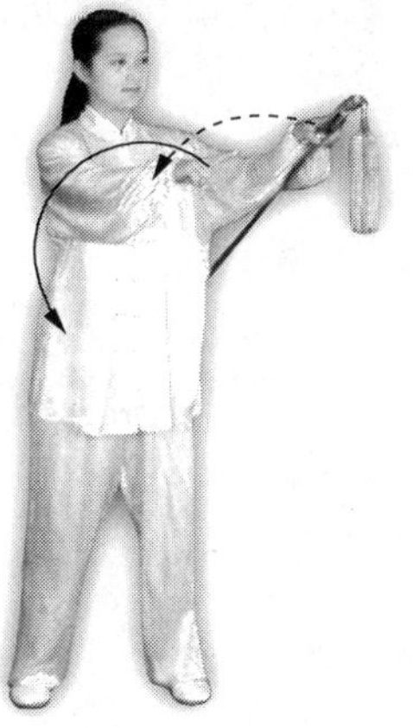

图 3

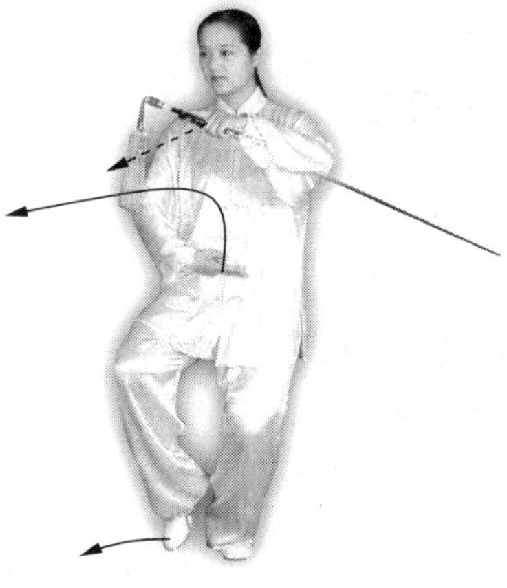

图 4

③右脚向右前方（约45°）上步，随身体重心前移成右弓步；同时右手剑指经左臂下向前上方摆举，臂微屈，腕同肩高，手心斜朝上，左手持剑附于右前臂内侧（剑柄在右前臂上方），手心朝下；继而，身体重心移向右腿，左脚跟至右脚内侧后方，脚尖点地；同时右手剑指向右前方伸送，左手持剑屈肘置于右胸前，手心朝下；目视剑指方向（图5、6）。

图 5

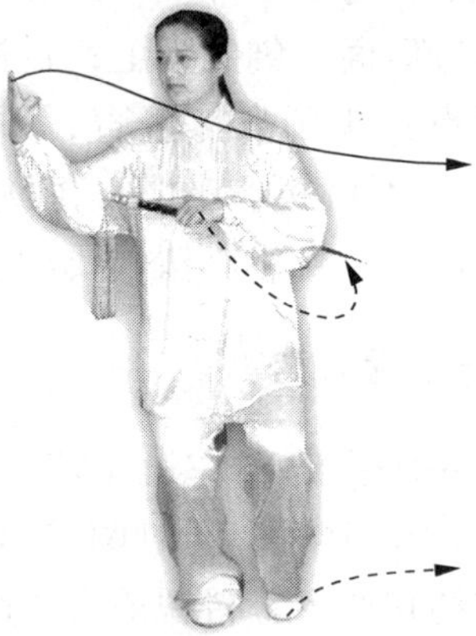

图 6

④重心左移，右脚尖内扣，身体左转（约90°），左脚向左前方上步，成左弓步；同时左手持剑经膝前向左画弧搂至左胯旁，臂微屈，手心朝后，剑身竖直，剑尖朝上，右手剑指屈肘经右耳旁向前指出，手心斜朝前，指尖朝上，腕同肩高；目视前方（图7）。

要点：两手摆举转换要与重心移动协调配合，上体要保持中正安舒，不可左右摇摆或前俯后仰。两肩要松沉，两臂不可僵直。

图 7

（二）并步点剑

①重心前移，右脚经左脚内侧向右前方（约45°）上步，随重心前移成右弓步；同时左手持剑经胸前向前穿出至右腕上（剑柄贴靠左腕）；继而，重心前移，左脚收提至右脚内侧；同时两手分别向左右两侧摆举后屈肘向下画弧置于胯旁，手心均朝下；目视前方（图8、9）。

②左脚向左前方（约45°）上步，随重心前移成左弓步；同时两手侧分摆举，略高于肩后向前画弧于体前相合，左手在外，高与胸齐，手心朝外，臂呈弧形，剑身贴靠左前臂，剑尖斜朝后，右手虎口对剑柄准备接剑；目视前方（图10）。

③身体重心前移，右脚向左脚并步，屈膝半蹲；同时右手接握剑柄，随以腕关节为轴，使剑尖由身体左后方经上向前画弧，至腕与胸高时，提腕使剑尖向前下方点剑，左手变剑指附于右腕内侧；目视剑尖方向（图11）。

要点：两手侧分摆举画弧与成弓步要协调一致，两臂不要僵挺。右手接剑时动作要自然，勿停顿。点剑时，两肩要保持松沉，上体正直，不可耸肩、拱背或凸臀，劲注剑尖。

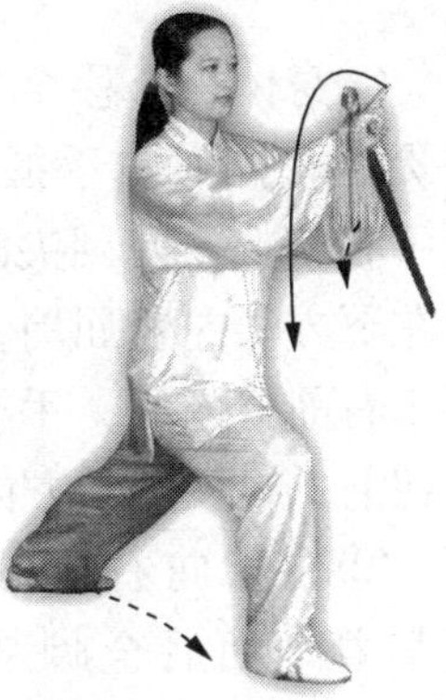
图 8

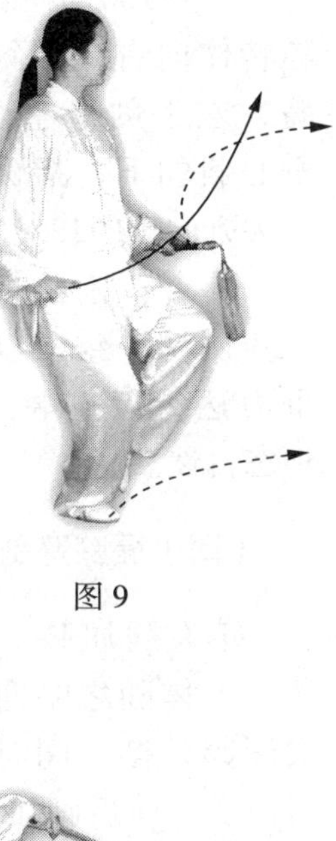
图 9

图 10

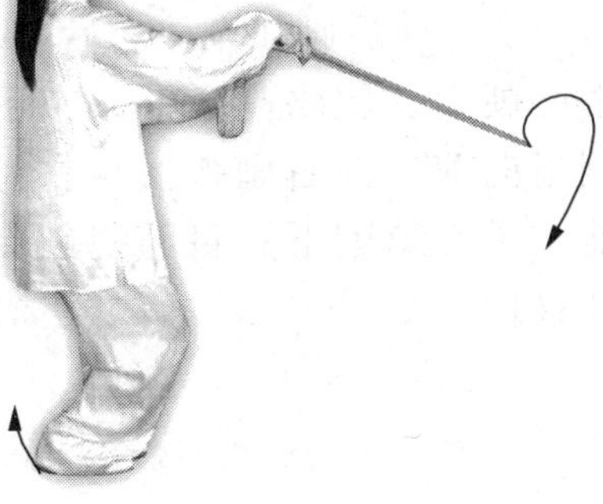
图 11

（三）弓步削剑

①身体重心移至左腿，右脚跟提起；同时右手握剑、沉腕、变手心朝上，使剑尖画一小弧指向左下方，左臂屈肘，左手剑指附于右前臂内侧，手心朝右，指尖朝上；目视剑尖方向（图12）。

图 12

②右脚向右后方撤步，前脚掌着地而后全脚踏实，随身体重心右移，左脚内扣，右脚外摆，右腿屈膝成弓步，身体右转（约180°）；同时右手握剑随转体向右上方斜削，腕同肩高，左手剑指左摆置于胯旁，手心斜朝下，指尖朝前；目视剑尖方向（图13）。

要点：削剑时要与转腰、弓步协调一致，以腰带臂使剑重力达剑刃前端。上体中正，神态自然。

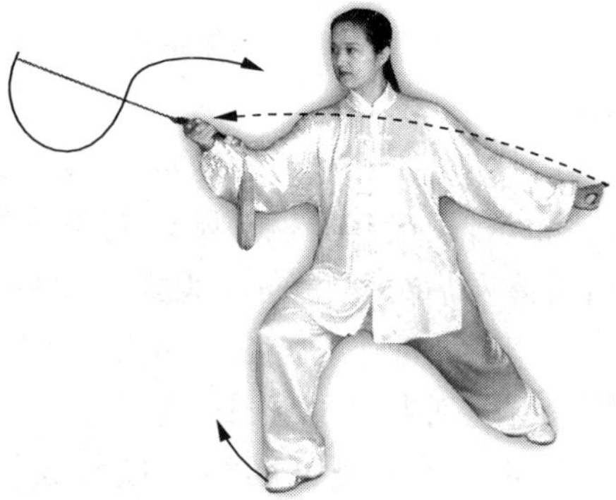

图 13

（四）提膝劈剑

①左腿屈膝，身体重心后移，上体随之略向右转，右脚尖翘起外摆；同时右手握剑屈肘向右、向后画弧至体右后方，手心朝上，腕略高于腰，左手剑指向前、向右画弧摆至右肩前，手心斜朝下；目随视剑尖（图14）。

图 14

②身体略向左转，重心前移；右脚掌踏实，右腿自然直立，左腿屈膝提起成右独立势；同时右手握剑向前劈出，剑、臂平直，左手剑指经下向左画弧摆举至与肩平，手心朝外，指尖朝前；目视剑尖（图15）。

要点：身体左右转动要与两臂动作协调一致。提膝独立要与劈剑协调一致。劲贯剑身下刃。

图 15

（五）左弓步拦

①右腿屈膝半蹲，左脚向左后落步，前脚掌着地而后全脚掌踏实；同时右手握剑以腕关节为轴使剑尖在体前顺时针画一圆弧，左手剑指附于右前臂内侧，手心朝下；目视剑尖方向（图16）。

图 16

②身体左转约90°，随重心左移，右脚内扣，左脚外摆成左弓步；同时右手握剑，随转体经下向左前方画弧拦出，手心斜朝上，腕同胸高，左手剑指经下向左、向上画弧，臂呈弧形举于头前上方，手心斜朝上；目视剑尖方向（图17）。

要点：身体转动与剑绕环要协调一致。弓步时上体不可前俯。

图 17

（六）左虚步撩

①右腿屈膝，重心稍后移，左脚尖翘起并稍外展，上体左转，继而，随重心前移左脚落地踏实，上体略右转，右脚向右前方上步，脚跟着地；同时右手握剑随转体屈肘向上、向左画弧至左胯旁，手心朝里，剑尖斜朝后上方，左手剑指下落附于右腕部；目视剑尖方向（图18）。

②身体右转；右脚尖外展，随重心前移落地踏实，右腿屈膝半蹲，左脚向左前方上步成左虚步；同时右手握剑，剑刃领先经后向下、向左前上方立圆撩架至头前上方，臂微屈，手心朝外，剑尖略低于手，左手剑指附于右腕部；目视左前方（图19）。

要点：剑向左后绕环要与身体转换协调一致，向前撩剑要与迈左步协调一致，整个动作要连贯圆活。

（七）右弓步撩

①身体略向右转，左脚向左上步，脚跟着地；同时右手握剑向上、向右画弧至身体右上方，腕稍低于肩，臂微屈，剑尖朝右上方，左手剑指屈肘落于右肩前，手心斜朝下；目视剑尖方向（图20）。

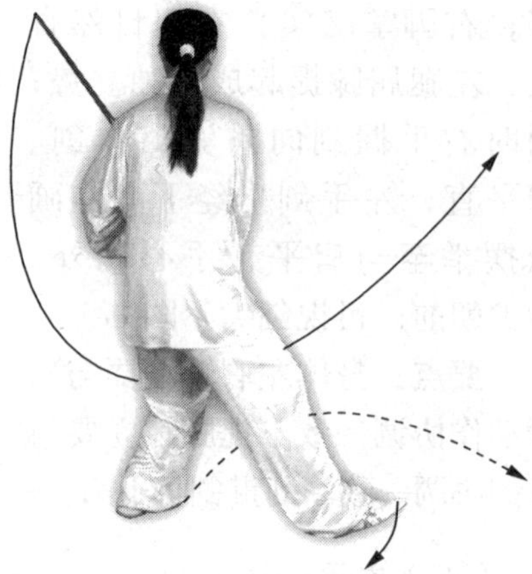

图 18

图 19

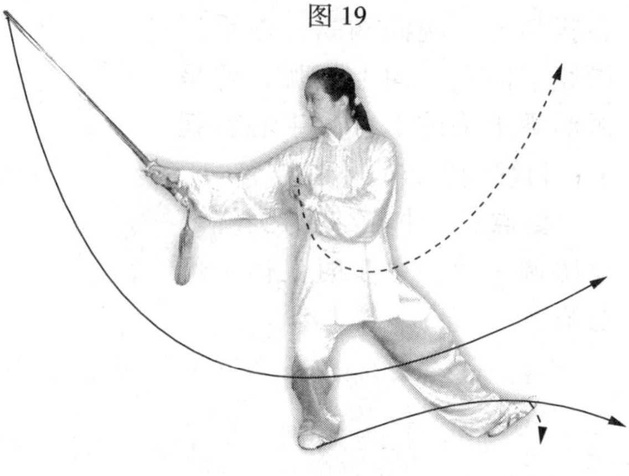

图 20

②身体左转，随重心移至左腿，左脚尖外展落地踏实，继而右脚向前上步，随重心前移成右弓步；同时右手握剑经下向前立剑撩出，腕同肩高，手心斜向上，剑尖斜向下，左手剑指向下、向左上方画弧，臂呈弧形举于头上方，手心斜朝上；目视剑尖方向（图21）。

图 21

要点：撩剑时剑贴身体立圆撩出，幅度宜大，且要做到势动神随；上步时重心要平稳，勿起伏。

（八）提膝捧剑

①左腿屈膝半蹲，重心后移，身体略向左转；同时右手握剑随转体向左平带，手心朝上，腕同胸高，剑尖朝前，左手剑指屈肘下落附于右腕部，手心朝下；目视剑尖方向（图22）。

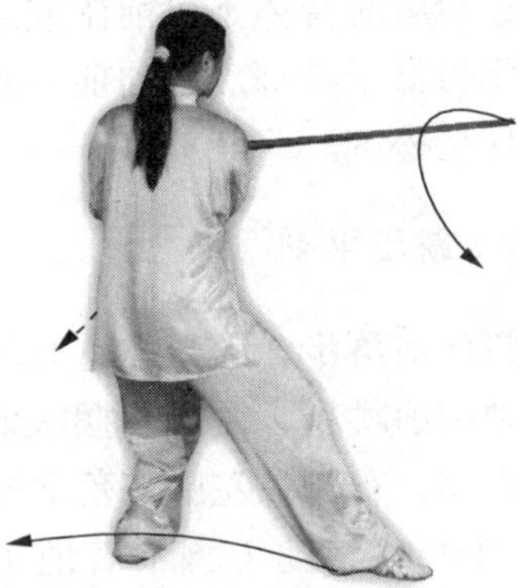

图 22

②身体略向右转，右脚向后撤步，随重心后移成左虚步；同时右手握剑随转体手心转向下，使剑经体前向右平带至右胯旁，剑尖朝前，左手剑指向下、向左画弧至左胯旁，手心朝下；目视剑尖方向（图23）。

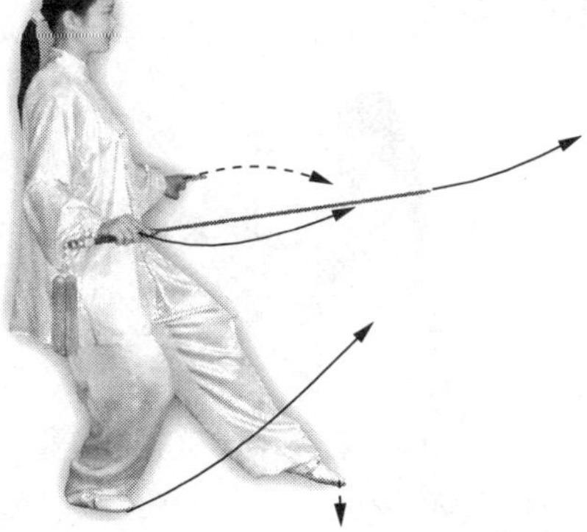

图 23

③左脚向前活步，随重心前移，左腿自然直立，右腿屈膝提起成左独立势；同时两手手心翻转朝上随提膝由两侧向胸前相合，左手剑指捧托在右手背下，

与胸同高，剑尖朝前，略高于腕；目视前方（图24）。

要点：左右转体带剑要协调连贯。捧剑与提膝协调一致。提膝时膝不得低于腰部。

（九）蹬脚前刺

左腿先微屈，继而直立，右脚以脚跟为力点，勾脚向前蹬出；同时两手捧剑略回引再向前平刺；目视剑尖方向（图25）。

要点：蹬脚时身体不可前俯或挺腹，脚高不得低于腰部。剑向前平刺时两臂要保持松沉。

（一〇）跳步平刺

①右脚向前落步，随身体重心前移右脚蹬地向前跳步，左脚前摆落地踏实，腿微屈，右脚在左脚将落地时迅速向左脚内侧靠拢（脚不着地）；同时两手捧剑随右脚落步向前平刺；左脚落地时两手腕部内旋，同时撤回置于两胯旁，手心均朝下；目视前方（图26、27）。

图 24

图 25

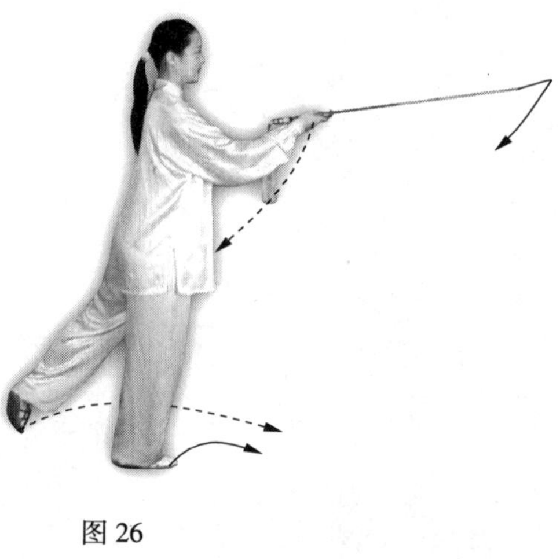

图 26

图 27

②右脚向前上步成右弓步；同时右手握剑经腰部向前平刺，腕同胸高，手心朝上，劲注剑尖，左手剑指经左向上、向前画弧，臂呈弧形举于头上方，手心斜朝上；目视剑尖方向（图28）。

要点： 右脚落步与前刺、左跳步与两手回抽要协调一致。左脚落地后右脚有瞬间暂停，再进步平刺。

图 28

（一一）转身下刺

①左腿屈膝，重心后移，右腿自然伸直，脚尖上翘；同时右手握剑向左、向后平带屈肘收至胸前，手心朝上，左手剑指屈肘置于胸前，剑身平贴于左前臂下，两手心斜相对；目视左前方（图29）。

②右脚尖内扣落地，重心移至右腿，继而以右脚掌为轴身体左后转（约270°），左脚屈膝提起收至右脚内侧（不着地）；两手仍合于胸前；目视左前方（图30）。

图 29

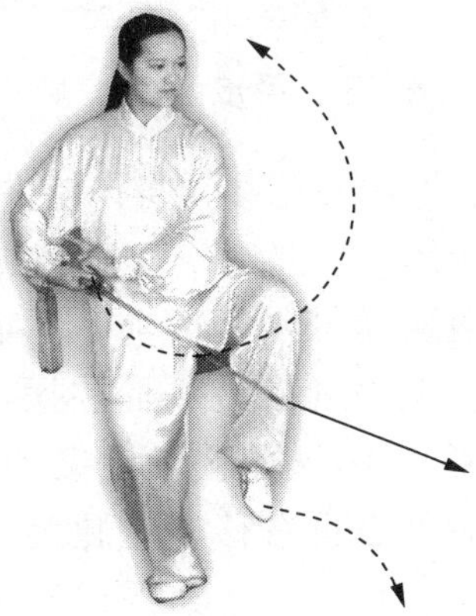

图 30

③左脚向左前方落步成左弓步；同时右手握剑向左前下方平剑刺出，手心朝上，左手剑指向左、向上画弧，臂呈弧形举于头前上方，手心斜朝上；目视剑尖方向（图31）。

要点：转身时要平稳自然，不可低头弯腰。弓步与刺剑要协调一致。

图 31

（一二）弓步平斩

①重心前移，右脚收提于左脚内侧（脚不触地）；同时右手握剑，沉腕，手心斜朝上，左手剑指屈肘向下附于右前臂上；目视剑尖（图32）。

图 32

②右脚向右后方撤步，继而右左前脚掌依次碾步成右横裆步，身体右转（约90°）；同时右手握剑向右平斩，左手剑指向左分展侧举，略低于胸，手心朝左，指尖朝前；目视剑尖（图33）。

要点：肩、肘松活，以腰带臂，眼随剑走，运劲沉稳不断。

图 33

（一三）弓步崩剑

①重心左移，身体略左转；随转体右手握剑，以剑柄领先，屈肘向左带剑至面前，手心朝后，左手剑指沿弧形左摆至左胯旁，手心朝下，指尖朝前；继而重心再右移，左腿经右脚

后向右插步；同时右手握剑略向左带后内旋翻转至手心朝下，再向右格带，腕同胸高，手臂自然伸直，剑尖朝前，与肩同高，左手剑指向左摆举，腕同肩高，手心朝外，指尖朝前；目视右侧（图34、35）。

②重心移至左腿，右腿屈膝提起；同时两前臂向内画弧合于腹前，手心朝上，剑尖朝前，左手剑指捧托于右手背下；目视前方（图36）。

③右脚向右落步成右弓步，上体略右转；同时，右手握剑右摆崩剑，劲贯剑身前端，腕同肩高，剑尖高于腕，臂微屈，手心朝上，左手剑指向左分展，停于胯旁，手心朝下；目视剑尖（图37）。

要点：捧剑与提膝、崩剑与弓步要协调一致。崩剑为一发劲动作，要转腰、沉胯，发劲松弹。整个动作要连贯。

图 34

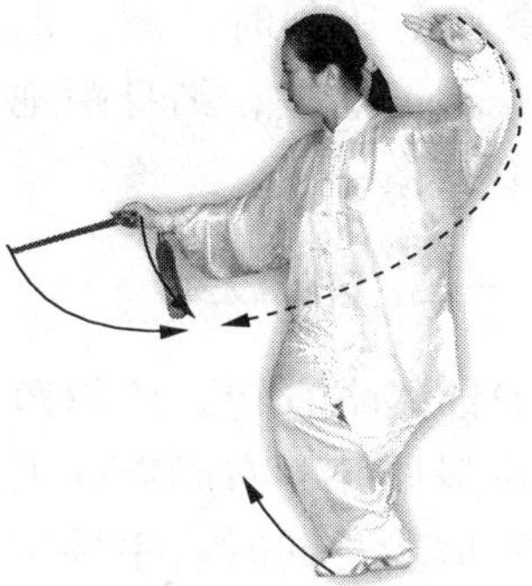
图 35

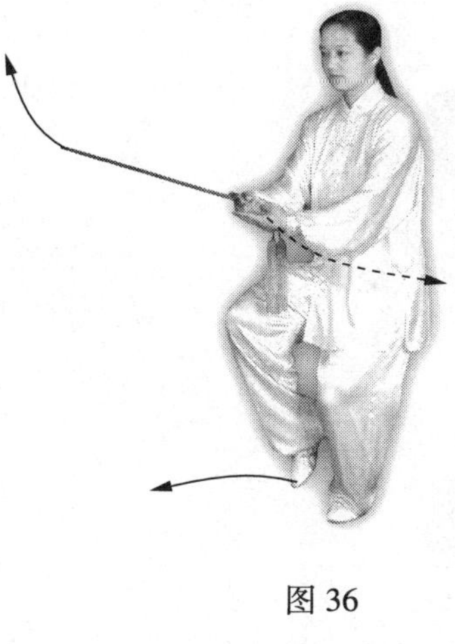
图 36

图 37

（一四）歇步压剑

身体左转，重心移至左腿；右脚向左脚后插步，前脚掌着地；同时右手握剑经上向左画弧，手心朝下；继而两腿屈膝下蹲成歇步；同时右手握剑向下压剑，臂微屈，腕同膝高，左手剑指向上画弧，臂呈弧形举于头上方，手心斜朝上；目视剑尖（图38、39）。

要点：压剑时，肩、肘松沉，不可僵直；剑身距地面约10厘米。

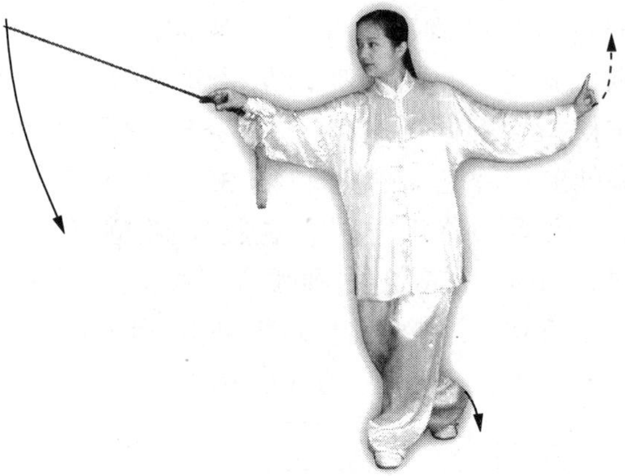

图 38

（一五）进步绞剑

①身体略右转；两腿蹬伸，左腿屈膝，右脚向前上步成右虚步；同时右手握剑虎口朝前上方立剑上提，腕同肩高，剑尖略低于腕，左手剑指经上弧形前摆，附于右前臂内侧，手心朝下；目视前下方（图40）。

图 39

图 40

②右脚向前上步，重心前移；同时右手握剑绞剑，左手剑指向下、向左画弧侧举，腕略高于肩，手心朝外，指尖朝前，臂呈弧形；目视剑尖方向（图41）。

③左脚向前上步，重心前移；同时右手握剑再次绞剑，左手剑指动作不变；目视剑尖（图42）。

④右脚向前上步成右弓步；同时右手握剑继续绞剑后前送，左后剑指经上向前附于右前臂上，手心朝下；目视剑尖（图43）。

要点：上步要轻灵平稳，不可忽高忽低。上一步，绞一剑，共上三步，并使上步与绞剑协调一致，剑尖运转呈螺旋形。

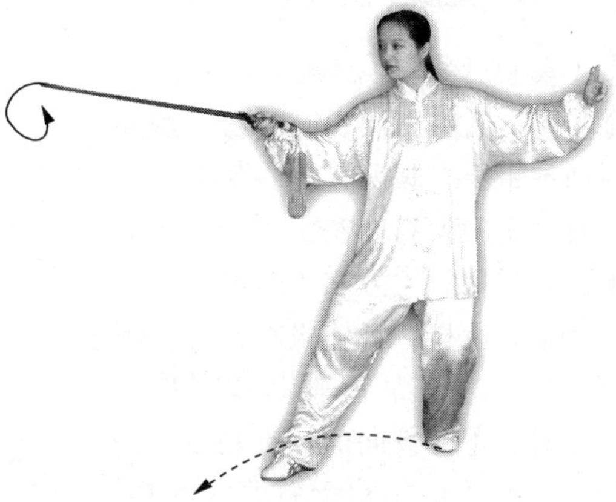

图 41

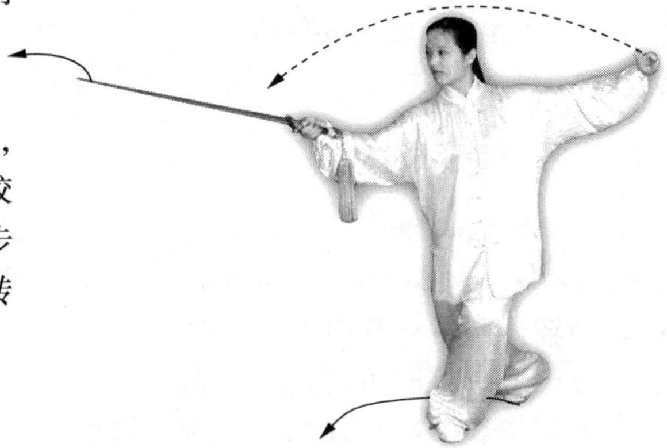

图 42

图 43

（一六）提膝上刺

①重心后移，上体略左转；左腿屈膝半蹲，右膝微屈；同时右手握剑屈肘回抽带至左腹前，手心朝上，剑身平直，剑尖朝右，左手剑指附于剑柄上；目平视剑尖方向（图44）。

图 44

②重心前移，身体略右转；右腿自然直立，左腿屈膝提起成右独立势；同时右手握剑向前上方刺出，手心朝上，左手剑指附于右前臂内侧；目视剑尖（图45）。

要点：提膝与刺剑要协调一致。提膝不得低于腰部，上体要保持端正自然。

图 45

（一七）虚步下截

①右腿屈膝半蹲，左脚向左落步，脚跟着地，上体略左转；同时右手握剑随转体屈肘外旋向左上方带剑，手心朝里，腕同头高，剑尖朝右，左手剑指经下向左画弧至左胯旁，手心斜朝下；目视右侧（图46）。

图 46

②随重心左移，左脚踏实，屈膝半蹲，上体右转，右脚向左移半步，脚尖点地成右虚步；同时右手握剑随转体略向左带后向右下方截剑至右胯旁，剑尖朝左前，与膝同高，劲贯剑身下刃，左手剑指向上，臂呈弧形举于头上方，手心斜朝上；目视右侧（图47）。

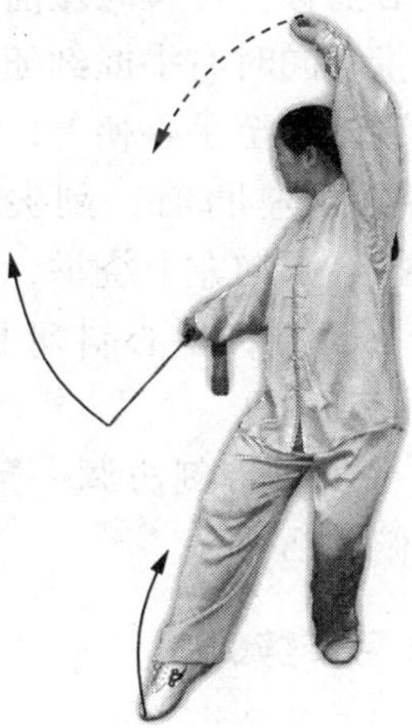

图 47

要点：虚步与截剑要协调一致；截剑时，右臂不可僵直。

（一八）右左平带

①左膝微屈，右腿屈膝提起，脚尖下垂；同时右手握剑立刃向前伸送至与胸高，臂自然伸直，剑尖略低于手，左手剑指经上向前附于右前臂内侧；继而，右脚向右前方落步，上体略右转成右弓步；同时右手握剑前伸，手心转朝下之后屈肘向右带剑至右肋前，剑尖朝前，左手剑指仍附于右前臂内侧；目视剑尖（图48、49）。

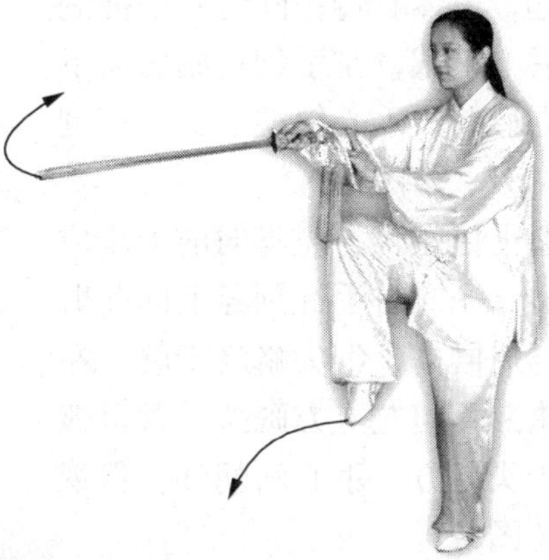

图 48

图 49

②随重心前移，左脚向左前方上步成左弓步；同时右手握剑随剑尖前伸，前臂外旋至手心朝上，微屈肘向左带剑至左肋前，剑尖朝前，左手剑指经下向左上绕举，臂呈弧形举于头上方，手心斜朝上；目视前方（图50）。

要点：弓步与带剑协调一致；上体不可前俯或凸臀。

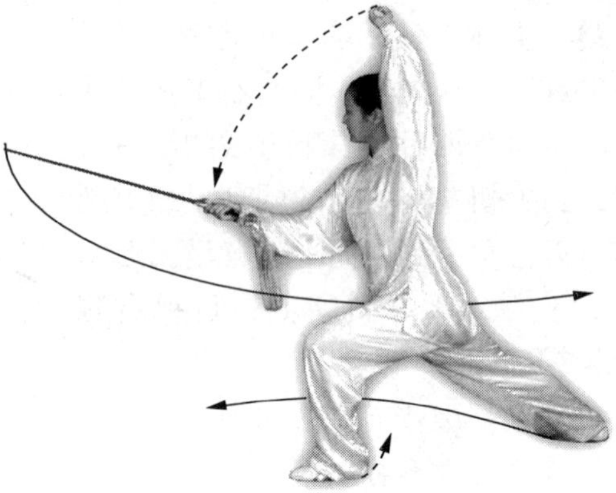

图 50

（一九）弓步劈剑

① 随重心前移，右脚摆步向前，屈膝半蹲，左腿自然伸直，脚跟提起，上体右转；同时右手握剑向右后方下截，左手剑指屈肘向下附于右肩前，手心斜朝下；目视剑尖（图51、附图51）。

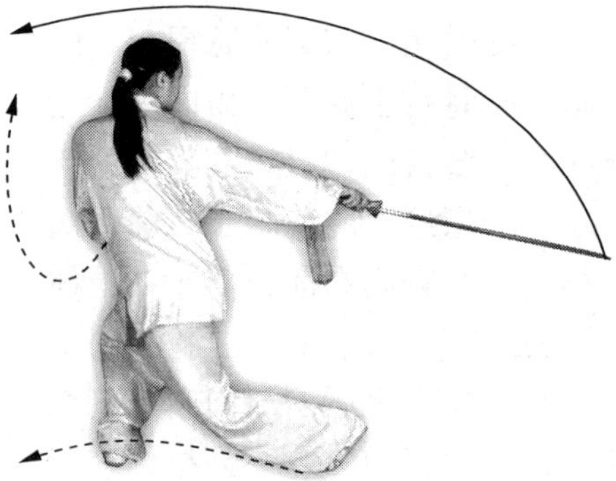

图 51

②上体左转，左脚向前上步成左弓步；同时右手握剑经上向前劈剑，与肩同高，剑尖略高于腕，左手剑指经下向左上方画弧，臂呈弧形举于头上方，手心斜朝外；目视前方（图52）。

附图 51

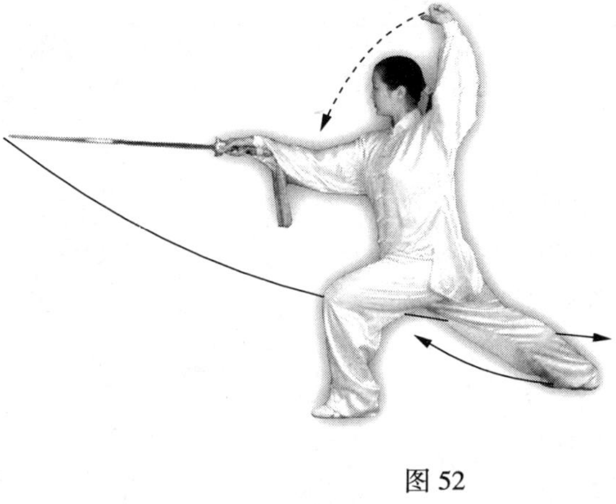

图 52

要点：上右步与回身截剑要协调一致，弓步与劈剑要协调一致；整个动作要连贯完成。

（二〇）丁步托剑

①随重心前移，右腿屈膝上提成独立势，上体右转并微前倾；同时右手握剑向右后方截剑，左手剑指屈肘摆至右肩前，手心朝右后；目视剑尖（图53、附图53）。

②右脚向前落步，屈膝半蹲，左脚跟步至右脚内侧，脚尖点地成左丁步；同时右手握剑向前屈肘向上托剑，剑尖朝右，左手剑指附于右腕内侧，手心朝前；目视右侧（图54）。

要点：提膝与回身下截剑、丁步与托剑要协调一致。剑上托时劲贯剑身上刃。整个动作要连贯。

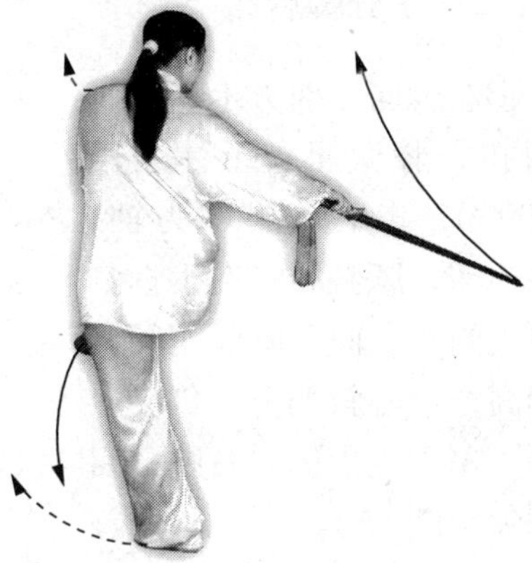

图 53

附图 53

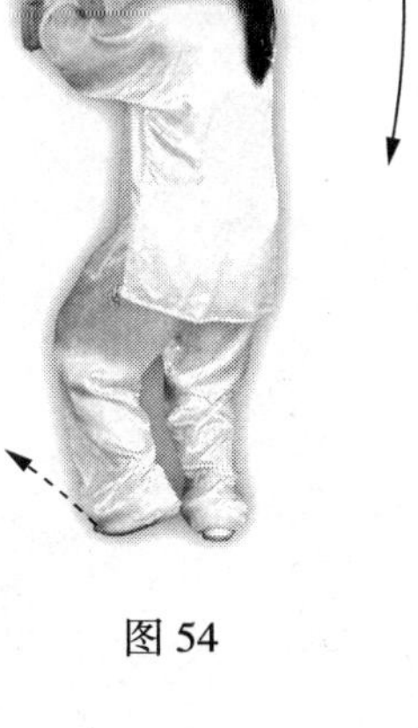

图 54

（二一）分脚后点

①左脚向左前方上步，脚尖内扣，膝微屈，上体右转（约90°），以右前脚掌为轴，脚跟内转，膝微屈；右手握剑使剑尖向右、向下画弧至腕与肩同高，手心斜朝上，剑尖斜向下，左手剑指仍附右腕；目视剑尖（图 55）。

②右脚向后撤步，腿自然伸直，左脚以脚跟为轴，脚尖内扣，屈膝半蹲，身体右转（约90°）；同时右手握剑，剑尖领先，经下向后画弧穿至腹前，手心朝外，剑尖朝右，稍低于腕，左手剑指仍附于右腕；目视剑尖方向（图56）。

③随重心前移，右腿屈膝前顶成右弓步，上体略右转；同时右手握剑沿右腿内侧向前穿刺，与肩同高，左手剑指向左后方画弧摆举，与肩同高，手心朝外；目视剑尖（图57）。

图 55

图 56

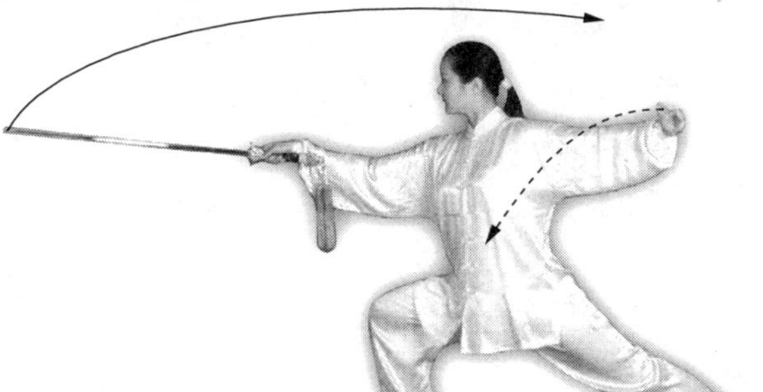

图 57

④随重心前移，左脚向右脚并步，两腿屈膝半蹲，上体略左转；同时右手握剑，剑柄领先，向上、向左画弧带剑至左胯旁，手心朝内，剑尖朝左上方，左手剑指向上，在头上方与右手相合后，屈肘下落附于右腕内侧；目视左侧（图58）。

⑤左腿自然伸直，右腿屈膝提起，脚尖自然下垂，上体右转（约90°）；同时右手握剑使剑尖在体左侧立圆画弧至后下方时，以剑柄领先，前臂内旋上提举至头前上方，手心朝右，剑尖朝前下方，左手剑指外旋，向前下方伸出至右踝内侧前方，手心朝前上方；目视剑尖方向（图59）。

⑥右脚向前摆踢成分脚，同时上体略向右拧转；随转体右手握剑经上向右后方点剑，腕同肩高，左手剑指向左上方摆举，臂呈弧形举于头上方，手心斜朝上；目视剑尖（图60）。

要点：提膝与提剑、分脚与后点剑要协调一致。整个动作要连贯圆活，一气呵成。

图 58

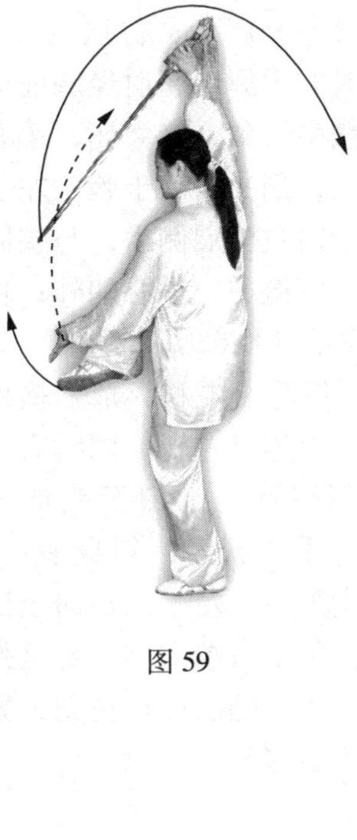

图 59

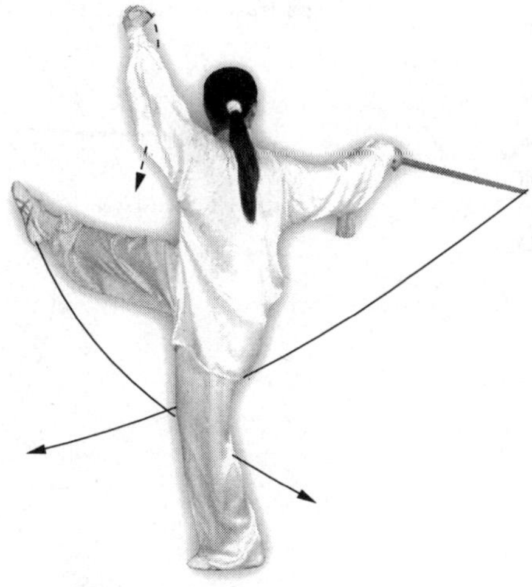

图 60

（二二）仆步穿剑（右）

①左腿屈膝半蹲，右腿屈膝向后落步成左弓步，同时上体左转；随转体右手握剑弧形向体前摆举，腕同胸高，手心朝上，剑身平直，剑尖朝前，左手剑指向下，屈肘附于右前臂内侧，手心朝下；目视剑尖（图61）。

图 61

②随身体重心后移，两脚以脚掌为轴碾步，身体右转（约90°）成右横弓步；同时右手握剑屈肘经胸前向右摆举斩剑，臂微屈，手心朝上，剑尖略高于腕，左手剑指向左分展侧举，与腰同高，臂微屈，手心朝外；目视剑尖（图62）。

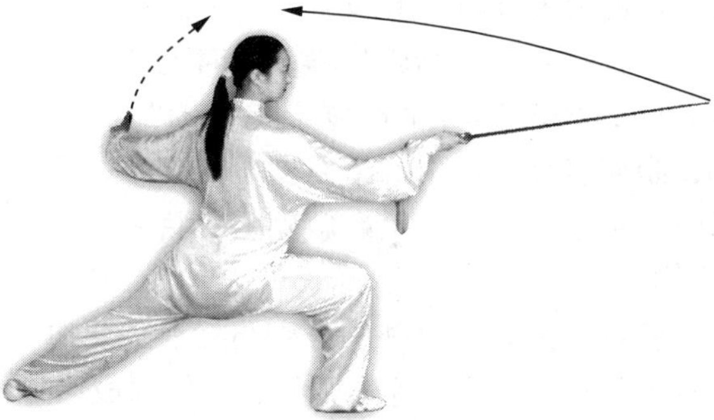

图 62

③重心左移，成左横弓步，上体略左转；同时右手握剑屈臂上举带至头前上方，手心朝内，剑身平直，剑尖朝右，左手剑指向上摆举，附于右腕内侧，臂呈弧形，手心朝前；目视剑尖方向（图63）。

图 63

④左腿屈膝全蹲成右仆步，上体略右转；同时右手握剑向下置于裆前，手心朝外，使剑立剑落至右腿内侧，剑尖朝右，左手剑指仍附右腕；目视剑尖方向（图64、附图64）。

⑤随重心右移，右脚尖外展，左脚尖内扣碾步成右弓步，同时身体右转（约90°）；随转体右手握剑沿右腿内侧向前立剑穿出，腕同胸高，臂自然伸直，手心朝左，左手剑指仍附于右腕内侧；目视前方（图65）。

要点：身体重心左右转换要平稳，上体切忌摇晃，动作时，以身带臂，使剑动作连贯圆活。

图 64

附图 64

图 65

（二三）蹬脚架剑（左）

①右脚尖外展，身体略右转；同时右手持剑向右上方带剑至头前上方（腕距右额约10厘米），手心朝外，剑尖朝前，左手剑指屈肘附于右前臂内侧，手心朝右；目视剑尖方向（图66）。

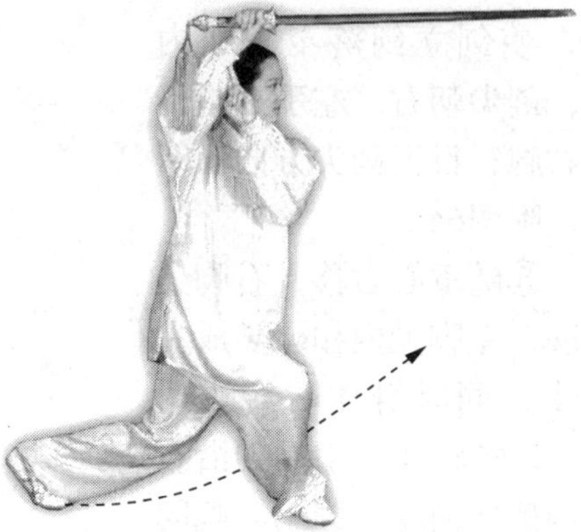

图 66

②右腿自然直立，左脚经右踝内侧屈膝提起，脚尖自然下垂；同时右手握剑略向右带；目视剑尖方向（图67）。

③左脚以脚跟为力点向左侧蹬脚；同时右手握剑上架，臂微屈，左手剑指向左侧指出，臂自然伸直，腕同肩高，手心朝前，指尖朝上；目视剑指方向（图68）。

要点：剑指、剑尖、蹬脚均朝同一方向；蹬脚与架剑、剑指动作要协调一致；右腿独立要站稳。蹬脚高度不得低于腰部。此势为一平衡动作。

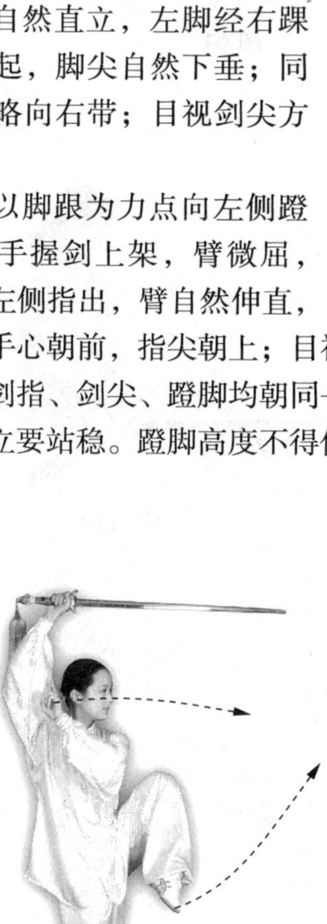

图 67

图 68

（二四）提膝点剑

左腿屈膝成右独立势，上体略右转；同时右手握剑经上向右前下方点剑，剑尖与膝同高，左手剑指屈肘右摆，附于右前臂内侧，手心朝下；目视剑尖方向（图69）。

要点：左腿屈膝、扣脚与点剑要协调一致。右腿站立要稳。

图 69

（二五）仆步横扫（左）

①右腿屈膝全蹲，左脚向左后方落步成左仆步，上体略左转；同时左手剑指屈肘内旋，经左肋前向后反插至左腿外侧，手心朝外，右手握剑沉腕下落至右膝前上方，手心朝上；目视剑尖（图70）。

图 70

②随身体重心左移，身体左转（约90°）；左腿屈膝，脚尖外展，右脚跟外展碾步成左弓步；同时右手握剑向左平扫，腕同腰高，手心朝上，臂微屈，剑尖朝前下方略低于腕，左手剑指经左向上，臂呈弧形举于头上方，手心朝上；目视剑尖（图71）。

要点：由仆步转换成弓步时，上体不要前倾和凸臀。

图 71

（二六）弓步下截（右、左）

①身体重心前移，右脚跟至左脚内侧（脚不触地）；同时右手握剑内旋画弧拨剑，腕同腰高，手心朝下，剑尖朝左前下方，左手剑指屈肘下落附于右腕内侧，手心朝下；目视剑尖（图72）。

②右脚向右前方上步成右弓步，上体略右转；同时右手握剑向右前方画弧截剑，臂微屈，腕同胸高，虎口朝下，剑尖朝前下方，左手剑指仍附于右腕；目视剑尖（图73）。

③身体重心移至右腿，左脚跟至右脚内侧（脚不触地），上体右转；同时右手握剑外旋画弧拨剑至右胯旁，手心朝上，剑尖朝右前下方，左手剑指附于右腕内侧，手心朝下；目视剑尖（图74）。

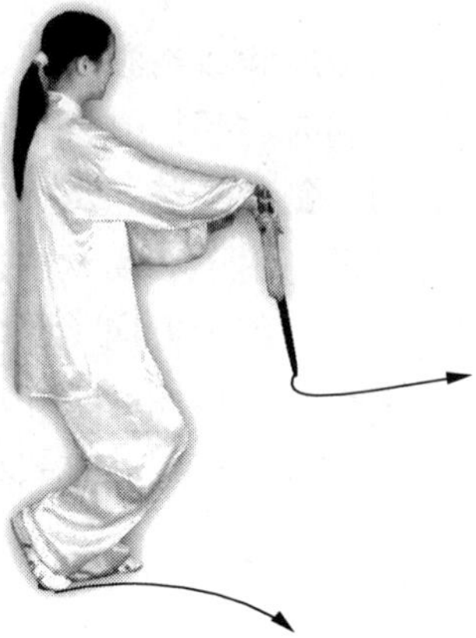
图 72

图 73

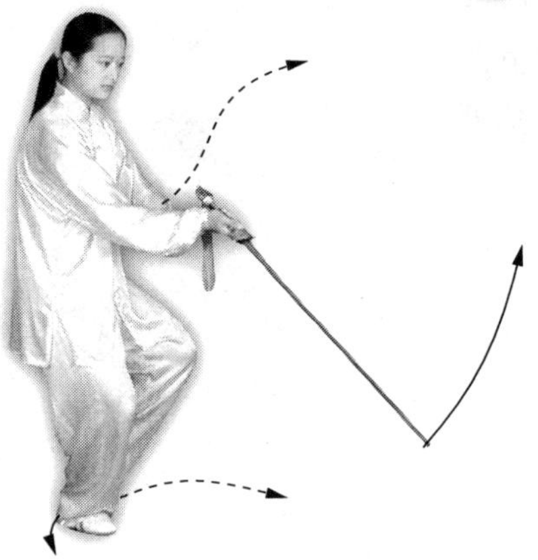
图 74

④身体重心左移，左脚向左前方上步，右脚跟外展成左弓步，上体左转（约45°）；同时右手握剑向左画弧截剑至身体左前方，臂微屈，腕同胸高，手心朝上，剑尖朝前下方，左手剑指向左前上方画弧摆举，臂呈弧形举于头前上方，手心朝外；目视剑尖（图75）。

要点：画弧拨剑，以腕为轴，手腕松活，剑尖形成一小圆弧。截剑时以身带剑，身随步转。整个动作要柔和连贯，眼随剑走。

图 75

（二七）弓步下刺

①身体重心前移，右脚在左脚后震脚，屈膝半蹲，左脚跟提起，上体略右转；同时右手握剑屈肘回带至右肋前，手心朝上，剑尖朝前，略低于手，左手剑指先前伸，复随右手回带屈肘附于右腕内侧，手心朝下；目视剑尖（图76）。

图 76

②随身体重心前移，左脚向左前方上步成左弓步，上体略左转；同时右手握剑向左前下方刺出，腕同腰高，手心朝上，左手剑指仍附于右腕内侧，手心朝下；目视剑尖（图77）。

要点：震脚与刺剑均为发力动作。震脚与两手相合屈肘回带、刺剑与弓步均要协调一致。刺剑时先转腰回带为之蓄劲，继而以转腰沉胯带剑下刺，力注剑尖，发劲要松弹。

图 77

（二八）右左云抹

①随身体重心前移，右脚跟至左脚内侧（脚不触地），身体略左转；同时右手握剑沉腕略向左带，腕同腰高，臂微屈，手心朝上，剑尖略低于手，左手剑指略向左带后经胸前向右画弧至右臂上方，手心朝右；目视剑尖（图78）。

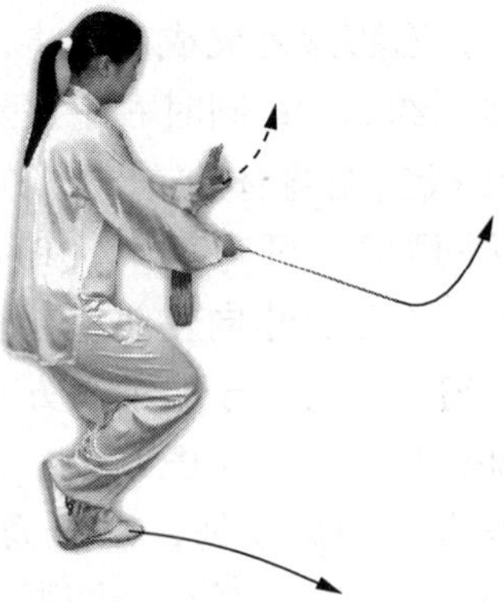
图 78

②右脚向右上步成右横弓步，上体右转；同时右手握剑向右上方画弧削剑，臂微屈，左手剑指向左画弧分展举于左前方，与胸同高，手心朝外；目视剑尖（图79）。

图 79

③上体略右转，身体重心右移，继而上体略左转；左脚向右盖步，膝微屈，右脚在左脚即将落地时蹬地，屈膝举于左小腿后，脚尖下垂（离地面约10厘米）；同时右手握剑在面前逆时针画弧云剑，摆至体前，腕同胸高，臂微屈，手心朝下，剑尖朝左前方，左手剑指与右手在胸前相合，附于右腕内侧，手心朝下；目视剑尖（图80）。

图 80

④右脚向右上步成右弓步，上体右转；同时右手握剑向右抹剑至右前方，手心朝下，左手剑指仍附于右腕内侧；目视剑尖方向（图81）。

要点：以上为右云抹剑。盖步时，步法要轻灵；云剑时，要以身带剑，使剑运行连贯圆活，身剑要协调。

⑤身体重心右移，左脚跟至右脚内侧（脚不触地），身体略右转；同时右手握剑略屈肘右带，腕同腰高，剑尖朝左前，左手剑指仍附于右腕内侧；目视剑尖方向（图82）。

⑥左脚向左上步成左弓步，上体左转；同时右手握剑向前伸送后向左抹带，腕同胸高，手心朝下，剑尖朝前，左手剑指经前向左画弧摆举至体左侧，手心朝外；目视剑尖（图83）。

图 81

图 82

图 83

⑦身体重心左移，右脚向左盖步，右脚即将落地时，左脚蹬地，屈膝后举于右小腿后，脚尖下垂（离地约10厘米），上体略右转；同时右手握剑在面前顺时针画圆云剑，摆至体前，腕同胸高，手心朝上，剑尖朝右前方，左手剑指在云剑时向右与右手相合，附于右腕内侧，手心朝下；目视剑尖（图84）。

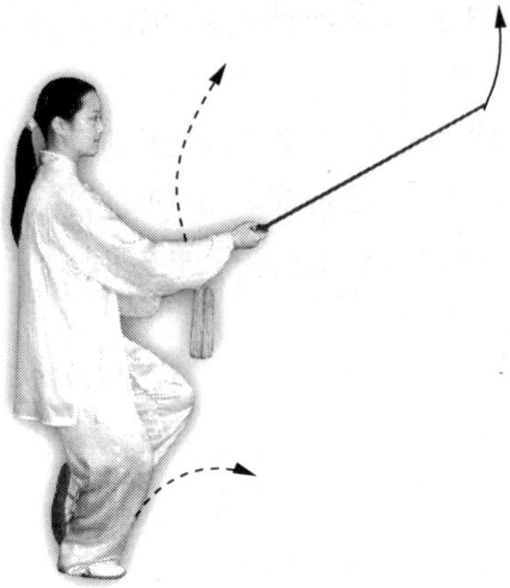

图 84

⑧左脚向左上步成左弓步，上体略左转；同时右手握剑向左抹剑，手心朝上，左手剑指向左画弧后，臂呈弧形举于头前上方；目视剑尖（图85）。

要点：此势为左云抹剑，要领同右云抹剑。右左云抹剑要连贯完成。

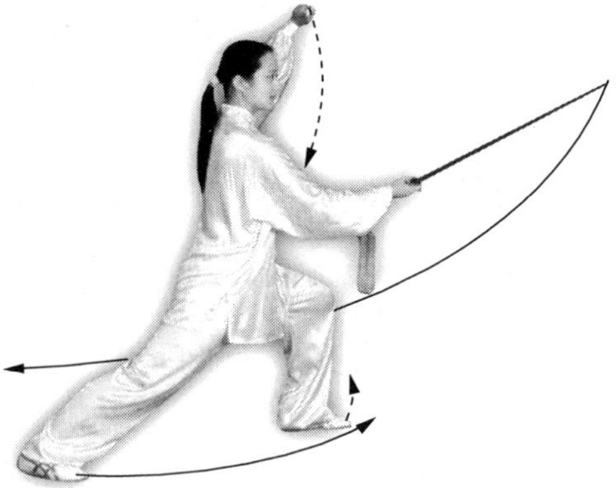

图 85

图 86

附图 86

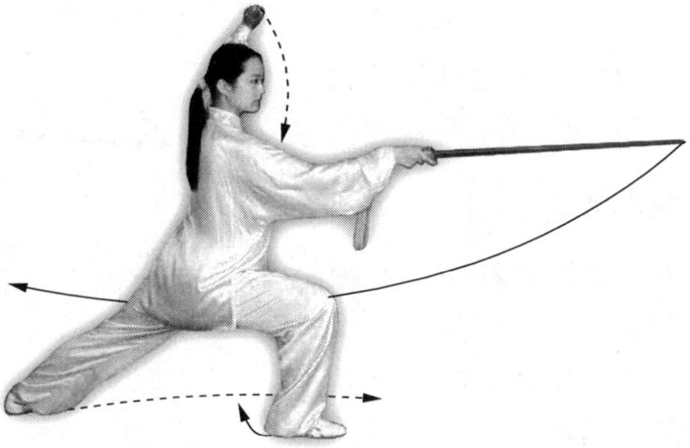

图 87

（二九）右弓步劈

①身体重心前移，右脚跟至左脚内侧（脚不触地），身体略左转；同时右手握剑，剑刃领先，经下向左后方画弧至左腹前，臂微屈，手心斜朝上，剑尖朝左后下，与胯同高，左手剑指屈肘向下落于右前臂上，手心朝外；目视剑尖（图86、附图86）。

②右脚向右上步成右弓步，上体略右转；同时右手握剑经上向右画弧劈剑，腕同胸高，剑臂一线，左手剑指经下向左画弧，臂呈弧形举于头上方，手心朝外；目视剑尖（图87）。

要点：弓步与劈剑要协调一致，速度要缓慢均匀，动作要圆活连贯，劲贯剑身。

（三〇）后举腿架剑

①身体重心前移，左脚摆步向前，屈膝半蹲，右脚跟提起，上体略左转；同时右手握剑向左挂剑，腕同腰高，剑尖朝左，左手剑指屈肘下落附于右前臂上，手心朝外；目视左下方（图88）。

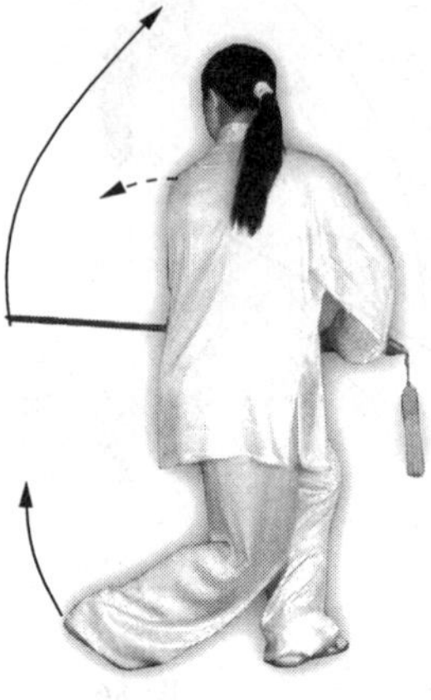

图 88

②左腿直立，右腿屈膝，小腿后举，脚面展平同臀高，上体略右转；同时右手握剑上架（离头部约10厘米），剑尖朝左，左手剑指经面前向左摆举，臂微屈，指尖朝上；目视剑指（图89）。

要点：左手剑指与剑尖为同一方向；右腿后举与举剑上架、剑指动作要协调一致。独立要稳，此势为平衡动作。

图 89

（三一）丁步点剑

①左腿屈膝，身体略右转，右脚向右落步，脚跟着地，腿自然伸直；同时右手握剑略向右摆举使剑尖向上，高于右腕；目视左前方（图90）。

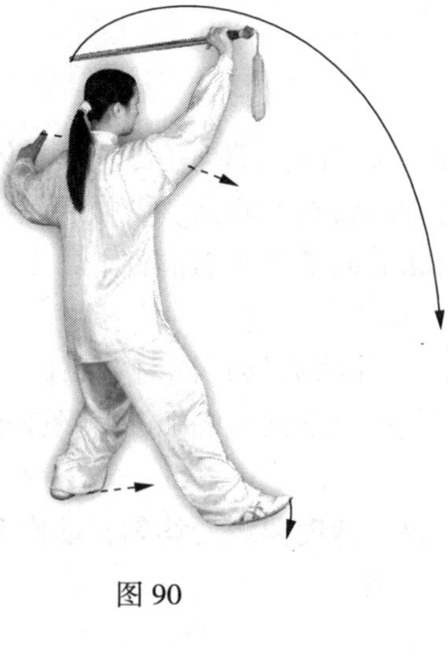

图 90

②重心右移，身体右转；右脚踏实，屈膝半蹲，左脚跟至右脚内侧，脚尖点地成左丁步；同时右手握剑向右点击，腕同胸高，左手剑指经体前向右画弧屈肘附于右腕内侧；目视剑尖（图91）。

要点：丁步与点剑要协调一致。点剑时力注剑锋。

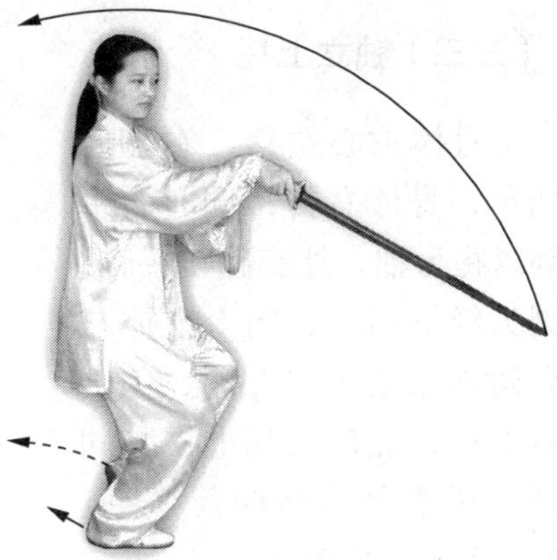

图 91

（三二）马步推剑

①左脚向左后方撤步，右腿屈膝，随身体重心后移，以脚掌擦地撤半步，脚跟提起，腿微屈，上体向右拧转；同时右手握剑，虎口朝上，屈肘收至右肋下，剑身竖直，剑尖朝上，左手剑指附于右腕，手心朝下；目视右侧（图92）。

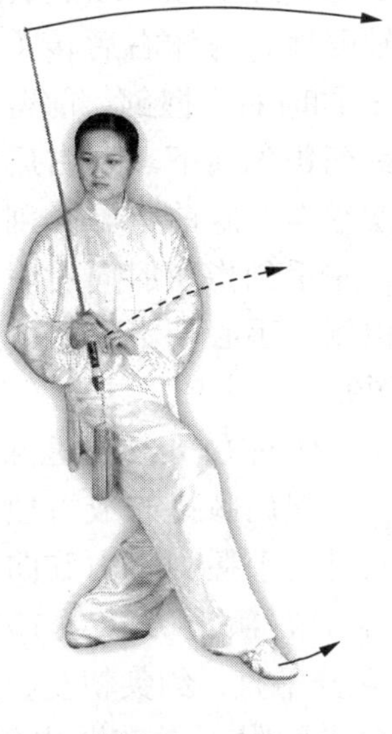

图 92

②左脚蹬地，随身体重心前移，右脚向右前方上步，脚尖内扣，左脚跟滑半步，两腿屈膝半蹲成马步，上体左转；同时右手握剑向右前方立剑平推，腕同胸高，剑尖朝上，力贯剑身前刃，左手剑指经胸前向左推举，手心朝外，指尖朝前，与肩同高；目视右侧（图93）。

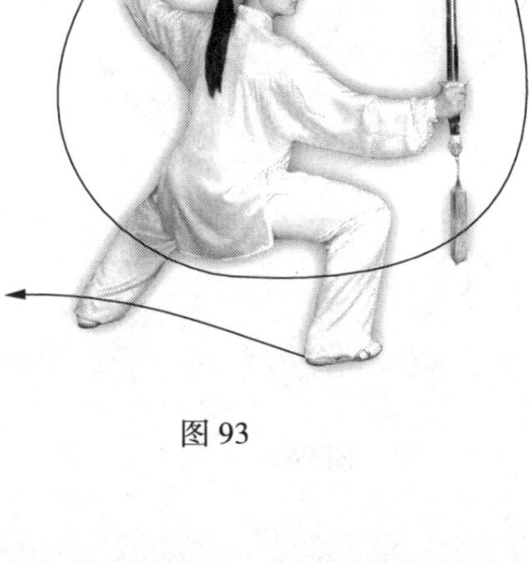

图 93

要点：此势为发力动作。马步与推剑要协调一致，推剑时要转腰沉胯，劲力顺达。

（三三）独立上托

①身体重心左移，右脚向左插步，身体右转；同时右手握剑以腕为轴，外旋翻转手腕，使剑尖经下向后、向上在体右侧立圆画弧至头部右侧，剑尖朝右上方，虎口仍朝上，腕同胸高，左手剑指略向前摆举；目视右前方（图94）。

图 94

②随身体重心后移，两腿屈膝下蹲，并以左脚跟、右脚掌为轴碾地，身体右后转（约180°）；同时右手握剑，前臂内旋，剑柄领先向下、向右后方画弧摆举至右膝前上方，剑尖朝前，左手剑指屈肘向右附于右腕内侧，手心朝下；目视剑尖（图95）。

图 95

③上体略右转，右腿自然直立，左腿屈膝提起成右独立势；同时右手握剑臂内旋向上托举停于右额上方（约10厘米），剑身平直，剑尖朝左，左手剑指屈肘附于右前臂内侧，手心朝外；目视左侧（图96）。

要点：插步转体时，上体不要过于前俯和凸臀；提膝与上举剑要协调一致。此势为平衡动作。

图 96

（三四）挂剑前点

①左脚向左摆步，随身体重心前移，右脚跟提起，上体略左转；同时右手握剑向左下方画弧挂剑，手心朝内，左手剑指屈肘附于右上臂内侧，手心朝外；目视剑尖方向（图97）。

②随身体重心前移，右脚摆步向前，上体略右转；同时右手握剑经上向前画弧，前臂外旋，手心朝上，剑尖朝前，低于右腕，左手剑指仍附于右前臂内侧，手心朝右；目视剑尖方向（图98）。

③随身体重心前移，右脚踏实，左脚跟提起，上体略右转；同时右手握剑向右画弧穿挂剑，手心朝外，左手剑指向上，臂呈弧形举于头上方，手心朝左；目视剑尖方向（图99）。

图 97

图 98

图 99

④随身体重心前移，左脚摆步向前，脚跟着地，身体略左转；同时右手握剑向右伸举，手心朝上，腕同腰高，剑尖朝右下方，左手剑指下落至与肩同高，手心朝外；目视剑指方向（图100）。

图 100

⑤随身体重心前移，左脚踏实，屈膝半蹲，右脚向右前方上步成右虚步，上体左转（约90°）；同时右手握剑经上向右前下方点剑，左手剑指经下向左画弧，臂呈弧形举至头上方，手心朝外；目视剑尖（图101）。

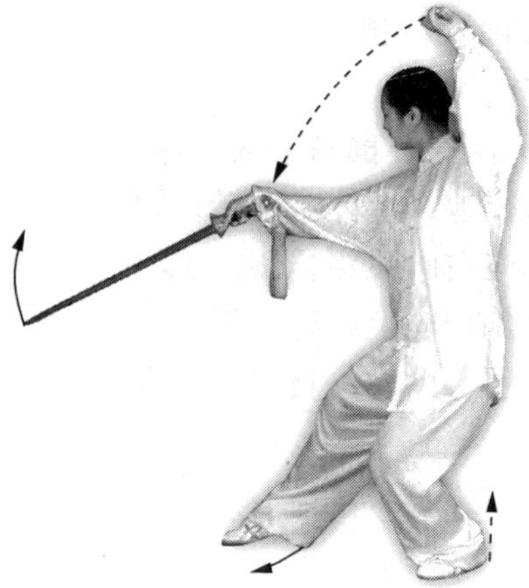

图 101

要点：左右挂剑，动作要连贯圆活，贴近身体；立圆挂剑，虚步与点剑要协调一致。

（三五）歇步崩剑

①右脚跟内扣踏实，屈膝半蹲，左脚跟提起，身体重心前移，上体右转；同时右手握剑翘腕向后带剑至右胯旁，手心朝内，剑尖朝左上方，略低于肩，左手剑指屈肘下落附于右腕上，手心朝下；目视右前下方（图102）。

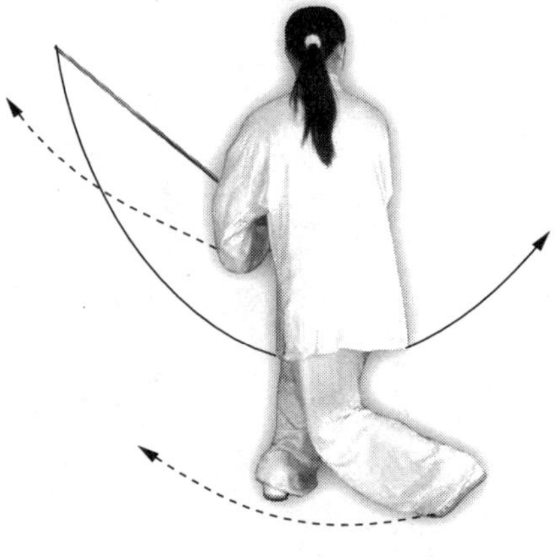

图 102

②身体重心略左移，右腿屈膝，左脚向左上步成右

图 103

图 104

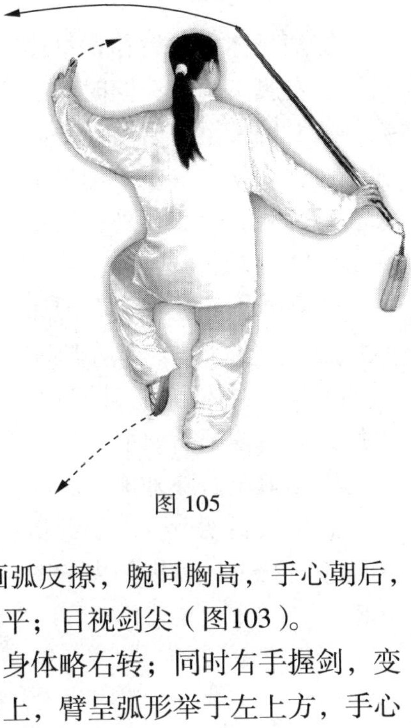

图 105

弓步，上体略右转；同时右手握剑经下向右画弧反撩，腕同胸高，手心朝后，剑尖朝右，左手剑指经下向左画弧摆举至与肩平；目视剑尖（图103）。

③重心后移，右脚向左脚后撤步成歇步，身体略右转；同时右手握剑，变虎口朝上后沉腕崩剑，腕同腰高，左手剑指向上，臂呈弧形举于左上方，手心斜朝上；目视右前方（图104）。

要点： 歇步与崩剑动作要协调一致；沉腕崩剑，劲贯剑锋。

（三六）弓步反刺

①右脚踏实，右腿伸起直立，左腿屈膝提起，脚尖下垂，上体稍左倾；同时右手握剑屈肘侧举，腕低于胸，使剑身斜置于右肩上方，手心朝前，剑尖朝左上方，左手剑指下落，与肩同高；目视右前方（图105）。

②左脚向左落步，成左弓步，上体略向左倾；同时右手握剑向前上方探刺，左手剑指向右与右臂在体前相合，附于右前臂内侧；目视剑尖（图106）。

要点：动作要舒展，弓步与探刺要协调一致。

图 106

（三七）转身下刺

①随身体重心后移，身体右转，左脚尖内扣；同时右手握剑屈肘回带至左肩前，手心朝内，剑尖朝右，左手剑指附于右腕内侧，手心朝外；目视右侧（图107）。

②身体重心左移，右腿屈膝提起，脚尖下垂，以左脚掌为轴碾地，身体右转；同时右手握剑向右摆至右肩前，使剑尖向下画弧至右膝外侧，手心朝后，剑尖斜朝下，左手剑指仍附于右腕上；目视剑尖（图108）。

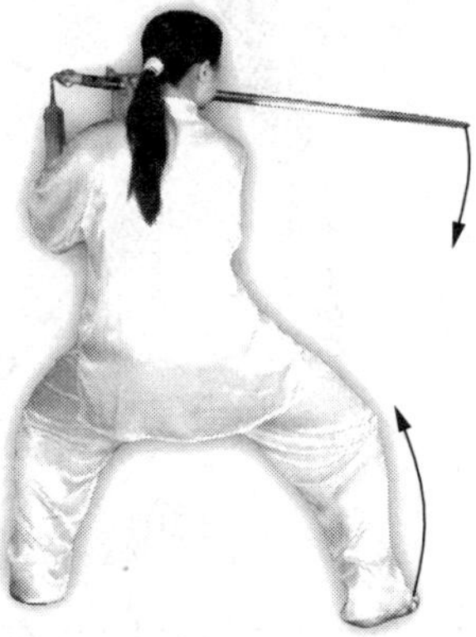

图 107

图 108

③左腿屈膝半蹲，右脚向后落实，随身体右转（约180°），左脚内扣，右脚外摆成右弓步；同时右手握剑向前下方刺出，腕同腰高，手心朝上，左手剑指附于右腕上，手心朝下；目视剑尖（图109）。

要点：动作要连贯圆活，上体不要过于前倾。弓步与刺剑要协调一致。

图 109

（三八）提膝提剑

①身体重心后移，上体左转；左脚尖外摆，屈膝半蹲，右腿自然伸直；同时右手握剑，以剑柄领先，屈臂外旋，向左上方带剑（距头部约20厘米），手心朝内，剑尖朝右，左手剑指附于前臂内侧，手心朝外；目视剑尖（图110）。

图 110

②身体重心右移，右腿屈膝，左腿自然伸直，左脚跟外转，上体略右转；同时右手握剑，剑柄领先，前臂内旋，手心朝下，经腹前摆至右胸前（约30厘米），使剑尖经上向左前画弧，剑尖低于腕，左手剑指附于右腕内侧，手心朝外；目视剑尖（图111）。

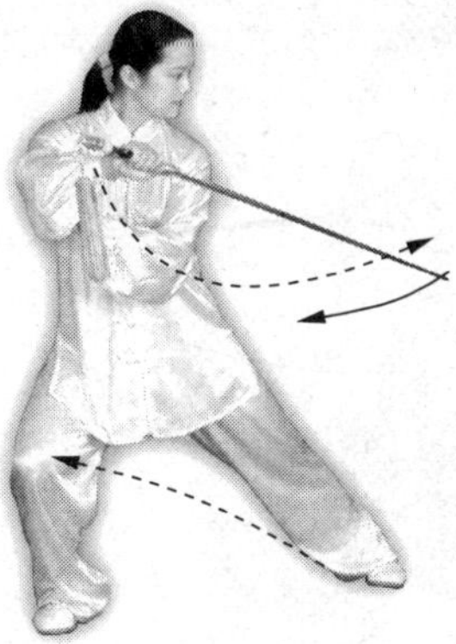

图 111

③左腿屈膝提起成右独立势，上体略右转并稍前倾；同时右手握剑，剑柄领先，向右、向上画弧提剑，臂呈弧形举于右前方，腕同额高，虎口斜朝下，剑尖置于左膝外侧，左手剑指经腹前向左画弧摆举，与腰同高，手心朝外；目视左前下方（图112）。

要点：提膝与提剑要协调一致。

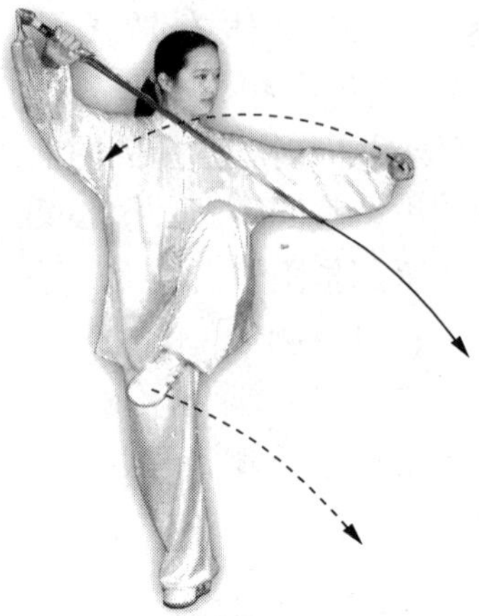

图 112

（三九）行步穿剑

①右腿屈膝，左脚向左落步，脚跟着地，上体左转；同时右手握剑，手心转向上，剑尖领先，经左肋下向左、向前穿剑，腕与腰同高，剑尖朝前，左手剑指向右上方画弧摆举至右肩前，手心朝下；目视剑尖（图113）。

②随身体重心前移，左脚踏实，膝微屈，右脚向右摆步，上体右转；同时右手握剑，剑尖领先，向前、向右画弧穿剑，腕与胸同高，剑尖朝右，左手剑指经胸前向左分展侧举，臂呈弧形，手心朝外；目视剑尖（图114）。

图 113

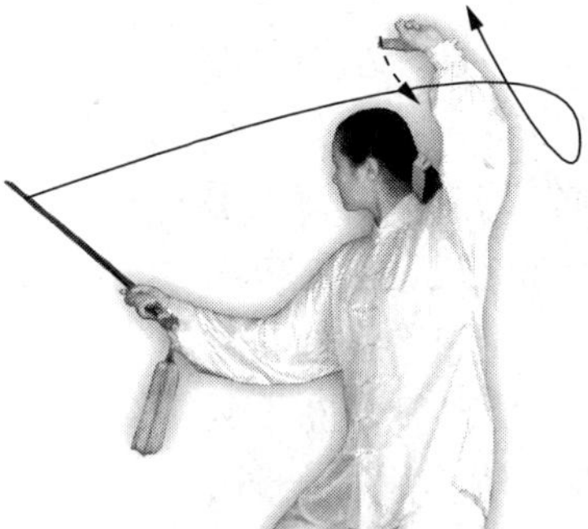

图 114

③随身体重心前移，左脚向右扣步，上体略右转；两手动作不变（图115）。依次右左脚再各上一步。

要点：穿剑时，略沉胯拧腰蓄劲；行步时，左脚扣、右脚摆，行走平稳，勿飘浮，共走5步，轨迹成一圆形。

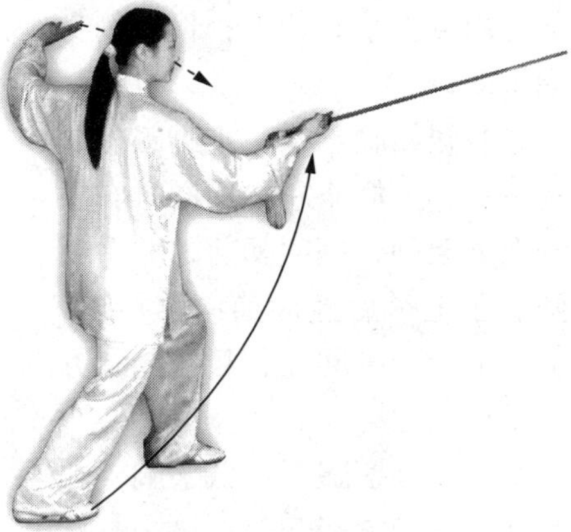

图 115

（四○）摆腿架剑

①右手握剑，前臂内旋经面前使剑尖在头前方逆时针画弧，屈肘向左摆至左肋前，剑尖朝左上方；当右手握剑左摆至面前时，右脚做外摆腿，下落至水平时屈收小腿；左手剑指向上，在面前与右手相合，屈肘附于右腕内侧，手心朝下；目视前方（图116、117）。

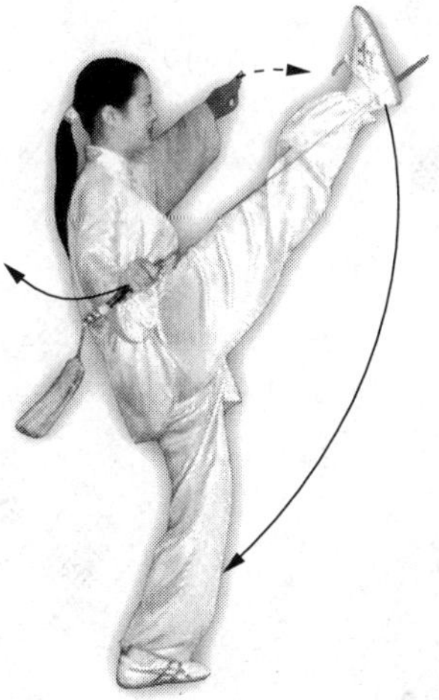

图 116

图 117

②左腿屈膝，右脚向右前方落步，身体略右转；同时右手握剑经前向右画弧抹剑，腕与胸同高，手心朝下，剑尖朝左，左手剑指附于右前臂内侧，手心朝下；目视剑身前端（图118）。

③右腿屈膝半蹲，左脚跟外展成右弓步，上体略左转；同时右手握剑上举架剑，剑尖朝前，左手剑指随右手上举后经面前向前指出，指尖朝上，与鼻同高；目视剑指方向（图119）。

要点：外摆腿不得低于胸，并要与剑和剑指紧密配合；弓步与抹剑上架要协调一致；剑指与剑为同一方向。

（四一）弓步直刺

①身体重心移至右腿，左脚收提至右脚内侧（脚不触地）；同时右手握剑经右向下收至右胯旁，虎口朝前，剑尖朝前，左手剑指经左向下收至左胯旁，手心朝下，指尖朝前；目视右前下方（图120）。

②左脚向前上步成左弓步，上体略左转；同时右手握剑立刃向前平刺，左手剑指在胸前与右手相合，附于右腕内侧后向前伸送，手心斜向下；目视前方（图121）。

要点：弓步与刺剑要协调一致，上体要自然直立，不要挺腹、凸臀。

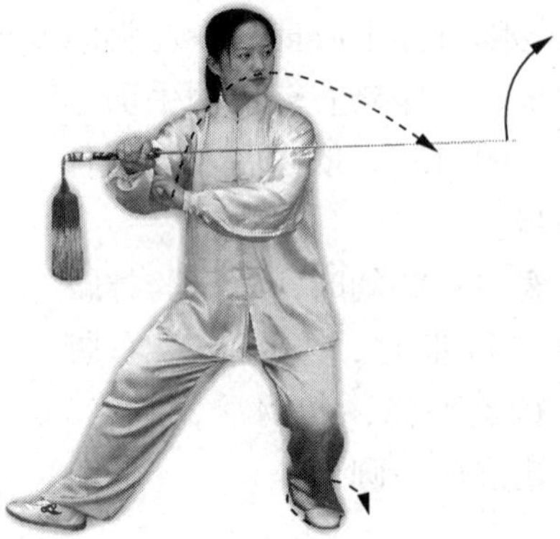

图 118

图 119

图 120

图 121

（四二）收　势

①身体重心后移，右腿屈膝，上体右转；同时右手握剑屈肘向右回带至右胸前，左手剑指仍附右腕随之右移，两手心相对（准备接剑），剑身微贴左前臂外侧；目视前下方（图122）。

②上体左转，重心前移，右脚上步成平行步；同时左手剑指变掌接剑（反握），随经腹前向左摆置于左胯旁，手心朝后，剑身竖直，剑尖朝上，右手变剑指经下向右后方画弧，随屈肘举至右耳侧，手心朝内，指尖朝上，与头同高；目视前方（图123）。

③两腿自然伸直；同时右手剑指经胸前向下落于身体右侧；然后左脚向右脚并拢，身体自然站立；两臂垂于体侧；目视前方（图124、125）。

要点：动作要连贯、圆活、缓慢。最后成并步自然站立时，全身放松，深呼气，神气归元。

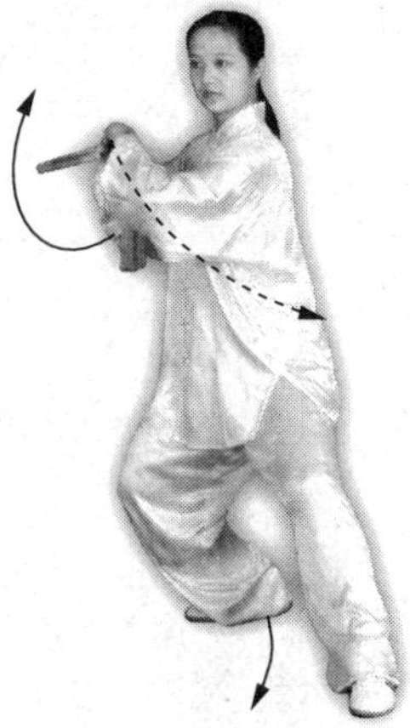

图 122

图 123

图 124

图 125

四十二式太极剑动作路线示意图

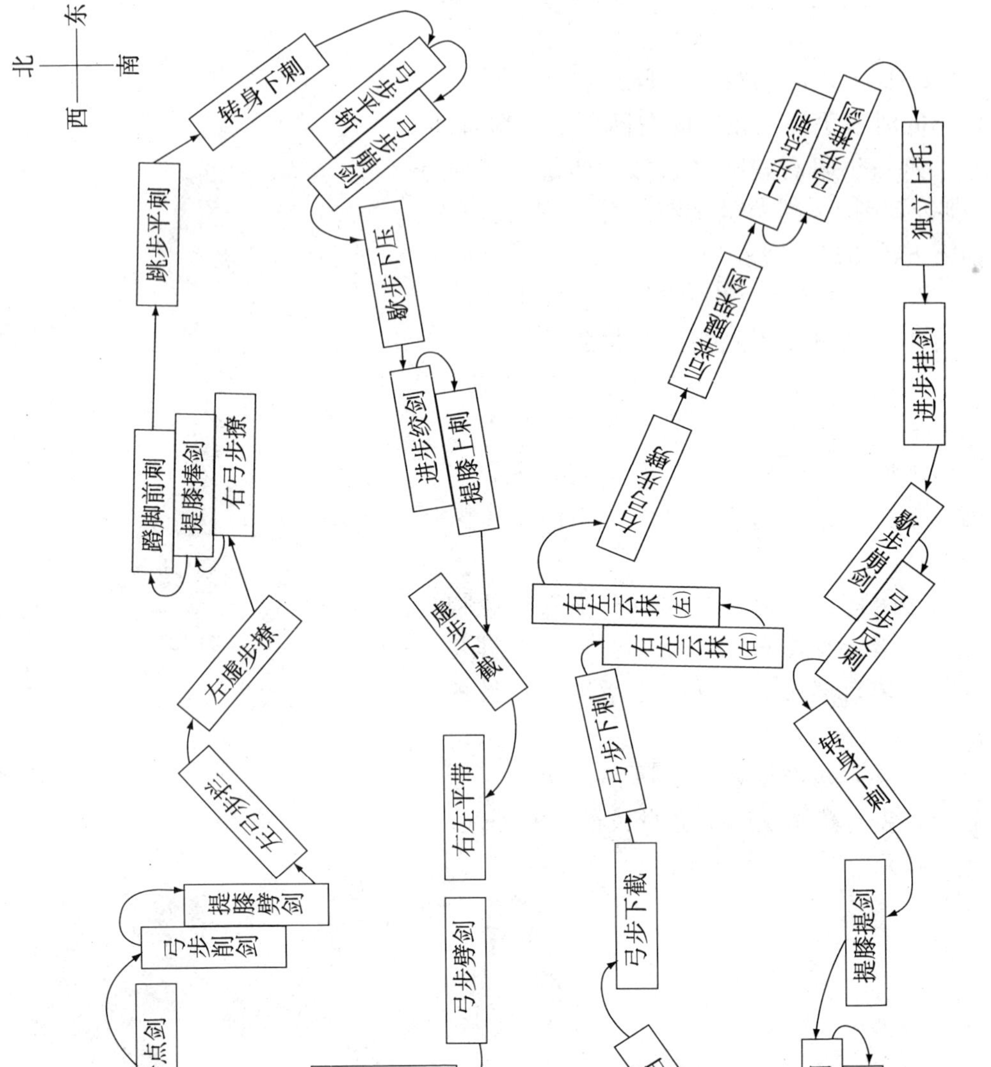

上面的练习方向和进退路线详图，是假设面向南起势的。参考练习时，除按照动作说明以面对方向为前，背向方向为后，左手方向为左，右手方向为右外，在完成姿势斜度较大的动作，说明中也加了东西南北字样，并可参阅此图进行对照。

第七节　太极推手

太极推手是太极拳运动中的一种双人徒手对练，具有一定的对抗性。太极推手分为定步推手和活步推手两种。经常打太极拳，同时结合推手练习，既能提高太极拳的技术水平，又可借助两人的协作，提高动作的灵活性和反应能力，增强体质。初学太极拳的人，也可兼练太极推手，使两者相互促进，相互提高。练习推手要明确锻炼目的，反对单纯强调胜负而忽视增强体质的作用。

初学太极推手，应由单推手开始。待熟练之后，再练习定步双推手和活步推手。学习过程，要由易到难，由简而繁，不要急于求成，贪多求快。练习推手时，动作要求圆活，两臂切勿僵硬。练者双方，既不丢开，又不顶撞，做到沾连不脱，彼此相随。

一、推手的基本动作

1. 为了使学习的人易于辨明位置和方向，甲乙二人由开始姿势起，始终不调换位置（活步推手除外）。

2. 推手图解中，仍采用掤、捋、挤、按等习惯用语，以便参考原有太极拳的理论，进行研究和改进。

3. 除了用虚、实线（甲用虚线，乙用实线）表明手脚的路线之外，在基本动作中，有的腰部也加上箭头，表示腰的转动方向。

4. 活步推手法，初学时应先固定练习一面，熟练之后，再换手换步。经过一段时期的练习，就能彼此沾连不脱，身灵步活，进退自如，不拘形式的随意变化了。

（一）预备姿势

两人相对站立，成立正姿势，身体各部力求自然、舒适。两人距离以双方握拳、两臂前平举、拳面相接触为标准（图1）。

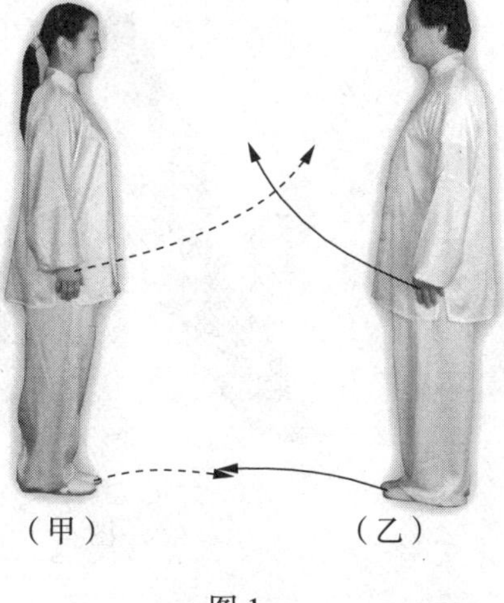
（甲）　（乙）

图 1

开始姿势：两人各做半面左转，双方右脚各向前迈一步，两脚内侧相对，两人右脚之间相距10~20厘米。然后双方右掌各向前举，臂稍屈，手背相对，手腕交叉（通称“搭手”）；双方左手均自然下垂，重心均落于两腿之间（图2）。

图 2

要点：双方右手腕部接触后，应各含“掤劲”，既不可过于用力相抵触，也不可软而无力。

（二）单推手练习法

①甲翻转右掌用掌心向前平推乙之手腕部，同时右腿前弓，重心略向前移，其目的是以右掌按向乙之右胸部（图3）。乙承甲之按劲，用掤劲（不松软，也不僵硬）将右掌向后回收，同时左腿微屈，重心向后移，上体随之向右转动，并以右掌引甲之右手，使其不能触及胸部而落空（图4）。

图 3

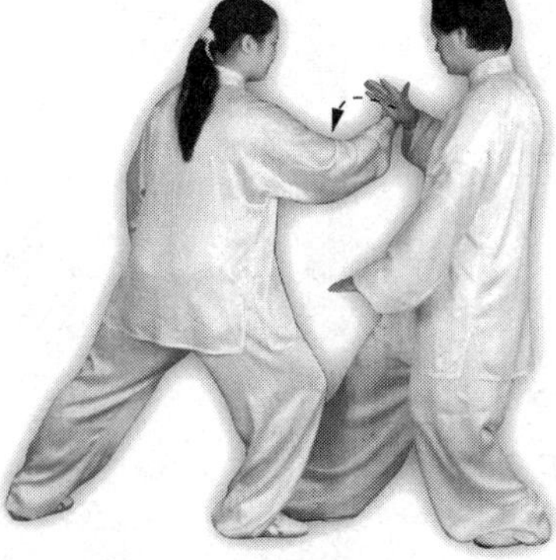

图 4

②乙用右掌引甲之右掌使之落空，随即翻掌用右掌向前平推甲之手腕部，其目的是要按甲之右胸部（图5）。甲同样用右手承乙的推劲，顺势收回右臂，屈左腿，重心后移，上体右转，使乙之右掌落空（图6）。两人如此循环练习，双方推的路线要成一个平圆形。

用劲方法：甲用“按”劲推乙方时，乙则转腰用“化”劲顺势化开甲的来劲；乙用“按”劲推按甲时，甲同样转腰用“化”劲化开乙的来劲。

要点：“按”时，上体不可过于前倾；“化”时，应转腰缩胯，重心后移，上体切勿后仰。双方手臂经常保持掤劲，屈伸相随，既不要松软和断劲，又不可僵硬顶劲；双方手腕的联系，如胶着，如滑轴；双方左手均要自然活动，以配合腰腿用劲。

图 5

图 6

③双方由开始姿势起（如单推手图2），甲翻转右掌用掌心向前、向上推按乙之手腕部，意在推按乙的面部，同时右腿前弓，重心略向前移；乙则随着用掤劲，以右手承甲之来劲，顺势引臂上举，同时左腿微屈，重心略向后移，上体随之右转，将甲的右掌引向头部右侧，使之落空（图7）。

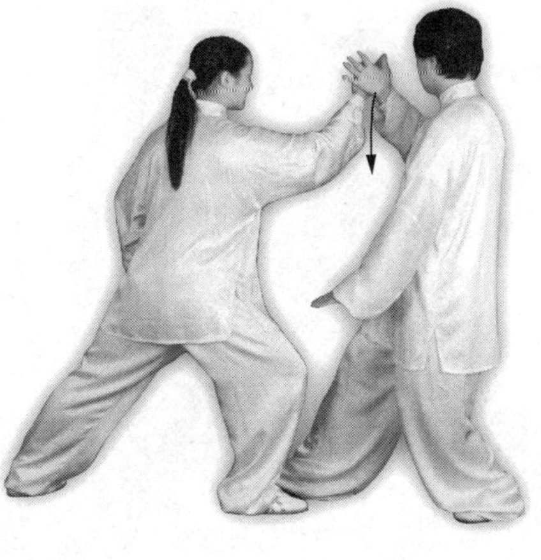

图 7

④乙顺势将右掌慢慢翻转，向下、向前推按，意在按甲之右肋部；甲同样用右手掤劲承乙之来劲，右臂顺势回收，同时屈左腿，上体随之右转，重心后移，将乙之右手引向体之右侧，使之落空（图8、9）。

图 8

图 9

⑤当甲用右手向乙面部推来时，乙身体稍向右转，同时用右手掤劲，将甲的右手引向头之右侧，使之落空，随即顺势向甲之面部前推。甲随之向右转身引乙的右臂，使之落空，然后再翻掌向前、向下推按乙的右肋部（图10~12）。

这些动作，练习者可以彼此反复循环练习，双方推手的路线成立圆，左右手和左右腿也可轮流交换练习。

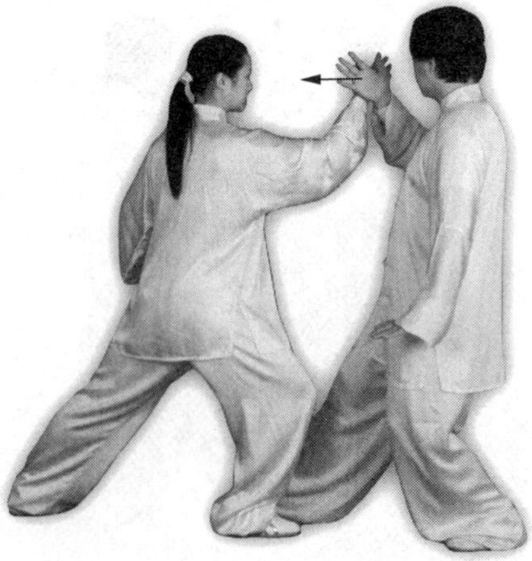

图 10

图 11

图 12

图 13

（三）双手平圆练习法

预备姿势：双方右手“搭手”后，各以左掌抚于对方右肘（图13）。

动作：①甲右手翻转，掌心按在乙右手腕上，并向前、向下推按；同时左手在乙右肘部向同一方向推按，其目的是迫使乙方右臂贴于他自己的胸前不得活动，通称“按”劲（图14、15）。

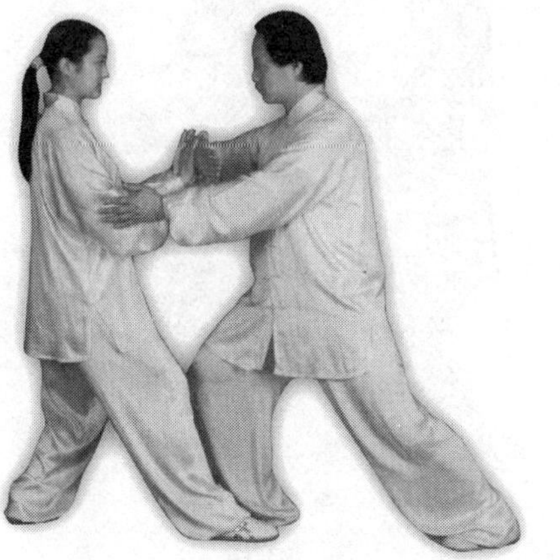

图 14

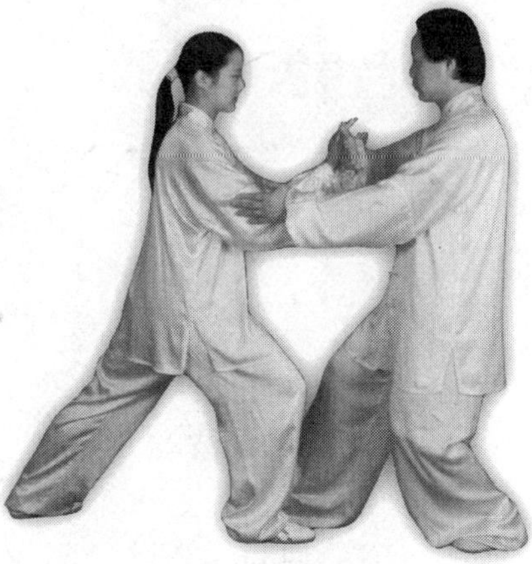

图 15

乙右臂则用掤劲接承甲按劲，左手在甲右肘部顺势渐向后引，左腿微屈，重心后移，上体微微含胸，同时身体右转，并用右臂将甲方来劲向右引，使甲之按劲落空，通称“化”劲（图16）。

②承上势。乙随即翻转右掌，掌心按在甲右手腕上，同时两掌微向前、向下按，其目的和动作，与甲用按时相同（图17、18）。

甲化乙来势的动作，与乙化甲的动作相同（参看图13和图18）。此式可以反复循环练习。

图 16

图 17

图 18

二、定步推手法

预备姿势与本节图 2 相同。

动作：①掤劲（开始姿势）：双方各用右臂作单搭手式各含掤劲（图19）。

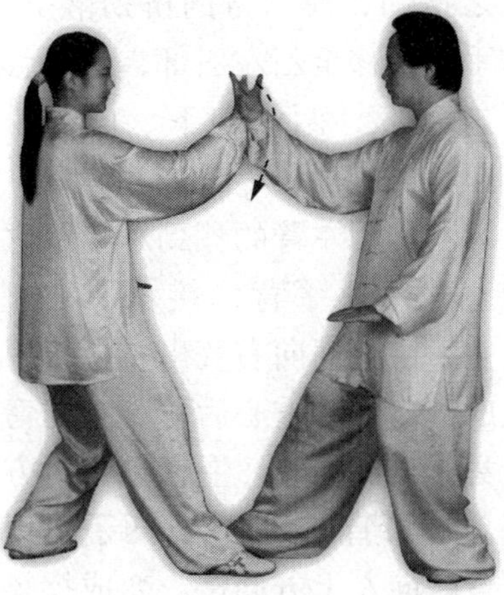

图 19

②捋劲：甲右手承乙右手之掤劲。将右臂后引，右手翻转以手掌贴于乙之右手腕处；同时左手抚于乙之右肘，顺乙之来势，屈左腿，收胯，转腰（向右），两手引乙之右臂，成为向右的捋势动作（图20）。

③挤劲：乙顺甲之捋势，右腿微屈，重心略向前移，同时左手手掌附于右臂内侧，以右前臂平挤甲之胸部，其目的是使甲的捋劲不发生作用，而改变方向，同时使其两手被迫于胸前失去作用（图21）。

图 20

图 21

④按劲：甲顺乙之来势，屈左腿，含胸，向左转腰、收胯，同时两手按乙之右臂，向下、向左，化开乙之挤劲，使乙方的挤劲落空。甲右手随即移至乙左肘部，左手移至乙左腕部，两掌向下、向前推按，通称“按”劲（图22）。

图 22

⑤乙仍用左臂的掤劲承接甲之按势，用左手手背，接承甲之左手，右手由下面向右绕出，抚于甲之左肘部。同时重心后移，左腿弯曲，身体略向左转，左臂掤住对方按势（不可直向后缩），两手引甲之左臂略向左上方回捋，变成捋势（图23）。

图 23

⑥甲顺乙之捋势，为保持身体平衡，稳定重心，右手离开乙之左肘，立即附于自己左肘内侧，两臂掤圆，向乙胸部挤去，即成挤势（图24、25）。

图 24

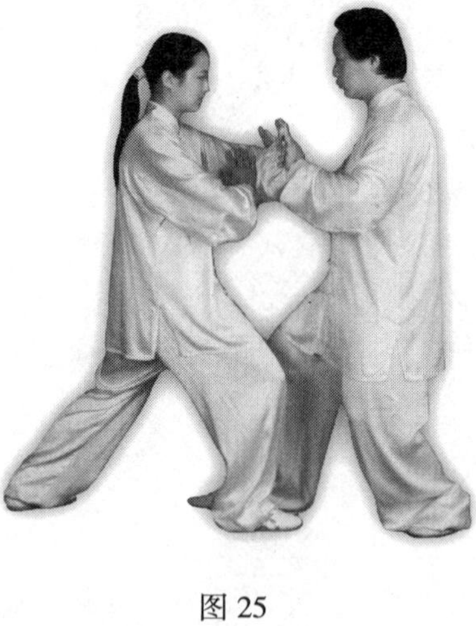

图 25

⑦乙顺甲之挤势，含胸、转腰、收胯变按势动作（图26、27）。

⑧在乙向前按的同时，甲用右臂掤住对方之按势，左手由下面绕出，再抚于乙之右肘部，身体向右转动。此时甲变为捋，乙变为挤（图28）。

⑨定步推手换手法：在乙用右臂向胸前挤来时（参看定步推手图21），甲不用向前按的动作，而顺势用左手领乙之左手，同时右手捋乙之左肘部，身体略左转，改为捋乙之左臂的动作（图29）。

图 26

图 27

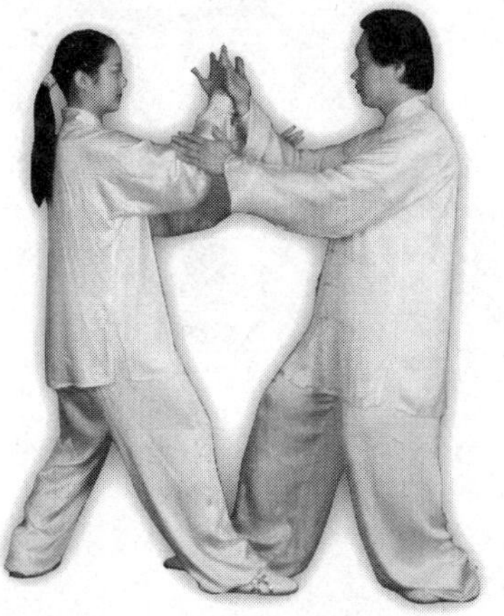

图 28

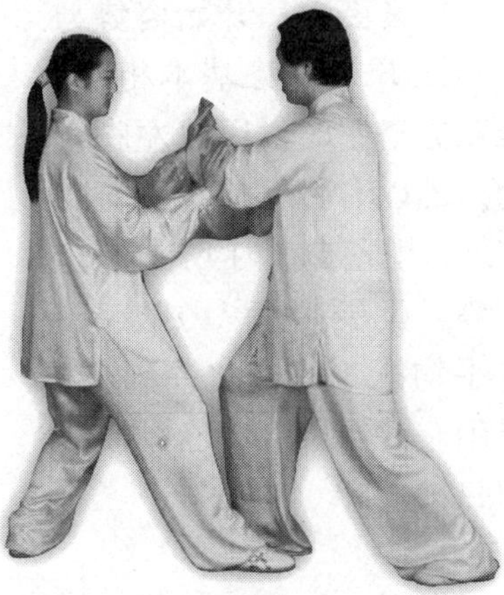

图 29

当乙的左臂被甲回捋时，乙应顺势改变为用左臂接着做挤的动作，右腿仍前弓（图30）。当甲化开乙挤势变为按时，乙左臂再由左下方绕出，抚于甲右肘部，身体后坐，捋甲方右臂；甲随即变为按势（图31）。

定步推手的规律是：甲捋乙挤，乙挤甲按，甲按乙掤，再变为捋，乙捋甲再变挤，甲捋乙变为按，乙按甲掤再变为捋。这样彼此反复来做。

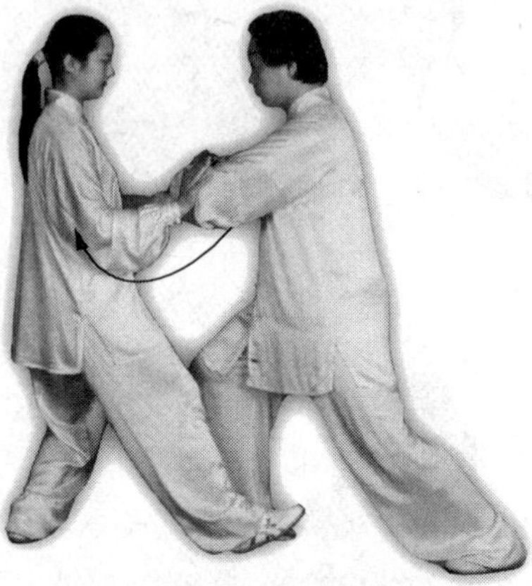

图 30

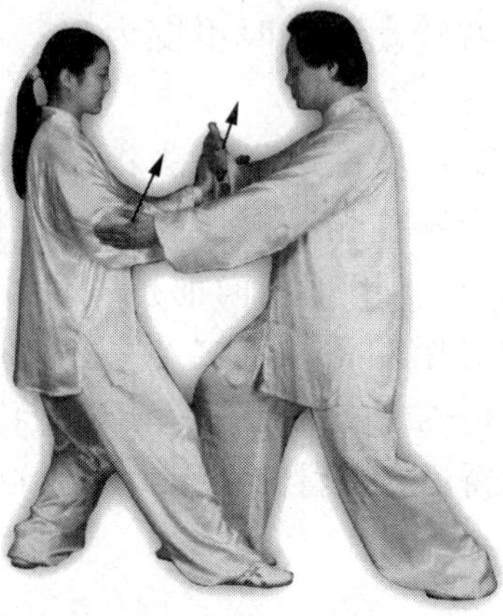

图 31

三、活步推手法

（一）活步推手一（进三退二）

预备姿势：开始姿势与定步之开始姿势基本相同，惟双方搭手时，甲以左脚在前，乙以右脚在前（乙右脚在外，甲左脚在内），成顺步姿势。双方搭左手，成交叉；右手均抚于双方之左肘尖，甲用左臂作挤势，乙作按势（图32）。

图 32

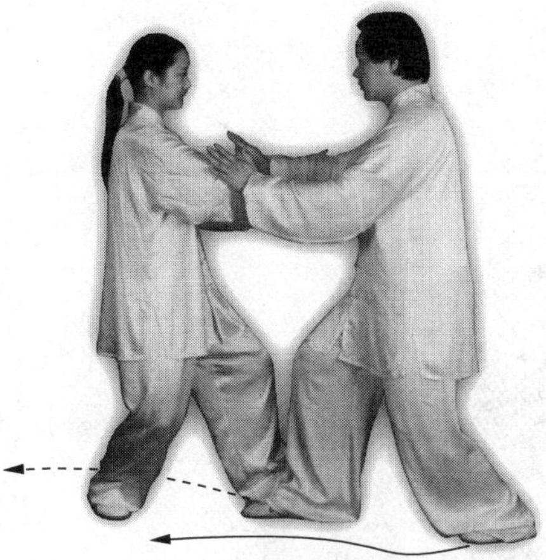

图 33

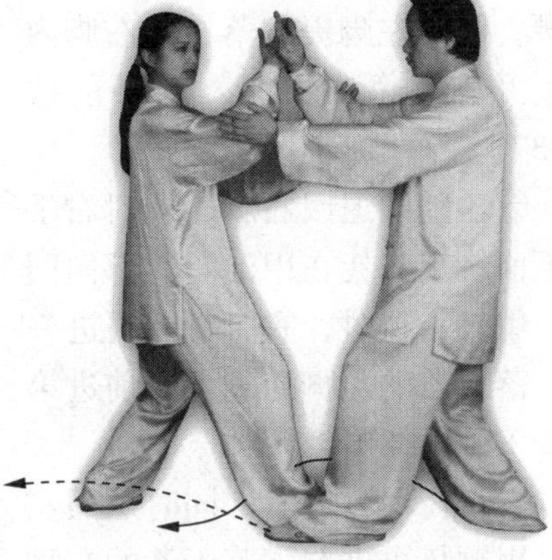

图 34

图 35

图 36

动作：①乙右脚前进一步，落于甲左脚内侧，同时两手按甲之右臂（图33）。

②甲左脚退后一步，右手从左肘上接乙之右手，同时左手自左下方绕出抚于乙之右肘处，准备变捋势；乙顺甲之捋势左脚再进一步（第二步），落在甲的右脚外侧，准备变挤势（图34）。

③甲右脚再退一步（第二步），同时两手引乙的右臂向右，转身成捋势。乙随甲的捋势动作，右脚再进一步（第三步），落于甲左脚内侧，右腿前弓，两臂仍成挤势。甲右腿稍屈，重心后移，收胯成按势（图35、36）。

④甲趁乙向前挤动作，微向左转腰，同时左脚提起落在乙右脚内侧（甲前进第一步），双手前按（图37）。

⑤乙随即退回右脚，同时右手由下面绕出，抚在甲的左肘部向回捋；甲被乙捋时，右脚顺势再进一步，落于乙的左脚外侧（甲前进第二步）（图38）。

⑥乙捋甲方左臂，同时退回左脚，甲顺势再进左脚落于乙的右脚内侧，甲又变为挤的动作，乙又变为按的动作（还原成活步推手图32）（图39）。

此法，前进三步，后退两步，亦称“五步二人抢”。前进者由按变挤，后退者由掤变捋，双方进退变化中须各含掤劲，并做到沾连不脱，循环无穷。

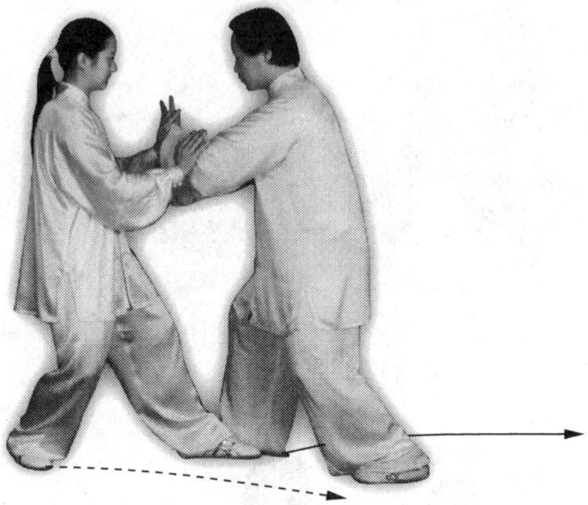

图 37

图 38

图 39

（二）活步推手二（进三退三）

预备姿势及开始姿势与定步推手完全相同。

练习方法：与前述“进三退二”的练习方法基本相同，即：前进者由按变挤，后退者由掤变捋；其不同之处是这种方法前进和后退均为三步，而且开始时双方都是右脚在前。

进退步法：搭手后，前进者前面的脚先进第一步，后退者后面的脚先退第一步，这才可以造成进三退三的步法。

动作：①双方均右脚在前，甲先用左臂向乙胸前挤去，右手附在左臂肘部内侧帮助挤的动作，右腿前弓；乙缩胯、含胸做按势动作，同时右脚略提起向前落，甲顺势左脚提起向后退一步（均为第一步）。然后，乙再进左脚，甲再退右脚（第二步），两臂的动作与“进三退二”练习法完全相同。接着，乙再进右脚，甲再退左脚（均为第三步）。总之，整个过程是：甲由挤的姿势，经过掤、捋变为按势；乙两臂由按的动作变为挤的动作（图40~44）。

图 40

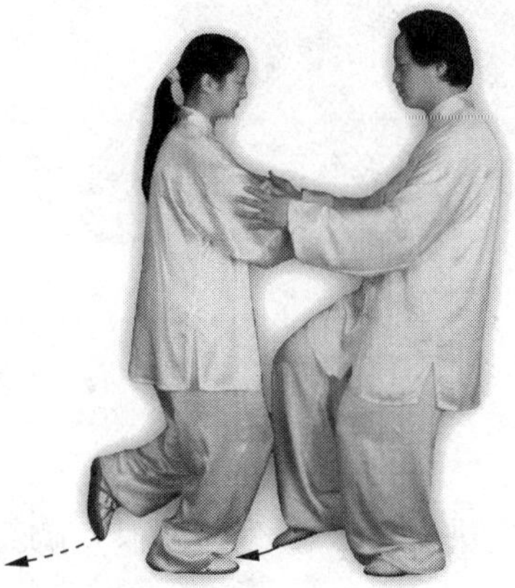

图 41

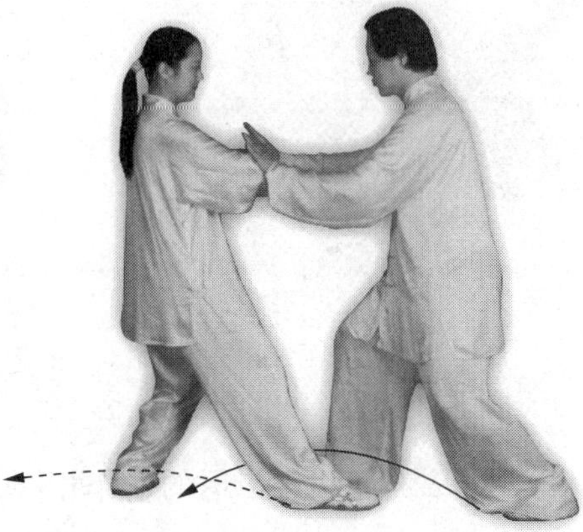

图 42

图 43

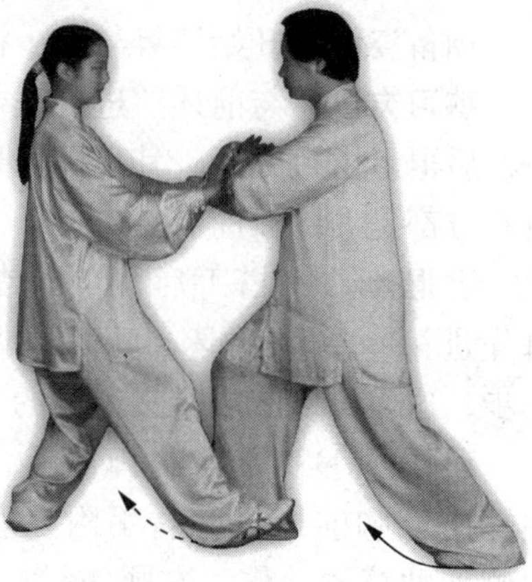

图 44

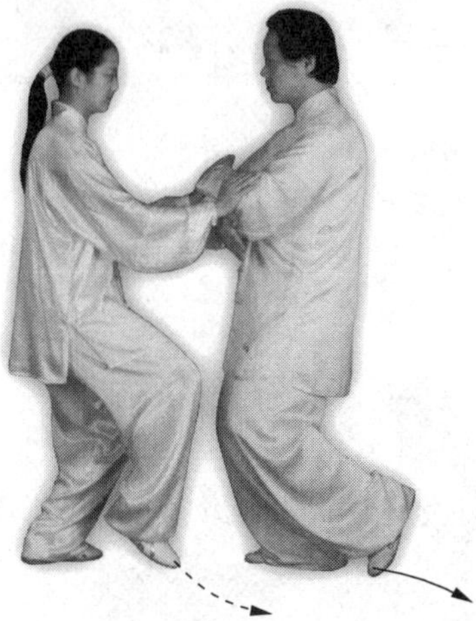

图 45

图 46

②甲进乙退与乙进甲退的动作相同，惟甲改为先进右脚，乙改为先退左脚（图45~48）。

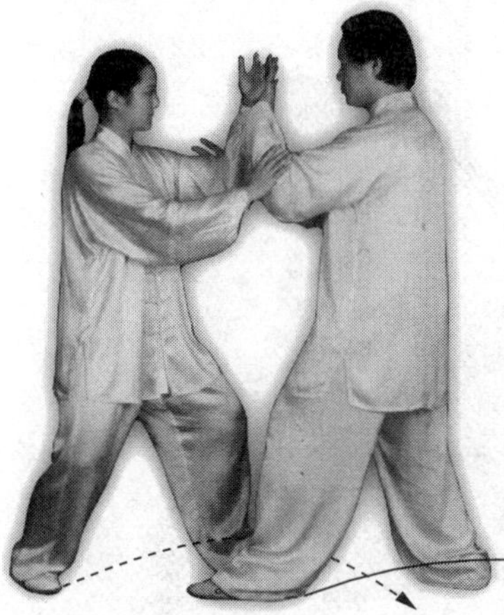

图 47

图 48

图 49

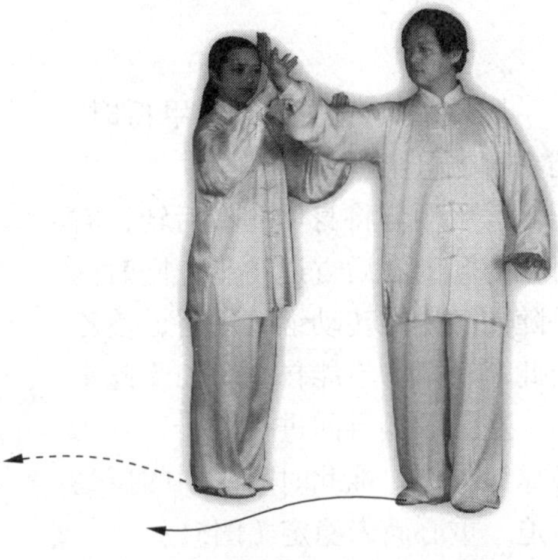

图 50

（三）活步推手三（大捋）

预备姿势与单推手的预备姿势相同。

开始姿势：双方均以右臂作搭手的姿势（图49）。

动作：①甲翻转右手虚握乙之右手腕，左手腕部抚在乙的右肘上。同时左脚掌为轴脚跟外转，右脚随之收回半步，靠左脚的内侧，身体也随即半面向右转，开始做捋势。乙趁甲收回右脚开始做捋势时，左脚立即跟进半步，靠拢右脚，同时重心稍向前（图50）。

图 51

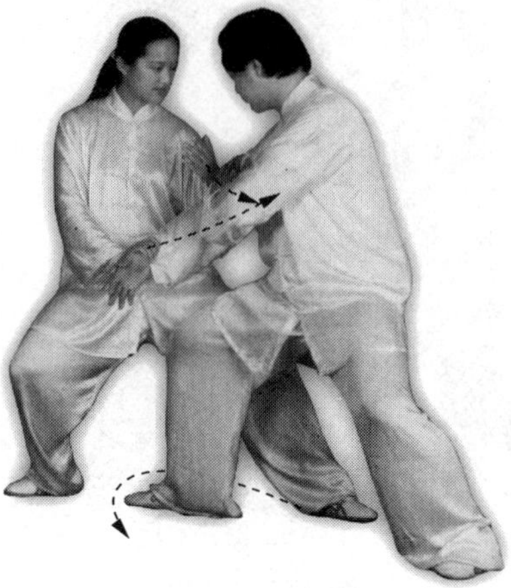

图 52

另外一个方法是：在甲捋时，乙右脚先进半步。

②甲顺势将身体向右后转，右脚也随同向右后方退一步，同时两手随同身体的转动继续用捋，使乙受此牵动两脚不能自主。乙受此牵动，左脚顺势再前进一大步，开始做靠势动作，惟此时乙受甲的捋劲所迫，重心尚未稳定（图51）。

③乙顺甲的捋劲，右脚再进一步，落在甲左脚内侧（甲之裆内），重心略向前落于右腿上，同时左手附于右臂内侧，用肩劲靠向甲之胸前（图52）。

图 53

④甲顺乙之靠势，先用左前臂（肘劲）外旋截住来劲，身体随之略右转，以化开乙的靠劲，然后再含胸，转腰（向左），重心移向右腿，同时两手由捋变按（左手按乙的左手，向下采劲，右手按乙的左肘部），左脚提起抢进一步，落于乙右脚的内侧（图53）。

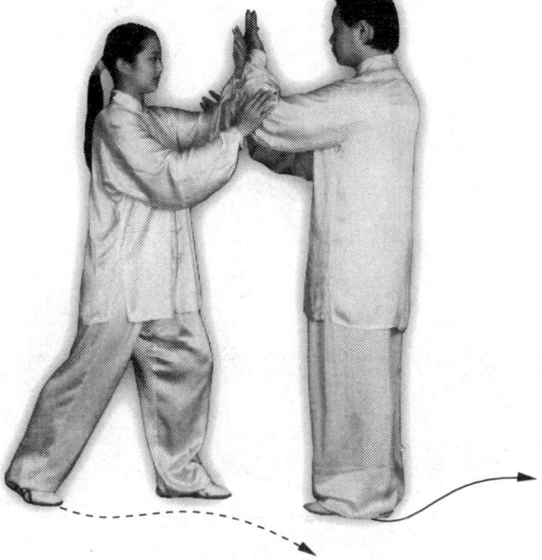

图 54

图 55

⑤乙顺甲的按势，以左手手背承接甲的左手，右臂自左手下抽出抚于甲之左肘；同时右脚收回半步，落在左脚内侧，身体稍向左转，由靠势变捋势。而甲左脚仍在前，左腿顺势微向前弓，重心微向前移（图54）。

⑥乙顺势将身体向左转，同时左脚向左后方退一步，两手继续做捋势（左手虚握甲的左手腕，右手腕部抚于甲的左肘上）。甲顺乙的捋势，右脚前进一大步，重心稍向前移并落于右腿（图55）。

图 56

⑦甲左脚顺势再进一步，落在乙右脚内侧（乙的裆内），重心略向前落于左腿上，同时右手附于左臂内侧，用肩劲靠向乙之胸前（图56）。

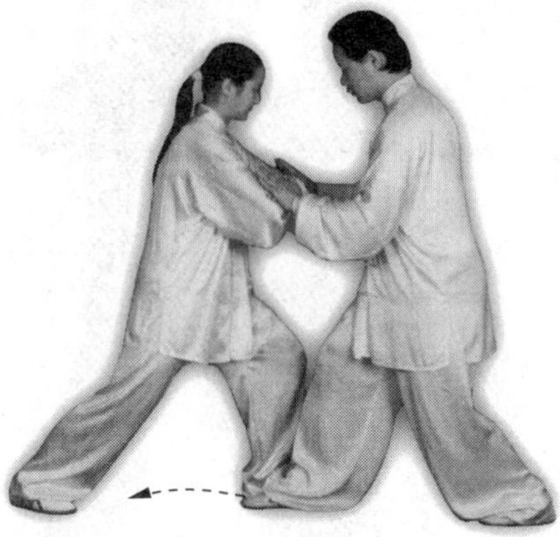

图 57

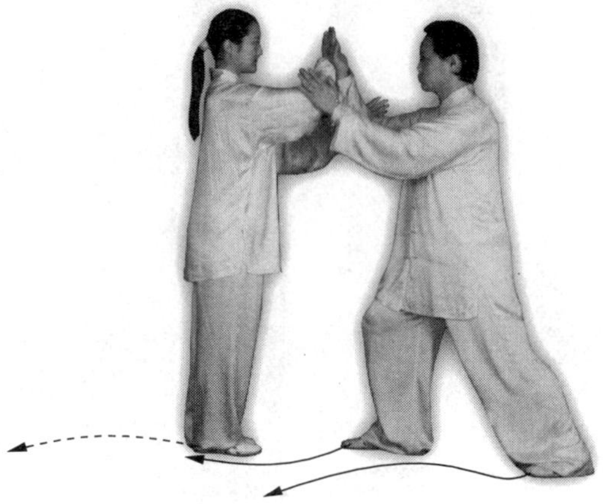

图 58

以上动作，甲、乙各进退一次，称为一循环。依此动作与方法，乙又抢进右脚变按，甲再退步变捋，反复循环，以至无穷（图57、58）。

图 59

大捋的换手法（挒掌，意即转移被攻或被动局面）：甲被乙靠近身体时，一方面用左前臂（肘劲）旋转，化开乙的靠劲，另一方面应迅速地以右掌顺势直扑乙的面部（是谓挒掌，也称扑面掌或闪掌）。此时，乙的右臂应顺势由面前上举，接承甲之右手并轻握其手腕部，左手腕部抚于甲之右肘，同时身体向右转，右脚收回落于左脚之内侧，两手随同身体转动之势开始做捋势。甲方受乙之捋势，右脚前进一步，重心略向前，落在乙两脚的前面（图59~61）。

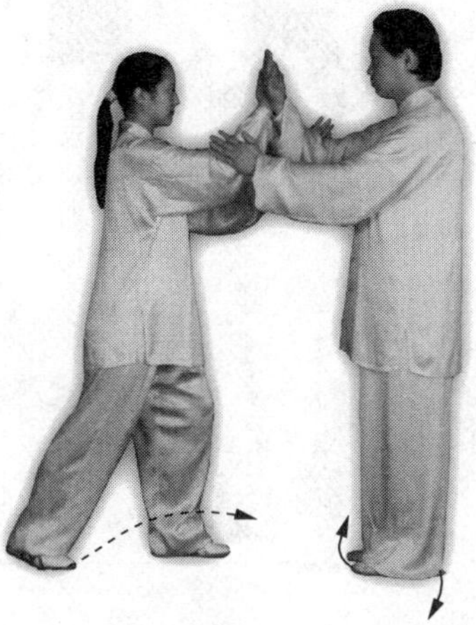
图 60

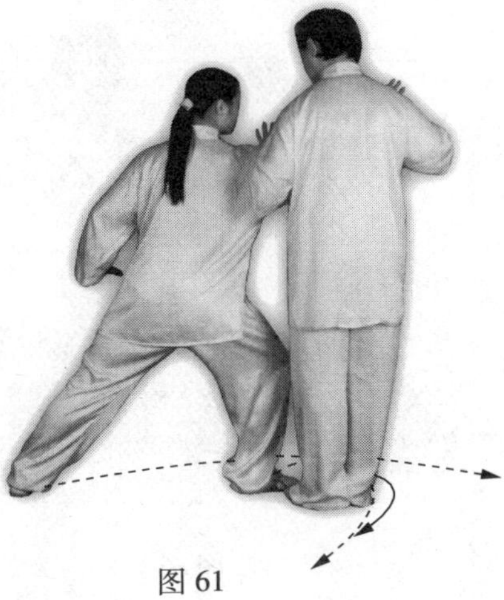
图 61

⑧乙身体顺势向右转，右腿顺势向右后方再退一步，两手继续做捋势。甲被乙的捋势所引，左脚前进一大步，重心稍向前移，右脚顺势再进一步落于乙左脚的内侧（乙之裆内），同时左手附于右臂内侧，两臂做挤势，靠向乙的胸前（图62）。

图 62

此法与前述大捋的进退步法基本相同，惟前者捋势动作，甲捋乙的右臂，乙则捋甲的左臂，其间转换方法，系以抢进一步由捋变肘再变按，化对方之靠劲。后者（右式）捋势动作均为对方之右臂，其转换方式，均以右手扑面掌为衔接。

图 63

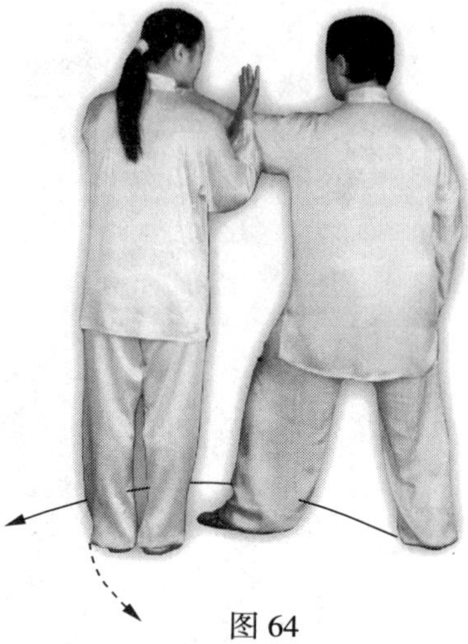
图 64

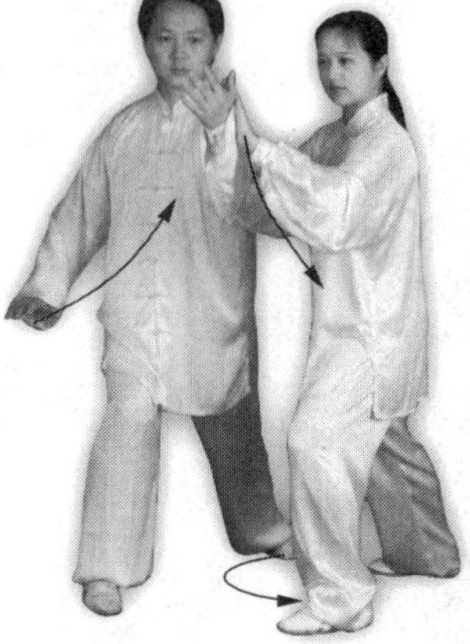
图 65

图 66

如果在乙被甲靠时，乙用左手扑甲之面部（即挒掌），甲则用左手接乙的左臂向左转身变捋势。乙顺势进步，用左臂向甲胸部靠去，而后彼此都可以用左手扑面，则双方被捋者都是左臂（图63~66）。